JZ 经济类专科生

Mathematics

21世纪高等学校数学系列教材

经济应用数学

■ 主 编 叶子祥 徐建华 李湘云
■ 副主编 鲍春华 商七一 龙 艳

WUHAN UNIVERSITY PRESS
武汉大学出版社

图书在版编目(CIP)数据

经济应用数学/叶子祥,徐建华,李湘云主编.—武汉:武汉大学出版社,2008.4(2014.9 重印)
21 世纪高等学校数学系列教材
ISBN 978-7-307-06133-0

Ⅰ.经… Ⅱ.①叶… ②徐… ③李… Ⅲ.经济数学—高等学校—教材 Ⅳ.F224.0

中国版本图书馆 CIP 数据核字(2008)第 015160 号

责任编辑:李汉保　　责任校对:刘　欣　　版式设计:詹锦玲

出版发行:**武汉大学出版社** (430072 武昌 珞珈山)
(电子邮件:cbs22@whu.edu.cn 网址:www.wdp.com.cn)
印刷:湖北省京山德兴印务有限公司
开本:787×1092 1/16 印张:18.75 字数:488 千字 插页:1
版次:2008 年 4 月第 1 版 2014 年 9 月第 4 次印刷
ISBN 978-7-307-06133-0/F · 1129 定价:28.00 元

编 委 会

主　　任：羿旭明　武汉大学数学与统计学院，副院长，教授

副 主 任：何　穗　华中师范大学数学与统计学院，副院长，教授

蹇　明　华中科技大学数学学院，副院长，教授

曾祥金　武汉理工大学理学院，数学系主任，教授、博导

李玉华　云南师范大学数学学院，副院长，教授

杨文茂　仰恩大学(福建泉州)，教授

编　　委：(按姓氏笔画为序)

王绍恒　重庆三峡学院数学与计算机学院，教研室主任，副教授

叶牡才　中国地质大学(武汉)数理学院，教授

叶子祥　武汉科技学院东湖校区，副教授

刘　俊　曲靖师范学院数学系，系主任，教授

全惠云　湖南师范大学数学与计算机学院，系主任，教授

何　斌　红河师范学院数学系，副院长，教授

李学峰　仰恩大学(福建泉州)，教授

李逢高　湖北工业大学理学院，副教授

杨柱元　云南民族大学数学与计算机学院，院长，教授

杨汉春　云南大学数学与统计学院，数学系主任，教授

杨泽恒　大理学院数学系，系主任，教授

张金玲　襄樊学院，讲师

张惠丽　昆明学院数学系，系副主任，副教授

陈圣滔　长江大学数学系，教授

邹庭荣　华中农业大学理学院，教授

吴又胜　咸宁学院数学系，系副主任，副教授

肖建海　孝感学院数学系，系主任

沈远彤　中国地质大学(武汉)数理学院，教授

欧贵兵　武汉科技学院理学院，副教授

赵喜林　武汉科技大学理学院，副教授

徐荣聪　福州大学数学与计算机学院，副院长

高遵海　武汉工业学院数理系，副教授

梁　林　楚雄师范学院数学系，系主任，副教授

梅汇海　湖北第二师范学院数学系，副主任
熊新斌　华中科技大学数学学院，副教授
蔡光程　昆明理工大学理学院数学系，系主任，教授
蔡炯辉　玉溪师范学院数学系，系副主任，副教授
执行编委：李汉保　武汉大学出版社，副编审
黄金文　武汉大学出版社，副编审

内容简介

本教材是根据国家教育部最新制定的《高职高专教育经济数学基础课程教学基本要求》编写的。全书系统地介绍了一元函数的极限与连续，导数与微分，中值定理及导数的应用，不定积分，定积分，概率论初步，矩阵，向量，线性方程组等。

本书遵循“以应用为目的，以必需够用为度”的原则，强化概念，注重应用，培养能力。在体系编排上按照突出数学课程循序渐进、由浅入深的特点，在内容选取上以面向财经类高等专科学校所设各专业为原则。本书既可以作为财经类高等专科学校各专业的教材，也可以作为财经类成人教育各专业的教材。

序

数学是研究现实世界中数量关系和空间形式的科学。长期以来，人们在认识世界和改造世界的过程中，数学作为一种精确的语言和一个有力的工具，在人类文明的进步和发展中，甚至在文化的层面上，一直发挥着重要的作用。作为各门科学的重要基础，作为人类文明的重要支柱，数学科学在很多重要的领域中已起到关键性、甚至决定性的作用。数学在当代科技、文化、社会、经济和国防等诸多领域中的特殊地位是不可忽视的。发展数学科学，是推进我国科学研究和技术发展，保障我国在各个重要领域中可持续发展的战略需要。高等学校作为人才培养的摇篮和基地，对大学生的数学教育，是所有的专业教育和文化教育中非常基础、非常重要的一个方面，而教材建设是课程建设的重要内容，是教学思想与教学内容的重要载体，因此显得尤为重要。

为了提高高等学校数学课程教材建设水平，由武汉大学数学与统计学院与武汉大学出版社联合倡议，策划，组建21世纪高等学校数学课程系列教材编委会，在一定范围内，联合多所高校合作编写数学课程系列教材，为高等学校从事数学教学和科研的教师，特别是长期从事教学且具有丰富教学经验的广大教师搭建一个交流和编写数学教材的平台。通过该平台，联合编写教材，交流教学经验，确保教材的编写质量，同时提高教材的编写与出版速度，有利于教材的不断更新，极力打造精品教材。

本着上述指导思想，我们组织编撰出版了这套21世纪高等学校数学课程系列教材。旨在提高高等学校数学课程的教育质量和教材建设水平。

参加21世纪高等学校数学课程系列教材编委会的高校有：武汉大学、华中科技大学、云南大学、云南民族大学、云南师范大学、昆明理工大学、武汉理工大学、湖南师范大学、重庆三峡学院、襄樊学院、华中农业大学、福州大学、长江大学、咸宁学院、中国地质大学、孝感学院、湖北第二师范学院、武汉工业学院、武汉科技学院、武汉科技大学、仰恩大学（福建泉州）、华中师范大学、湖北工业大学等20余所院校。

高等学校数学课程系列教材涵盖面很广，为了便于区分，我们约定在封首上以汉语拼音首写字母缩写注明教材类别，如：数学类本科生教材，注明：SB；理工类本科生教材，注明：LGB；文科与经济类教材，注明：WJ；理工类硕士生教材，注明：LGS，如此等等，以便于读者区分。

武汉大学出版社是中共中央宣传部与国家新闻出版署联合授予的全国优秀出版社之一。在国内有较高的知名度和社会影响力、武汉大学出版社愿尽其所能为国内高校的教学与科研服务。我们愿与各位朋友真诚合作，力争使该系列教材打造成为国内同类教材中的精品教材，为高等教育的发展贡献力量！

21世纪高等学校数学系列教材编委会
2007年7月

前　言

新世纪的到来对我国高等教育提出了新的要求，我国的高等教育也面临进一步发展的契机，高等职业教育是加速发展的高等教育的一个重要组成部分。为了适应高职高专教育发展的需要，急需编写适用的、具有特色的教材。为此，2007 年 7 月在武汉大学出版社召开了 21 世纪高等学校数学系列教材编写会，并审定了编写大纲，本教材正是按这一大纲编写的。本教材适用于三年制高职高专经济和管理类专业。教材内容包括一元函数微积分、线性代数及概率论初步。

在编写教材的过程中，我们参考了国内外流行的相关教材，力图吸收它们的优点，编写出既反映本学科特点又便于师生使用的高质量的 21 世纪规范教材。我们主要考虑了下述几个问题：

其一，本书作为一门数学基础课教材，应尽量保持数学学科的科学性和系统性，同时努力使"以应用为目的，以够用、管用、会用为度"的原则在教材中有所体现。因此，本教材不追求理论体系的完整性。许多概念、定理尽量采用学生容易理解的方式叙述，并选配适量的例题、习题，使学生能掌握基本理论和方法。本教材还配有配套的练习册，作为本教材的辅助材料。

其二，本课程是三年制高职高专经济和管理类专业的必修基础课，其内容多是经典的内容和方法。掌握这些内容是学习现代经济和管理理论的基础。因此，本教材凸显了数学与文化的联系，凸显了数学的应用性，介绍了一定数量的经济应用的内容，使读者了解并逐步学会运用数学方法解决实际问题。

其三，本教材除精选了经管学生必须掌握的经济数学的内容之外，还体现数学现代化教学手段的应用，从而开拓了经济应用数学教学的新概念和新举措。抽象的数学内容与现代化教学手段的结合将使大学一年级新生能够非孤立的、更直观的学好他们的大学第一课——经济应用数学。

本教材由叶子祥、徐建华、李湘云主编，鲍春华、商七一、龙艳副主编，由武汉科技学院东湖校区公共课部数学教研室的全体教师共同编写。

在本教材的编写过程中，武汉科技学院东湖校区教务处及公共课部的领导给予了热情的支持，华中师范大学的何穗教授及华中理工大学的蹇明教授对教材书稿进行了认真详尽的审阅，提出了许多宝贵意见。武汉大学出版社的李汉保编辑为本教材的出版付出了辛勤的劳动，在此表示衷心感谢！

因受经验和水平所限，本教材中不妥之处实属难免，敬请读者提出批评和建议，以期再版时修正。

作　者

2007 年 12 月

目　录

第 1 章　极限与连续

§1.1　函数的概念与性质

1.1.1　函数的概念

1. 函数的定义

定义 1.1　设有两个变量 x 和 y，如果 x 在其变化范围内每取一个确定的值，按照某种对应规律 f，都有惟一确定的 y 值与之对应，则称变量 y 是变量 x 的**函数**. 记做 $y=f(x)$. 其中，x 叫做**自变量**，y 叫做**因变量**或自变量的**函数**. x 的取值范围 D 叫做函数 $f(x)$ 的定义域，与 x 相对应的 y 值称为函数值，记做 $y|_{x=x_0}$ 或 $f(x_0)$，函数值的集合

$$Y=\{y \mid y=f(x),x\in D\}$$

称为函数 $f(x)$ 的值域.

例如　生产某种产品的固定成本为 3 200 元，每生产一件产品，成本增加 30 元，那么该种产品的总成本 y 与产量 x 之间的函数关系可以表述为

$$y=3\,200+30x$$

该函数的定义域 $D=[0,+\infty)$；值域是 $[3\,200,+\infty)$；

当产量为 50 件时，总成本

$$y|_{x=50}=3\,200+30\times 50=4\,700(\text{元}).$$

例 1　已知 $f(x)=\dfrac{x+1}{x-1}$，求定义域 D，函数值 $f(0)$，$f(-2)$，$f\left(\dfrac{1}{a}\right)$ 和 $f(x+1)$.

解　要使表达式 $\dfrac{x+1}{x-1}$ 有意义，必须 $x-1\neq 0$，即 $x\neq 1$，所以，$f(x)$ 的定义域 $D=(-\infty,1)\cup(1,+\infty)$；

$$f(0)=\frac{0+1}{0-1}=-1;f(-2)=\frac{-2+1}{-2-1}=\frac{1}{3};$$

$$f\left(\frac{1}{a}\right)=\frac{\dfrac{1}{a}+1}{\dfrac{1}{a}-1}=\frac{1+a}{1-a};f(x+1)=\frac{x+1+1}{x+1-1}=\frac{x+2}{x}.$$

2. 确定函数的两要素

函数的定义反映了自变量 x 与因变量 y 之间的依赖关系，这种依赖关系涉及定义域、对应规则和值域. 显然，只要定义域和对应规则确定，则值域也就确定了. 因此，函数的定义域和对应规则是确定函数的两个要素. 两个函数，只要它们的定义域和对应规则相同，就是相

同的函数,与用什么字母和符号表示自变量和因变量无关.

例如　$y = x^2$ 与 $y = t^2$ 就是相同的函数.

例 2　判断下列各对函数是否相同

(1) $y = x$ 与 $y = \frac{x^2}{x}$;

(2) $y = x$ 与 $y' = \sqrt{x^2}$.

解　(1) $y = x$ 的定义域是 $D = (-\infty, +\infty)$;

$y = \frac{x^2}{x}$ 的定义域是 $D = (-\infty, 0) \cup (0, +\infty)$.

它们的定义域不同,所以这两个函数不是相同的函数. 如图 1-1(a),(b) 所示.

(2) 这两个函数的定义域都是$(-\infty, +\infty)$,但它们的对应规则不同,当 $x < 0$ 时,$y = x$ 对应的函数值 $y < 0$;而 $y = \sqrt{x^2}$ 对应的函数值 $y > 0$,所以它们也不是相同的函数. 如图 1-1(a),(c) 所示.

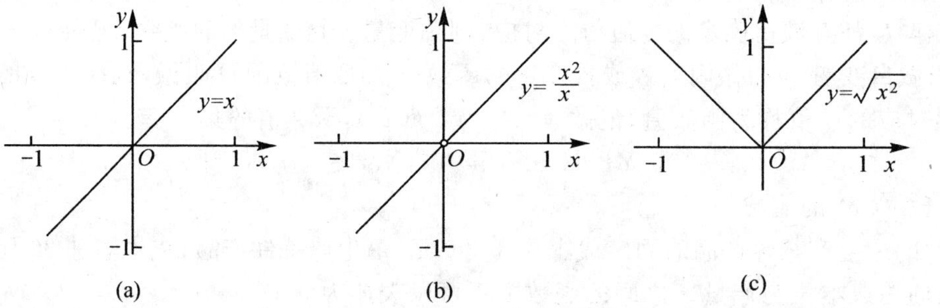

图 1-1

3. *函数的表示法*

常见的函数的表示法有三种:解析法、表格法和图像法. 下面各分别举例.

例 3　$y = \sqrt{1 - x^2} + \frac{1}{x}$.

这是用解析法表示的函数关系,该函数的定义域是

$$D = [-1, 0) \cup (0, 1]$$

例 4　某商店一年中各月份毛线的销售量(单位:10^2 kg) 如表 1-1 所示.

表 1-1

月份 x	1	2	3	4	5	6	7	8	9	10	11	12
销售量 y	81	84	45	45	9	5	6	15	94	161	144	123

这是用表格法表示的函数关系,该函数的定义域是

$$\{1,2,3,4,5,6,7,8,9,10,11,12\}$$

例 5　图 1-2 是某地区春季一昼夜的气温变化. 时间 t 与温度 T 之间的函数关系由图

1-2 中曲线表示出来.

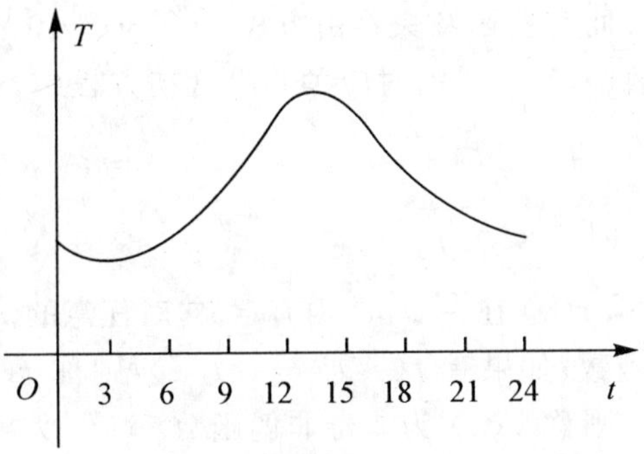

图 1-2

4. 分段函数

有些函数,对于定义域内的自变量 x 的不同的值,不能用一个统一的数学解析式表示出来,而要用两个或两个以上的解析式来表示.这种由两个或两个以上的解析式表示的函数,称为分段函数.

例 6　由北京去上海乘坐火车,按铁路部门的相关规定,成年人每人携带的行李重量在 20kg 内免费,若超重部分在 5kg 之内,收行李费 12 元,若超重部分在 5 ～ 50kg 时,收行李费 120 元.以 q(单位:kg) 表示成年人一人携带的行李重量,R(单位:元) 表示所收行李运费,则有

$$R=\begin{cases}0, & 0\leqslant q<20\\ 12, & 20\leqslant q<25.\\ 120, & 25\leqslant q\leqslant 70\end{cases}$$

例 7　设 $f(x)=\begin{cases}x+1, & x<0\\ 0, & x=0.\\ x-1, & x>0\end{cases}$ 求定义域和函数值 $f(0)$、$f(-1)$、$f(2)$,并作出图像.

解　函数 $f(x)$ 的定义域为 $D=(-\infty,+\infty)$

$$f(0)=0,\quad f(-1)=-1+1=0,\quad f(2)=2-1=1$$

其图像如图 1-3 所示.

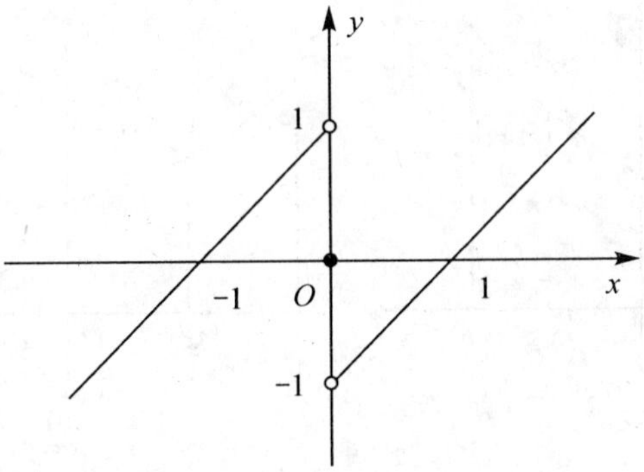

图 1-3

5. 隐函数

有些函数是由自变量的解析式表示出来的，这类函数称为显函数，常以 $y = f(x)$ 表示，如 $y = x^2 + 1$；$S = \pi r^2$ 等.而有些函数关系由方程 $F(x,y) = 0$ 确定，如 $x^2 + y^2 = a^2$；$xy = \sin(x + y)$ 等，在这类函数中，x 与 y 的对应关系隐含在方程中，通常称为隐函数.

1.1.2 函数的性质

1. 函数的奇偶性

定义 1.2 设函数 $y = f(x)$ 在 $(-a,a)$ 内有定义，对任意的 $x \in (-a,a)$，如果有 $f(-x) = f(x)$，则称 $f(x)$ 为偶函数；如果有 $f(-x) = -f(x)$，则称 $f(x)$ 为奇函数.如果 $f(x)$ 既不是奇函数也不是偶函数，则称 $f(x)$ 为非奇非偶函数.

偶函数的图像关于 Oy 轴对称；奇函数的图像关于原点 O 对称.

例 8 判断下列函数的奇偶性

(1) $f(x) = 3x^2 + 4x^4$；(2) $f(x) = \sin x + \dfrac{1}{x}$；(3) $f(x) = x^2 - x$.

解 (1) 因为 $f(-x) = 3(-x)^2 + 4(-x)^4 = 3x^2 + 4x^4 = f(x)$，所以 $f(x) = 3x^2 + 4x^4$ 为偶函数.

(2) 因为 $f(-x) = \sin(-x) + \left(\dfrac{1}{-x}\right) = -\sin x - \dfrac{1}{x} = -\left(\sin x + \dfrac{1}{x}\right) = -f(x)$，所以 $f(x) = \sin x + \dfrac{1}{x}$ 为奇函数.

(3) 因为 $f(-x) = (-x)^2 - (-x) = x^2 + x$，所以 $f(x) = x^2 - x$ 是非奇非偶函数.

2. 函数的单调性

定义 1.3 设函数 $y = f(x)$ 在区间 (a,b) 内有定义，对于任意的 $x_1, x_2 \in (a,b)$，当 $x_1 < x_2$ 时，如果 $f(x_1) < f(x_2)$，则称 $f(x)$ 在 (a,b) 内是单调增加的；如果 $f(x_1) > f(x_2)$，则称 $f(x)$ 在 (a,b) 内是单调减少的.

单调增加函数与单调减少函数统称为单调函数，相应地，区间 (a,b) 称为函数的单调区间.

单调增加的函数的图像是随着 x 的增加而上升的曲线；单调减少的函数的图像是随着 x 的增加而下降的曲线.如图 1-4 所示.

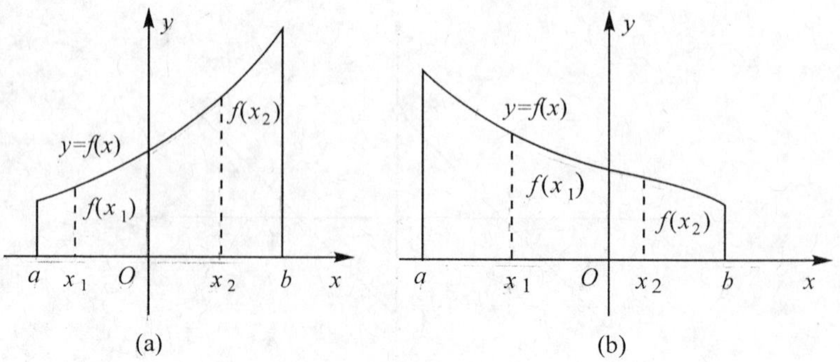

图 1-4

例 9　讨论函数 $y = 2x^2 + 1$ 的单调性.

解　$y = 2x^2 + 1$ 的定义域为$(-\infty, +\infty)$；

对任意的 $x_1, x_2 \in (-\infty, +\infty)$，有

$f(x_1) - f(x_2) = (2x_1^2 + 1) - (2x_2^2 + 1) = 2(x_1^2 - x_2^2) = 2(x_1 - x_2)(x_1 + x_2)$

在$(-\infty, 0)$内，如果 $x_1 < x_2$，则有 $f(x_1) - f(x_2) > 0$，即 $f(x_1) > f(x_2)$，因此 $y = 2x^2 + 1$ 在$(-\infty, 0)$内单调减少.

在$(0, +\infty)$内，如果 $x_1 < x_2$，则有 $f(x_1) - f(x_2) < 0$，即 $f(x_1) < f(x_2)$，因此 $y = 2x^2 + 1$ 在$(0, +\infty)$内单调增加.

由以上讨论知，$y = 2x^2 + 1$ 在其定义域上不是单调函数，但在$(-\infty, 0)$和$(0, +\infty)$内分别是单调的.

3. 函数的周期性

定义 1.4　对于定义在数集 D 上的函数 $y = f(x)$，如果存在正数 T，使得对于 D 中的任一 x，$x + T \in D$，且有 $f(x + T) = f(x)$ 恒成立，则称函数 $f(x)$ 是以 T 为周期的周期函数，且将最小正数 T 称为函数 $y = f(x)$ 的一个周期.

由定义 1.4 可知，对于以 T 为周期的函数，自变量每增加 T，函数值重复出现一次，因此，只需研究一个周期内函数的性态，便可以推知函数在整个定义域上的性态.

我们常见的三角函数 $y = \sin x$，$y = \cos x$ 都是以 2π 为周期的函数；$y = \tan x$；$y = \cot x$ 都是以 π 为周期的函数.

4. 函数的有界性

定义 1.5　设函数 $y = f(x)$ 在区间(a, b)内有定义，如果存在一个正数 M，使得对所有的 $x \in (a, b)$，恒有 $|f(x)| \leqslant M$，则称函数 $y = f(x)$ 在(a, b)内有界；如果不存在这样的正数 M，则称 $f(x)$ 在(a, b)内是无界的.

三点说明：

(1) 如图 1-5 所示，函数 $y = f(x)$ 在(a, b)内有界是指函数 $y = f(x)$ 在(a, b)内的一段图像被限制在 $y = -M$ 和 $y = M$ 两条直线之间.

(2) 当函数 $y = f(x)$ 在(a, b)内有界时，正数 M 并不惟一. 如 $y = \sin x$ 在$(-\infty, +\infty)$内有界，$|\sin x| \leqslant 1$，但也可以取 $M = 2$ 即 $|\sin x| < 2$，事实上，任何大于 1 的数都可以取做 M.

(3) 函数的有界性依赖于区间，如 $y = \dfrac{1}{x}$ 在$(1,2)$内有界，但在$(0,1)$内却是无界的.

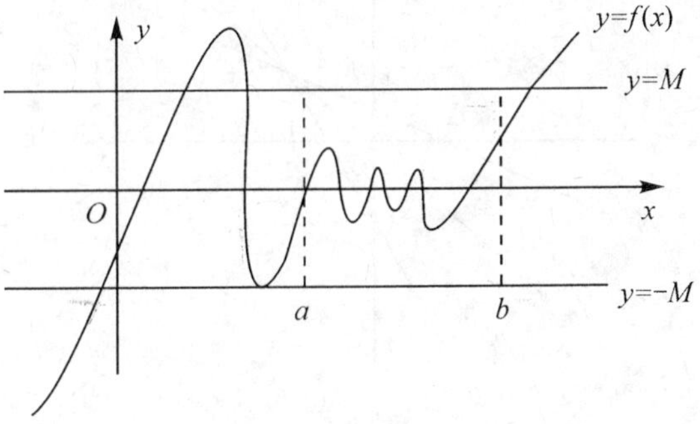

图 1-5

1.1.3 反函数，复合函数，初等函数

1. 反函数

定义 1.6 设 $y=f(x)$ 是 x 的函数，值域是 Y，如果对于 Y 中的每一个 y 值，存在惟一的且满足 $y=f(x)$ 的 x 值与之对应，则得到一个定义在 Y 上的以 y 为自变量，x 为因变量的新函数 $x=\varphi(y)$，我们称其为 $y=f(x)$ 的反函数，记为 $x=f^{-1}(y)$.

习惯上，我们总是以 x 表示自变量，以 y 表示自变量的函数，所以通常把 $y=f(x)$ 的反函数改写为 $y=f^{-1}(x)$.

显然，$y=f(x)$ 与 $y=f^{-1}(x)$ 互为反函数.

可以证明，在同一个坐标系中，$y=f(x)$ 的图像与它的反函数 $y=f^{-1}(x)$ 的图像关于直线 $y=x$ 对称，如图 1-6 所示.

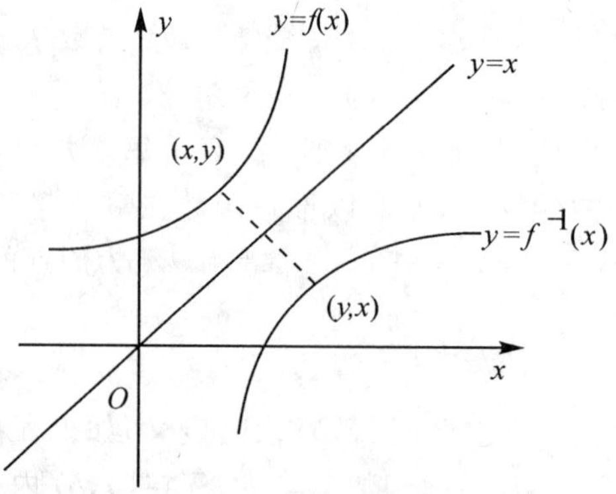

图 1-6

例 10 求 $y=2x-1$ 的反函数，并作出图像.

解 由 $y=2x-1$，得 $x=\frac{1}{2}y+\frac{1}{2}$，将 x 与 y 互换，得：$y=\frac{1}{2}x+\frac{1}{2}$，这就是 $y=2x-1$ 的反函数，如图 1-7 所示.

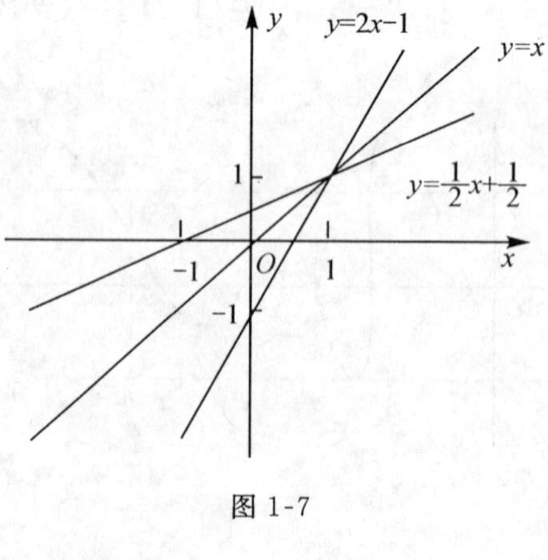

图 1-7

并不是所有的函数都有反函数，但单调函数的反函数总是存在的.

2. 基本初等函数

微积分学中，我们将常数函数、幂函数、指数函数、对数函数、三角函数、反三角函数这六类函数称为基本初等函数.

基本初等函数是研究其他更为复杂的函数的基础. 表 1-2 列出了基本初等函数的定义、图像和主要性质，以便于学习时使用.

表 1-2　　**基本初等函数表**

函数	解析式	图　像	定义域	值　域	主要性质
常数函数	$y=c$ (c 为常数)	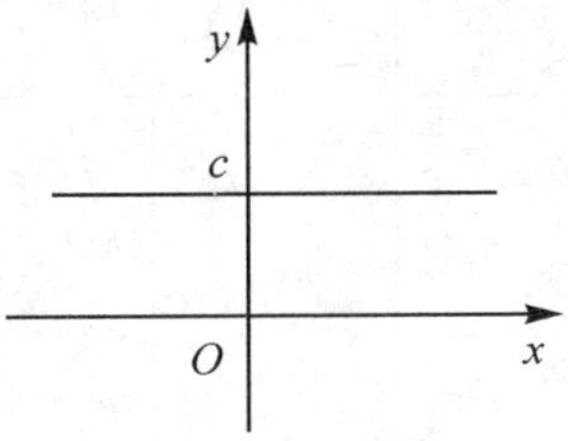	$(-\infty,+\infty)$	$\{c\}$	图像过点 $(0,c)$，为平行于 Ox 轴的一条直线.
幂函数	$y=x^{\alpha}$ ($\alpha\in\mathbf{R}$)	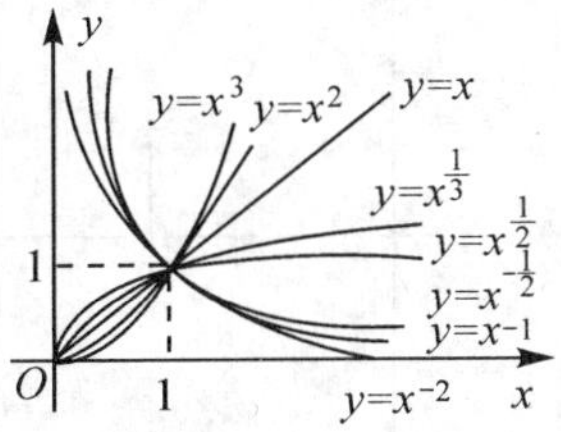	随着 α 的不同而异. 但在 $(0,+\infty)$ 内总有定义.	随 α 的不同而异	1. 图像过点 $(1,1)$. 2. 如果 $\alpha>0$，函数在 $(0,+\infty)$ 内单调增加；若 $\alpha<0$，函数在 $(0,+\infty)$ 内单调减少.
指数函数	$y=a^x$ ($a>0$, $a\neq 1$)	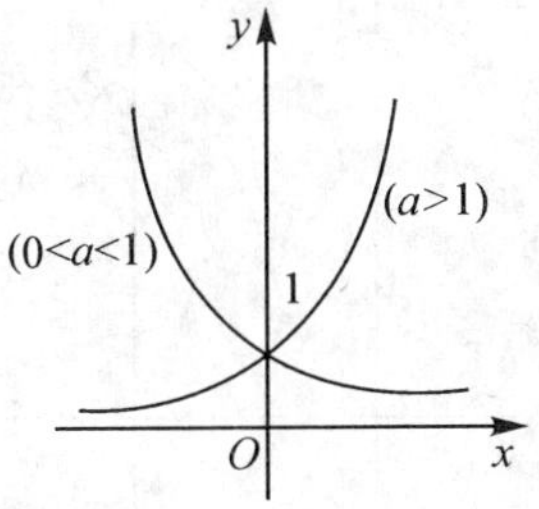	$(-\infty,+\infty)$	$(0,+\infty)$	1. 当 $a>1$ 时，函数单调增加；当 $0<a<1$ 时，函数单调减少. 2. 图像在 Ox 轴上方，且都过点 $(0,1)$.
对数函数	$y=\log_a x$ ($a>0$, $a\neq 1$)	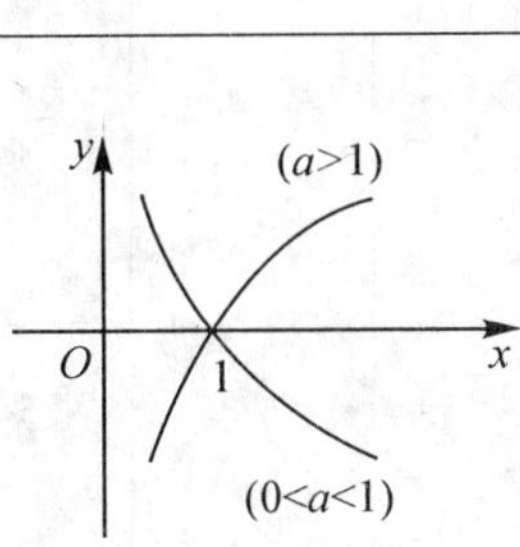	$(0,+\infty)$	$(-\infty,$ $+\infty)$	1. 当 $a>1$ 时，函数单调增加；当 $0<a<1$ 时，函数单调减少. 2. 图像在 Oy 轴右侧，且都过点 $(1,0)$.

续表

函数	解析式	图　像	定义域	值　域	主要性质
三角函数	$y=\sin x$	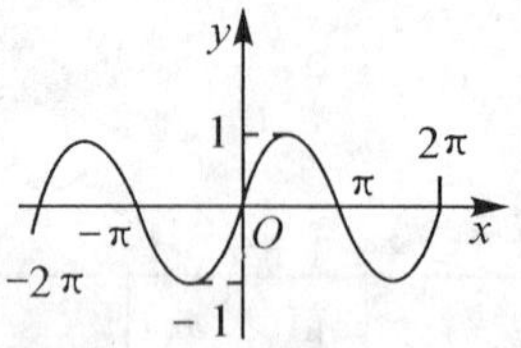	$(-\infty,+\infty)$	$[-1,1]$	1. 是奇函数,周期为 2π,是有界函数. 2. 在 $\left(2k\pi-\frac{\pi}{2},2k\pi+\frac{\pi}{2}\right)$内单调增加;在 $\left(2k\pi+\frac{\pi}{2},2k\pi+\frac{3\pi}{2}\right)$内单调减少.$(k\in\mathbf{Z})$
	$y=\cos x$	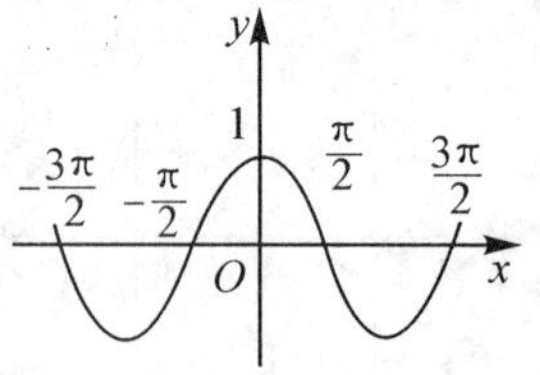	$(-\infty,+\infty)$	$[-1,1]$	1. 是偶函数,周期为 2π,是有界函数. 2. 在$((2k-1)\pi,2k\pi)$ 内单调增加;在$(2k\pi,(2k+1)\pi)$ 内单调减少.$(k\in\mathbf{Z})$
三角函数	$y=\tan x$	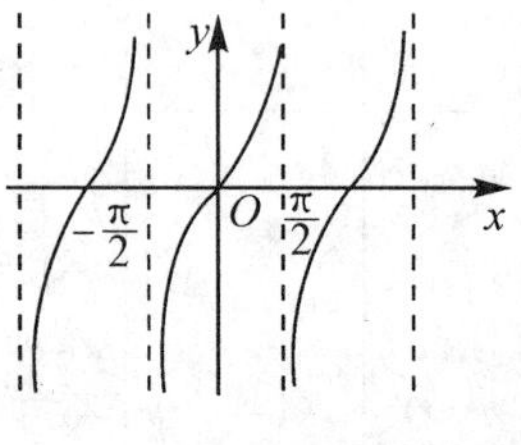	$x\neq k\pi+\frac{\pi}{2}$ $(k\in\mathbf{Z})$	$(-\infty,+\infty)$	1. 是奇函数,周期为 π,是无界函数. 2. 在$\left(k\pi-\frac{\pi}{2},k\pi+\frac{\pi}{2}\right)$,内单调增加.$(k\in\mathbf{Z})$
	$y=\cot x$	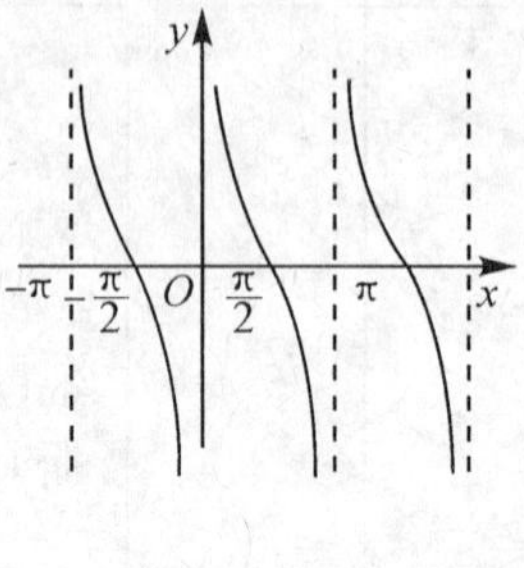	$x\neq k\pi$ $(k\in\mathbf{Z})$	$(-\infty,+\infty)$	1. 是奇函数,周期为 π,无界. 2. 在$(k\pi,k\pi+\pi)$ 内单调减少.$(k\in\mathbf{Z})$

续表

函数	解析式	图　　像	定义域	值　域	主要性质
反三角函数	$y=\arcsin x$	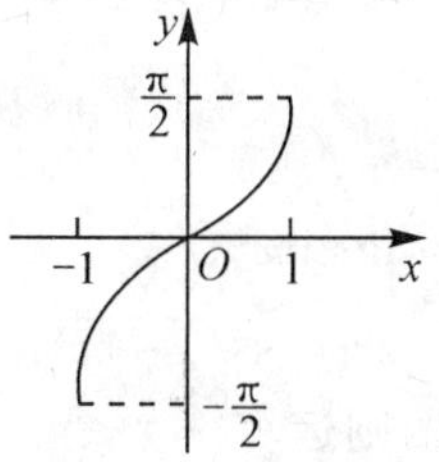	$[-1,1]$	$\left[-\dfrac{\pi}{2},\dfrac{\pi}{2}\right]$	奇函数，单调增加函数，有界.
	$y=\arccos x$	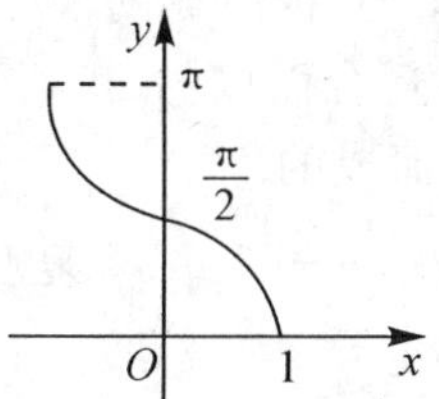	$[-1,1]$	$[0,\pi]$	单调减少函数，有界. $\arccos(-x)=\pi-\arccos x$
反三角函数	$y=\arctan x$	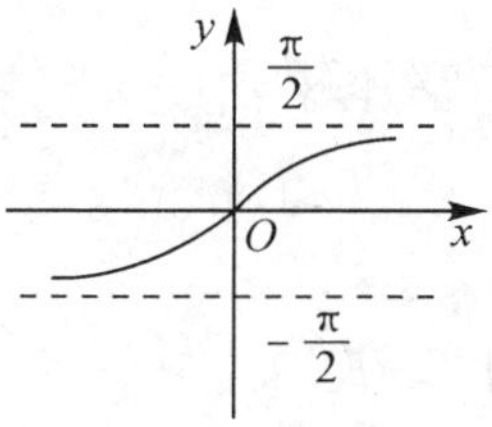	$(-\infty,+\infty)$	$\left(-\dfrac{\pi}{2},\dfrac{\pi}{2}\right)$	奇函数，单调增加函数，有界.
	$y=\operatorname{arccot} x$	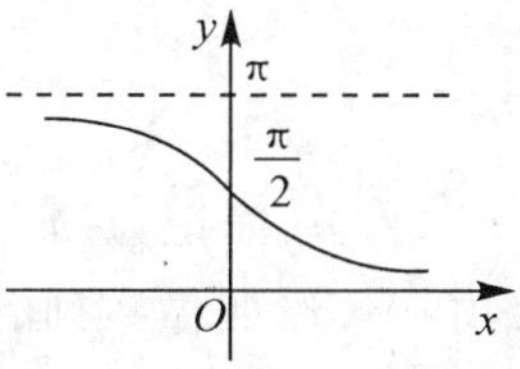	$(-\infty,+\infty)$	$(0,\pi)$	单调减少函数，有界. $\operatorname{arccot}(-x)=\pi-\operatorname{arccot} x$

3. 复合函数

在现实生活中很多函数关系是比较复杂的，两个变量之间的函数关系，往往要通过一个或几个中间变量联系起来.

例如　商店销售商品的利润 y 是销售收入 u 的函数，而销售收入 u 又是销售量 x 的函数，从而，对每一个 x，通过 u 总有确定的 y 与之对应，我们称 y 是 x 的复合函数.

定义 1.7　如果 $y=f(u)$ 是 u 的函数，$u=\varphi(x)$ 是 x 的函数，如果 $u=\varphi(x)$ 的值域与 $y=f(u)$ 的定义域的交集非空，则 y 通过中间变量 u 成为 x 的函数，称为 x 的复合函数. 记做 $y=f[\varphi(x)]$，其中，u 称为中间变量.

例如　$y=\sin u, u=x^2$ 可以复合成 $y=\sin x^2$；

$y=e^u, u=v^2; v=\tan x$ 可以复合成 $y=e^{\tan^2 x}$.

但是 $y=\arcsin u$；$u=x^2+2$ 不能构成复合函数. 因为 $y=\arcsin u$ 的定义域为 $[-1,1]$，而 $u=x^2+2$ 的值域是 $[2,+\infty)$，$[-1,1]\cap[2,+\infty]=\varnothing$.

例 11 已知 $y=\lg u$，$u=x^2+1$，将 y 表示为 x 的复合函数.

解 $y=\lg u=\lg(x^2+1)$.

例 12 将下列复合函数拆解为较简单的函数

(1) $y=\sqrt{1-2x^2}$； (2) $y=\lg\sin x^2$；

(3) $y=3^{\lg 2x}$； (4) $y=\arccos\sqrt{1-x^2}$.

说明：较简单的函数是指基本初等函数或简单的四则运算.

解 (1) $y=\sqrt{1-2x^2}$ 是由 $y=\sqrt{u}$，$u=1-2x^2$ 复合而成的.

(2) $y=\lg\sin x^2$ 是由 $y=\lg u$，$u=\sin v$，$v=x^2$ 复合而成的.

(3) $y=3^{\lg 2x}$ 是由 $y=3^u$，$u=\lg v$，$v=2x$ 复合而成的.

(4) $y=\arccos\sqrt{1-x^2}$ 是由 $y=\arccos u$，$u=\sqrt{v}$，$v=1-x^2$ 复合而成的.

4. 初等函数

定义 1.8 由基本初等函数经过有限次的四则运算或复合所构成，并且能用一个解析式表示的函数，称为初等函数.

例如 $y=(3x^2+1)^3$，$y=\sin 2x+\dfrac{1}{x}$ 等都是初等函数.

根据定义可知，分段函数一般不是初等函数.

§1.2 函数的极限

1.2.1 数列的极限

1. 数列

数列就是按一定规律排列的一列数：$x_1,x_2,x_3,\cdots,x_n,\cdots$，简记为 $\{x_n\}$.

其中，x_1 叫做数列的第一项，x_2 叫做数列的第二项，$\cdots$，x_n 叫做数列的第 n 项，又称一般项或通项.

2. 数列的极限

设有数列：

(1) $1,\dfrac{1}{2},\dfrac{1}{3},\dfrac{1}{4},\cdots,\dfrac{1}{n},\cdots$.

(2) $\dfrac{1}{2},\dfrac{2}{3},\dfrac{3}{4},\dfrac{4}{5},\cdots,\dfrac{n}{n+1},\cdots$.

(3) $1,0,1,0,\cdots,\dfrac{(-1)^{n+1}+1}{2},\cdots$.

(4) $1,2,3,4,\cdots,n,\cdots$.

观察上面的四个数列，可以看出，随着数列的项数 n 越变越大，数列 $\left\{\dfrac{1}{n}\right\}$ 无限趋近于零，$\left\{\dfrac{n}{n+1}\right\}$ 无限趋近于 1；$\left\{\dfrac{(-1)^{n+1}+1}{2}\right\}$ 在 0 与 1 之间跳动，不趋向于任何一个常数；$\{n\}$ 无限

变大.

定义 1.9　对于数列$\{x_n\}$,如果当n无限变大时,x_n无限趋近于一个确定的常数A,则称当n趋向于无穷大时,数列$\{x_n\}$以A为极限,记做$\lim\limits_{n\to\infty}x_n=A$,或$x_n\to A(n\to\infty)$.数列$\{x_n\}$以常数$A$为极限,亦称该数列收敛于$A$;如果数列$\{x_n\}$没有极限,就称$\{x_n\}$为发散的.

由上述可知

$$\lim_{n\to\infty}\frac{1}{n}=0,\quad \lim_{n\to\infty}\frac{n}{n+1}=1$$

数列(3)、(4)是发散的.

1.2.2　函数的极限

1. $x\to\infty$ 时,函数 $y=f(x)$ 的极限

数列可以看做是定义在自然数集上的函数,下面将这种特殊函数的极限概念推广到一般函数的极限概念.

考察函数$f(x)=\dfrac{1}{x-1}$,从图 1-8 中可以看出,当自变量x取正值无限增大时(记做$x\to+\infty$),函数$f(x)=\dfrac{1}{x-1}$无限趋近于常数 0,此时我们称 0 为$f(x)=\dfrac{1}{x-1}$当$x\to+\infty$时的极限.

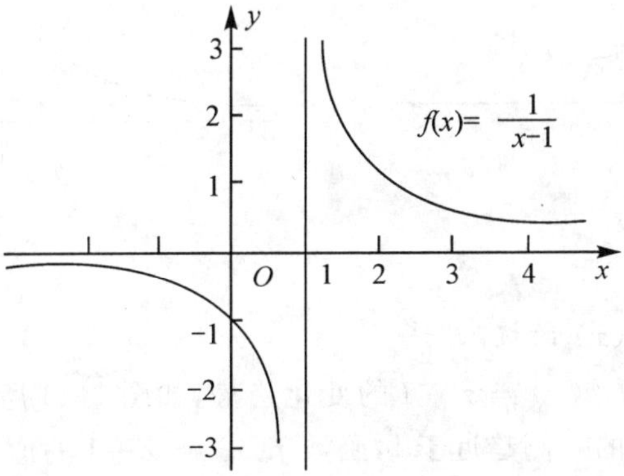

图 1-8

定义 1.10　如果当自变量x无限增大时,函数$f(x)$无限趋近于某个确定的常数A,则常数A称为函数$f(x)$当$x\to+\infty$时的极限,记做$\lim\limits_{x\to+\infty}f(x)=A$,或$f(x)\to A(x\to+\infty)$.

同样,从图 1-8 中可以看出,当自变量x取负值而绝对值无限增大(记为$x\to-\infty$)时,函数$f(x)=\dfrac{1}{x-1}$也无限趋近于常数 0,此时,我们称 0 为函数$f(x)=\dfrac{1}{x-1}$当$x\to-\infty$时的极限.

关于$x\to-\infty$时函数极限的定义可以仿照定义 1.10 给出.

定义 1.11　若$\lim\limits_{x\to+\infty}f(x)=\lim\limits_{x\to-\infty}f(x)=A$(常数),则常数$A$叫做函数$f(x)$当$x\to\infty$时的极限,记做

$$\lim_{x\to\infty}f(x)=A \text{ 或 } f(x)\to A(x\to\infty).$$

由上述讨论可知，$\lim\limits_{x\to\infty}\left(\dfrac{1}{x-1}\right)=0$.

例 1 求(1) $\lim\limits_{x\to+\infty}\left(\dfrac{1}{2}\right)^x$ 和 $\lim\limits_{x\to-\infty}2^x$；

(2) $\lim\limits_{x\to+\infty}\arctan x$ 和 $\lim\limits_{x\to-\infty}\arctan x$.

解 (1) 观察图 1-9 可知：$\lim\limits_{x\to+\infty}\left(\dfrac{1}{2}\right)^x=0$，$\lim\limits_{x\to-\infty}2^x=0$

(2) 观察图 1-10 可知：

$$\lim_{x\to+\infty}\arctan x=\frac{\pi}{2},\qquad \lim_{x\to-\infty}\arctan x=-\frac{\pi}{2}.$$

由于当 $x\to+\infty$ 和 $x\to-\infty$ 时，函数 $y=\arctan x$ 不是无限趋近于同一个常数，所以 $\lim\limits_{x\to\infty}\arctan x$ 不存在.

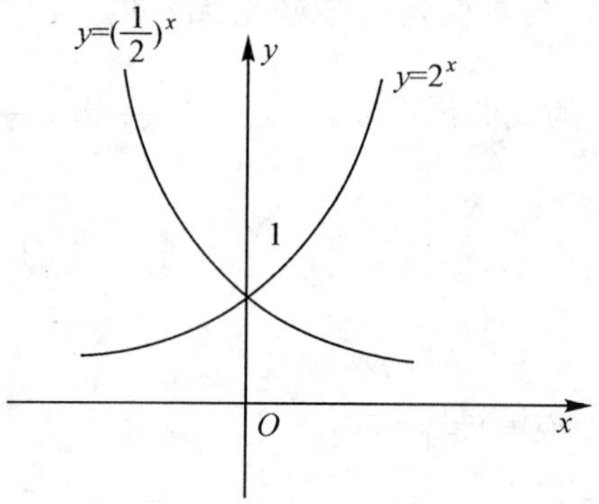

图 1-9

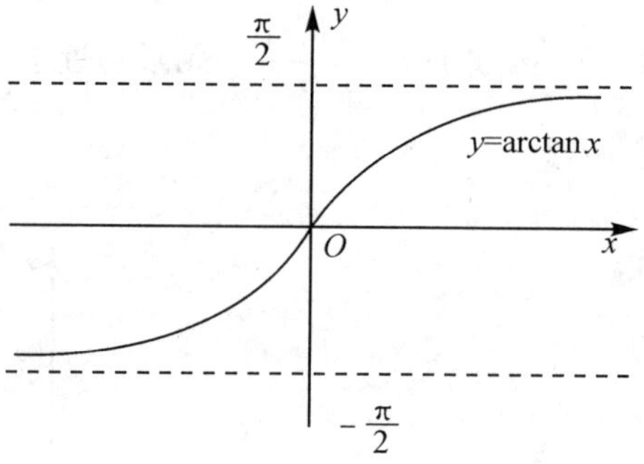

图 1-10

2. $x\to x_0$ 时，函数 $f(x)$ 的极限

观察当 $x\to1$ 时，函数 $f(x)=x+1$ 的变化趋势，如图 1-11 所示，无论 x 从大于 1 的一侧趋近于 1，还是从小于 1 的一侧趋近于 1，函数 $f(x)=x+1$ 的值无限趋近于 2，这时，我们说函数 $f(x)=x+1$ 当 $x\to1$ 时以常数 2 为极限.

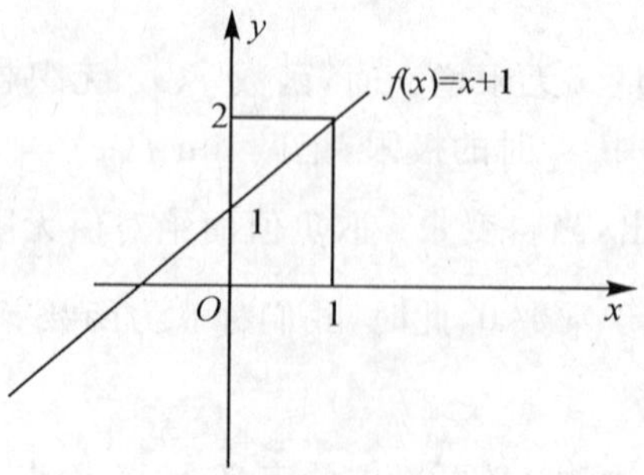

图 1-11

定义 1.12　设函数 $y=f(x)$ 在 x_0 的左右近旁有定义，如果当 x 无限趋近于定值 $x_0(x\neq x_0)$ 时，函数 $f(x)$ 无限趋近于一个确定的常数 A，则常数 A 叫做函数 $f(x)$ 当 $x\to x_0$ 时的极限，记做 $\lim\limits_{x\to x_0}f(x)=A$，或 $f(x)\to A(x\to x_0)$.

由定义可知 $\lim\limits_{x\to 1}(x+1)=2$.

根据定义容易推知：

(1) $\lim\limits_{x\to x_0}x=x_0$；

(2) $\lim\limits_{x\to x_0}c=c$（$c$ 为常数）.

例 2　观察并求出下列函数的极限

(1) $\lim\limits_{x\to 0}(1-x^2)$；

(2) $\lim\limits_{x\to 1}\dfrac{x^2-1}{x-1}$；

(3) $\lim\limits_{x\to 0}\sin x$ 和 $\lim\limits_{x\to 0}\cos x$.

解　(1) 如图 1-12 所示，当 x 无限趋近于 0 时，函数 $f(x)=1-x^2$ 无限趋近于 1，所以 $\lim\limits_{x\to 0}(1-x^2)=1$.

(2) 如图 1-13 所示，函数 $f(x)=\dfrac{x^2-1}{x-1}$ 在 $x_0=1$ 处没有定义，但从图像中可以看出，x 无论从大于 1 的一侧还是从小于 1 的一侧趋近于 1 时，对应的函数 $f(x)=\dfrac{x^2-1}{x-1}$ 的值都无限趋近于 2，所以，$\lim\limits_{x\to 1}\dfrac{x^2-1}{x-1}=2$.

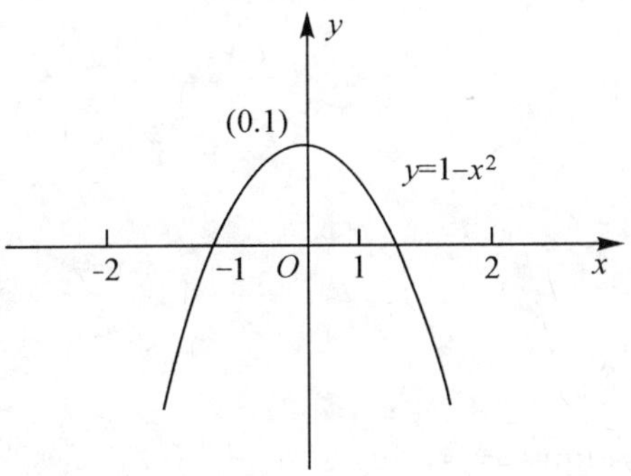

图 1-12

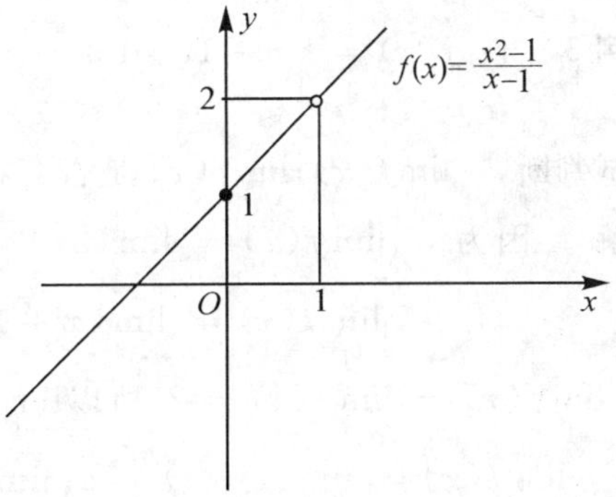

图 1-13

这说明，极限 $\lim\limits_{x\to x_0}f(x)$ 存在与否与函数 $f(x)$ 在点 x_0 是否有定义没有关系.

(3) 如图 1-14 和图 1-15 所示. 当 x 无限趋近于 0 时，$\sin x$ 无限趋近于 0；$\cos x$ 无限趋近于 1，所以有

$$\lim_{x\to 0}\sin x=0,\quad \lim_{x\to 0}\cos x=1.$$

由上述讨论得知，自变量 $x\to x_0$ 包含两种情况：

(1) x 从 x_0 的左侧（$x<x_0$）趋近于 x_0，记做 $x\to x_0^-$；

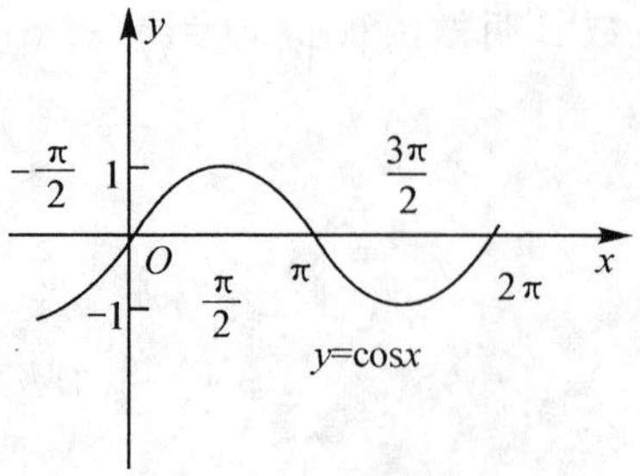

图 1-14

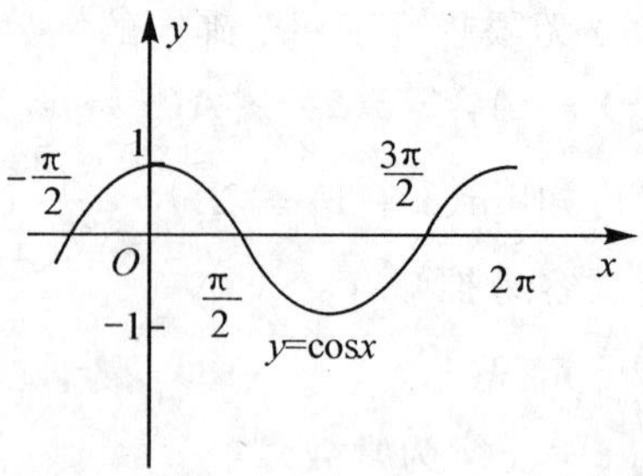

图 1-15

(2) x 从 x_0 的右侧($x > x_0$)趋近于 x_0,记做 $x \to x_0^+$.

定义 1.13 如果当 $x \to x_0^-$ 时,函数 $f(x)$ 以常数 A 为极限,则称 A 为 $f(x)$ 当 $x \to x_0$ 时的左极限,记为 $\lim\limits_{x \to x_0^-} f(x) = A$;

如果当 $x \to x_0^+$ 时,函数 $f(x)$ 以常数 A 为极限,则称 A 为 $f(x)$ 当 $x \to x_0$ 时的右极限,记为 $\lim\limits_{x \to x_0^+} f(x) = A$.

函数的左极限、右极限统称为函数的单侧极限.

对于极限和单侧极限的关系,有下面的定理:

定理 1.1 $\lim\limits_{x \to x_0} f(x) = A$ 成立的充分必要条件是

$$\lim_{x \to x_0^-} f(x) = \lim_{x \to x_0^+} f(x) = A.$$

定理 1.1 常用来判定函数在一点的极限是否存在.

例 3 设 $f(x) = \begin{cases} 2x, & 0 \leqslant x < 1 \\ x+1, & 1 \leqslant x < 2. \\ 4, & 2 \leqslant x < 3 \end{cases}$

试判断 $\lim\limits_{x \to 1} f(x)$;$\lim\limits_{x \to 2} f(x)$ 是否存在.

解 因为 $\lim\limits_{x \to 1^-} f(x) = \lim\limits_{x \to 1^-} (2x) = 2$

$\lim\limits_{x \to 1^+} f(x) = \lim\limits_{x \to 1^+} (x+1) = 2$

即 $\lim\limits_{x \to 1^-} f(x) = \lim\limits_{x \to 1^+} f(x) = 2$,所以 $\lim\limits_{x \to 1} f(x) = 2$

因为 $\lim\limits_{x \to 2^-} f(x) = \lim\limits_{x \to 2^-} (x+1) = 3$;$\lim\limits_{x \to 2^+} f(x) = \lim\limits_{x \to 2^+} 4 = 4$

即 $\lim\limits_{x \to 2^-} f(x) \neq \lim\limits_{x \to 2^+} (x)$,所以 $\lim\limits_{x \to 2} f(x)$ 不存在.

§1.3 无穷小量与无穷大量

1.3.1 无穷小量

1. 无穷小量

定义 1.14 若函数 $y = f(x)$ 在自变量 x 的某个变化过程中以零为极限,则称 $f(x)$ 为在该变化过程中的无穷小量，简称无穷小. 常以 α、β、γ 等表示.

例如　当 $x\to 0$ 时，x^2，$2x$，都是无穷小量；当 $x\to 1$ 时，$x-1$ 是无穷小量；当 $x\to\infty$ 时，$\frac{1}{x}$ 是无穷小量. 又因为 $\lim\limits_{x\to x_0}0=0$，所以，常数 0 也是无穷小量.

2. 无穷小量的性质

性质 1.1　(1) 有限个无穷小量的代数和仍然是无穷小量；

(2) 有限个无穷小量的积仍然是无穷小量；

(3) 有界变量与无穷小量的积仍然是无穷小量；

例 1　求 $\lim\limits_{x\to 0}x\sin\frac{1}{x}$.

解　因为 $\lim\limits_{x\to 0}x=0$，所以 x 是当 $x\to 0$ 时的无穷小量，而 $\left|\sin\frac{1}{x}\right|\leqslant 1$，即 $\sin\frac{1}{x}$ 是有界变量，由无穷小量的性质 1.1(3)，$\lim\limits_{x\to 0}x\sin\frac{1}{x}=0$.

3. 无穷小量与函数极限的关系

定理 1.2　函数 $f(x)$ 以常数 A 为极限的充分必要条件是 $f(x)$ 可以表示为 A 与一个无穷小量 α 之和. 即

$$\lim_{\substack{x\to x_0\\(x\to\infty)}} f(x)=A\Leftrightarrow f(x)=A+\alpha$$

其中

$$\lim_{\substack{x\to x_0\\(x\to\infty)}}\alpha=0.$$

1.3.2　无穷大量

定义 1.15　如果在自变量 x 的某个变化过程中，函数 $f(x)$ 的绝对值 $|f(x)|$ 无限增大，则称 $f(x)$ 为在该变化过程中的无穷大量，简称无穷大，记做 $\lim\limits_{\substack{x\to x_0\\(x\to\infty)}}f(x)=\infty$.

例如　当 $x\to\frac{\pi}{2}$ 时，$|\tan x|$ 无限变大，所以 $\tan x$ 是当 $x\to\frac{\pi}{2}$ 时的无穷大量.

当 $x\to 0^+$ 时，$|\lg x|$ 无限变大，所以 $\lg x$ 是在 $x\to 0^+$ 时的无穷大量.

1.3.3　无穷小量与无穷大量的关系

容易看出，当 $x\to 0$ 时，x 是无穷小量，而 $\frac{1}{x}$ 则是无穷大量，当 $x\to+\infty$ 时，2^x 是无穷大量，而 $\frac{1}{2^x}$ 则是无穷小量.

一般地，无穷小量与无穷大量之间有如下关系：

在自变量的某一变化过程中，如果 $f(x)$ 为无穷大量，则 $\frac{1}{f(x)}$ 为无穷小量；反之，如果 $f(x)$ 为无穷小量，且 $f(x)\neq 0$，则 $\frac{1}{f(x)}$ 为无穷大量.

1.3.4　无穷小量的阶

不同的无穷小量，趋于零的速度有快有慢，这种区别，我们用无穷小量的比较来加以描述.

定义 1.16 设α、β是在自变量的同一变化过程中(设为$x \to x_0$)的无穷小量,即$\lim\limits_{x \to x_0}\alpha = 0$,$\lim\limits_{x \to x_0}\beta = 0$.

(1) 如果$\lim\limits_{x \to x_0}\frac{\alpha}{\beta} = 0$,则称$\alpha$是比$\beta$高阶的无穷小量,或称$\beta$是比$\alpha$低阶的无穷小量,常记做$\alpha = o(\beta)$.

(2) 如果$\lim\limits_{x \to x_0}\frac{\alpha}{\beta} = c$($c$为不等于零的常数),则称$\alpha$与$\beta$是同阶无穷小量;如果$c = 1$,则称$\alpha$与$\beta$是等价无穷小量,记做$\alpha \sim \beta(x \to x_0)$.

例如 当$x \to \infty$时,$\frac{1}{x}$;$\frac{2}{x}$;$\frac{1}{x^2}$都是无穷小量,因为

$$\lim_{x \to \infty}\frac{\frac{1}{x^2}}{\frac{1}{x}} = \lim_{x \to \infty}\frac{x}{x^2} = \lim_{x \to \infty}\frac{1}{x} = 0, \quad \lim_{x \to \infty}\frac{\frac{2}{x}}{\frac{1}{x}} = \lim_{x \to \infty}2 = 2$$

所以,当$x \to \infty$时,$\frac{1}{x^2}$是比$\frac{1}{x}$高阶的无穷小量,$\frac{2}{x}$与$\frac{1}{x}$是同阶的无穷小量.

§1.4 极限的性质及四则运算法则

1.4.1 极限的性质

性质 1.2 (1)(惟一性)若极限$\lim\limits_{x \to x_0}f(x)$存在,则极限值惟一;

(2)(有界性)若极限$\lim\limits_{x \to x_0}f(x)$存在,则函数$f(x)$在$x_0$的某个空心邻域内有界.

(3)(保号性)若$\lim\limits_{x \to x_0}f(x) = A$,且$A > 0$(或$A < 0$),则在$x_0$的某个空心邻域内恒有$f(x) > 0$(或$f(x) < 0$).

若$\lim\limits_{x \to x_0}f(x) = A$,且在$x_0$的某个空心邻域内恒有$f(x) \geqslant 0$(或$f(x) \leqslant 0$),则$A \geqslant 0$(或$A \leqslant 0$).

注:x_0的空心邻域是指集合$(x_0 - \delta, x_0) \cup (x_0, x_0 + \delta)$,$\delta$为某个正数.

当$x \to \infty$时,函数的极限仍具有上述性质,其具体叙述可以由学生给出.

1.4.2 极限的运算法则

定理 1.3 设$\lim\limits_{x \to x_0}f(x) = A$,$\lim\limits_{x \to x_0}g(x) = B$,则有

(1) $\lim\limits_{x \to x_0}[f(x) \pm g(x)] = \lim\limits_{x \to x_0}f(x) \pm \lim\limits_{x \to x_0}g(x) = A \pm B$;

(2) $\lim\limits_{x \to x_0}[f(x) \cdot g(x)] = \lim\limits_{x \to x_0}f(x) \cdot \lim\limits_{x \to x_0}g(x) = A \cdot B$;

(3) $\lim\limits_{x \to x_0}\frac{f(x)}{g(x)} = \frac{\lim\limits_{x \to x_0}f(x)}{\lim\limits_{x \to x_0}g(x)} = \frac{A}{B}(B \neq 0)$.

证 (1) 因为 $\lim\limits_{x \to x_0}f(x) = A$, $\lim\limits_{x \to x_0}g(x) = B$

根据定理 1.2　　$f(x)=A+\alpha$； $g(x)=B+\beta$.

其中　$\lim\limits_{x\to x_0}\alpha=0$，$\lim\limits_{x\to x_0}\beta=0$，于是

$$f(x)\pm g(x)=(A+\alpha)\pm(B+\beta)=(A\pm B)+(\alpha\pm\beta)$$

再由定理 1.2 和无穷小量的性质可得

$$\lim_{x\to x_0}[f(x)\pm g(x)]=A\pm B$$

(2) 与(3) 的证明可以类似给出.

注意　定理 1.3 及其以下推论中自变量的变化趋势可以是 $x\to\infty$ 或其他情形.

推论　设 c 为常数，n 为自然数，则

(1) 当 $\lim\limits_{x\to x_0}f_i(x)=A_i$ 时，有 $\lim\limits_{x\to x_0}\sum\limits_{i=1}^{n}f_i(x)=\sum\limits_{i=1}^{n}A_i$ 成立；

(2) $\lim\limits_{x\to x_0}cf(x)=c\lim\limits_{x\to x_0}f(x)=cA$；

(3) $\lim\limits_{x\to x_0}[f(x)]^n=[\lim\limits_{x\to x_0}f(x)]^n=A^n$.

例 1　求 $\lim\limits_{x\to 1}(x^2-3x+2)$.

解

$$\begin{aligned}\lim_{x\to 1}(x^2-3x+2)&=\lim_{x\to 1}x^2-\lim_{x\to 1}3x+\lim_{x\to 1}2\\&=[\lim_{x\to 1}x]^2-3\lim_{x\to 1}x+2=1-3+2=0.\end{aligned}$$

例 2　求 $\lim\limits_{x\to 3}\dfrac{x^2+1}{x-4}$.

解

$$\lim_{x\to 3}\frac{x^2+1}{x-4}=\frac{\lim\limits_{x\to 3}(x^2+1)}{\lim\limits_{x\to 3}(x-4)}=\frac{\lim\limits_{x\to 3}x^2+\lim\limits_{x\to 3}1}{\lim\limits_{x\to 3}x-\lim\limits_{x\to 3}4}=\frac{9+1}{3-4}=-10.$$

例 3　求 $\lim\limits_{x\to 2}\dfrac{3x}{x-2}$.

解　因为

$$\lim_{x\to 2}3x=3\lim_{x\to 2}x=3\times 2=6\neq 0$$

$$\lim_{x\to 2}(x-2)=\lim_{x\to 2}x-\lim_{x\to 2}2=2-2=0$$

$$\lim_{x\to 2}\frac{x-2}{3x}=\frac{\lim\limits_{x\to 2}(x-2)}{\lim\limits_{x\to 2}3x}=\frac{0}{6}=0$$

所以

$$\lim_{x\to 2}\frac{3x}{x-2}=\infty.$$

例 4　求 $\lim\limits_{x\to 3}\dfrac{x^2-9}{x-3}$.

解　因为 $\lim\limits_{x\to 3}(x-3)=0$，所以不能直接应用定理 1.3，由于当 $x\to 3$ 时，$x\neq 3$，$x-3\neq 0$，所以可以将因子 $(x-3)$ 约去，再求极限，即

$$\lim_{x\to 3}\frac{x^2-9}{x-3}=\lim_{x\to 3}\frac{(x-3)(x+3)}{x-3}=\lim_{x\to 3}(x+3)=\lim_{x\to 3}x+\lim_{x\to 3}3=3+3=6.$$

例 5　求 $\lim\limits_{x\to\infty}\dfrac{2x^2+3}{3x^2+1}$.

解　当 $x\to\infty$ 时，分子、分母都是无穷大量，所以不能直接应用定理 1.3，可以将分子、分母同除以 x^2，得

$$\lim_{x\to\infty}\frac{2x^2+3}{3x^2+1}=\lim_{x\to\infty}\frac{2+\frac{3}{x^2}}{3+\frac{1}{x^2}}=\frac{\lim\limits_{x\to\infty}\left(2+\frac{3}{x^2}\right)}{\lim\limits_{x\to\infty}\left(3+\frac{1}{x^2}\right)}=\frac{2+0}{3+0}=\frac{2}{3}.$$

例 6 求 $\lim\limits_{x\to\infty}\dfrac{3x^2+x+2}{4x^3+2x+3}$.

解 仿照例 5 的解法,分子、分母同除以 x^3,得

$$\lim_{x\to\infty}\frac{3x^2+x+2}{4x^3+2x+3}=\lim_{x\to\infty}\frac{\frac{3}{x}+\frac{1}{x^2}+\frac{2}{x^3}}{4+\frac{2}{x^2}+\frac{3}{x^3}}=\frac{\lim\limits_{x\to\infty}\left(\frac{3}{x}+\frac{1}{x^2}+\frac{2}{x^3}\right)}{\lim\limits_{x\to\infty}\left(4+\frac{2}{x^2}+\frac{3}{x^3}\right)}=\frac{0}{4}=0$$

例 7 求 $\lim\limits_{x\to\infty}\dfrac{x^2+x+1}{x+1}$.

解 分子、分母同除以 x^2,得

$$\lim_{x\to\infty}\frac{x^2+x+1}{x+1}=\lim_{x\to\infty}\frac{1+\frac{1}{x}+\frac{1}{x^2}}{\frac{1}{x}+\frac{1}{x^2}}$$

因为

$$\lim_{x\to\infty}\left(\frac{1}{x}+\frac{1}{x^2}\right)=0$$

$$\lim_{x\to\infty}\left(1+\frac{1}{x}+\frac{1}{x^2}\right)=1\neq 0$$

所以

$$\lim_{x\to\infty}\frac{\frac{1}{x}+\frac{1}{x^2}}{1+\frac{1}{x}+\frac{1}{x^2}}=0$$

而

$$\lim_{x\to\infty}\frac{1+\frac{1}{x}+\frac{1}{x^2}}{\frac{1}{x}+\frac{1}{x^2}}=\infty$$

即

$$\lim_{x\to\infty}\frac{x^2+x+1}{x+1}=\infty.$$

一般地,有下面的结论

$$\lim_{x\to\infty}\frac{a_0x^n+a_1x^{n-1}+\cdots+a_n}{b_0x^m+b_1x^{m-1}+\cdots+b_m}=\begin{cases}\frac{a_0}{b_0}, & m=n\\ 0, & m>n\\ \infty, & m<n\end{cases}$$

m,n 为非负整数,a_0、b_0 都不等于 0.

例 8 求 $\lim\limits_{x\to 1}\left(\dfrac{1}{x-1}-\dfrac{2}{x^2-1}\right)$.

解 因为当 $x\to 1$ 时,$\dfrac{1}{x-1}$ 和 $\dfrac{2}{x^2-1}$ 都是无穷大量,所以不能直接应用定理 1.3,可以先通分,再求极限,即

$$\lim_{x\to 1}\left(\frac{1}{x-1}-\frac{2}{x^2-1}\right)=\lim_{x\to 1}\frac{x+1-2}{(x-1)(x+1)}=\lim_{x\to 1}\frac{x-1}{(x-1)(x+1)}=\lim_{x\to 1}\frac{1}{x+1}=\frac{1}{2}.$$

例 9　求$\lim\limits_{n\to\infty}\left(\frac{1}{n^2}+\frac{2}{n^2}+\frac{3}{n^2}+\cdots+\frac{n}{n^2}\right)$.

解　当 $n\to\infty$ 时，$\frac{1}{n^2},\frac{2}{n^2},\frac{3}{n^2},\cdots,\frac{n}{n^2}$ 的每一项的极限都是 0，但项数与 n 有关，所以不能直接应用定理 1.3，可以先求和，再求极限，即

$$\lim_{n\to\infty}\left(\frac{1}{n^2}+\frac{2}{n^2}+\frac{3}{n^2}+\cdots+\frac{n}{n^2}\right)=\lim_{n\to\infty}\frac{1+2+3+\cdots+n}{n^2}$$

$$=\lim_{n\to\infty}\frac{n(n+1)}{2n^2}=\lim_{n\to\infty}\frac{n+1}{2n}=\lim_{n\to\infty}\frac{1+\frac{1}{n}}{2}=\frac{1}{2}.$$

§1.5　两个重要极限

1. $\lim\limits_{x\to 0}\frac{\sin x}{x}=1$

对 x 任取一系列趋于零的数值时，经计算可得$\frac{\sin x}{x}$ 的一系列对应值，如表 1-3 所示.

表 1-3

x	± 1	± 0.7	± 0.5	± 0.3	± 0.1	± 0.01	$\cdots\to\ 0$
$\frac{\sin x}{x}$	0.84147	0.92031	0.95885	0.98507	0.99833	0.99998	$\cdots\to 1$

函数 $f(x)=\frac{\sin x}{x}$ 的图像如图 1-16 所示.

从表 1-3 和图 1-16 中可以看出，当 x 无限趋近于零时，$\frac{\sin x}{x}$ 的值无限趋近于 1. 即

$$\lim_{x\to 0}\frac{\sin x}{x}=1.$$

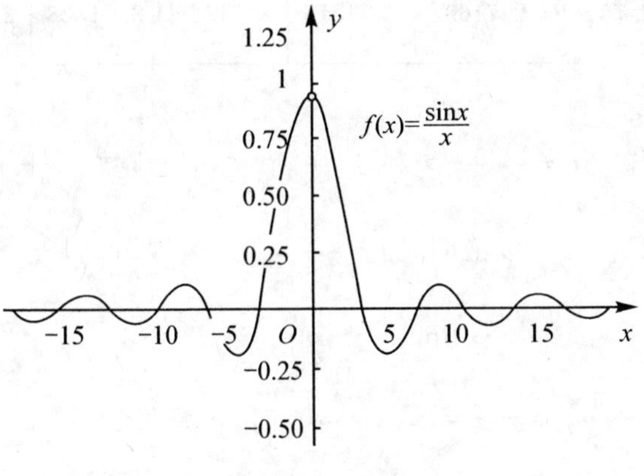

图 1-16

例 1 求$\lim\limits_{x\to 0}\dfrac{\sin 2x}{3x}$.

解 $$\lim_{x\to 0}\frac{\sin 2x}{3x}=\lim_{x\to 0}\frac{2\sin 2x}{3\cdot 2x}=\frac{2}{3}\lim_{2x\to 0}\frac{\sin 2x}{2x}=\frac{2}{3}.$$

例 2 求$\lim\limits_{x\to 0}\dfrac{\tan x}{x}$.

解 $$\lim_{x\to 0}\frac{\tan x}{x}=\lim_{x\to 0}\frac{\sin x}{\cos x}\cdot\frac{1}{x}=\lim_{x\to 0}\frac{1}{\cos x}\cdot\frac{\sin x}{x}=\lim_{x\to 0}\frac{1}{\cos x}\cdot\lim_{x\to 0}\frac{\sin x}{x}=1.$$

例 3 求$\lim\limits_{x\to 0}\dfrac{1-\cos x}{x^2}$.

解 $$\lim_{x\to 0}\frac{1-\cos x}{x^2}=\lim_{x\to 0}\frac{2\sin^2\frac{x}{2}}{x^2}=\frac{1}{2}\lim_{\frac{x}{2}\to 0}\frac{\sin^2\frac{x}{2}}{\left(\frac{x}{2}\right)^2}=\frac{1}{2}.$$

例 4 求$\lim\limits_{x\to\infty}x\sin\dfrac{1}{x}$.

解 $$\lim_{x\to\infty}x\cdot\sin\frac{1}{x}=\lim_{x\to\infty}\frac{\sin\frac{1}{x}}{\frac{1}{x}}=1.$$

2. $\lim\limits_{x\to\infty}\left(1+\dfrac{1}{x}\right)^x=\mathrm{e}$

当 $x\to-\infty$ 和 $x\to+\infty$ 时,函数 $f(x)=\left(1+\dfrac{1}{x}\right)^x$ 的对应值的变化如表 1-4 所示.

表 1-4

x	-10	-10^2	-10^3	-10^4	-10^5	-10^6	-10^7	$\cdots\to-\infty$
$\left(1+\frac{1}{x}\right)^x$	2.86797	2.73199	2.71964	2.71842	2.71829	2.71828	2.71828	$\cdots\to\mathrm{e}$
x	10	10^2	10^3	10^4	10^5	10^6	10^7	$\cdots\to+\infty$
$\left(1+\frac{1}{x}\right)^x$	2.59374	2.70481	2.71692	2.71815	2.71826	2.71828	2.71828	$\cdots\to\mathrm{e}$

从表 1-4 可以看出,当 $x\to-\infty$ 和 $x\to+\infty$ 时,函数 $\left(1+\dfrac{1}{x}\right)^x$ 的值无限趋近于 2.71828…($\mathrm{e}=2.71828\cdots$).可以证明,当 $x\to\infty$ 时,极限$\lim\limits_{x\to\infty}\left(1+\dfrac{1}{x}\right)^x$ 存在且等于 e,即

$$\lim_{x\to\infty}\left(1+\frac{1}{x}\right)^x=\mathrm{e}.$$

上式中,作变换 $u=\dfrac{1}{x}$,则当 $x\to\infty$,$u\to 0$ 时,于是得到

$$\lim_{u\to 0}(1+u)^{\frac{1}{u}}=\mathrm{e}.$$

例 5　求$\lim\limits_{x\to\infty}\left(1+\frac{1}{x}\right)^{2x}$.

解　$\lim\limits_{x\to\infty}\left(1+\frac{1}{x}\right)^{2x}=\lim\limits_{x\to\infty}\left[\left(1+\frac{1}{x}\right)^{x}\right]^2=\left[\lim\limits_{x\to\infty}\left(1+\frac{1}{x}\right)^{x}\right]^2=e^2$.

例 6　求$\lim\limits_{x\to\infty}\left(1+\frac{2}{x}\right)^{x}$.

解

$$\lim_{x\to\infty}\left(1+\frac{2}{x}\right)^{x}=\lim_{x\to\infty}\left[\left(1+\frac{1}{\frac{x}{2}}\right)^{\frac{x}{2}}\right]^2$$

上式中，作变换 $u=\frac{x}{2}$，当 $x\to\infty$ 时，$u\to\infty$，于是

$$\lim_{x\to\infty}\left(1+\frac{2}{x}\right)^{x}=\lim_{u\to\infty}\left[\left(1+\frac{1}{u}\right)^{u}\right]^2=\left[\lim_{u\to\infty}\left(1+\frac{1}{u}\right)^{u}\right]^2=e^2.$$

例 7　求$\lim\limits_{x\to\infty}\left(1-\frac{1}{x}\right)^{x+1}$.

解　令 $u=-x$，则 $x=-u$，当 $x\to\infty$ 时，$u\to\infty$，于是

$$\lim_{x\to\infty}\left(1-\frac{1}{x}\right)^{x+1}=\lim_{u\to\infty}\left(1+\frac{1}{u}\right)^{-u+1}=\lim_{u\to\infty}\frac{\left(1+\frac{1}{u}\right)}{\left(1+\frac{1}{u}\right)^{u}}=\frac{1}{e}.$$

利用第二个重要极限，我们可以得到计算连续复利的公式.

设本金为 P，年利率为 r，若每年结算一次，则一年后的本利和为 $F=P(1+r)$；如果一年结算 t 次，且每次结算后的利息都计入本金，则每期利率为$\frac{r}{t}$，一年后的本利和为

$$F_t=P\left(1+\frac{r}{t}\right)^t$$

如果结算次数无限增多，即 $t\to\infty$，则有

$$F=\lim_{t\to\infty}P\left(1+\frac{r}{t}\right)^t=P\lim_{t\to\infty}\left[\left(1+\frac{r}{t}\right)^{\frac{t}{r}}\right]^r=Pe^r.$$

§1.6　函数的连续性

1.6.1　函数连续的概念

1. 函数的改变量

定义 1.17　设函数 $y=f(x)$，当自变量 x 由初值 x_0 改变到终值 x_1 时，差 x_1-x_0 称为自变量 x 的改变量(或增量)，记做 Δx，即 $\Delta x=x_1-x_0$.

相应地，函数值由 $f(x_0)$ 变到 $f(x_0+\Delta x)$，差 $f(x_0+\Delta x)-f(x_0)$ 称为函数 $f(x)$ 的改变量(或增量)，记做 Δy，即

$$\Delta y=f(x_0+\Delta x)-f(x_0).$$

注意　Δx 和 Δy 可以是正值，也可以是负值.

例 1　设 $f(x)=2x+1$，(1) 当 x 由 2 变到 2.1 时；(2) 当 x 由 2 变到 1.8 时，分别求 Δx

和 Δy.

解 (1) $\Delta x = 2.1 - 2 = 0.1$

$\Delta y = f(2.1) - f(2) = (2\times 2.1 + 1) - (2\times 2 + 1) = 5.2 - 5 = 0.2.$

(2) $\Delta x = 1.8 - 2 = -0.2$

$\Delta y = f(1.8) - f(2) = (2\times 1.8 + 1) - (2\times 2 + 1) = 4.6 - 5 = -0.4.$

2. 函数连续的定义

观察图1-17和图1-18中两条函数曲线在 $x = x_0$ 处的情形. 函数的图像是曲线，函数的连续性反映到函数的图像上就是其曲线是连续不断的.

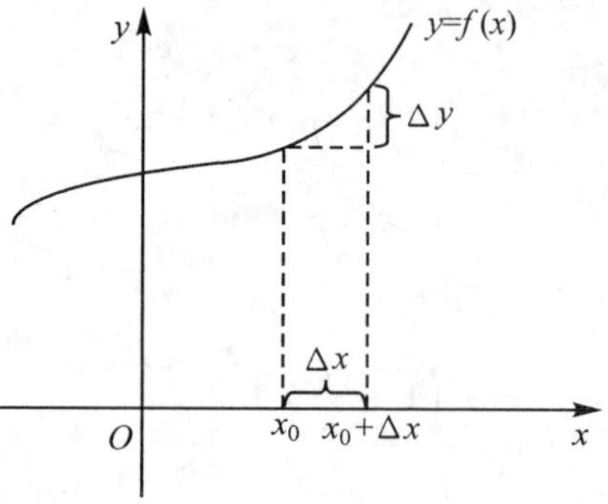

图 1-17

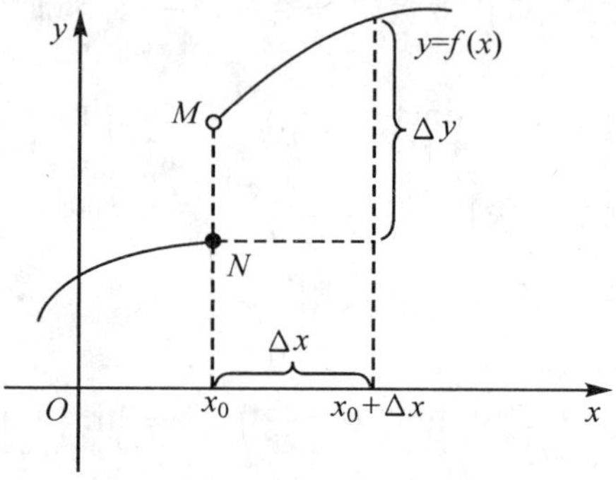

图 1-18

在图1-17中，函数 $y = f(x)$ 在点 x_0 处是连续的. 可以看出，当自变量的改变量 Δx 趋近于零时，相对应的函数的改变量 $\Delta y = f(x_0 + \Delta x) - f(x_0)$ 也趋近于零. 在图1-18中，函数 $y = f(x)$ 在点 x_0 处是断开的、不连续的. 当 x_0 处自变量的改变量 Δx 逐渐变小乃至趋于零时，相对应的函数的改变量 $\Delta y = f(x_0 + \Delta x) - f(x_0)$ 趋于一个不为零的定值：线段 MN 的长度 $|MN|$.

由以上分析，我们给出函数在一点 x_0 处连续的定义.

定义 1.18 设函数 $y = f(x)$ 在点 x_0 及其附近有定义，如果当自变量 x 在点 x_0 处的改变量 Δx 趋近于零时，相应的函数 $y = f(x)$ 改变量 Δy 也趋近于零，即 $\lim\limits_{\Delta x\to 0}\Delta y = 0$ 则称函数 $y = f(x)$ 在点 x_0 处是连续的，点 x_0 称为函数的连续点.

如果函数 $y = f(x)$ 在区间 (a,b) 内每一点都连续，则称函数 $y = f(x)$ 在区间 (a,b) 内是连续的. 这时，区间 (a,b) 称为函数 $f(x)$ 的连续区间.

例 2 证明函数 $y = \sin x$ 在 $(-\infty, +\infty)$ 内连续.

证 对任意的 $x_0 \in (-\infty, +\infty)$

$$\Delta y = f(x_0 + \Delta x) - f(x_0) = \sin(x_0 + \Delta x) - \sin x_0$$
$$= 2\cos\left(x_0 + \frac{\Delta x}{2}\right)\cdot \sin\frac{\Delta x}{2}$$

$$\lim_{\Delta x\to 0}\Delta y = \lim_{\Delta x\to 0}\left[2\cos\left(x_0 + \frac{\Delta x}{2}\right)\sin\frac{\Delta x}{2}\right]$$
$$= \lim_{\Delta x\to 0}\frac{\sin\frac{\Delta x}{2}}{\frac{\Delta x}{2}}\cdot\lim_{\Delta x\to 0}\left[\Delta x\cdot\cos\left(x_0 + \frac{\Delta x}{2}\right)\right] = 1\times 0 = 0$$

所以，函数 $y=\sin x$ 在点 x_0 处连续，由点 x_0 在 $(-\infty,+\infty)$ 内的任意性可知，$y=\sin x$ 在 $(-\infty,+\infty)$ 内连续.

可以证明:(1) 基本初等函数在其定义域内都是连续的.

(2) 若 $\lim\limits_{x\to x_0}\varphi(x)=u_0$，而函数 $y=f(u)$ 在点 u_0 处连续，则复合函数 $y=f[\varphi(x)]$ 当 $x\to x_0$ 时极限也存在，且

$$\lim_{x\to x_0}f[\varphi(x)]=f[\lim_{x\to x_0}\varphi(x)]=f(u_0).$$

例 3 求 $\lim\limits_{x\to 0}\dfrac{\ln(1+x)}{x}$.

解 因为 $\lim\limits_{x\to 0}(1+x)^{\frac{1}{x}}=\mathrm{e}$，而 $y=\ln u$ 在 $u=\mathrm{e}$ 处连续，所以

$$\lim_{x\to 0}\frac{\ln(1+x)}{x}=\lim_{x\to 0}\ln(1+x)^{\frac{1}{x}}=\ln\mathrm{e}=1.$$

在极限 $\lim\limits_{\Delta x\to 0}\Delta y=0$，即 $\lim\limits_{\Delta x\to 0}[f(x_0+\Delta x)-f(x_0)]=0$ 中，令 $x=x_0+\Delta x$，当 $\Delta x\to 0$ 时，$x\to x_0$，上述极限成为

$$\lim_{\Delta x\to 0}[f(x_0+\Delta x)-f(x_0)]=\lim_{x\to x_0}[f(x)-f(x_0)]=0$$

即

$$\lim_{x\to x_0}f(x)=f(x_0)$$

于是，我们有函数 $y=f(x)$ 在 x_0 连续的另一个定义.

定义 1.19 如果函数 $y=f(x)$ 在 x_0 及其附近有定义，并且 $\lim\limits_{x\to x_0}f(x)=f(x_0)$，则函数 $y=f(x)$ 在点 x_0 处连续.

如果 $\lim\limits_{x\to x_0^-}f(x)=f(x_0)$，则称函数 $y=f(x)$ 在点 x_0 左连续；如果 $\lim\limits_{x\to x_0^+}f(x)=f(x_0)$，则称函数 $y=f(x)$ 在点 x_0 右连续.

如果函数 $y=f(x)$ 在开区间 (a,b) 内连续，且有 $\lim\limits_{x\to a^+}f(x)=f(a)$，$\lim\limits_{x\to b^-}f(x)=f(b)$，则称函数 $y=f(x)$ 在闭区间 $[a,b]$ 上连续.

1.6.2 函数的间断点

根据定义 1.19，我们可以知道，函数 $y=f(x)$ 在点 x_0 处连续必须满足三个条件：

(1) 函数 $f(x)$ 在点 x_0 处有定义；

(2) 极限 $\lim\limits_{x\to x_0}f(x)$ 存在；

(3) $\lim\limits_{x\to x_0}f(x)=f(x_0)$.

若其中有一条不满足，则称函数 $y=f(x)$ 在点 x_0 处间断，且点 x_0 称为函数 $y=f(x)$ 的间断点.

例如 函数 $f(x)=\dfrac{1}{x-1}$ 在点 $x_0=1$ 处没有定义，$x_0=1$ 就是函数 $f(x)=\dfrac{1}{x-1}$ 的一个间断点. 该间断点称为函数的无穷型间断点. 如图 1-19 所示.

例 4 讨论函数 $f(x)$ 在点 $x_0=0$ 处的连续性.

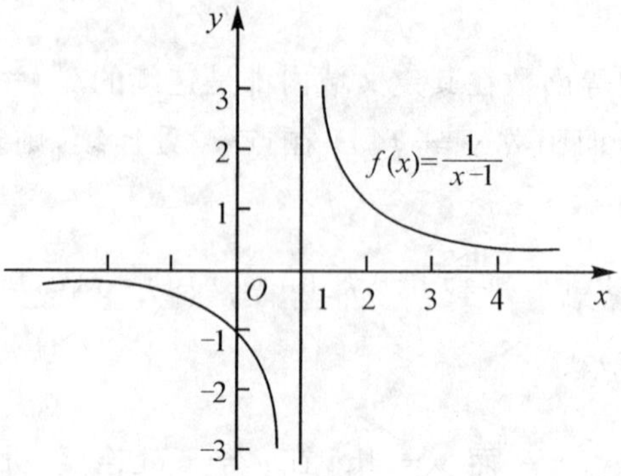

图 1-19

(1) $f(x)=\begin{cases}x-1, & x<0\\ 0, & x=0;\\ x+1, & x>0\end{cases}$

(2) $f(x)=\begin{cases}\dfrac{\sin x}{x}, & x\neq 0\\ 0, & x=0\end{cases}$.

解 (1) $f(0)=0$; $\lim\limits_{x\to 0^-}f(x)=\lim\limits_{x\to 0^-}(x-1)=-1$;

$$\lim_{x\to 0^+}f(x)=\lim_{x\to 0^+}(x+1)=1$$

因为$\lim\limits_{x\to 0^-}f(x)\neq\lim\limits_{x\to 0^+}f(x)$，所以$\lim\limits_{x\to 0}f(x)$不存在，函数 $f(x)$ 在点 $x_0=0$ 处不连续，点 $x_0=0$ 是函数$f(x)$的跳跃型间断点. 如图 1-20 所示.

(2) $f(0)=0,\lim\limits_{x\to 0}f(x)=\lim\limits_{x\to 0}\dfrac{\sin x}{x}=1$

因为

$$\lim_{x\to 0}f(x)=1\neq f(0)$$

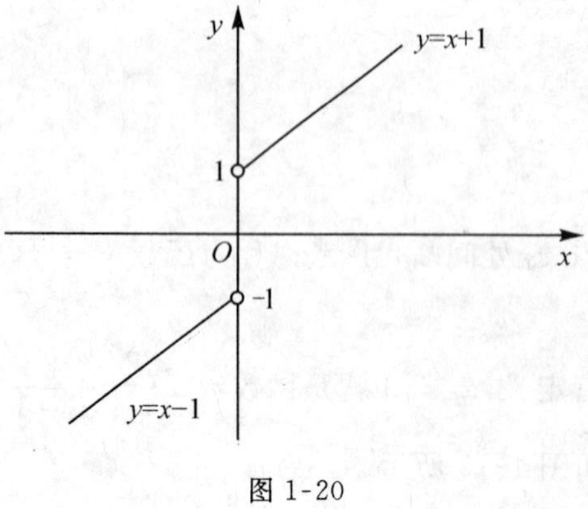

图 1-20

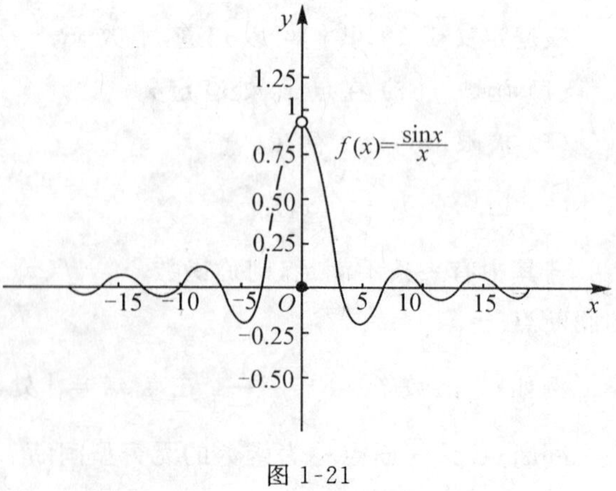

图 1-21

所以函数 $y=f(x)$ 在点 $x_0=0$ 处不连续. 如果将函数 $f(x)$ 在点 $x_0=0$ 处的函数值 $f(0)=0$ 改为 $f(0)=1$,则 $f(x)$ 在点 $x_0=0$ 处就连续了. 所以点 $x_0=0$ 称为该函数的可去型间断点. 如图 1-21 所示.

例 5　已知 $f(x)=\begin{cases}\dfrac{x^2-4}{x-2}, & x\neq 2\\ k, & x=2\end{cases}$

在点 $x_0=2$ 处连续,求 k,

解　$f(2)=k;\lim\limits_{x\to 2}f(x)=\lim\limits_{x\to 2}\dfrac{x^2-4}{x-2}=\lim\limits_{x\to 2}(x+2)=4$

因为 $f(x)$ 在点 $x_0=2$ 处连续,所以应有 $\lim\limits_{x\to 2}f(x)=f(2)$,即　$k=4$.

1.6.3　初等函数的连续性

1. 连续函数的四则运算法则

定理 1.4　若函数 $f(x)$ 和 $g(x)$ 都在点 x_0 处连续,则两个函数的和 $f(x)+g(x)$,差 $f(x)-g(x)$,积 $f(x)\cdot g(x)$,商 $\dfrac{f(x)}{g(x)}(g(x_0)\neq 0)$,在点 x_0 处也连续.

证　只证 $f(x)+g(x)$ 在点 x_0 处连续,其他情形可以类似得出.

因为 $f(x),g(x)$ 均在点 x_0 处连续,所以有

$$\lim_{x\to 0}f(x)=f(x_0);\quad \lim_{x\to 0}g(x)=g(x_0)$$

而
$$\lim_{x\to x_0}[f(x)+g(x)]=\lim_{x\to x_0}f(x)+\lim_{x\to x_0}g(x)=f(x_0)+g(x_0).$$

所以 $f(x)+g(x)$ 在点 x_0 处连续.

2. 复合函数的连续性

定理 1.5　如果函数 $u=\varphi(x)$ 在点 x_0 处连续,$u_0=\varphi(x_0)$,而函数 $y=f(u)$ 在点 u_0 处连续,则复合函数 $y=f[\varphi(x)]$ 在点 x_0 处也连续.

3. 初等函数的连续性

由初等函数的定义可知,初等函数在其定义区间内都是连续的. 因此,求初等函数的连续区间,就是求其定义区间;求初等函数在定义区间内某一点的极限值,就是求其在该点的函数值.

例 6　求下列极限

(1) $\lim\limits_{x\to\frac{\pi}{4}}\ln\sin 2x$;　(2) $\lim\limits_{x\to 2}\dfrac{\sqrt{x}}{2x+1}$;　(3) $\lim\limits_{x\to 0}\dfrac{\sqrt{x+1}-1}{x}$;　(4) $\lim\limits_{x\to 3}\dfrac{1+\ln(x-2)}{3^{2-x}}$.

解　(1) $\lim\limits_{x\to\frac{\pi}{4}}\ln\sin 2x=\ln\sin\left(2\cdot\dfrac{\pi}{4}\right)=\ln 1=0$.

(2) $\lim\limits_{x\to 2}\dfrac{\sqrt{x}}{2x+1}=\dfrac{\sqrt{2}}{2\times 2+1}=\dfrac{\sqrt{2}}{5}$.

(3) 因为 $f(x)=\dfrac{\sqrt{x+1}-1}{x}$ 在 $x_0=0$ 处无定义,所以不能直接利用函数的连续性求极限,可以先将分子、分母同乘以 $\sqrt{x+1}+1$,整理后再求极限.

$$\lim_{x\to 0}\frac{\sqrt{x+1}-1}{x}=\lim_{x\to 0}\frac{(\sqrt{x+1}-1)(\sqrt{x+1}+1)}{x(\sqrt{x+1}+1)}=\lim_{x\to 0}\frac{(x+1)-1}{x(\sqrt{x+1}+1)}$$

$$=\lim_{x\to 0}\frac{1}{\sqrt{x+1}+1}=\frac{1}{\sqrt{0+1}+1}=\frac{1}{2}.$$

(4) $\lim\limits_{x\to 3}\dfrac{1+\ln(x-2)}{3^{2-x}}=\dfrac{1+0}{3^{-1}}=3.$

1.6.4 闭区间上连续函数的性质

定理 1.6 （最大值和最小值定理）如果函数 $y=f(x)$ 在闭区间 $[a,b]$ 上连续，则 $f(x)$ 在这个区间上一定有最大值和最小值.

如图 1-22 所示，函数 $f(x)$ 在区间 $[a,b]$ 上连续，$f(x)$ 在点 x_1 处取得最小值 m，在点 x_2 处取得最大值 M.

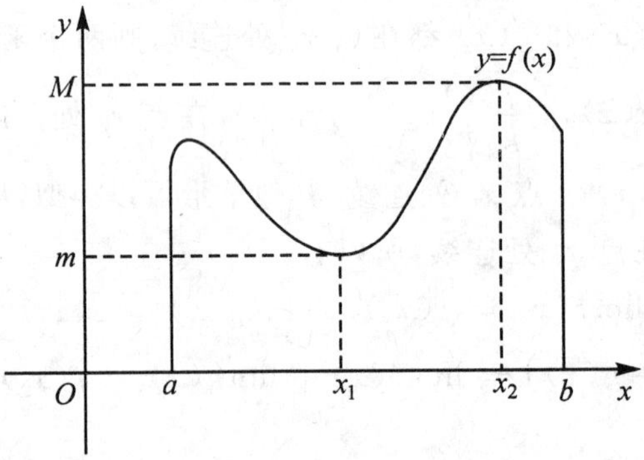

图 1-22

定理 1.7 （介值定理）如果函数 $y=f(x)$ 在闭区间 $[a,b]$ 上连续，m 和 M 分别为函数 $f(x)$ 在区间 $[a,b]$ 上的最小值和最大值，则对介于 m 与 M 之间的任一实数 c，至少存在一点 $\xi\in(a,b)$，使得 $f(\xi)=c$.

如图 1-23 所示，对于 $m<c<M$，直线 $y=c$ 与连续曲线 $y=f(x)$ 至少有一个交点 A，若交点 A 的横坐标为 ξ，则有 $f(\xi)=c$.

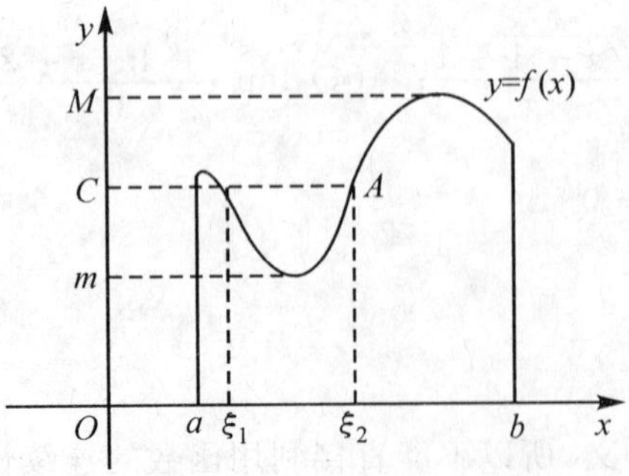

图 1-23

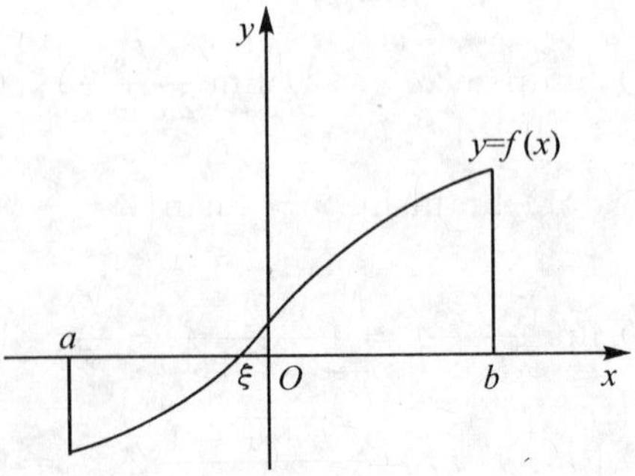

图 1-24

推论 若函数 $f(x)$ 在闭区间 $[a,b]$ 上连续，且 $f(a)\cdot f(b)<0$，则至少存在一点 $\xi\in(a,b)$，使得 $f(\xi)=0$.

如图 1-24 所示，连续曲线 $y=f(x)$ 与 Ox 轴相交于点 ξ 处，$f(\xi)=0$.

例 7 证明三次方程 $x^3-x+3=0$ 在 $(-2,1)$ 内至少有一个实根.

证 设 $f(x)=x^3-x+3$，则 $f(x)$ 的定义域是 $(-\infty,+\infty)$. 因为 $f(x)$ 是初等函数，所以 $f(x)$ 在 $[-2,1]\subset(-\infty,+\infty)$ 内连续，并且 $f(-2)=(-2)^3-(-2)+3=-3<0$；$f(1)=1^3-1+3=3>0$，由推论可知，在 $(-2,1)$ 内至少有一点 ξ，使得 $f(\xi)=0$，即方程 $x^3-x+3=0$ 在 $(-2,1)$ 内至少有一个实根.

§1.7 经济问题中常见的函数

1.7.1 需求函数

一种商品的需求量 Q 与该种商品的价格 p 密切相关，如果不考虑其他因素的影响，则商品的需求量 Q 可以看做价格 p 的函数. 称为需求函数，记做 $Q=f(p)$.

一般地，需求量随价格的上升而减少. 因此，需求函数 $Q=f(p)$ 是价格 p 的单调减少函数.

市场统计资料表明，常见的需求函数有以下几种类型：

(1) 线性需求函数：$Q=a-bp\quad(a、b>0)$；

(2) 二次需求函数：$Q=a-bp-cp^2\quad(a、b、c>0)$；

(3) 指数需求函数：$Q=ae^{-bp}\quad(a、b>0)$.

例 1 书店售书，当某书售价为 18 元 / 本时，每天销量为 100 本，售价每本提高 0.1 元，销量减少 5 本，试求需求函数.

解 设需求量为 Q，该书售价为 p 元 / 本，

由题意得
$$Q=100-\frac{p-18}{0.1}\times 5$$

即
$$Q=50(20-p)$$

由此可以看出，需求函数是单调减少函数. 且该种书的售价不能超过 20 元，否则就没有销路.

1.7.2 供给函数

"供给量"是在一定价格水平下，生产者愿意出售并且有可供出售的商品量，如果不考虑价格以外的其他因素，则商品的供给量 Q 是价格 p 的函数：$Q=g(p)$，称为供给函数.

一般地，供给量随价格的上升而增大，因此，供给函数 $Q=g(p)$ 是价格 p 的单调增加函数.

常见的供给函数有线性函数，二次函数，指数函数等. 其中，线性供给函数为
$$Q=-c+dp(c>0,d>0).$$

如果市场上某种商品的需求量与供给量相等，则该商品市场处于平衡状态，这时的商品价格 p_0 称为市场平衡价格.

当市场价格 $p > p_0$ 时，供应量将增加而需求量减少，这时产生的“供过于求”状态会使商品的价格下降，当市场价格 $p < p_0$ 时，供应量减少而需求量增加，这时出现的“供不应求”现象会使价格上升. 市场价格的调节就是这样实现的.

例 2 设某本书的价格为 18 元 / 本时，书商可以每天提供 100 本书，价格每增加 0.1 元，书商可以多提供 5 本书，试求供给函数.

解 设该书售价为 p 元 / 本，供给量为 Q，由题意得

$$Q = 100 + \frac{p-18}{0.1} \times 5$$

即

$$Q = 50(p-16)$$

由此可知，供给函数是单调增加函数，当价格上涨时，书商提供的书的数量会增加.

例 3 由例 1，例 2 求该书的市场平衡价格 P_0.

解 由 $\begin{cases} Q = 50(20-p) \\ Q = 50(p-16) \end{cases}$ 得 $p_0 = 18$

如图 1-25 所示，供给函数 $Q = 50(p-16)$ 与需求函数 $Q = 50(20-p)$ 的图像交点的横坐标就是市场平衡价格. 高于这个价格，供过于求；低于这个价格，供不应求.

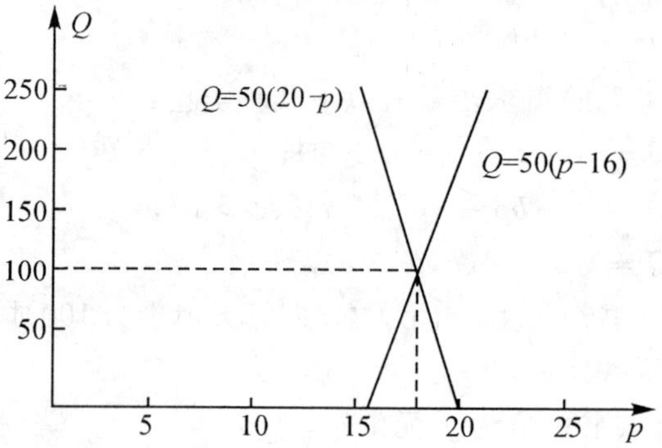

图 1-25

1.7.3 成本函数

总成本是工厂生产一种产品所需费用的总和，总成本通常分为固定成本和可变成本两部分，固定成本是指不受产量变化影响的成本，如厂房、机器设备的费用等. 可变成本是指随产量变化而发生变化的成本，如原材料费、工人工资、包装费等.

$$C(q) = C_0 + C_1(q)$$

总成本 $C(q)$ 是产量 q 的单调增加函数. 常见的成本函数有三次函数 $C(q) = a_0 + a_1 q + a_2 q^2 + a_3 q^3 (a_i > 0, i = 0,1,2,3)$ 或线性成本函数 $C(q) = a + bq (a > 0, b > 0)$.

如果评价企业的生产状况，还需要计算产品的平均成本 $\overline{C}(q)$

$$\overline{C}(q) = \frac{C(q)}{q} = \frac{C_0(q)}{q} + \frac{C_1(q)}{q}$$

其中 $\frac{C_1(q)}{q}$ 称为平均可变成本.

1.7.4　收入函数

收入函数是销售价格与销售量的乘积.若价格为 p,销售量为 x,总收入为 R,则有

$$R = R(x) = px.$$

1.7.5　利润函数

利润是收入与成本的差,以 L 表示

$$L = L(x) = R(x) - C(x)$$

例 4　某工厂生产某种产品,固定成本为 2 000 元,每生产一件产品,成本增加 5 元,若该产品销售单价为 9 元 / 台,试求利润函数和产量为 200 台时的平均成本.

解　设产品产量为 x 台,则有:

成本函数　$$C(x) = 2\,000 + 5x$$

平均成本函数　$$\overline{C}(x) = \frac{2\,000}{x} + 5$$

当产量为 200 台时的平均成本为 $\overline{C}(200) = 15$(元 / 台)

收入函数　$$R(x) = 9x$$

利润函数　$$L(x) = R(x) - C(x) = 9x - (2\,000 + 5x) = 4x - 2\,000.$$

一般地

(1) 如果 $L(x) = R(x) - C(x) > 0$,则生产处于盈利状态;

(2) 如果 $L(x) = R(x) - C(x) < 0$,则生产处于亏本状态;

(3) 如果 $L(x) = R(x) - C(x) = 0$,则生产处于保本状态.

例 5　例 4 中生产活动的保本点是多少?如果每天销售 600 台产品,为了不亏本,单价应定为多少?

解　令 $L(x) = 4x - 2\,000 = 0$,得 $x = 500$(台).

由上式可见,当销量 $x < 500$ 时,$L(x) < 0$,生产出现亏损;当销量 $x > 500$ 时,$L(x) > 0$,生产出现盈利.

设单价定为 p 元 / 台,则销售 600 台时的总成本为

$$C(600) = 2\,000 + 5 \times 600 = 5\,000(\text{元})$$

总收入为 $R(600) = 600p$,

总利润 $L(600) = R(600) - C(600) = 600p - 5\,000$,

为了不亏本,必须使 $L \geqslant 0$,即 $600p - 5\,000 \geqslant 0$,

即　$p \geqslant 8.34$(元 / 台)

所以只要售价不低于 8.34 元 / 台卖出,就不会亏本.

§1.8　本 章 小 结

1.8.1　函数

1. 函数的概念

设有两个变量 x 和 y,如果 x 在其变化范围内每取一个确定的值,按照某种对应规律 f

都有惟一确定的 y 值与之对应，则称变量 y 是变量 x 的函数，记做 $y = f(x)$，x 称为自变量，x 的取值范围叫做函数 $f(x)$ 的定义域，与 x 相对应的 y 值称为函数值，函数值的集合称为值域.

函数 $y = f(x)$ 的定义域 D 和对应规律 f 称为确定函数的两个要素，判定两个函数是否相同就是根据它们的两要素是否分别相同进行判定.

2. 函数的性质

(1) 奇偶性　设 $f(x)$ 在区间 $[-a,a]$ 上有定义，对任意 $x \in [-a,a]$，如果 $f(-x) = -f(x)$，则称 $f(x)$ 为奇函数，如果 $f(-x) = f(x)$，则称 $f(x)$ 为偶函数，奇函数的图像关于原点对称，偶函数的图像关于 Oy 轴对称.

(2) 单调性　设 $f(x)$ 在区间 (a,b) 内有定义，对区间 (a,b) 内任意两点 x_1、x_2，当 $x_1 < x_2$ 时，如果 $f(x_1) < f(x_2)$，则称 $f(x)$ 在 (a,b) 内单调增加；如果 $f(x_1) > f(x_2)$，则称 $f(x)$ 在 (a,b) 内单调减少，单调增加函数的图像沿 Ox 轴正向逐渐上升；单调减少函数的图像沿 Ox 轴正向逐渐下降.

(3) 周期性　设 $f(x)$ 在区间 (a,b) 内有定义，T 为一正数，如果对任意 $x \in (a,b)$，$x + T \in (a,b)$，且 $f(x+T) = f(x)$，则称 $f(x)$ 是以最小正数 T 为周期的周期函数，T 为一个周期，周期函数的图像在定义区间内每隔相同间隔重复出现.

(4) 有界性　设 $f(x)$ 在区间 (a,b) 内有定义，如果对任意 $x \in (a,b)$，有正数 M 存在，使 $|f(x)| \leqslant M$ 成立，则称 $f(x)$ 在 (a,b) 内有界，有界函数的图像夹在两条平行于 Ox 轴的直线之间.

3. 反函数、复合函数和初等函数

(1) 反函数

设函数 $y = f(x)$ 的值域为 M，如果对 M 中的每一个 y 值，存在惟一的满足 $y = f(x)$ 的 x 值与之对应，则得到一个定义在 M 上的以 y 为自变量，x 为因变量的函数 $x = \varphi(y)$ 称为 $y = f(x)$ 的反函数，记为 $x = f^{-1}(y)$，习惯上以 x 为自变量，y 表示函数，因此通常将 $y = f(x)$ 的反函数记为 $y = f^{-1}(x)$.

$y = f(x)$ 与 $x = f^{-1}(y)$ 的图像是同一条曲线，而 $y = f(x)$ 与其反函数 $y = f^{-1}(x)$ 的图像是关于直线 $y = x$ 对称的两条曲线.

求一个函数的反函数通常是将 x 从 $y = f(x)$ 中解出 $x = f^{-1}(y)$，然后 x 与 y 互换，得到 $y = f^{-1}(x)$.

(2) 复合函数

设 $x = f(u)$ 是 u 的函数，$u = \varphi(x)$ 是 x 的函数，如果 $u = \varphi(x)$ 的值域与 $y = f(u)$ 的定义域的交集非空，则 y 通过中间变量 u 成为 x 的函数，称为 x 的复合函数，记做 $y = f[\varphi(x)]$.

(3) 基本初等函数和初等函数

常数函数、幂函数、指数函数、对数函数、三角函数、反三角函数统称为基本初等函数，其定义、性质、图像特征在书中由表 1-2 给出，这些是构建本书内容的基础，读者必须熟练掌握.

由基本初等函数经过有限次的四则运算和复合而得到，并能用一个解析式表示的函数称为初等函数.

分段函数不是初等函数.

1.8.2　函数的极限

1. 数列和函数的极限定义中涉及自变量的七种变化规律

$n\to+\infty$， $n\to-\infty$， $x\to+\infty$， $x\to-\infty$， $x\to x_0$， $x\to x_0^-$， $x\to x_0^+$.

如果在上述自变量 x 的某一变化过程中，$f(x)$ 随 x 的变化而与某个确定的常数 A 越来越接近，则称 $f(x)$ 在该变化过程中以常数 A 为极限，分别记为

$$\lim_{n\to+\infty}x_n=A,\quad \lim_{x\to-\infty}f(x)=A,\quad \lim_{x\to+\infty}f(x)=A,\quad \lim_{x\to-\infty}f(x)=A,$$

$$\lim_{x\to x_0}f(x)=A,\quad \lim_{x\to x_0^-}f(x)=A,\quad \lim_{x\to x_0^+}f(x)=A.$$

极限值 A 的存在与否与函数值 $f(x_0)$ 的存在与否没有关系.

判定函数 $f(x)$ 在一点 x_0 的极限是否存在，可以利用结论

$$\lim_{x\to x_0}f(x)=A\Leftrightarrow \lim_{x\to x_0^-}f(x)=\lim_{x\to x_0^+}f(x)=A.$$

2. 无穷小量与无穷大量

在自变量的某一变化过程中以零为极限的变量 $f(x)$ 称为该变化过程中的无穷小量；绝对值无限增大的变量称为该变化过程中的无穷大量.

如果 $f(x)$ 为无穷小量，则 $\dfrac{1}{f(x)}(f(x)\neq 0)$ 为无穷大量；如果 $f(x)$ 为无穷大量，则 $\dfrac{1}{f(x)}$ 为无穷小量.

有限个无穷小量的和、积仍是无穷小量，有界量与无穷小量的积仍是无穷小量.

无穷小量的性质以及无穷小量与无穷大量的关系常用来求函数的极限.

设 $\lim\limits_{x\to x_0}\alpha=0$，$\lim\limits_{x\to x_0}\beta=0$.

如果 $\lim\limits_{x\to x_0}\dfrac{\alpha}{\beta}=0$，称 α 是比 β 高阶的无穷小量，记做 $\alpha=o(\beta)$.

如果 $\lim\limits_{x\to x_0}\dfrac{\alpha}{\beta}=c(c\neq 0)$，称 α 是与 β 同阶的无穷小量；当 $c=1$ 时，称 α 与 β 是等价无穷小量，记做 $\alpha\sim\beta$.

上面的结论将 $x\to x_0$ 换为 x 的其余六种变化过程，结论仍然成立.

3. 极限的性质与运算法则

(1) 惟一性　如果 $\lim\limits_{x\to x_0}f(x)$ 存在，则极限值惟一；

(2) 有界性　如果 $\lim\limits_{x\to x_0}f(x)$ 存在，则 $f(x)$ 在点 x_0 的某一空心邻域内有界.

(3) 保号性　若 $\lim\limits_{x\to x_0}f(x)=A$ 且 $A>0(A<0)$，则在点 x_0 的某空心邻域内有

$$f(x)>0(f(x)<0).$$

(4) 夹逼定理　如果 $\lim\limits_{x\to x_0}f(x)=\lim\limits_{x\to x_0}g(x)=A$，且 $f(x)\leqslant h(x)\leqslant g(x)$，则

$$\lim_{x\to x_0}h(x)=A.$$

(5) 设 $\lim\limits_{x\to x_0}f(x)=A$，$\lim\limits_{x\to x_0}g(x)=B$，则有：

1° $\lim\limits_{x \to x_0}[f(x) \pm g(x)] = A \pm B$;

2° $\lim\limits_{x \to x_0}[f(x) \cdot g(x)] = A \cdot B$;

3° $\lim\limits_{x \to x_0} \dfrac{f(x)}{g(x)} = \dfrac{A}{B}(B \neq 0)$.

x 的变化过程 $x \to x_0$ 换为其他变化过程,(5) 仍然成立. 1° 与 2° 的结论均可以推广至有限多个函数的情形.

极限的运算法则是求极限的基础,读者必须熟练掌握.

4. 两个重要极限

$\lim\limits_{x \to 0} \dfrac{\sin x}{x} = 1$ 与 $\lim\limits_{x \to \infty}\left(1 + \dfrac{1}{x}\right)^x = \mathrm{e}$ 称为两个重要极限,在应用这两个极限求其他函数的极限时,常利用形式 $\lim\limits_{\square \to 0} \dfrac{\sin\square}{\square} = 1$,$\lim\limits_{\square \to \infty}\left(1 + \dfrac{1}{\square}\right)^{\square} = \mathrm{e}$.

只要式子 □ 中形式一致,就可以利用两个重要极限得到结论.

1.8.3 函数的连续性

1. 连续函数的概念

设 $f(x)$ 在点 x_0 及其附近有定义,Δx 为自变量 x 在点 x_0 的改变量,相应的函数的改变量为 $\Delta y = f(x_0 + \Delta x) - f(x_0)$,如果 $\lim\limits_{x \to x_0} \Delta y = 0$ 或 $\lim\limits_{x \to x_0} f(x) = f(x_0)$,则称函数 $f(x)$ 在点 x_0 处连续.

如果函数 $f(x)$ 在区间 (a,b) 内每一点都连续,则称函数 $f(x)$ 在区间 (a,b) 内连续,(a,b) 称为 函数 $f(x)$ 的连续区间.

如果函数 $f(x)$ 在区间 (a,b) 内连续,且 $\lim\limits_{x \to a^+} f(x) = f(a)$,$\lim\limits_{x \to b^-} f(x) = f(b)$,则称函数 $f(x)$ 在闭区间 $[a,b]$ 上连续.

使函数 $f(x)$ 不连续的点 x_0 称为函数 $f(x)$ 的间断点.

2. 连续函数的性质和运算

如果函数 $f(x)$ 和 $g(x)$ 都在点 x_0 处连续,则 $f(x) \pm g(x)$,$f(x)g(x)$,$\dfrac{f(x)}{g(x)}(g(x) \neq 0)$ 也都在点 x_0 处连续.

如果函数 $u = \varphi(x)$ 在点 x_0 处连续,$u_0 = \varphi(x_0)$,函数 $y = f(u)$ 在点 u_0 处连续,则复合函数 $y = f[\varphi(x)]$ 在点 x_0 处也连续.

因此,初等函数在其定义区间内一定连续.

3. 闭区间上连续函数的性质

如果函数 $f(x)$ 在闭区间 $[a,b]$ 上连续,则 $f(x)$ 在该区间上一定有最大值 M 和最小值 m,且对任一满足 $m < c < M$ 的常数 c,至少存在一点 $\xi \in (a,b)$,使 $f(\xi) = c$.

作为这一结论的推论,有

若函数 $f(x)$ 在闭区间 $[a,b]$ 上连续,且 $f(a) \cdot f(b) < 0$,则至少存在一点 $\xi \in (a,b)$,使 $f(\xi) = 0$.

这个推论常用来判定方程 $f(x) = 0$ 在区间 (a,b) 内是否有根.

1.8.4　经济学中常见的函数

在这一部分内容中，介绍了经济活动中常用的函数，如需求函数、供给函数、成本函数、收入函数、利润函数，主要目的是让读者了解数学与经济生活的关系，为后面数学在经济分析中的应用打基础.

习　题　一

一、选择题

1. $y=\dfrac{1}{2+x^2}$ 是(　　).

A. 奇函数　　B. 偶函数　　C. 单调函数　　D. 有界函数

2. 若 $f(x)=\begin{cases}1, & |x|\leqslant 1\\ 0, & |x|>1\end{cases}$,那么 $f[f(x)]=$(　　).

A. $f(x), x\in \mathbf{R}$　　B. $1, x\in \mathbf{R}$　　C. $0, x\in \mathbf{R}$　　D. 不存在

3. 下列函数中偶函数有(　　).

A. $y=x3^{-x^2}$　　B. $y=\dfrac{\sin x}{x}$　　C. $y=x^2+\cos x$　　D. $y=\dfrac{10^x-10^{-x}}{2}$

4. 下列函数中是单调函数的有(　　).

A. $y=10^x$　　B. $y=3-5x$

C. $y=\arcsin x$　　D. $y=2-\lg(x+1)$

5. 下列函数中是复合函数的有(　　).

A. $y=\left(\dfrac{1}{2}\right)^x$　　B. $y=\sqrt{-(1-x)^2}$

C. $y=\lg\sin x$　　D. $y=\mathrm{e}^{\sqrt{1+\sin x}}$

6. 下列函数中是初等函数的有(　　).

A. $y=\dfrac{x^2-1}{x-1}$　　B. $y=\begin{cases}1+x, & x>0\\ x^2, & x\leqslant 0\end{cases}$

C. $y=\sqrt{-2-\cos x}$　　D. $y=\left[\dfrac{\sin(\mathrm{e}^x-1)}{\lg(1+x^2)}\right]^{\frac{1}{2}}$

7. 下列数列收敛的有(　　).

A. $0.9, 0.99, 0.999, \cdots$　　B. $1, \dfrac{1}{2}, 1+\dfrac{1}{2}, \dfrac{1}{3}, 1+\dfrac{1}{3}, \cdots$

C. $f(n)=(-1)^n\dfrac{n}{n+1}$　　D. $f(n)=\begin{cases}\dfrac{2^n-1}{2^n}, & n\text{ 为奇数}\\ \dfrac{2^n+1}{2^n}, & n\text{ 为偶数}\end{cases}$

8. 下列变量在给定变化过程中是无穷大量的有(　　).

A. $\dfrac{x^2}{\sqrt{x^3+1}}(x\to+\infty)$　　B. $\lg x(x\to 0^+)$

C. $\lg x(x\to+\infty)$　　D. $e^{-\frac{1}{x}}(x\to 0^-)$

9. $f(x)$ 在点 $x=x_0$ 处有定义，是当 $x\to x_0$ 时 $f(x)$ 有极限的(　　).

A. 必要条件　　B. 充分条件　　C. 充要条件　　D. 无关条件

10. $f(x)$ 在点 $x=x_0$ 处有定义，是 $f(x)$ 在点 $x=x_0$ 处连续的(　　).

A. 必要条件　　B. 充分条件　　C. 充要条件　　D. 无关条件

11. 当 $|x|<1$ 时，$y=\sqrt{1-x^2}$(　　).

A. 是连续函数　　B. 有界函数

C. 有最大值与最小值　　D. 有最大值而无最小值

12. 当 $x\to 0$ 时，与 x 是等价无穷小量的有(　　).

A. $\dfrac{\sin x}{\sqrt{x}}$　　B. $\ln(1+x)$

C. $\sqrt{1-x}-\sqrt{1+x}$　　D. $x^2(x+1)$

13. 当 $x\to\infty$ 时，若 $\dfrac{1}{ax^2+bx+c}\sim\dfrac{1}{x+1}$，则 a、b、c 之值一定为(　　).

A. $a=1,b=1,c=1$　　B. $a=0,b=1,c\in\mathbf{R}$

C. $a=0,b、c\in\mathbf{R}$　　D. $a、b、c\in\mathbf{R}$

二、解答题

1. 设函数 $f(x)=\dfrac{2x+1}{x-1}$，求 $f(0)$，$f(-1)$，$f\left(\dfrac{1}{a}\right)$，$f(a+1)$.

2. 已知 $f(x)=ax+b$，且 $f(0)=-2$，$f(3)=5$，求 a 和 b.

3. 下列各组函数是否表示相同的函数?为什么?

(1) $y=\lg x^2$ 与 $y=2\lg x$；　　(2) $y=1$ 与 $y=\sin^2x+\cos^2x$；

(3) $y=\dfrac{x^2-1}{x-1}$ 与 $y=x+1$；　　(4) $y=-x|x|$ 与 $y=-x^2$.

4. 求下列函数的定义域

(1) $y=\dfrac{x+1}{x}$；　　(2) $y=\dfrac{2}{x-1}+\sqrt{1-x^2}$；

(3) $y=\lg\dfrac{1}{1-x}+\sqrt{x+2}$；　　(4) $y=\lg\lg(x+1)$；

(5) $y=\arcsin\dfrac{x-1}{2}$；　　(6) $y=\tan(2x+1)$.

5. 判断下列函数的奇偶性

(1) $f(x)=\dfrac{3^x+3^{-x}}{2}$；　　(2) $f(x)=\dfrac{1+x^2}{1-x^2}$；

(3) $f(x)=\lg(x+\sqrt{1+x^2})$；　　(4) $f(x)=xe^{-x}$；

(5) $f(x)=\log_3\dfrac{1+x}{1-x}$；　　(6) $f(x)=x(x-1)(x+1)$；

(7) $f(x)=2x\cdot\cos 2x$；　　(8) $f(x)=\arcsin x^2$.

6. 设 $f(x)=\begin{cases} x+2, & x\leqslant -1 \\ x^2, & -1<x\leqslant 1. \\ 2-x, & x>1 \end{cases}$

求 $f(0)$；$f(-1)$；$f(1)$；$f(-2)$；$f(2)$，并作出函数的图像.

7. 设 $f(x)=\dfrac{1+x}{x}$，$\varphi(x)=\dfrac{1}{x}$，求 $f[\varphi(x)]$；$\varphi[f(x)]$.

8. 将 y 表示为 x 的函数

(1) $y=\sqrt{u}$，$u=2+v^2$，$v=\sin x$；

(2) $y=u^2$，$u=\dfrac{1}{v^2}$，$v=\dfrac{1}{x}$.

9. 指出下列函数是由哪些简单函数复合而成的

(1) $y=\sqrt{2x+1}$；

(2) $y=\sqrt{\lg\lg\sqrt{x}}$；

(3) $y=(2x^2+1)^2$；

(4) $y=\tan^2(2x+1)^2$；

(5) $y=\lg[\arcsin(2x+1)]$；

(6) $y=e^{-x}$；

(7) $y=\cos^2(x^2+1)^2$；

(8) $y=\arcsin\dfrac{x^2-1}{2}$.

10. 求下列函数的反函数

(1) $y=2x-1$；

(2) $y=\dfrac{x+1}{x-1}$；

(3) $y=2x^3+1$；

(4) $y=1-\lg(x+2)$.

11. 当 $n\to\infty$ 时，观察并写出下列数列的极限

(1) $x_n=1-\dfrac{1}{2^n}$；

(2) $x_n=\dfrac{1}{n}\sin\dfrac{\pi}{n}$；

(3) $x_n=\dfrac{n(n-1)}{n^2(n^2-1)}$；

(4) $x_n=\dfrac{\sqrt{n+1}}{n}$.

12. 写出下面数列的通项公式并判断其敛散性

(1) $-\dfrac{1}{3},\dfrac{3}{5},-\dfrac{5}{7},\dfrac{7}{9},-\dfrac{9}{11},\cdots$；

(2) $0,\dfrac{1}{2},0,\dfrac{1}{4},0,\dfrac{1}{6},0;\dfrac{1}{8},\cdots$；

(3) $1,\dfrac{3}{2};\dfrac{1}{3};\dfrac{5}{4},\dfrac{1}{5},\dfrac{7}{6},\cdots$.

13. 函数 $f(x)=\dfrac{1}{(x-1)^2}$ 在自变量的什么变化过程中为无穷小量？又在什么变化过程中为无穷大量？

14. 下列变量中哪些是无穷小量？哪些是无穷大量？

(1) $x^2+2x\ (x\to 0)$；

(2) $\dfrac{2x+1}{x}\ (x\to 0)$；

(3) $(-1)^{n+1}\dfrac{1}{2n}\ (n\to\infty)$；

(4) $\dfrac{1+(-1)^n}{n}\ (n\to\infty)$；

(5) $e^{\frac{1}{x}}\ (x\to 0^+)$；

(6) $e^{\frac{1}{x}}\ (x\to 0^-)$；

(7) $\lg x(x\to 0^{+})$；

(8) $\frac{1}{x-1}(x\to 1)$；

(9) $\frac{1}{x}\cos x(x\to\infty)$；

(10) $2^{x}(x\to+\infty)$.

15. 求下列极限

(1) $\lim\limits_{x\to -2}(2x^2+5x-1)$；

(2) $\lim\limits_{x\to\sqrt{3}}\frac{x^2-3}{x^4+x^2+1}$；

(3) $\lim\limits_{x\to 0}\left(1-\frac{2}{x-3}\right)$；

(4) $\lim\limits_{x\to 2}\frac{x^2-3}{x-2}$；

(5) $\lim\limits_{x\to 1}\frac{x^2-1}{2x^2-x-1}$；

(6) $\lim\limits_{x\to 0}\frac{4x^3-2x^2+x}{3x^2+2x}$；

(7) $\lim\limits_{x\to -3}\frac{x^2-9}{x+3}$；

(8) $\lim\limits_{x\to\infty}\frac{2x+3}{6x+1}$；

(9) $\lim\limits_{x\to\infty}\frac{100x}{2+3x^2}$；

(10) $\lim\limits_{x\to 1}\frac{x^2+x+1}{x-1}$；

(11) $\lim\limits_{n\to\infty}\frac{(2n-1)^{20}(3n+1)^{30}}{(5n+1)^{50}}$；

(12) $\lim\limits_{x\to 1}\left(\frac{3}{1-x^3}-\frac{1}{1-x}\right)$；

(13) $\lim\limits_{n\to\infty}\left(1+\frac{1}{2}+\frac{1}{2^2}+\cdots+\frac{1}{2^n}\right)$；

(14) $\lim\limits_{x\to 0}\left[\frac{1}{x(x+2)}-\frac{1}{2x}\right]$.

16. 设函数 $f(x)=\begin{cases}3x+2, & x\leqslant 0\\ x^2+1, & 0<x\leqslant 1.\\ \frac{2}{x}, & x>1\end{cases}$

讨论当 $x\to 0$ 及 $x\to 1$ 时 $f(x)$ 的极限是否存在；并求极限 $\lim\limits_{x\to+\infty}f(x)$.

17. 如果 $f(x)=\begin{cases}x^2+2, & x>2\\ x+a, & x\leqslant 2\end{cases}$ 当 $x\to 2$ 时极限存在，求 a 的值.

18. 求下列极限

(1) $\lim\limits_{x\to 0}\frac{\tan x-\sin x}{\sin^3 x}$；

(2) $\lim\limits_{x\to 0}\frac{\sin 5x}{\sin 2x}$；

(3) $\lim\limits_{x\to 0}\frac{x-\sin x}{x+\sin x}$；

(4) $\lim\limits_{x\to 0}\frac{3\arcsin x}{2x}$；

(5) $\lim\limits_{n\to\infty}2^n\cdot\sin\frac{1}{2^n}$；

(6) $\lim\limits_{x\to 0}\frac{\tan x-\sin x}{x}$.

19. 求下列极限

(1) $\lim\limits_{x\to\infty}\left(1+\frac{2}{x}\right)^{3x}$；

(2) $\lim\limits_{x\to\infty}\left(1-\frac{1}{x}\right)^{\frac{x}{2}+1}$；

(3) $\lim\limits_{x\to 0}\left(\frac{3-x}{3}\right)^{\frac{2}{x}}$；

(4) $\lim\limits_{x\to\frac{\pi}{2}}(1+2\cos x)^{\sec x}$；

(5) $\lim\limits_{x\to\infty}\left(\frac{x-1}{x+1}\right)^{x+2}$.

20. 求下列函数的间断点并指出其类型

(1) $y=\frac{1}{x+1}$；

(2) $y=x\sin\frac{1}{x}$；

(3) $y=\dfrac{x^2-25}{x-5}$；

(4) $y=(1+x)^{\frac{1}{x}}$；

(5) $y=\dfrac{x^2-1}{x^2-3x+2}$；

(6) $y=\dfrac{x}{\sin x}$.

21. 函数 $f(x)=\begin{cases}2x, & 0\leqslant x\leqslant 1\\ 3-x, & 1<x\leqslant 2\end{cases}$ 在区间[0,2]上是否连续？为什么？试作出图像.

22. 已知 $f(x)=\begin{cases}\dfrac{1}{x}\sin x, & x<0\\ k, & x=0\\ x\sin\dfrac{1}{x}+1, & x>0\end{cases}$ 在点 $x_0=0$ 处连续，求 k 的值.

23. 下列函数在点 $x=0$ 处是否连续？为什么？

(1) $f(x)=\begin{cases}\dfrac{\sin x}{x}, & x<0\\ 0, & x=0\\ e^{-x}, & x>0\end{cases}$；

(2) $f(x)=\begin{cases}\dfrac{\sin x}{x}, & x\neq 0\\ 1, & x=0\end{cases}$；

(3) $f(x)=\begin{cases}e^{-\frac{1}{x^2}}, & x\neq 0\\ 0, & x=0\end{cases}$.

24. 求下列函数的极限

(1) $\lim\limits_{x\to 0}\sqrt{1+2x-x^2}$；

(2) $\lim\limits_{x\to -1}\dfrac{\cos(1+x)}{\cot(1+x)}$；

(3) $\lim\limits_{x\to 0}\dfrac{\ln(1+x^2)}{\sin(1+x^2)}$；

(4) $\lim\limits_{x\to \frac{1}{2}}x\ln\left(1+\dfrac{1}{x}\right)$；

(5) $\lim\limits_{x\to 0}\dfrac{x^2}{1-\sqrt{1+x^2}}$；

(6) $\lim\limits_{x\to 4}\dfrac{\sqrt{2x+1}-3}{\sqrt{x-2}-\sqrt{2}}$.

25. 证明方程 $x^5-3x=1$ 在区间(1,2)内至少有一个实根.

26. 设某商品的销售收入 R 是销售量 q 的二次函数，已知 $q=0,2,4$ 时，相应地 $R=0,6,8$，试确定 R 与 q 的函数关系.

27. 某厂生产产品 1 000t，定价为 130 元 /t，当售出量不超过 700t 时，按原定价出售，超过 700t 的部分按原价的九折销售，试将销售收入表示成销售量的函数.

28. 设手表的价格为 70 元 / 只时，销售量为 10 000 只，若单价每只提高 3 元，则需求量减少 3 000 只，试求需求函数.

29. 28 题中，若单价每只提高 3 元，手表厂可以多提供 300 只表，试求供给函数.

30. 28 题，29 题中，试求手表市场处于平衡状态下的价格和需求量.

31. 某服装厂生产衬衫的可变成本是每件 15 元，每天的固定成本是 2 000 元，若每件衬衫售价为 20 元，则该厂每天生产 600 件衬衫的利润是多少？无盈亏产量是多少？

第2章　导数与微分

导数是微分学的一个重要概念,导数和微分以及它们的应用构成了微分学.

导数是以函数的极限和函数的连续性作理论基础的,导数反映函数相对于自变量的变化快慢程度问题,即函数的变化率问题.本章首先从实例出发引入导数的概念,然后,再进一步给出导数的基本运算法则和基本初等函数的导数公式,解决初等函数的求导方法问题.

§2.1　导数的概念

2.1.1　导数概念的实例

我们在解决实际问题时,除了需要了解变量之间的函数关系以外,有时还需要研究变量变化快慢的程度.例如,求劳动生产率、城市人口增长的速度、国民经济发展的速度、成本的变化率等,所有这些都归结为求"函数的变化率"的问题.也就是数学上的导数概念.下面先看两个实例.

例1　曲线切线的斜率问题.设曲线 $y=f(x)$ 的图形如图2-1所示,点 $M(x_0,y_0)$ 为曲线上一定点,在曲线上另取一点 $M_1(x_0+\Delta x,y_0+\Delta y)$,点 M_1 的位置取决于 Δx,是曲线上一动点;作割线 MM_1,设其倾角(即与 Ox 轴的夹角)为 φ,由图2-1易知该割线 MM_1 的斜率为

$$\tan\varphi=\frac{\Delta y}{\Delta x}=\frac{f(x_0+\Delta x)-f(x_0)}{\Delta x}$$

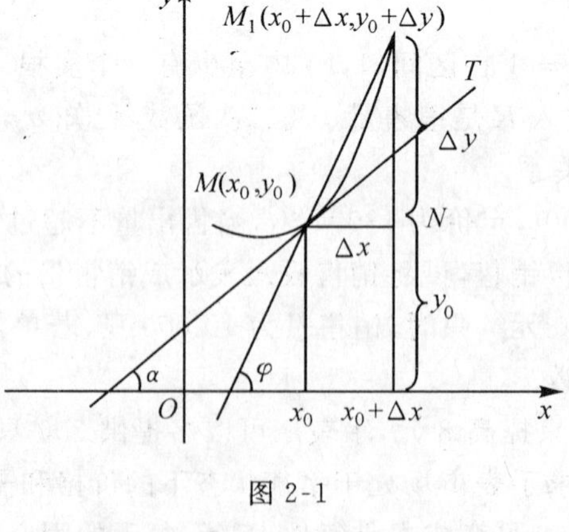

图2-1

当 $\Delta x\to 0$ 时,动点 M_1 将沿曲线趋向于定点 M,从而割线 MM_1 也随之变动而趋向于极

限位置 —— 直线 MT. 我们称割线 MM_1 的极限位置 MT 为曲线在点 M 处的切线. 显然，此时倾角 φ 也趋向于切线 MT 的倾角 α，即切线 MT 的斜率为

$$\tan\alpha = \lim_{\Delta x \to 0} \tan\varphi = \lim_{\Delta x \to 0} \frac{\Delta y}{\Delta x} = \lim_{\Delta x \to 0} \frac{f(x_0 + \Delta x) - f(x_0)}{\Delta x}$$

例 2　总产量的变化率问题. 已知某产品的总产量 Q 是时间 t 的连续函数 $Q(t)$，求总产量在时间 $t = t_0$ 的变化率.

当时间由 t_0 改变到 $t_0 + \Delta t$ 时，总产量在 Δt 这一段时间内所取得相应的改变量为

$$\Delta Q = Q(t_0 + \Delta t) - Q(t_0)$$

这时总产量的平均变化率为

$$\frac{\Delta Q}{\Delta t} = \frac{Q(t_0 + \Delta t) - Q(t_0)}{\Delta t}$$

当 Δt 很小时，可以用 $\frac{\Delta Q}{\Delta t}$ 近似表示总产量在时刻 t_0 的变化率，Δt 愈小，其近似程度愈好. 当 $\Delta t \to 0$ 时，如果极限

$$\lim_{\Delta t \to 0} \frac{\Delta Q}{\Delta t} = \lim_{\Delta t \to 0} \frac{Q(t_0 + \Delta t) - Q(t_0)}{\Delta t}$$

存在，则该极限就表示总产量在时刻 t_0 的变化率.

上述两个实际问题的具体含义虽然不同，但从抽象的数量关系来看，它们实质是一样的，都归结为计算当自变量改变量趋于 0 时函数改变量与自变量改变量之比的极限. 这种特殊的极限叫做函数的导数.

2.1.2　导数的定义

1. $f(x)$ 在点 x_0 处的导数

定义 2.1　设函数 $y = f(x)$ 在点 x_0 的某个邻域内有定义，当自变量在点 x_0 处取得改变量 $\Delta x(\neq 0)$ 时，函数 $f(x)$ 取得相应的改变量

$$\Delta y = f(x_0 + \Delta x) - f(x_0)$$

如果当 $\Delta x \to 0$ 时

$$\lim_{\Delta x \to 0} \frac{\Delta y}{\Delta x} = \lim_{\Delta x \to 0} \frac{f(x_0 + \Delta x) - f(x_0)}{\Delta x}$$

存在，则称该极限值为函数 $f(x)$ 在点 x_0 处的导数(或微商). 记做

$$f'(x_0),\quad y'\big|_{x=x_0},\quad \frac{\mathrm{d}y}{\mathrm{d}x}\bigg|_{x=x_0} \text{ 或 } \frac{\mathrm{d}f}{\mathrm{d}x}\bigg|_{x=x_0}$$

$\frac{\Delta y}{\Delta x} = \frac{f(x_0 + \Delta x) - f(x_0)}{\Delta x}$ 反映的是自变量 x 从 x_0 改变到 $x_0 + \Delta x$ 时，函数 $f(x)$ 的平均变化速度，称为函数的平均变化率；而导数 $f'(x_0) = \lim\limits_{\Delta x \to 0} \frac{\Delta y}{\Delta x}$ 反映的是函数在点 x_0 处的变化速度，称为函数在点 x_0 处的变化率.

如果函数 $f(x)$ 在点 x_0 处有导数，则称函数 $f(x)$ 在点 x_0 处可导，否则称 $f(x)$ 在点 x_0 处不可导. 若 $\lim\limits_{\Delta x \to 0} \frac{\Delta y}{\Delta x}$ 为无穷大，导数是不存在的，但为了方便，也称函数在点 x_0 处的导数为无穷大.

例 3 求函数 $y=x^2$ 在点 $x=2$ 处的导数.

解 当 x 由 2 改变到 $2+\Delta x$ 时,函数的改变量为

$$\Delta y=(2+\Delta x)^2-2^2=4\Delta x+(\Delta x)^2$$

因此

$$\frac{\Delta y}{\Delta x}=4+\Delta x$$

$$f'(2)=\lim_{\Delta x\to 0}\frac{\Delta y}{\Delta x}=\lim_{\Delta x\to 0}(4+\Delta x)=4.$$

导数概念是以极限概念为基础的,并且是极限概念的又一个具体应用.导数是一种固定格式的极限——"差商的极限".即 $\Delta y=f(x_0+\Delta x)-f(x_0)$ 与 $\Delta x=(x_0+\Delta x)-x_0$ 这两个差之商在 $\Delta x\to 0$ 时的极限.也就是

$$f'(x_0)=\lim_{\Delta x\to 0}\frac{\Delta y}{\Delta x}=\lim_{\Delta x\to 0}\frac{f(x_0+\Delta x)-f(x_0)}{(x_0+\Delta x)-x_0}$$

令

$$x_0+\Delta x=x,\Delta x\to 0,x\to x_0$$

得

$$f'(x_0)=\lim_{x\to x_0}\frac{f(x)-f(x_0)}{x-x_0}$$

或

$$f'(x_0)=\lim_{h\to 0}\frac{f(x_0+h)-f(x_0)}{h}.$$

例 4 若函数 $f(x)$ 在点 x_0 处可导,且 $\lim\limits_{\Delta x\to 0}\dfrac{\Delta y}{\Delta x}=2$,求 $\lim\limits_{\Delta x\to 0}\dfrac{f(x_0+3\Delta x)-f(x_0)}{\Delta x}$.

解 $$\lim_{\Delta x\to 0}\frac{f(x_0+3\Delta x)-f(x_0)}{\Delta x}=3\lim_{\Delta x\to 0}\frac{f(x_0+3\Delta x)-f(x_0)}{3\Delta x}=3f'(x_0)=6.$$

2. 单侧导数

定义 2.2 若 $\lim\limits_{\Delta x\to 0^-}\dfrac{f(x_0+\Delta x)-f(x_0)}{\Delta x}$ 存在,则称其为 $f(x)$ 在点 x_0 处的左导数,记做 $f'_-(x_0)$.

若 $\lim\limits_{\Delta x\to 0^+}\dfrac{f(x_0+\Delta x)-f(x_0)}{\Delta x}$ 存在,则称其为 $f(x)$ 在点 x_0 处的右导数,记做 $f'_+(x_0)$.

$f'_-(x_0)$ 与 $f'_+(x_0)$ 统称为 $f(x)$ 在点 x_0 处的单侧导数.

根据导数的定义及极限存在定理可得 $f'(x_0)$ 存在的充分必要条件是其左导数、右导数均存在且相等.即

$$f'(x_0)=A\Leftrightarrow f'_-(x_0)=f'_+(x_0)=A.$$

例 5 讨论函数 $f(x)=|x|=\begin{cases}x, & x\geqslant 0\\ -x, & x<0\end{cases}$ 在点 $x=0$ 处的可导性.

解 因

$$f'_-(0)=\lim_{x\to 0^-}\frac{f(x)-f(0)}{x}=\lim_{x\to 0^-}\frac{-x-0}{x}=-1$$

$$f'_+(0)=\lim_{x\to 0^+}\frac{f(x)-f(0)}{x}=\lim_{x\to 0^+}\frac{x-0}{x}=1$$

由于

$$f'_-(0)\neq f'_+(0)$$

故函数 $f(x)=|x|$ 在点 $x=0$ 处不可导.

3. $f(x)$ 在 (a,b) 内可导

如果函数 $f(x)$ 在某区间 (a,b) 内每一点处都可导,则称 $f(x)$ 在区间 (a,b) 内可导.此

时，对于区间(a,b)内每一点x，都有一个导数值与$f'(x)$对应. 即导数值$f'(x)$也是一个随x而变化的函数，称为函数$y=f(x)$在区间(a,b)内对x的导函数，简称为导数，记做

$$f'(x),\quad y',\quad \frac{\mathrm{d}y}{\mathrm{d}x}\text{或}\frac{\mathrm{d}}{\mathrm{d}x}f(x)$$

显然，函数$f(x)$在点x_0处的导数$f'(x_0)$等于导数$f'(x)$在点x_0处的值. 即

$$f'(x_0)=f'(x)\mid_{x=x_0}$$

函数$f(x)$在闭区间$[a,b]$上可导，是指$f(x)$在开区间(a,b)内处处可导，且存在$f'_+(a)$及$f'_-(b)$.

4. 用导数的定义求导数的方法

由导数的定义可以将求导数的方法概括为以下三个步骤：

(1) 求增量：求出对应于自变量改变量Δx的函数改变量Δy

$$\Delta y=f(x+\Delta x)-f(x)$$

(2) 算比值：求出两个改变量的比值

$$\frac{\Delta y}{\Delta x}=\frac{f(x+\Delta x)-f(x)}{\Delta x}$$

(3) 取极限：求当$\Delta x\to 0$时$\frac{\Delta y}{\Delta x}$的极限，即

$$y'=f'(x)=\lim_{\Delta x\to 0}\frac{f(x+\Delta x)-f(x)}{\Delta x}.$$

例 6　已知函数$f(x)=x^2$，求$f'(x)$，$f'(-1)$和$f'(x_0)$.

解　(1) $\Delta y=(x+\Delta x)^2-x^2=2x\Delta x+(\Delta x)^2$

(2) $\frac{\Delta y}{\Delta x}=2x+\Delta x$

(3) $y'=\lim\limits_{\Delta x\to 0}(2x+\Delta x)=2x$

于是$f'(x)=2x$，　$f'(-1)=-2$，　$f'(x_0)=2x_0$.

例 7　求函数$y=\sqrt{x}$的导数.

解　(1) $\Delta y=\sqrt{x+\Delta x}-\sqrt{x}$

(2) $\frac{\Delta y}{\Delta x}=\frac{\sqrt{x+\Delta x}-\sqrt{x}}{\Delta x}=\frac{\Delta x}{\Delta x(\sqrt{x+\Delta x}+\sqrt{x})}=\frac{1}{\sqrt{x+\Delta x}+\sqrt{x}}$

(3) $y'=\lim\limits_{\Delta x\to 0}\frac{\Delta y}{\Delta x}=\lim\limits_{\Delta x\to 0}\frac{1}{\sqrt{x+\Delta x}+\sqrt{x}}=\frac{1}{2\sqrt{x}}$.

2.1.3　导数的几何意义

由例 1 可知，函数$y=f(x)$在点x_0处的导数$f'(x_0)$就是曲线$f(x)$在点$M(x_0,y_0)$处的切线MT的斜率. 如图 2-1 所示.

$$f'(x_0)=\lim_{\Delta x\to 0}\frac{\Delta y}{\Delta x}=\lim_{\Delta x\to 0}\tan\varphi=\tan\alpha\qquad\left(\alpha\neq\frac{\pi}{2}\right)$$

注意　一般地说，曲线可以有平行于Oy轴的切线，但是，当$\alpha=\frac{\pi}{2}$时，$k=\tan\alpha$不存在，所以此时导数也不存在，即有切线并不一定有导数.

由导数的几何意义及直线的点斜式方程，可知曲线 $y=f(x)$ 上过点 (x_0,y_0) 处的切线方程为

$$y-y_0=f'(x_0)(x-x_0).$$

例 8 求 $y=\sqrt{x}$ 在点(1,1)处的切线方程.

解 在例 7 中已求得 $y'=\dfrac{1}{2\sqrt{x}}$，因为

$$f'(1)=\frac{1}{2}$$

所以所求的切线方程为
$$y-1=\frac{1}{2}(x-1)$$

即
$$x-2y+1=0.$$

2.1.4 可导与连续的关系

定理 2.1 如果函数 $y=f(x)$ 在点 x_0 处可导，则 $f(x)$ 在点 x_0 处一定连续.

证 因为函数 $y=f(x)$ 在点 x_0 处可导，所以有

$$\lim_{\Delta x\to 0}\frac{\Delta y}{\Delta x}=f'(x_0)$$

由 $\Delta y=\dfrac{\Delta y}{\Delta x}\cdot\Delta x$ 可得

$$\lim_{\Delta x\to 0}\Delta y=\lim_{\Delta x\to 0}\frac{\Delta y}{\Delta x}\cdot\Delta x=\lim_{\Delta x\to 0}\frac{\Delta y}{\Delta x}\cdot\lim_{\Delta x\to 0}\Delta x=f'(x_0)\cdot 0=0$$

这就是说，函数 $y=f(x)$ 在点 x_0 处连续.

注 定理 2.1 的逆定理不成立，即函数 $y=f(x)$ 在点 x_0 处连续，但在点 x_0 处不一定可导. 例如，函数 $y=f(x)=|x|$ 在点 $x=0$ 处连续. 由例 5 可知，在点 $x=0$ 处不可导.

定理 2.1 说明连续是可导的必要条件，但不是充分条件. 即可导一定连续，但连续不一定可导.

根据定理 2.1，如果我们已经判断出函数在某一点不连续，则立即可以得出不可导的结论；如果函数在某点连续，则不能得出可导的结论.

例 9 讨论函数

$$f(x)=\begin{cases}x-1, & x\leqslant 0\\ 2x, & 0<x\leqslant 1\\ x^2+1, & 1<x\leqslant 2\\ \dfrac{1}{2}x+4, & 2<x\end{cases}$$

在点 $x=0$，$x=1$ 及 $x=2$ 处的连续性与可导性.

解 (1) 在点 $x=0$ 处

$$\lim_{x\to 0^-}f(x)=\lim_{x\to 0^-}(x-1)=-1$$

$$\lim_{x\to 0^+}f(x)=\lim_{x\to 0^+}2x=0$$

$$\lim_{x\to 0^-}f(x)\neq\lim_{x\to 0^+}f(x)$$

即 $\lim\limits_{x\to 0} f(x)$ 不存在，因此在点 $x=0$ 处 $f(x)$ 不连续. 从而在点 $x=0$ 处也不可导.

(2) 在点 $x=1$ 处

$$\lim_{x\to 1^-} f(x) = \lim_{x\to 1^-} 2x = 2$$

$$\lim_{x\to 1^+} f(x) = \lim_{x\to 1^+} (x^2+1) = 2, \text{且 } f(1)=2$$

于是有

$$\lim_{x\to 1} f(x) = 2 = f(1)$$

因此在点 $x=1$ 处 $f(x)$ 连续.

$$f'_-(1) = \lim_{\Delta x\to 0^-} \frac{f(1+\Delta x)-f(1)}{\Delta x} = \lim_{\Delta x\to 0^-} \frac{2(1+\Delta x)-2}{\Delta x} = \lim_{\Delta x\to 0^-} \frac{2\Delta x}{\Delta x} = 2$$

$$f'_+(1) = \lim_{\Delta x\to 0^+} \frac{f(1+\Delta x)-f(1)}{\Delta x} = \lim_{\Delta x\to 0^+} \frac{[(1+\Delta x)^2+1]-2}{\Delta x}$$

$$= \lim_{\Delta x\to 0^+} \frac{2\Delta x+(\Delta x)^2}{\Delta x} = \lim_{\Delta x\to 0^+} (2+\Delta x) = 2$$

$f'_-(1) = f'_+(1)$，所以在点 $x=1$ 处 $f(x)$ 可导，且 $f'(1)=2$

(3) 在点 $x=2$ 处

$$\lim_{x\to 2^-} f(x) = \lim_{x\to 2^-} (x^2+1) = 5$$

$$\lim_{x\to 2^+} f(x) = \lim_{x\to 2^+} \left(\frac{1}{2}x+4\right) = 5, \text{且 } f(2)=5$$

于是有

$$\lim_{x\to 2} f(x) = 5 = f(2)$$

因此在点 $x=2$ 处 $f(x)$ 连续.

$$f'_-(2) = \lim_{\Delta x\to 0^-} \frac{f(2+\Delta x)-f(2)}{\Delta x} = \lim_{\Delta x\to 0^-} \frac{[(2+\Delta x)^2+1]-5}{\Delta x}$$

$$= \lim_{\Delta x\to 0^-} \frac{4\Delta x+(\Delta x)^2}{\Delta x} = \lim_{\Delta x\to 0^-} (4+\Delta x) = 4$$

$$f'_+(2) = \lim_{\Delta x\to 0^+} \frac{f(2+\Delta x)-f(2)}{\Delta x} = \lim_{\Delta x\to 0^+} \frac{\left[\frac{1}{2}(2+\Delta x)+4\right]-5}{\Delta x}$$

$$= \lim_{\Delta x\to 0^+} \frac{\frac{1}{2}\Delta x}{\Delta x} = \frac{1}{2}$$

$f'_-(2) \neq f'_+(2)$，$f'(2)$ 不存在，因此 $f(x)$ 在点 $x=2$ 处不可导.

对于函数 $f(x)$ 的讨论得出如下结论：在点 $x=0$ 处不连续、不可导；在点 $x=1$ 处连续且可导；在点 $x=2$ 处连续但不可导.

注　讨论分段函数在分界点 x_0 处的可导性，一定要讨论左导数、右导数. 只有当 $f'_-(x_0) = f'_+(x_0)$ 时，$f'(x_0)$ 才存在.

§2.2　导数的基本公式和运算法则

在导数的定义中，我们不仅阐明了导数的概念，也给出了根据定义求函数的导数的方法. 但是，如果对每一个函数，都直接按定义去求函数的导数，那将是极为复杂、困难的. 为了简化导数计算，我们推导出一些常用的导数公式和运算法则.

2.2.1 几个基本初等函数的导数

1. 常数的导数

命题 2.1 设 $y=c$(c 为常数),则

$$(c)'=0 \tag{2.1}$$

证 (1) 求增量:$\Delta y=c-c=0$

(2) 算比值:$\dfrac{\Delta y}{\Delta x}=\dfrac{0}{\Delta x}=0$

(3) 取极限:$y'=\lim\limits_{\Delta x\to 0}\dfrac{\Delta y}{\Delta x}=0$

即常量的导数等于零.

这个结论从函数的图形上也很容易理解.因为 $y=c$ 是一条水平直线,由导数的几何意义知平行于 Ox 轴的直线的斜率为零.故 $(c)'=0$.

2. 幂函数的导数.

命题 2.2 设 $y=x^n(n\in \mathbf{N})$,则

$$(x^n)'=nx^{n-1} \tag{2.2}$$

证 (1) 求增量

$$\begin{aligned}\Delta y&=(x+\Delta x)^n-x^n\\&=x^n+nx^{n-1}\Delta x+\frac{n(n-1)}{2!}x^{n-2}(\Delta x)^2+\cdots+(\Delta x)^n-x^n\\&=nx^{n-1}\Delta x+\frac{n(n-1)}{2!}x^{n-2}(\Delta x)^2+\cdots+(\Delta x)^n\end{aligned}$$

(2) 算比值

$$\frac{\Delta y}{\Delta x}=nx^{n-1}+\frac{n(n-1)}{2!}x^{n-2}\Delta x+\cdots+(\Delta x)^{n-1}$$

(3) 取极限

$$y'=\lim_{\Delta x\to 0}\left[nx^{n-1}+\frac{n(n-1)}{2!}x^{n-2}\Delta x+\cdots+(\Delta x)^{n-1}\right]=nx^{n-1}.$$

以后可以证明这个结论也适用于一般的幂函数,即

$$(x^\alpha)'=\alpha x^{\alpha-1}\quad(\alpha\in \mathbf{R}) \tag{2.3}$$

例 1 已知 $y_1=x^3,y_2=\dfrac{1}{x^2},y_3=\sqrt{x}$,求 $y_i'(i=1,2,3)$

解 由式(2.3),得

$$\begin{aligned}y_1'&=(x^3)'=3x^{3-1}=3x^2\\y_2'&=(x^{-2})'=-2x^{-2-1}=-2x^{-3}=-\frac{2}{x^3}\\y_3'&=(x^{\frac12})'=\frac12x^{\frac12-1}=\frac12x^{-\frac12}=\frac{1}{2\sqrt{x}}.\end{aligned}$$

3. 对数函数的导数

命题 2.3 设 $y=\log_a x(a>0,a\neq 1)$,则

$$(\log_a x)'=\frac{1}{x}\log_a \mathrm{e} \tag{2.4}$$

证　(1) $\Delta y=\log_a(x+\Delta x)-\log_a x=\log_a\left(1+\frac{\Delta x}{x}\right)$

(2) $\frac{\Delta y}{\Delta x}=\frac{1}{\Delta x}\log_a\left(1+\frac{\Delta x}{x}\right)=\frac{1}{x}\cdot\frac{x}{\Delta x}\log_a\left(1+\frac{\Delta x}{x}\right)=\frac{1}{x}\log_a\left(1+\frac{\Delta x}{x}\right)^{\frac{x}{\Delta x}}$

(3) 令 $\alpha=\frac{\Delta x}{x}$，则当 $\Delta x\to 0$ 时，$\alpha\to 0$，由对数函数的连续性及重要极限

$$\lim_{\Delta x\to 0}\left(1+\frac{\Delta x}{x}\right)^{\frac{x}{\Delta x}}=\lim_{\alpha\to 0}(1+\alpha)^{\frac{1}{\alpha}}=\mathrm{e}$$

可知
$$y'=\lim_{\Delta x\to 0}\frac{\Delta y}{\Delta x}=\lim_{\Delta x\to 0}\frac{1}{x}\log_a\left(1+\frac{\Delta x}{x}\right)^{\frac{x}{\Delta x}}=\frac{1}{x}\log_a\mathrm{e}$$

特别地当 $a=\mathrm{e}$ 时，$\log_a\mathrm{e}=\ln\mathrm{e}=1$，于是得到自然对数的导数

$$(\ln x)'=\frac{1}{x}\tag{2.5}$$

4. 正弦函数的导数

命题 2.4　设 $y=\sin x$，则

$$(\sin x)'=\cos x\tag{2.6}$$

证　(1)
$$\Delta y=\sin(x+\Delta x)-\sin x=2\cos\left(x+\frac{\Delta x}{2}\right)\sin\frac{\Delta x}{2}$$

(2)
$$\frac{\Delta y}{\Delta x}=\frac{1}{\Delta x}\cdot 2\cos\left(x+\frac{\Delta x}{2}\right)\sin\frac{\Delta x}{2}$$

(3)
$$y'=\lim_{\Delta x\to 0}\cos\left(x+\frac{\Delta x}{2}\right)\frac{\sin\frac{\Delta x}{2}}{\frac{\Delta x}{2}}$$

由 $\cos x$ 的连续性及重要极限 $\lim\limits_{x\to 0}\frac{\sin x}{x}=1$ 有

$$\lim_{\Delta x\to 0}\cos\left(x+\frac{\Delta x}{2}\right)=\cos x,\lim_{\Delta x\to 0}\frac{\sin\frac{\Delta x}{2}}{\frac{\Delta x}{2}}=1$$

所以
$$y'=\lim_{\Delta x\to 0}\cos\left[x+\frac{\Delta x}{2}\right]\cdot\lim_{\Delta x\to 0}\frac{\sin\frac{\Delta x}{2}}{\frac{\Delta x}{2}}=\cos x$$

即
$$(\sin x)'=\cos x$$

同理可以证明

$$(\cos x)'=-\sin x\tag{2.7}$$

例 2　求曲线 $y=\sin x$ 在点 $x=\pi$ 处的切线方程.

解　因为
$$y'=(\sin x)'=\cos x$$

所以
$$y'|_{x=\pi}=\cos\pi=-1$$

又当 $x=\pi$ 时，$y=\sin\pi=0$，故曲线 $y=\sin x$ 在点 $(\pi,0)$ 处的切线方程为

$$y-0=-1(x-\pi)$$

即
$$x+y-\pi=0$$

注 求曲线 $y=f(x)$ 在点 $x=x_0$ 处的切线方程的步骤:① 求 $f'(x)$;② 计算 $f'(x_0)$;③ 求出切点坐标 $(x_0,f(x_0))$;④ 代入直线点斜式方程:$y-f(x_0)=f'(x_0)(x-x_0)$.

2.2.2 和、差、积、商的导数

1. 代数和的导数

命题 2.5 如果 u,v 都是 x 的可导函数,则 $y=u\pm v$ 也是 x 的可导函数,并且

$$y'=(u\pm v)'=u'\pm v' \tag{2.8}$$

证 当 x 取得改变量 Δx 时,函数 u,v 分别取得改变量 Δu、Δv,于是函数取得改变量

$$\Delta y=[(u+\Delta u)\pm(v+\Delta v)]-(u\pm v)=\Delta u\pm\Delta v$$

因而

$$\frac{\Delta y}{\Delta x}=\frac{\Delta u}{\Delta x}\pm\frac{\Delta v}{\Delta x}$$

所以

$$y'=\lim_{\Delta x\to 0}\frac{\Delta y}{\Delta x}=\lim_{\Delta x\to 0}\frac{\Delta u}{\Delta x}\pm\lim_{\Delta x\to 0}\frac{\Delta v}{\Delta x}=u'\pm v'$$

公式(2.8)可以推广到有限多个函数的代数和.即

$$(u_1\pm u_2\pm\cdots\pm u_n)'=u_1'\pm u_2'\pm\cdots\pm u_n' \tag{2.8'}$$

例 3 求函数 $y=x^8-\ln x+\sin x-\sqrt{5}$ 的导数.

解

$$\begin{aligned}y'&=(x^8-\ln x+\sin x-\sqrt{5})'\\&=(x^8)'-(\ln x)'+(\sin x)'-(\sqrt{5})'\\&=8x^7-\frac{1}{x}+\cos x.\end{aligned}$$

2. 乘积的导数

命题 2.6 如果 u,v 都是 x 的可导函数,则 $y=uv$ 也是 x 的可导函数,并且

$$y'=(uv)'=u'v+uv' \tag{2.9}$$

证 当 x 取得改变量 Δx 时,函数 u、v 取得改变量 Δu、Δv,于是函数 y 取得改变量

$$\Delta y=(u+\Delta u)(v+\Delta v)-uv=v\Delta u+u\Delta v+\Delta u\Delta v$$

因而

$$\frac{\Delta y}{\Delta x}=v\frac{\Delta u}{\Delta x}+u\frac{\Delta v}{\Delta x}+\frac{\Delta u}{\Delta x}\Delta v$$

v 可导,因而连续,所以 $\lim\limits_{\Delta x\to 0}\Delta v=0$,于是

$$\begin{aligned}y'&=\lim_{\Delta x\to 0}\frac{\Delta y}{\Delta x}=v\lim_{\Delta x\to 0}\frac{\Delta u}{\Delta x}+u\lim_{\Delta x\to 0}\frac{\Delta v}{\Delta x}+\lim_{\Delta x\to 0}\frac{\Delta u}{\Delta x}\cdot\lim_{\Delta x\to 0}\Delta v\\&=u'v+uv'+u'\cdot 0=u'v+uv'\end{aligned}$$

即

$$(uv)'=u'v+uv'$$

特别地,当 $v=c$(c 为常数)时

$$y'=(cu)'=cu' \tag{2.10}$$

即常数因子可以移到导数符号外面.

公式(2.9)可以推广到有限多个函数的乘积的情形,即

$$(u_1u_2\cdots u_n)'=u_1'u_2\cdots u_n+u_1u_2'\cdots u_n+\cdots+u_1u_2\cdots u_n' \tag{2.9'}$$

例 4 求函数 $y=(1+2x)(3x^3-2x^2)$ 的导数.

解 $y'=(1+2x)'(3x^3-2x^2)+(1+2x)(3x^3-2x^2)'$

$$= [1' + (2x)'](3x^3 - 2x^2) + (1+2x)[(3x^3)' - 2(x^2)']$$
$$= [0 + (2x)'](3x^3 - 2x^2) + (1+2x)[3(x^3)' - 2(x^2)']$$
$$= 2(3x^3 - 2x^2) + (1+2x)(9x^2 - 4x)$$
$$= 24x^3 - 3x^2 - 4x.$$

例 5 求函数 $y = x^2\ln x\cos x$ 的导数.

解
$$y' = (x^2)'\ln x\cos x + x^2(\ln x)'\cos x + x^2\ln x(\cos x)'$$
$$= 2x\ln x\cos x + x^2 \cdot \frac{1}{x}\cos x + x^2\ln x(-\sin x)$$
$$= x\cos x(2\ln x + 1) - x^2\ln x\sin x.$$

3. 商的导数

命题 2.7 如果 u、v 都是 x 的可导函数，且 $v \neq 0$，则函数 $y = \frac{u}{v}$ 也是 x 的可导函数，并且

$$y' = \left(\frac{u}{v}\right)' = \frac{u'v - uv'}{v^2} \tag{2.11}$$

证 由
$$\Delta y = \frac{u+\Delta u}{v+\Delta v} - \frac{u}{v} = \frac{v\Delta u - u\Delta v}{v(v+\Delta v)}$$

得
$$\frac{\Delta y}{\Delta x} = \frac{v\frac{\Delta u}{\Delta x} - u\frac{\Delta v}{\Delta x}}{v(v+\Delta v)}$$

因为当 $\Delta x \to 0$ 时，u 与 v 的值不变，而 $\Delta v \to 0$，所以

$$\lim_{\Delta x \to 0}\frac{\Delta y}{\Delta x} = \frac{v \cdot \lim\limits_{\Delta x\to 0}\frac{\Delta u}{\Delta x} - u \cdot \lim\limits_{\Delta x \to 0}\frac{\Delta v}{\Delta x}}{v(v + \lim\limits_{\Delta x \to 0}\Delta v)} = \frac{u'v - uv'}{v^2}$$

即
$$\left(\frac{u}{v}\right)' = \frac{u'v - uv'}{v^2}$$

特别地，当 $u = c$(c 为常数)时，有 $\left(\frac{c}{v}\right)' = -\frac{cv'}{v^2}$.

利用公式(2.11)可以证明幂函数 $y = x^n$ 当 n 为负整数时，公式(2.2)也成立.

实际上，当 n 为负整数时，$m = -n$ 为正整数，于是由

$$y = x^n = x^{-m} = \frac{1}{x^m}$$

得
$$y' = (x^n)' = \left(\frac{1}{x^m}\right)' = -\frac{(x^m)'}{(x^m)^2} = -mx^{-m-1} = nx^{n-1}.$$

例 6 求函数 $y = \frac{x^2-1}{x^2+1}$ 的导数.

解
$$y' = \frac{(x^2-1)'(x^2+1) - (x^2-1)(x^2+1)'}{(x^2+1)^2}$$
$$= \frac{2x(x^2+1) - (x^2-1)\cdot 2x}{(x^2+1)^2} = \frac{4x}{(x^2+1)^2}.$$

例 7 求函数 $y = \tan x$ 的导数.

解
$$y' = (\tan x)' = \left(\frac{\sin x}{\cos x}\right)' = \frac{(\sin x)'\cos x - \sin x(\cos x)'}{\cos^2 x}$$

$$= \frac{\cos^2 x + \sin^2 x}{\cos^2 x} = \frac{1}{\cos^2 x} = \sec^2 x$$

即
$$(\tan x)' = \sec^2 x \tag{2.12}$$

不难求出
$$(\cot x)' = -\frac{1}{\sin^2 x} = -\csc^2 x \tag{2.13}$$

$$(\sec x)' = \sec x \cdot \tan x \tag{2.14}$$

$$(\csc x)' = -\csc x \cdot \cot x \tag{2.15}$$

例 8 求函数 $y = 2\sqrt{x}\sin x + \cos x \ln x$ 的导数.

解
$$y' = (2\sqrt{x}\sin x)' + (\cos x \ln x)'$$
$$= 2(\sqrt{x})'\sin x + 2\sqrt{x}(\sin x)' + (\cos x)'\ln x + \cos x(\ln x)'$$
$$= 2 \cdot \frac{1}{2\sqrt{x}}\sin x + 2\sqrt{x}\cos x - \sin x \ln x + \frac{1}{x}\cos x$$
$$= \left(\frac{1}{\sqrt{x}} - \ln x\right)\sin x + \left(2\sqrt{x} + \frac{1}{x}\right)\cos x.$$

2.2.3 复合函数的导数

设函数 $y = f(u)$，$u = \varphi(x)$，则 y 是 x 的一个复合函数
$$y = f[\varphi(x)].$$

如果 $u = \varphi(x)$ 在点 x 处有导数 $\frac{du}{dx} = \varphi'(x)$，$y = f(u)$ 在对应点 u 处有导数 $\frac{dy}{du} = f'(u)$，则复合函数 $y = f[\varphi(x)]$ 在点 x 处的导数也存在，而且
$$\frac{dy}{dx} = f'(u)\varphi'(x) \tag{2.16}$$

或写为
$$y'_x = y'_u \cdot u'_x$$

即复合函数的导数等于复合函数对中间变量的导数乘以中间变量对自变量的导数.

事实上，设 x 取得改变量 Δx，则 u 取得相应的改变量 Δu，从而 y 取得相应的改变量 Δy.
$$\Delta u = \varphi(x + \Delta x) - \varphi(x)$$
$$\Delta y = f(u + \Delta u) - f(u)$$

当 $\Delta u \neq 0$ 时，则有 $\frac{\Delta y}{\Delta x} = \frac{\Delta y}{\Delta u} \cdot \frac{\Delta u}{\Delta x}$. 因为 $u = \varphi(x)$ 可导，则必连续，所以当 $\Delta x \to 0$ 时，$\Delta u \to 0$. 因此

$$\lim_{\Delta x \to 0} \frac{\Delta y}{\Delta x} = \lim_{\Delta x \to 0} \frac{\Delta y}{\Delta u} \cdot \lim_{\Delta x \to 0} \frac{\Delta u}{\Delta x} = \lim_{\Delta x \to 0} \frac{\Delta y}{\Delta u} \cdot \lim_{\Delta x \to 0} \frac{\Delta u}{\Delta x}$$

于是可得 $\frac{dy}{dx} = f'(u) \cdot \varphi'(x)$ 或写做 $y'_x = y'_u \cdot u'_x$

当 $\Delta u = 0$ 时，可以证明式(2.16)仍然成立.

显然，重复利用式(2.16)可以将式(2.16)推广到有限次复合. 例如，设 $y = f(u)$，$u = \varphi(v)$，$v = \psi(x)$，则复合函数 $y = f\{\varphi[\psi(x)]\}$ 对 x 的导数是
$$\frac{dy}{dx} = f'(u) \cdot \varphi'(v) \cdot \psi'(x)$$

或
$$y'_x = y'_u \cdot u'_v \cdot v'_x \tag{2.16'}$$

称式(2.16)、式(2.16)′ 为复合函数求导的链锁法则.

例 9 求函数 $y=(1-2x)^{10}$ 的导数.

解 设 $y=u^{10}, u=1-2x$,则

$$y'=(u^{10})'_u(1-2x)'_x=10u^9(-2)=-20(1-2x)^9.$$

例 10 求函数 $y=\ln\cos x$ 的导数.

解 设 $y=\ln u, u=\cos x$,则

$$y'=(\ln u)'_u\cdot(\cos x)'_x=\frac{1}{u}(-\sin x)=-\frac{\sin x}{\cos x}=-\tan x.$$

熟练掌握该法则之后,在求导时可以不必写出中间变量,但对中间变量的求导又决不能遗漏.

例 11 求函数 $y=\left(\dfrac{x}{2x+1}\right)^n$ 的导数.

解 $$y'=n\left(\frac{x}{2x+1}\right)^{n-1}\cdot\left(\frac{x}{2x+1}\right)'=n\left(\frac{x}{2x+1}\right)^{n-1}\cdot\frac{x'(2x+1)-x(2x+1)'}{(2x+1)^2}$$

$$=n\left(\frac{x}{2x+1}\right)^{n-1}\cdot\frac{1}{(2x+1)^2}=\frac{nx^{n-1}}{(2x+1)^{n+1}}.$$

例 12 求函数 $y=\ln(x+\sqrt{x^2+a^2})$ 的导数.

解
$$y'=\frac{1}{x+\sqrt{x^2+a^2}}\cdot(x+\sqrt{x^2+a^2})'$$

$$=\frac{1}{x+\sqrt{x^2+a^2}}\cdot\left(1+\frac{(x^2+a^2)'}{2\sqrt{x^2+a^2}}\right)$$

$$=\frac{1}{x+\sqrt{x^2+a^2}}\cdot\left(1+\frac{2x}{2\sqrt{x^2+a^2}}\right)$$

$$=\frac{1}{x+\sqrt{x^2+a^2}}\cdot\frac{\sqrt{x^2+a^2}+x}{\sqrt{x^2+a^2}}=\frac{1}{\sqrt{x^2+a^2}}.$$

注意 在运用链锁法则时,应防止

$$y'=[\ln(x+\sqrt{x^2+a^2})]'\cdot(x+\sqrt{x^2+a^2})'\cdot(\sqrt{x^2+a^2})'(x^2+a^2)'$$

等此类错误,因为$[\ln(x+\sqrt{x^2+a^2})]'$ 就包含了后面一系列的“链锁”式的积.

例 13 求函数 $y=\sqrt{x+\sqrt{x+\sqrt{x}}}$ 的导数.

解
$$y'=\frac{1}{2\sqrt{x+\sqrt{x+\sqrt{x}}}}\left[1+\frac{1}{2\sqrt{x+\sqrt{x}}}\left(1+\frac{1}{2\sqrt{x}}\right)\right].$$

2.2.4 隐函数的导数与取对数求导法

1. 隐函数的导数

设方程 $F(x,y)=0$ 确定 y 是 x 的函数,并且可导.现利用复合函数求导公式可以求出隐函数 y 对 x 的导数.

例如 $x^2+y^2=r^2$ 是一个自变量为 x 因变量为 y 的隐函数,为了求 y 对 x 的导数,将上式两边逐项对 x 求导,并将 y^2 看做 x 的复合函数.则有

$$\frac{\mathrm{d}}{\mathrm{d}x}(x^2)+\frac{\mathrm{d}}{\mathrm{d}x}(y^2)=\frac{\mathrm{d}}{\mathrm{d}x}(r^2)$$

即
$$2x+2y\cdot y'=0$$

故
$$y'=-\frac{x}{y}.$$

从上例可以得出，求隐函数 $F(x,y)=0$ 的导数的一般步骤：

(1) 将 $F(x,y)=0$ 两端对 x 求导，其左边在求导过程中视 y 为 x 的函数，y 的函数视为 x 的复合函数.

(2) 求导之后得到一个关于 y' 的方程，解该方程则得 y' 的表达式，在该表达式中允许含有 y.

例 14 设隐函数方程 $y=x\ln y$，求 y'.

解 将方程两边对 x 求导

$$y'=\ln y+x\cdot\frac{1}{y}\cdot y'$$

解出 y'，得
$$y'=\frac{y\ln y}{y-x}.$$

2. 取对数求导法

在求导数时，先将函数 $y=f(x)$ 两边取对数，然后化成隐函数求导数. 这种方法称为取对数求导法.

当函数形式是若干个函数因式的乘积或是幂指函数式时，用取对数求导法求解导数较为简便.

例 15 求函数 $y=x\sqrt[3]{\dfrac{(1-x)^2}{1+x^2}}$ 的导数.

解 对方程两边取自然对数，得

$$\ln y=\ln x+\frac{1}{3}[2\ln(1-x)-\ln(1+x^2)]$$

两端对 x 求导，得
$$\frac{1}{y}\cdot y'=\frac{1}{x}+\frac{1}{3}\left[\frac{2}{x-1}-\frac{2x}{1+x^2}\right]$$

故
$$y'=x\sqrt[3]{\frac{(1-x)^2}{1+x^2}}\left[\frac{1}{x}+\frac{1}{3}\left[\frac{2}{x-1}-\frac{2x}{1+x^2}\right]\right].$$

利用取对数求导法，不难证明 $(x^\alpha)'=\alpha x^{\alpha-1}\quad(\alpha\in\mathbf{R})$.

例 16 求指数函数 $y=a^x(a>0,a\neq1)$ 的导数.

解 对方程两边取自然对数，得 $\ln y=x\ln a$

两边对 x 求导
$$\frac{1}{y}\cdot y'=\ln a$$
$$y'=y\ln a$$

即
$$(a^x)'=a^x\ln a \tag{2.17}$$

特别地
$$(\mathrm{e}^x)'=\mathrm{e}^x \tag{2.18}$$

例 17 求函数 $y=x^{\sin x}$ 的导数.

解 这个函数既不是幂函数，也不是指数函数，属于 $y=u(x)^{v(x)}$ 形式，称为幂指函数. 对于幂指函数的导数，一般利用取对数求导法. 将方程两边取自然对数，得

$$\ln y = \sin x \ln x$$

两边对 x 求导，得

$$\frac{y'}{y} = \cos x \ln x + \sin x \frac{1}{x}$$

即

$$y' = x^{\sin x}\left(\cos x \ln x + \frac{\sin x}{x}\right).$$

幂指函数也可以按下面方法求导

$$y = x^{\sin x} = e^{\sin x \ln x}$$

于是有

$$y' = e^{\sin x \ln x}(\sin x \ln x)' = e^{\sin x \ln x}\left(\cos x \ln x + \frac{\sin x}{x}\right) = x^{\sin x}\left(\cos x \ln x + \frac{\sin x}{x}\right).$$

例 18　求函数 $y = \arcsin x$ 的导数 $(-1 < x < 1)$.

解　由反三角函数的定义，得 $x = \sin y\left(-\frac{\pi}{2} < y < \frac{\pi}{2}\right)$. 故两边对 x 求导，得 $1 = \cos y \cdot y'$.

于是

$$(\arcsin x)' = \frac{1}{\cos y} = \frac{1}{\sqrt{1-\sin^2 y}} = \frac{1}{\sqrt{1-x^2}} \quad (-1 < x < 1) \tag{2.19}$$

类似地，可得

$$(\arccos x)' = \frac{-1}{\sqrt{1-x^2}} \quad (-1 < x < 1) \tag{2.20}$$

$$(\arctan x)' = \frac{1}{1+x^2} \tag{2.21}$$

$$(\mathrm{arccot}\, x)' = \frac{-1}{1+x^2} \tag{2.22}$$

2.2.5　导数基本公式

为了便于记忆和使用，我们将本节介绍的所有基本导数公式及基本运算法则列在下面：

(1) $c' = 0$（c 为常数）；

(2) $(x^\alpha)' = \alpha x^{\alpha-1} \quad (\alpha \in \mathbf{R})$；

(3) $(e^x)' = e^x$；

(4) $(a^x)' = a^x \ln a \quad (a > 0, a \neq 1)$；

(5) $(\ln x)' = \frac{1}{x}$；

(6) $(\log_a x)' = \frac{1}{x}\log_a e (a > 0, a \neq 1)$；

(7) $(\sin x)' = \cos x$；

(8) $(\cos x)' = -\sin x$；

(9) $(\tan x)' = \frac{1}{\cos^2 x} = \sec^2 x$；

(10) $(\cot x)' = -\frac{1}{\sin^2 x} = -\csc^2 x$；

(11) $(\sec x)' = \sec x \cdot \tan x$；

(12) $(\csc x)' = -\csc x\cot x$;

(13) $(\arcsin x)' = \dfrac{1}{\sqrt{1-x^2}} \quad (-1 < x < 1)$;

(14) $(\arccos x)' = -\dfrac{1}{\sqrt{1-x^2}} \quad (-1 < x < 1)$;

(15) $(\arctan x)' = \dfrac{1}{1+x^2}$;

(16) $(\text{arccot}\, x)' = -\dfrac{1}{1+x^2}$.

四则运算法则

(1) $(u \pm v)' = u' \pm v'$;　　(2) $(uv)' = u'v + uv'$;

(3) $(cu)' = cu'$;　　(4) $\left[\dfrac{u}{v}\right]' = \dfrac{u'v - uv'}{v^2}(v \neq 0)$.

复合函数链锁法则　$y'_x = y'_u \cdot u'_x$(其中 $y = f(u), u = \varphi(x)$)

注意　分段函数对其分界点处的导数,只能利用导数存在的充要条件讨论.

2.2.6 综合举例

例 19　求函数 $y = \ln\ln\ln x$ 的导数

解　$y' = \dfrac{1}{\ln\ln x}(\ln\ln x)' = \dfrac{1}{\ln\ln x} \cdot \dfrac{1}{\ln x} \cdot (\ln x)' = \dfrac{1}{x} \cdot \dfrac{1}{\ln\ln x} \cdot \dfrac{1}{\ln x}$.

例 20　求函数 $y = 3^x + x^3 + 3^3 + x^x$ 的导数

解

$$\begin{aligned} y' &= (3^x)' + (x^3)' + (3^3)' + (x^x)' \\ &= 3^x\ln 3 + 3x^2 + 0 + e^{x\ln x}(x\ln x)' \\ &= 3^x\ln 3 + 3x^2 + x^x(\ln x + 1). \end{aligned}$$

例 21　求由方程 $e^{xy} + y\ln x - \cos 2x = 0$ 所确定的隐函数 y 的导数.

解　方程两边对 x 求导,得

$$e^{xy}(xy' + y) + \frac{y}{x} + y'\ln x + \sin 2x \cdot 2 = 0$$

$$(e^{xy}x + \ln x)y' = -2\sin 2x - \frac{y}{x} - ye^{xy}$$

所以
$$y' = -\frac{2x\sin 2x + y + xye^{xy}}{x^2e^{xy} + x\ln x}.$$

例 22　已知 $f(x) = \begin{cases} x-1, & x \leqslant 0 \\ 2x, & 0 \leqslant x \leqslant 1 \\ x^2+1, & 1 < x \leqslant 2 \\ \dfrac{1}{2}x + 4, & 2 < x \end{cases}$,求 $f'(x)$.

解　当 $x < 0$ 时　　$f'(x) = (x-1)' = 1$

当 $0 < x < 1$ 时　　$f'(x) = (2x)' = 2$

当 $1 < x < 2$ 时　　$f'(x) = (x^2+1)' = 2x$

当 $x > 2$ 时　　$f'(x) = \left(\dfrac{1}{2}x + 4\right)' = \dfrac{1}{2}$.

在点 $x=0, x=1, x=2$ 处，根据 §2.1 中例 9 的结果有：$f'(0)$ 不存在，$f'(1)=2$，$f'(2)$ 不存在. 故可得

$$f'(x)=\begin{cases}1, & x<0\\ 2, & 0<x\leqslant 1\\ 2x, & 1<x<2\\ \dfrac{1}{2}, & 2<x\end{cases}$$

可以看出，导函数的定义域不超出函数定义域，即

$$D(f')\subset D(f)$$

例 23　已知 $f(u)$ 可导，求 $[f(\ln x)]'$，$\{f[(x+a)^n]\}'$ 及 $\{[f(x+a)]^n\}'$.

解　要注意作为导数符号的"′"在不同位置表示对不同变量求导数，解题时应注意区分.

$f'(\ln x)$ 表示对 $\ln x$ 求导，$[f(\ln x)]'$ 表示对 x 求导. 因此

$$[f(\ln x)]'=f'(\ln x)\cdot(\ln x)'=\frac{1}{x}f'(\ln x)$$

$$\{f[(x+a)^n]\}'=f'[(x+a)^n][(x+a)^n]'=n(x+a)^{n-1}f'[(x+a)^n]$$

$$\{[f(x+a)]^n\}'=n[f(x+a)]^{n-1}f'(x+a).$$

2.2.7　高阶导数

定义 2.3　设函数 $y=f(x)$ 在点 x 处可导，若 $f'(x)$ 的导数存在，则称该导数为函数 $y=f(x)$ 的二阶导数. 记做

$$f''(x),\quad y'',\quad \frac{\mathrm{d}^2 y}{\mathrm{d}x^2},\quad \frac{\mathrm{d}^2 f}{\mathrm{d}x^2}.$$

类似地，二阶导数 $y''=f''(x)$ 的导数就称做函数 $y=f(x)$ 的三阶导数，记做

$$f'''(x),\quad y''',\quad \frac{\mathrm{d}^3 y}{\mathrm{d}x^3},\quad \frac{\mathrm{d}^3 f}{\mathrm{d}x^3}.$$

一般地，我们定义 $y=f(x)$ 的 n 阶导数为 $y=f(x)$ 的 $n-1$ 阶导数的导数，即

$$[y^{(n-1)}]'=y^{(n)}\quad(n=2,3,4,\cdots)$$

记做

$$f^{(n)}(x),\quad y^{(n)},\quad \frac{\mathrm{d}^n y}{\mathrm{d}x^n},\quad \frac{\mathrm{d}^n f}{\mathrm{d}x^n}.$$

二阶和二阶以上的导数统称为高阶导数. 函数 $f(x)$ 的各阶导数在点 $x=x_0$ 处的数值记为

$$f'(x_0), f''(x_0), \cdots, f^{(n)}(x_0)$$

或

$$y'\big|_{x=x_0}, y''\big|_{x=x_0}, \cdots, y^{(n)}\big|_{x=x_0}$$

$f(x)$ 的 n 阶导数是由 $f(x)$ 连续依次地求 n 次导数得到的.

例 24　求 $y=x^4$ 的各阶导数.

解

$$y'=4x^3\quad y''=12x^2$$

$$y'''=24x\quad y^{(4)}=24$$

$$y^{(5)}=y^{(6)}=\cdots=y^{(n)}=0.$$

例 25　设函数 $y=\ln(1+x^2)$，求 $y''(0)$.

解 $$y' = \frac{2x}{1+x^2}$$

$$y'' = \frac{2(1+x^2) - 2x \cdot 2x}{(1+x^2)^2} = \frac{2(1-x^2)}{(1+x^2)^2}$$

从而 $$y''(0) = \left.\frac{2(1-x^2)}{(1+x^2)^2}\right|_{x=0} = 2.$$

例 26 求 $y = \sin x$ 的 n 阶导数.

解 $$y' = (\sin x)' = \cos x = \sin\left(x + \frac{\pi}{2}\right)$$

$$y'' = \left[\sin\left(x + \frac{\pi}{2}\right)\right]' = \cos\left(x + \frac{\pi}{2}\right) = \sin\left(x + \frac{2\pi}{2}\right)$$

$$y''' = \left[\sin\left(x + \frac{2\pi}{2}\right)\right]' = \cos\left(x + \frac{2\pi}{2}\right) = \sin\left(x + \frac{3\pi}{2}\right)$$

$$\vdots$$

一般地有 $$y^{(n)} = (\sin x)^{(n)} = \sin\left(x + \frac{n\pi}{2}\right).$$

同理可得 $$(\cos x)^{(n)} = \cos\left(x + \frac{n\pi}{2}\right).$$

§2.3 微 分

2.3.1 微分的定义

前面讲过函数的导数是表示函数在点 x 处的变化率，函数的导数描述了函数在点 x 处变化的快慢程度. 有时我们还需要了解函数在某一点当自变量取得一个微小的改变量时，函数取得的相应改变量的大小. 这就引进了微分的概念.

例如 设一个边长为 x 的正方形，其面积用 S 表示，显然 $S = x^2$. 如果边长 x 取得一个改变量 Δx，则面积 S 相应地取得改变量

$$\Delta S = (x + \Delta x)^2 - x^2 = 2x\Delta x + (\Delta x)^2$$

上式包括两部分：

第一部分 $2x\Delta x$ 是 Δx 的线性函数，即图 2-2 中画斜线的那两个矩形面积的和. 而第二部分 $(\Delta x)^2$，当 $\Delta x \to 0$ 时，是比 Δx 高阶的无穷小量. 因此 Δx 很小时，我们可以用第一部分 $2x\Delta x$ 近似地表示 ΔS，而将第二部分忽略掉，其差 $\Delta S - 2x\Delta x$ 只是一个比 Δx 高阶的无穷小量. 即当 Δx 较小时，$\Delta S \approx 2x\Delta x$. 我们把 $2x\Delta x$ 叫做正方形面积 S 的微分. 记做 $\mathrm{d}S = 2x\Delta x$.

现考察一般情形：

设函数 $y = f(x)$ 在点 x 处可导，则 $\lim\limits_{\Delta x \to 0} \frac{\Delta y}{\Delta x} = f'(x)$，故

$$\frac{\Delta y}{\Delta x} = f'(x) + \alpha$$

其中 α 为当 $\Delta x \to 0$ 时的无穷小量，从而

$$\Delta y = f'(x)\Delta x + \alpha\Delta x$$

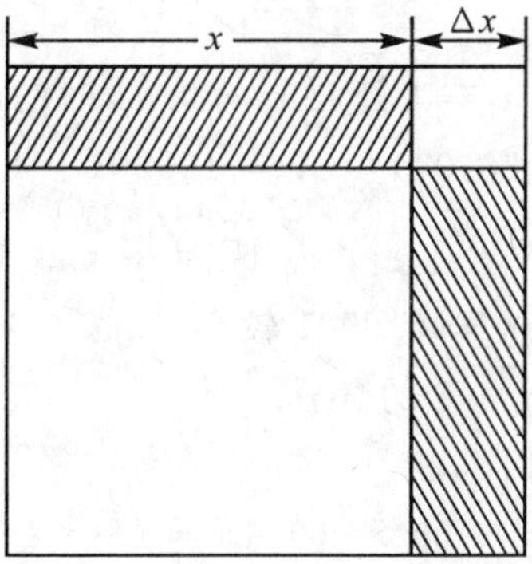

图 2-2

上式右端第一项是关于 Δx 的线性函数，称为 Δx 的线性主部，第二项 $\alpha\Delta x$，当 $f'(x)\neq 0$ 时为比 $f'(x)\Delta x$ 更高阶的无穷小量，即

$$\lim_{\Delta x\to 0}\frac{\alpha\Delta x}{f'(x)\Delta x}=0$$

因此，当 $|\Delta x|$ 较小时，$\alpha\Delta x$ 可以略去，故

$$\Delta y\approx f'(x)\Delta x$$

由此可得：

(1) 用 $f'(x)\Delta x$ 近似代替 Δy，简化了计算；

(2) 用 $f'(x)\Delta x$ 代表 Δy，其误差较小，$|\Delta x|$ 越小，则误差更小.

据此，我们有如下的定义：

定义 2.4　设函数 $y=f(x)$ 在点 x 处有导数 $f'(x)$，自变量 x 的改变量为 Δx，则称 $f'(x)\Delta x$ 为函数 $f(x)$ 在点 x 处的微分或称 $f(x)$ 在 x 处可微. 记做

$$\mathrm{d}y=f'(x)\Delta x \quad 或 \quad \mathrm{d}f(x)=f'(x)\Delta x \tag{2.23}$$

即函数在某点的微分等于该函数在该点的导数与自变量改变量的乘积.

函数的微分具有如下特点：

(1) 当 $f'(x)\neq 0$ 时，$\mathrm{d}y$ 与 Δy 相差一个比 Δx 更高阶的无穷小量. $\mathrm{d}y$ 是 Δy 的主要部分. 故也称 $\mathrm{d}y$ 为 Δy 的线性主部.

(2) 微分 $\mathrm{d}y$ 是 Δx 的一次函数(线性函数)，且有 $\mathrm{d}y\approx\Delta y$. 因此，当 $|\Delta x|$ 很小时，可以用微分 $\mathrm{d}y$ 近似代替函数的改变量 Δy.

如果将自变量 x 当做自己的函数 $y=x$，则得 $\mathrm{d}x=x'\Delta x=\Delta x$，因此，自变量的微分就是 x 本身的改变量. 于是，函数的微分可以写成

$$\mathrm{d}y=f'(x)\mathrm{d}x \tag{2.24}$$

即函数的微分就是函数的导数与自变量的微分的乘积.

由 $\mathrm{d}y=f'(x)\mathrm{d}x$，可得 $\frac{\mathrm{d}y}{\mathrm{d}x}=f'(x)$，即 $\frac{\mathrm{d}y}{\mathrm{d}x}$ 为函数的微分与自变量的微分的商，因而又称导数为微商. 从而函数 $f(x)$ 在点 x 处可微与可导等价. 即

$$\mathrm{d}y=f'(x)\mathrm{d}x\Leftrightarrow\frac{\mathrm{d}y}{\mathrm{d}x}=f'(x)$$

因此,求一个函数的微分的问题便归结为求导数的问题,故将求函数的导数与微分的方法统称为微分法.

例 1 求函数 $y = x^2$ 在点 $x = 1$ 处,$\Delta x = 0.01$ 时的改变量及微分.

解
$$\Delta y = (1 + 0.01)^2 - 1 = 1.0201 - 1 = 0.0201$$
$$dy\Big|_{\substack{x=1 \\ \Delta x=0.01}} = (x^2)'\Big|_{x=1} \cdot 0.01 = 2x\Big|_{x=1} \cdot 0.01 = 0.02$$

比较 Δy 与 dy,可知 $\Delta y - dy = 0.0001$ 较小.

例 2 求函数 $y = x^3 + 5x^2 - 6$ 的微分.

解 因为 $dy = y'dx$,所以
$$dy = (x^3 + 5x^2 - 6)'dx = (3x^2 + 10x)dx.$$

2.3.2 微分的几何意义

在曲线 $y = f(x)$ 上取定一点 $M(x, y)$,过点 M 作曲线的切线 MT,则该切线的斜率为
$$f'(x) = \tan\alpha$$

当自变量在点 x 处取得改变量 Δx 时,就得曲线上另外一点 $M_1(x + \Delta x, y + \Delta y)$. 由图 2-3 可知
$$MN = \Delta x, M_1N = \Delta y$$
且
$$NT = MN\tan\alpha = f'(x)\Delta x = dy$$

因此,函数 $y = f(x)$ 的微分 dy 就是过点 $M(x, y)$ 的切线的纵坐标的改变量. 图 2-3 中线段 M_1T 是 Δy 与 dy 之差. 当 $|\Delta x|$ 越小时,M_1T 越小,且小得更快些,即 M_1T 比 Δx 为更高阶的无穷小.

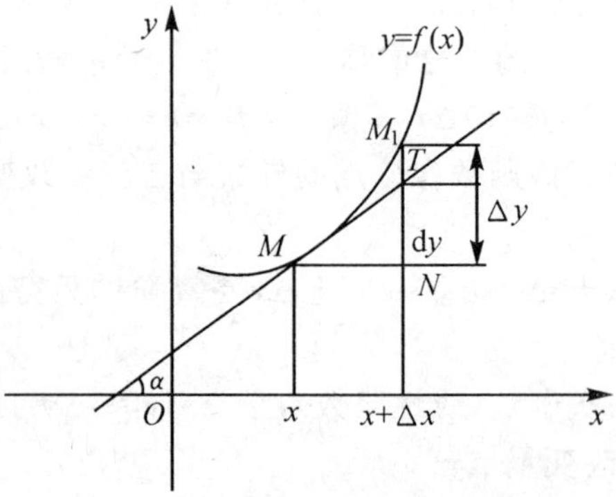

图 2-3

2.3.3 微分法则

设 $y = f(x)$ 在点 x 处可微,则
$$dy = f'(x)dx$$

即求微分 dy 只要求出导数 $f'(x)$,再乘以 dx 即可.

根据函数和、积、商的求导法则，可得求函数和、积、商的微分法则. 例如，由函数乘积 $y=uv$ 的导数 公式

$$y'=uv'+u'v$$

两边同乘以 $\mathrm{d}x$，即得微分公式

$$\mathrm{d}y=\mathrm{d}(uv)=u\mathrm{d}v+v\mathrm{d}u$$

类似地，可得下面的基本微分公式与微分法则：

(1) $\mathrm{d}c=0\quad(c$ 为常数$)$；

(2) $\mathrm{d}(x^{\alpha})=\alpha x^{\alpha-1}\mathrm{d}x\quad(\alpha\in\mathbf{R})$；

(3) $\mathrm{d}(a^{x})=a^{x}\ln a\mathrm{d}x\quad(a>0$，且 $a\neq1)$；

(4) $\mathrm{d}(\mathrm{e}^{x})=\mathrm{e}^{x}\mathrm{d}x$；

(5) $\mathrm{d}(\log_{a}x)=\dfrac{1}{x}\log_{a}\mathrm{e}\mathrm{d}x\quad(a>0$，且 $a\neq1)$；

(6) $\mathrm{d}(\ln x)=\dfrac{1}{x}\mathrm{d}x$；

(7) $\mathrm{d}(\sin x)=\cos x\mathrm{d}x$；

(8) $\mathrm{d}(\cos x)=-\sin x\mathrm{d}x$；

(9) $\mathrm{d}(\tan x)=\dfrac{1}{\cos^{2}x}\mathrm{d}x=\sec^{2}x\mathrm{d}x$；

(10) $\mathrm{d}(\cot x)=-\dfrac{1}{\sin^{2}x}\mathrm{d}x=-\csc^{2}x\mathrm{d}x$；

(11) $\mathrm{d}(\sec x)=\sec x\tan x\mathrm{d}x$；

(12) $\mathrm{d}(\csc x)=-\csc x\cot x\mathrm{d}x$；

(13) $\mathrm{d}(\arcsin x)=\dfrac{1}{\sqrt{1-x^{2}}}\mathrm{d}x\quad(-1<x<1)$；

(14) $\mathrm{d}(\arccos x)=-\dfrac{1}{\sqrt{1-x^{2}}}\mathrm{d}x\quad(-1<x<1)$；

(15) $\mathrm{d}(\arctan x)=\dfrac{1}{1+x^{2}}\mathrm{d}x$；

(16) $\mathrm{d}(\mathrm{arccot}\,x)=-\dfrac{1}{1+x^{2}}\mathrm{d}x$；

(17) $\mathrm{d}(u\pm v)=\mathrm{d}u\pm\mathrm{d}v$；

(18) $\mathrm{d}(uv)=v\mathrm{d}u+u\mathrm{d}v$；

(19) $\mathrm{d}(cu)=c\mathrm{d}u\quad(c$ 为常数$)$；

(20) $\mathrm{d}\left[\dfrac{u}{v}\right]=\dfrac{v\mathrm{d}u-u\mathrm{d}v}{v^{2}}\quad(v\neq0)$.

若遇到复合函数，反函数和隐函数求微分时，除用上述公式外，均可以用 $\mathrm{d}y=f'(x)\mathrm{d}x$ 求出.

2.3.4　微分形式的不变性

如果函数 $y=f(u)$ 对 u 是可导的，则：

(1) 当 u 是自变量时，函数的微分为 $dy = f'(u)du$.

(2) 当 u 不是自变量，而是 $u=\varphi(x)$，为 x 的可导函数时，则 y 为 x 的复合函数. 根据复合函数求导公式，y 对 x 的导数为

$$\frac{dy}{dx} = f'(u)\varphi'(x)$$

于是
$$dy = f'(u)\varphi'(x)dx$$

但是 $\varphi'(x)dx$ 就是函数 $u=\varphi(x)$ 的微分，即

$$du = \varphi'(x)dx$$

所以
$$dy = f'(u)du$$

由此可见，对函数 $y=f(u)$ 来说，不论 u 是自变量，还是自变量的可导函数，$f(u)$ 的微分形式同样都是 $dy=f'(u)du$，这就叫做微分形式的不变性.

例 3 设 $y = e^{ax+bx^2}$，求 dy.

解 1 利用 $dy = y'dx$ 得

$$dy = (e^{ax+bx^2})'dx = e^{ax+bx^2}(ax+bx^2)'dx = (a+2bx)e^{ax+bx^2}dx.$$

解 2 令 $u=ax+bx^2$，则 $y=e^u$，由微分形式的不变性得

$$dy = (e^u)'du = e^u du = e^{ax+bx^2}d(ax+bx^2) = (a+2bx)e^{ax+bx^2}dx.$$

例 4 求函数 $y = x^2\ln x^2 + \cos x$ 的微分.

解
$$dy = d(x^2\ln x^2 + \cos x) = 2x\ln x^2 dx + x^2 \cdot \frac{1}{x^2} \cdot 2x dx - \sin x dx$$
$$= (2x\ln x^2 + 2x - \sin x)dx.$$

例 5 设隐函数为 $xe^y - \ln y + 5 = 0$，求 dy 及 y'.

解 将方程两边求微分，得

$$d(xe^y) - d(\ln y) = 0$$

$$e^y dx + xe^y dy - \frac{1}{y}dy = 0$$

解出 dy
$$dy = \frac{e^y}{\frac{1}{y} - xe^y}dx = \frac{ye^y}{1-xye^y}dy$$

得
$$y' = \frac{ye^y}{1-xye^y}.$$

2.3.5 利用微分作近似计算

由函数改变量与微分的关系

$$\Delta y = f(x_0+\Delta x) - f(x_0) = f'(x_0)\Delta x + \alpha\Delta x = dy + \alpha\Delta x$$

当 $|\Delta x|$ 很小时，有函数改变量的近似公式

$$\Delta y \approx dy = f'(x_0)\Delta x \tag{2.25}$$

及求函数近似值的公式

$$f(x_0+\Delta x) \approx f(x_0) + f'(x_0)\Delta x \quad (|\Delta x| \text{很小}) \tag{2.26}$$

即已知 $f(x_0)$ 的值，可以求 x_0 附近的函数值.

若在式(2.26)中令 $x = x_0 + \Delta x$，且 $x_0 = 0$，则有

$$f(x) \approx f(0) + f'(0)x \quad (|x| 很小) \tag{2.27}$$

例 6　半径为 10cm 的金属圆片加热后，其半径伸长了 0.05cm. 试求面积增大的精确值与近似值.

解　(1) 面积增大的精确值

设圆面积为 S，半径 $r = 10\text{cm}$，$\Delta r = 0.05\text{cm}$

则
$$S = \pi r^2$$
$$\Delta S = \pi(10 + 0.05)^2 - \pi \times 10^2 = 1.0025\pi(\text{cm}^2)$$

即圆面积增大的精确值为 $1.0025\pi(\text{cm}^2)$

(2) 面积增大的近似值

由公式 $\Delta S \approx S'\Delta r$ 有

$$\Delta S \approx (\pi r^2)'\Delta r\Big|_{\substack{r=10\\ \Delta r=0.05}} = 2\pi \times 10 \times 0.05 = \pi(\text{cm}^2)$$

即面积增大的近似值为 $\pi(\text{cm}^2)$，比较两种计算结果，其差还是较小的.

例 7　求 $\sin 31°$ 的近似值.

解　设 $f(x) = \sin x$，则 $f'(x) = \cos x$，已知

$$x_0 = 30° = \frac{\pi}{6}, \quad \Delta x = 1° = \frac{\pi}{180}$$

由
$$f(x_0 + \Delta x) \approx f(x_0) + f'(x_0)\Delta x$$

$$\sin 31° = \sin\frac{\pi}{6} + \cos\frac{\pi}{6} \times \frac{\pi}{180} = \frac{1}{2} + \frac{\sqrt{3}}{2} \times 0.01745 \approx 0.5151.$$

例 8　求 $\sqrt[3]{1.02}$ 的近似值.

解　设 $f(x) = \sqrt[3]{x}$，则 $f'(x) = \frac{1}{3}x^{-\frac{2}{3}}$，已知

$$x_0 = 1, \quad \Delta x = 0.02$$

由公式　$f(x_0 + \Delta x) \approx f(x_0) + f'(x_0)\Delta x$ 得

$$\sqrt[3]{1.02} \approx \sqrt[3]{1} + \frac{1}{3} \times 1^{-\frac{2}{3}} \times (0.02) \approx 1.0067.$$

例 9　证明当 $|x|$ 很小时，下列各近似公式成立

(1) $e^x \approx 1 + x$；　　(2) $\sqrt[n]{1+x} \approx 1 + \frac{1}{n}x$；

(3) $\sin x \approx x$；　　(4) $\ln(1+x) \approx x$.

证　(2) 设 $f(x) = \sqrt[n]{1+x}$，则 $f'(x) = \frac{1}{n}(1+x)^{\frac{1}{n}-1}$ 应用公式(2.27)有

$$f(x) = \sqrt[n]{1+x} \approx f(0) + f'(0)x = \sqrt[n]{1+0} + \frac{1}{n}(1+0)^{\frac{1}{n}-1} \cdot x = 1 + \frac{1}{n}x$$

即当 $|x|$ 很小时，$\sqrt[n]{1+x} \approx 1 + \frac{1}{n}x$.

类似地可以证明其他公式.

§2.4 本章小结

学习本章,要求掌握导数和微分的基本概念,熟练运用求导法则计算导数、微分,并了解导数和微分的简单应用.

2.4.1 导数和微分的概念

1. 函数的导数

(1) 定义

$$f'(x_0)=\lim_{\Delta x\to 0}\frac{\Delta y}{\Delta x}=\lim_{\Delta x\to 0}\frac{f(x_0+\Delta x)-f(x_0)}{\Delta x}=\lim_{x\to x_0}\frac{f(x)-f(x_0)}{x-x_0}$$

$$f'(x)=\lim_{\Delta x\to 0}\frac{f(x+\Delta x)-f(x)}{\Delta x}$$

$$f'(x_0)=f'(x)\Big|_{x=x_0}$$

左导数

$$f'_-(x_0)=\lim_{\Delta x\to 0^-}\frac{f(x_0+\Delta x)-f(x_0)}{\Delta x}=\lim_{x\to x_0^-}\frac{f(x)-f(x_0)}{x-x_0}$$

右导数

$$f'_+(x_0)=\lim_{\Delta x\to 0^+}\frac{f(x_0+\Delta x)-f(x_0)}{\Delta x}=\lim_{x\to x_0^+}\frac{f(x)-f(x_0)}{x-x_0}$$

$$f'(x_0)=A\Leftrightarrow f'_-(x_0)=f'_+(x_0)=A$$

(2) 可导与连续的关系

可导 → 连续.即可导是连续的充分条件;连续是可导的必要条件.

(3) 导数的几何意义

函数 $y=f(x)$ 在点 $x=x_0$ 处的导数 $f'(x_0)$ 是曲线 $y=f(x)$ 在点 $M(x_0,y_0)$ 处的切线的斜率.过点 $M(x_0,y_0)$ 处的切线方程为

$$y-y_0=f'(x_0)(x-x_0).$$

(4) 高阶导数

$$f''(x_0)=\lim_{\Delta x\to 0}\frac{f'(x_0+\Delta x)-f'(x_0)}{\Delta x}$$

$f(x)$ 的 n 阶导数为 $n-1$ 阶导数的导数.

2. 函数的微分

(1) 微分的定义:$\mathrm{d}y=f'(x)\mathrm{d}x$.

(2) 可微 ⇔ 可导.函数 $f(x)$ 在点 x_0 处可微分的充分必要条件是函数 $f(x)$ 在该点可导.

(3) $\mathrm{d}y=f'(x)\mathrm{d}x\Leftrightarrow\dfrac{\mathrm{d}y}{\mathrm{d}x}=f'(x)$,故导数也称为微商.求导数与求微分的方法统称为微分法.

2.4.2　函数的求导方法

1. 利用导数的定义求导数

利用导数的定义求导数的三个步骤：

(1) 求增量：$\Delta y = f(x+\Delta x) - f(x)$；

(2) 算比值：$\dfrac{\Delta y}{\Delta x} = \dfrac{f(x+\Delta x)-f(x)}{\Delta x}$；

(3) 取极限：$f'(x) = \lim\limits_{\Delta x\to 0}\dfrac{\Delta y}{\Delta x} = \lim\limits_{\Delta x\to 0}\dfrac{f(x+\Delta x)-f(x)}{\Delta x}$.

求分段函数在分段点处的导数应该用定义求导.

2. 利用求导法则和基本公式求导数

3. 复合函数求导法则

若 $y = f(u)$ 和 $u = \varphi(x)$ 都是可导函数，则复合函数 $y = f[\varphi(x)]$ 对 x 的导数是

$$\frac{\mathrm{d}y}{\mathrm{d}x} = f'(u)\cdot\varphi'(x) \text{ 或 } y'_x = y'_u\cdot u'_x.$$

4. 隐函数求导法

对方程 $f(x,y)=0$ 所确定的隐函数求导，只要把方程 $F(x,y)=0$ 的两边同时对 x 求导数，即得到一个包含 y' 的一次方程，即为隐函数的导数. 在求导过程中，应注意 y 是 x 的函数.

5. 取对数求导法则

对数求导法则是指先对函数 $y=f(x)$ 取对数，将其化为隐函数 $\ln y = \ln f(x)$ 的形式，然后两边同时对 x 求导，得出导数 y'. 对数求导法则主要应用于两个方面，即幂指函数和连乘积函数的求导.

6. 高阶导数求导法

求函数的高阶导数，是利用各种求导方法与公式逐次对函数求第 1 次，第 2 次，……，第 n 次导数，即得到函数的 n 阶导数，需要指出的是，欲求一个函数的 n 阶导数的一般表达式，要运用归纳法，才能把一些常用函数的 n 阶导数表达出来.

7. 微分计算

求函数 $y=f(x)$ 的微分可以采用两种方法：

(1) 先求 $y=f(x)$ 的导数，然后利用关系式 $\mathrm{d}y = f'(x)\mathrm{d}x$ 写出微分表达式.

(2) 利用一阶微分形式不变性.

2.4.3　导数和微分的应用

1. 导数概念的几何应用，求曲线的切线方程.

2. 导数概念的经济意义，求边际函数，求函数的变化率.

3. 利用微分作近似计算

(1) 当 $|\Delta x|$ 很小时，$\Delta y \approx f'(x_0)\Delta x$

(2) 当 $|\Delta x|$ 很小时，$f(x_0+\Delta x) \approx f(x_0) + f'(x_0)\Delta x$

(3) 当 $|x|$ 很小时，

$$\mathrm{e}^x \approx 1+x, \ln(1+x) \approx x$$

$$\sin x \approx x, \sqrt[n]{1+x} \approx 1+\frac{1}{n}x.$$

习 题 二

一、判断题

1. 若函数 $y=f(x)$ 在点 x_0 处可导,则 $f(x)$ 在点 x_0 处必连续. ( )
2. 设函数 $y=f(x)$ 在点 x_0 处可导,若 $f'(x_0)=0$,则必有 $f(x_0)=0$. ( )
3. 设函数 $y=f(x)$ 在点 x_0 处可导,若 $f(x_0)=0$,则必有 $f'(x_0)=0$. ( )
4. 设 $y=f(x)$ 为偶函数,且 $f'(0)$ 存在.则 $f'(0)=0$. ( )
5. 可导的偶函数的导数是奇函数. ( )
6. 可导的奇函数的导数是偶函数. ( )
7. 设 $y=f(x)$,则 $f'(0)=[f(0)]'$. ( )
8. 设 $y=f(x)$,则 $f''(0)=[f'(0)]'$. ( )
9. 设 $f(x)$ 是可微函数,则在点 x_0 处,$\Delta y \approx \mathrm{d}y$. ( )
10. 若 $f'(x)=$ 常数,则其微分也是常数. ( )

二、填空题

1. 设曲线 $y=x^2+x-2$,已知该曲线在点 M 处的切线斜率为 3,则点 M 的坐标是________.
2. 曲线 $y=\mathrm{e}^x+2$ 在点 $x=0$ 处的切线方程是________.
3. $y=\ln\sqrt{3}$,则 $y'=$ ________.
4. 设对任意的 x 都有 $f(-x)=f(x)$,若 $f'(-x_0)=-k$,则 $f'(x_0)=$ ________.
5. $y=\sqrt{\cos 2x}$,则 $f'\left(\frac{\pi}{8}\right)=$ ________.
6. $f(x)=x(x-1)(x-2)\cdots(x-n)$,则 $f'(0)=$ ________.
7. 若 $f(x)=\begin{cases} x^2-1, 0 \leqslant x \leqslant 1 \\ ax+b, 1<x \leqslant 2 \end{cases}$ 在 $[0,2]$ 上可导,则 $a=$ ________;$b=$ ________.
8. 设 $f\left(\frac{1}{x}\right)=x$,则 $f'(x)=$ ________.
9. 设 $y=x\mathrm{e}^x$,则 $y^{(3)}=$ ________.
10. 设 $y=\sin x$,则 $y^{(10)}=$ ________.
11. 设 $y=a_0x^n+a_1x^{n-1}+\cdots+a_{n-1}x+a_n$,则 $y^{(n)}=$ ________.
12. 设 $y=f(\mathrm{e}^{-x})$,其中 $f(x)$ 为可微函数,则 $\mathrm{d}y=$ ________.
13. 已知 $y=f(x)$ 的导数为 $g(x)$,则 $\mathrm{d}f(x)=$ ________.
14. 将适当函数填入下列括号内,使等式成立

(1) $\frac{\mathrm{d}x}{ax+b}=\mathrm{d}(\qquad)$; (2) $\frac{\mathrm{d}x}{\cos^2 x}=\mathrm{d}(\qquad)$;

(3) $\frac{e^x dx}{1+e^x} = d(\qquad)$；　(4) $\frac{x}{1+x^2}dx = d(\qquad)$.

三、解答题

1. 根据导数定义求下列函数的导数

(1) $y = \frac{1}{x}$；　(2) $y = x^2 - 3$.

2. 求下列函数的导数

(1) $y = 3x^2 - \frac{2}{x^2} + \sqrt{x}$；　(2) $y = \frac{x^2 - 5x + 1}{x^3}$；

(3) $y = 3\lg x + 2\tan x - x^{0.8}$；　(4) $y = \frac{x\sqrt{x}}{\sqrt{x^5}}$；

(5) $y = 10\cot x \ln x$；　(6) $y = \frac{1+\cos x}{1-\sin x}$；

(7) $y = xe^x \cos x$；　(8) $y = \frac{\ln x}{\sin x}$.

3. 求曲线 $y = \sqrt[3]{x}$ 在点 $x = 8$ 处的切线方程.

4. 求下列函数的导数

(1) $y = \cos(x^2)$；　(2) $y = \sqrt{1+x^2} - \cos^2 x$；

(3) $y = \frac{x}{\sqrt{a^2 - x^2}}$；　(4) $y = \ln\tan x$；

(5) $y = x^2 \sin\frac{1}{x}$；　(6) $y = \left[\frac{x-1}{x+1}\right]^m$；

(7) $y = \ln\sin^2(e - x)$；　(8) $y = \ln\frac{x + \sqrt{1-x^2}}{x}$；

(9) $y = \arccos\frac{1}{x}$；　(10) $y = \arctan\frac{2x}{1-x^2}$.

5. 求下列隐函数的导数

(1) $x^2 + y^2 - xy = 1$；　(2) $\cos(x^2 + y) = x$；

(3) $y^2\cos x = a^2\sin 3x$；　(4) $\arctan\frac{y}{x} = \ln\sqrt{x^2 + y^2}$.

6. 利用取对数求导法求下列函数的导数

(1) $y = \frac{\sqrt{x+2}(3-x)^4}{(x+1)^6}$；　(2) $y = x^{e^x}$；

(3) $y = (\sin x)^x$；　(4) $y = (x-a_1)^{a_1}(x-a_2)^{a_2}\cdots(x-a_n)^{a_n}$.

7. 求函数 $f(x) = \begin{cases} \frac{2}{1+x^2}, & x \leqslant 1 \\ 2 - x, & x > 1 \end{cases}$ 的导数.

8. 求下列函数的二阶导数

(1) $y = x^4 - 6x^3 + 3$；　(2) $y = \ln(1 - x^2)$；

(3) $xy + e^y = 1$；　(4) $y = xe^{-x}$.

9. 求下列函数的微分

(1) $y = e^{-x}\cos x$；(2) $y = \arcsin\sqrt{x}$；

(3) $y = \dfrac{x}{1-x^2}$；(4) $y = 1 + xe^y$.

10. 求下列各式的近似值

(1) $\sqrt[3]{8.02}$；(2) $\cos 61°$；

(3) $\arctan 1.02$；(4) $e^{0.05}$.

第 3 章　中值定理及导数的应用

第 2 章讨论了导数及其运算，现在进一步研究导数性质，这些性质是微分学的理论基础. 因为这些性质与自变量在区间内部的某个中间值有关，所以统称为中值定理. 它们是应用导数研究函数及进行经济分析的依据.

§ 3.1　中 值 定 理

微分中值定理由特例到一般可以分三种情况，分别用罗尔定理、拉格朗日中值定理、柯西中值定理来描述，下面逐个加以讨论.

3.1.1　罗尔(Rolle)定理

定理 3.1　若函数 $f(x)$ 满足：

(1) 在闭区间 $[a,b]$ 上连续；

(2) 在开区间 (a,b) 内可导；

(3) $f(a)=f(b)$，则至少存在一点 $\xi\in(a,b)$，使得 $f'(\xi)=0$.

罗尔定理的几何意义：条件(1)是说 $y=f(x)$ 的图形是一条连续的曲线弧 $\widehat{AB}$，如图 3-1 所示，条件(2)是说在曲线弧 $\widehat{AB}$ 上(除两个端点外)每一点都有不垂直于 Ox 轴的切线，条件(3)是说曲线弧 $\widehat{AB}$ 的两个端点 $A(a,f(a))$ 和 $B(b,f(b))$ 的高度相等，即纵坐标相等，结论 $f'(\xi)=0$ 是说在这曲线弧 $\widehat{AB}$ 除两个端点外，有一点 $C(\xi,f(\xi))$ 使曲线在该点 C 处的切线平行于 Ox 轴，而且这种点可能不止一个，如图 3-1 中就有两个.

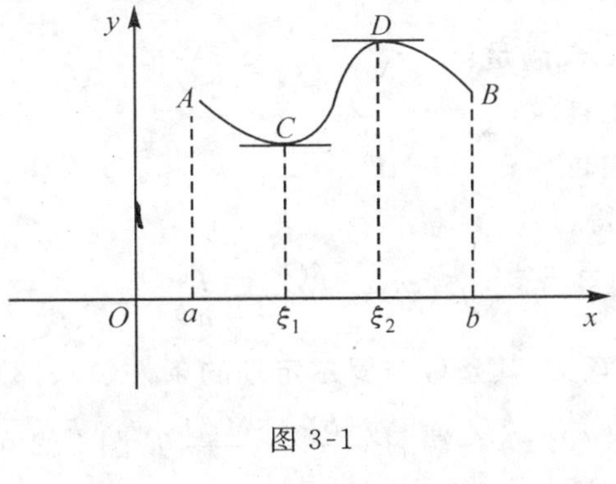

图 3-1

定理 3.1 也就是说：满足条件(1)、(2)、(3)的曲线 $f(x)$ 在曲线弧 $\widehat{AB}$ 上(除两个端点外)至少有一点 C，使曲线在点 C 处的切线平行于 Ox 轴.

定理 3.1 的三个假设条件，缺了任何一条都能举出实例，说明找不到 $\xi \in (a,b)$，使得 $f'(\xi)=0$. 例如：

$$f(x)=\begin{cases}x^2, & 0\leqslant x<1\\ 0, & x=1\end{cases} \quad \text{缺少第(1)条}$$

$$f(x)=|x|, -1\leqslant x\leqslant 1 \quad \text{缺少第(2)条}$$

$$f(x)=x, 0\leqslant x\leqslant 1 \quad \text{缺少第(3)条}$$

上述函数 $f(x)$ 都不能在各自的定义域里找到满足 $f'(\xi)=0$ 的 ξ，但是要注意这三个假设条件仅是充分的，不能说有 ξ 使 $f'(\xi)=0$ 便保证 $f(x)$ 具备这三个条件. 例如不加以证明，举一例三个条件都不满足的函数，却在定义域内有 ξ 使 $f'(\xi)=0$，例如

$$f(x)=\begin{cases}\sin x, & 0\leqslant x\leqslant \dfrac{3\pi}{4}\\ \cos x, & \dfrac{3\pi}{4}<x<\dfrac{5\pi}{4}\end{cases}$$

例 1 验证罗尔定理对 $f(x)=x^2-1$ 在区间 $[-1,1]$ 上的正确性.

证 因为 $f(x)=x^2-1$ 在区间 $[-1,1]$ 上连续. 在区间 $(-1,1)$ 内可导. 且 $f(-1)=f(1)=0$，所以函数满足罗尔定理，而 $f'(x)=2x$

令 $$f'(x)=0,\text{即 } 2x=0$$

故取 $$\xi=0, \xi\in(-1,1)$$

即 $$f'(\xi)-2\xi=0.$$

例 2 不求导数，判断函数 $f(x)=(x-1)(x-2)(x-3)$ 的导数有几个实根，并确定所在的范围.

解 由于 $f(1)=f(2)=f(3)=0$，又因为 $f(x)$ 在 $[1,2]$、$[2,3]$ 上满足罗尔定理的条件.

因此在 $(1,2)$ 内至少存在一点 ξ_1，使 $f'(\xi_1)=0$，ξ_1 是 $f'(x)$ 的一个实根.

在 $(2,3)$ 内至少存在一点 ξ_2，使 $f'(\xi_2)=0$，ξ_2 是 $f'(x)$ 的一个实根.

$f'(x)$ 为二次多项式，只能有两个实根，分别在区间 $(1,2)$ 及 $(2,3)$ 内.

3.1.2 拉格朗日(Lagrange)中值定理

定理 3.2 若函数 $f(x)$ 满足：

(1) 在闭区间 $[a,b]$ 上连续；

(2) 在开区间 (a,b) 内可导；

则至少存在一点 ξ 使得

$$f'(\xi)=\frac{f(b)-f(a)}{b-a} \tag{3.1}$$

拉格朗日定理的几何意义：其条件与罗尔定理的条件(1)、(2)一样，只是少了两端点高度相等的条件. 在结论中式(3.1)右端的 $\dfrac{f(b)-f(a)}{b-a}$ 从图 3-2 可以看出，正是弦 AB 的斜率，$f'(\xi_1)$ 是表示曲线弧 $\widehat{AB}$ 上某点 $C(\xi_1,f(\xi_1))$ 的切线的斜率，而

$$f'(\xi_1)=\frac{f(b)-f(a)}{b-a}$$

表示两者的斜率相等，即在弧$\widehat{AB}$上有一点$C(\xi_1, f(\xi_1))$，$\xi_1 \in (a,b)$，使曲线在该点C处的切线平行于弦AB，而且这种点可能不止一个，如图 3-2 中就有三个，定理 3.2 是说：满足条件(1)、(2)的曲线$y=f(x)$在弧$\widehat{AB}$上（除两个端点外）至少有一点C，使曲线在该点处的切线平行于弦AB.

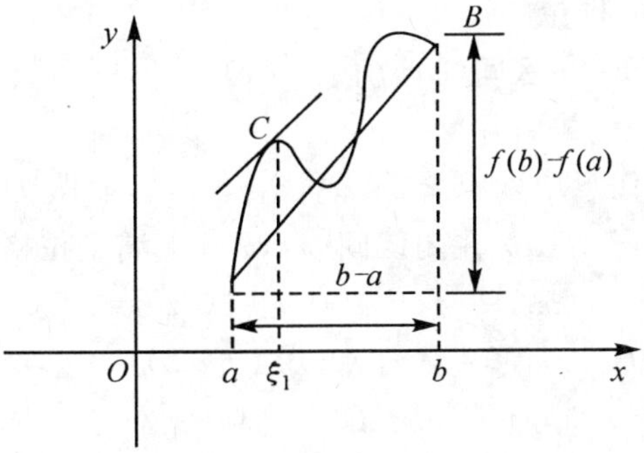

图 3-2

证　作辅助函数

$$\varphi(x) = f(x) - f(a) - \frac{f(b)-f(a)}{b-a}(x-a)$$

容易验证，$\varphi(x)$满足罗尔定理的三个条件：

$$\varphi(a) = \varphi(b) = 0$$

$\varphi(x)$在闭区间$[a,b]$上连续，在开区间(a,b)内具有导数，且

$$\varphi'(x) = f'(x) - \frac{f(b)-f(a)}{b-a}$$

根据罗尔定理，至少存在一点$\xi \in (a,b)$，使得

$$\varphi'(\xi) = f'(\xi) - \frac{f(b)-f(a)}{b-a} = 0$$

即得

$$f'(\xi) = \frac{f(b)-f(a)}{b-a}$$

式(3.1)也叫拉格朗日公式或微分中值公式.

此外中值的意思是指ξ点介于a，b之间.在使用上，式(3.1)还可以写成如下的形式

$$f(b) - f(a) = f'(\xi)(b-a) \quad \xi \in (a,b) \tag{3.2}$$

由于ξ在a，b之间，所以可以把ξ写成$\xi = a+\theta(b-a)$其中θ是小于 1 的正数.于是式(3.1)又可以写成

$$f(b) - f(a) = f'[a+\theta(b-a)](b-a) \tag{3.3}$$

其中

$$0 < \theta < 1$$

如果令$a = x$，$b = x+\Delta x$，代入式(3.3)中，得

$$f(x+\Delta x) - f(x) = f'(x+\theta\Delta x)\Delta x \tag{3.4}$$

或　$\Delta y = f'(x+\theta\Delta x)\Delta x$　其中$0 < \theta < 1$.

注意　(1) 定理 3.2 所叙述的条件是充分的，但不是必要的，即使条件不成立，也可能结论成立.

(2) 定理 3.2 只告诉我们在区间 (a,b) 内 ξ 的存在，且使得

$$\frac{f(b)-f(a)}{b-a}=f'(\xi)$$

但定理 3.2 并没有告诉我们究竟怎样去求这个点 ξ 或 ξ 究竟在哪里，尽管如此，但不妨碍定理 3.2 的应用，因为在应用中并不一定需要求出 ξ.

定理 3.2 有两个重要的推论：

推论 3.1 若函数 $f(x)$ 在区间 (a,b) 内 $f'(x)=0$，则函数 $f(x)$ 在区间 (a,b) 内是一个常数.

证 在区间 (a,b) 内任意取两点 x_1 及 $x_2(x_1<x_2)$，显然 $f(x)$ 在闭区间 $[x_1,x_2]$ 上连续，在开区间 (x_1,x_2) 内可导，$f(x)$ 在闭区间 $[x_1,x_2]$ 上满足拉格朗日定理的条件，所以有

$$f(x_2)-f(x_1)=f'(\xi)(x_2-x_1)$$

其中
$$\xi\in(x_1,x_2)\subset(a,b)$$

因为
$$f'(\xi)=0$$

于是
$$f(x_2)-f(x_1)=0$$

即
$$f(x_2)=f(x_1)$$

这就是说，在区间 (a,b) 内任意两点处都具有相等的函数值，所以 $f(x)$ 在该区间内恒为一个常数.

推论 3.2 若两个函数 $f(x)$ 和 $g(x)$ 在区间 (a,b) 内 $f'(x)=g'(x)$，则函数 $f(x)$ 及 $g(x)$ 在区间 (a,b) 内仅相差一常数. 即

$$f(x)=g(x)+C\quad（其中\ C\ 是常数）$$

证 设
$$p(x)=f(x)-g(x)$$

因为在区间 (a,b) 内
$$f'(x)=g'(x)$$

于是在区间 (a,b) 内有
$$p'(x)=f'(x)-g'(x)=0$$

由推论 3.1 得在区间 (a,b) 内 $p(x)=C$(其中 C 是常数)，即

$$f(x)-g(x)=C$$

所以
$$f(x)=g(x)+C$$

于是推论 3.2 得证.

例 3 验证拉格朗日中值定理对于函数 $f(x)=x^3$ 在 $[0,1]$ 上的正确性.

证 函数 $f(x)=x^3$ 在 $[0,1]$ 上连续，在 $(0,1)$ 内可导，根据拉格朗日定理，在 $(0,1)$ 内至少存在一点 $\xi(0<\xi<1)$ 使得

$$f(1)-f(0)=f'(\xi)(1-0)$$

成立，由 $f'(x)=3x^2$，得 $\xi=\dfrac{1}{\sqrt{3}}$，而 $0<\dfrac{1}{\sqrt{3}}<1$，这就验证了拉格朗日定理的正确性.

应用微分中值定理还可以方便地证明一些不等式.

例 4 证明不等式 $|\sin b-\sin a|\leqslant|b-a|$ (a,b 为任意两个实数).

证 设 $f(x)=\sin x$，不妨设 $a<b$.

显然 $\sin x$ 在闭区间 $[a,b]$ 上满足拉格朗日定理条件，故至少存在一点 $\xi\in(a,b)$，使

$$\sin b-\sin a=(\sin x)'|_{x=\xi}(b-a),\xi\in(a,b)$$

从而有
$$|\sin b-\sin a|=|\cos\xi|\cdot|b-a|$$

因为 $$|\cos\xi| \leqslant 1$$
所以 $$|\sin b - \sin a| \leqslant |b-a|$$

即得所要证明的不等式.

3.1.3 柯西(Cauchy)中值定理

定理 3.3 若函数 $f(x)$ 与 $g(x)$ 满足:

(1) 在闭区间 $[a,b]$ 上连续;

(2) 在开区间 (a,b) 内可导;

(3) $x \in (a,b), g'(x) \neq 0$,

则至少存在一点 $\xi \in (a,b)$,使得

$$\frac{f(b)-f(a)}{g(b)-g(a)} = \frac{f'(\xi)}{g'(\xi)} \tag{3.5}$$

例 5 对函数 $f(x)=x^3$ 及 $g(x)=x^2+1$ 在区间 $[1,2]$ 上验证柯西中值定理的正确性.

解 显然 $f(x)$ 和 $g(x)$ 在 $[1,2]$ 上连续,在 $(1,2)$ 内可导,及 $x \in (1,2)$ 时,$g'(x) \neq 0$,又

$$f(1)=1, f(2)=8, g(1)=2, g(2)=5, f'(x)=3x^2, g'(x)=2x$$

由 $\dfrac{f(2)-f(1)}{g(2)-g(1)} = \dfrac{3\xi^2}{2\xi}$,从而解得 $\xi = \dfrac{14}{9}$,ξ 在 $(1,2)$ 内,故可取 $\xi = \dfrac{14}{9}$,使

$$\frac{f(2)-f(1)}{g(2)-g(1)} = \frac{f'(\xi)}{g'(\xi)}$$

成立.

§3.2 罗必达(L'Hospital)法则

在第 1 章求极限时,我们曾遇到过在某一变化过程中,分子和分母都是无穷小量(或无穷大量),其比值可能出现各种不同的情形:

(1) 如果当 $x \to x_0$ 或 $x \to \infty$ 时,$\lim f(x)=0, \lim g(x)=0$,这时比的极限 $\left(\text{即} \lim \dfrac{f(x)}{g(x)}\right)$ 成为 $\dfrac{0}{0}$ 的型式,通常称这种类型的极限为 $\dfrac{0}{0}$ 型未定式,简称"$\dfrac{0}{0}$ 型". 例如 $\lim\limits_{x\to 0} \dfrac{\sin x}{x}$ 就是"$\dfrac{0}{0}$ 型".

(2) 如果当 $x \to x_0$ 或 $x \to \infty$ 时,$\lim f(x)=\infty, \lim g(x)=\infty$,这时比的极限 $\left(\text{即} \lim \dfrac{f(x)}{g(x)}\right)$ 成为 $\dfrac{\infty}{\infty}$ 的型式,通常称这种类型的极限为 $\dfrac{\infty}{\infty}$ 型未定式,简称"$\dfrac{\infty}{\infty}$ 型". 例如,$\lim\limits_{x\to \frac{\pi}{2}^+} \dfrac{\tan x}{\tan 3x}$ 就是"$\dfrac{\infty}{\infty}$ 型".

所谓"未定式"主要是指上述两种情形,其他未定式还有 $0\cdot\infty, \infty-\infty, 0^0, \infty^0, 1^\infty$ 等型式,计算时,这些类型都可以通过适当变形化为 $\dfrac{0}{0}$ 型或 $\dfrac{\infty}{\infty}$ 型,然后用罗必达法则求极限. 为此,这一节我们将应用柯西中值定理来建立求未定式极限的法则,这些法则都叫做罗必达法则.

3.2.1 $\frac{0}{0}$ 型未定式

定理 3.4 设函数 $f(x)$ 与 $g(x)$ 满足：

(1) $\lim\limits_{x\to x_0}f(x)=\lim\limits_{x\to x_0}g(x)=0$；

(2) $f'(x)$ 与 $g'(x)$ 在点 x_0 的某一邻域内(点 x_0 可以除外) 均存在，而且 $g'(x)\neq 0$；

(3) $\lim\limits_{x\to x_0}\frac{f'(x)}{g'(x)}$ 存在(或为 ∞).

则必有 $\lim\limits_{x\to x_0}\frac{f(x)}{g(x)}=\lim\limits_{x\to x_0}\frac{f'(x)}{g'(x)}$ 存在(或为 ∞).

证 由条件(1) 可知 $x=x_0$ 或是 $f(x)$、$g(x)$ 的连续点，或是可去间断点，如果是连续点，显然有 $f(x_0)=g(x_0)=0$；如果是可去间断点，为了应用柯西定理，就需要补充定义或改变定义，令 $f(x_0)=0$，$g(x_0)=0$，则 $f(x)$，$g(x)$ 就在点 x_0 处连续.

在区间 $(x_0-\delta,x_0+\delta)$ 内任取一点 x，且 $x\neq x_0$，在区间 $[x_0,x]$(或 $[x,x_0]$) 上有 $f(x)$、$g(x)$ 都满足柯西定理的条件. 于是有

$$\frac{f(x)-f(x_0)}{g(x)-g(x_0)}=\frac{f'(\xi)}{g'(\xi)}\text{(其中 }\xi\text{ 在 }x_0\text{ 和 }x\text{ 之间)}$$

因为 $f(x_0)=0$，$g(x_0)=0$ 代入上式得

$$\frac{f(x)}{g(x)}=\frac{f'(\xi)}{g'(\xi)}$$

由于 ξ 在 x_0 与 x 之间，当 $x\to x_0$ 时，自然 $\xi\to x_0$，由条件(3) $\lim\limits_{x\to x_0}\frac{f'(x)}{g'(x)}$ 存在，自然 $\lim\limits_{x\to x_0}\frac{f(x)}{g(x)}$ 亦存在，并有

$$\lim_{x\to x_0}\frac{f(x)}{g(x)}=\lim_{x\to x_0}\frac{f'(x)}{g'(x)}$$

若 $\lim\limits_{x\to x_0}\frac{f'(x)}{g'(x)}=\infty$，则亦有 $\lim\limits_{x\to x_0}\frac{f(x)}{g(x)}=\infty$.

定理 3.4 所叙述的就是罗必达法则，定理 3.4 告诉我们求函数比的极限在一定条件下，可以用求其导数比的极限来代替. 如果 $\lim\limits_{x\to x_0}\frac{f'(x)}{g'(x)}$ 还是"$\frac{0}{0}$"型时，且 $f'(x)$、$g'(x)$ 仍满足定理中 $f(x)$、$g(x)$ 应满足的条件，则再连续使用罗必达法则，即有

$$\lim_{x\to x_0}\frac{f(x)}{g(x)}=\lim_{x\to x_0}\frac{f'(x)}{g'(x)}=\lim_{x\to x_0}\frac{f''(x)}{g''(x)}.$$

可以依次类推，直到求出所要求的极限.

值得注意的是：在使用罗必达法则时，首先要验证条件(1) 是否满足，只有确认函数是"$\frac{0}{0}$"型未定式时，才能用定理 3.4 求其极限，否则会导致错误.

例 1 求 $\lim\limits_{x\to 1}\frac{x^2-3x+2}{x^2-1}$.

解 因为 $\lim\limits_{x\to 1}(x^2-3x+2)=0$，$\lim\limits_{x\to 1}(x^2-1)=0$，

故 $$\lim_{x\to 1}\frac{x^2-3x+2}{x^2-1}\left(\frac{0}{0}\text{ 型}\right)=\lim_{x\to 1}\frac{(x^2-3x+2)'}{(x^2-1)'}$$

$$=\lim_{x\to 1}\frac{2x-3}{2x}\quad\left(\text{不是}\frac{0}{0}\text{型，不能用罗必达法则}\right)$$

$$=-\frac{1}{2}.$$

例 2　求$\lim\limits_{x\to 0}\dfrac{\ln(1+x)}{3x^2}$.

解

$$\lim_{x\to 0}\frac{\ln(1+x)}{3x^2}\qquad\left(\frac{0}{0}\text{型}\right)$$

$$=\lim_{x\to 0}\frac{\frac{1}{1+x}}{6x}=\lim_{x\to 0}\frac{1}{6x(1+x)}=\infty\qquad\left(\text{不是}\frac{0}{0}\text{型}\right)$$

例 3　求$\lim\limits_{x\to 0}\dfrac{x-x\cos x}{x-\sin x}$

解

$$\lim_{x\to 0}\frac{x-x\cos x}{x-\sin x}\qquad\left(\frac{0}{0}\text{型}\right)$$

$$=\lim_{x\to 0}\frac{1+x\sin x-\cos x}{1-\cos x}\qquad\left(\frac{0}{0}\text{型}\right)$$

$$=\lim_{x\to 0}\frac{x\cos x+2\sin x}{\sin x}\qquad\left(\frac{0}{0}\text{型}\right)$$

$$=\lim_{x\to 0}\frac{-x\sin x+3\cos x}{\cos x}=3.$$

在定理 3.4 中，只讨论了 $x\to x_0$ 时的情形，对于 $x\to\infty$ 时，有下面的推论.

推论 3.3　设函数 $f(x)$ 与 $g(x)$ 满足条件：

(1) $\lim\limits_{x\to\infty}f(x)=\lim\limits_{x\to\infty}g(x)=0$；

(2) 在 $|x|>N$ 时，$f'(x)$ 与 $g'(x)$ 均存在，且 $g'(x)\neq 0$；

(3) $\lim\limits_{x\to\infty}\dfrac{f'(x)}{g'(x)}$ 存在(或为 ∞).

则$\lim\limits_{x\to\infty}\dfrac{f(x)}{g(x)}=\lim\limits_{x\to\infty}\dfrac{f'(x)}{g'(x)}$ 存在(或为 ∞).

在 $x\to\infty$ 的情况下，求极限方法与 $x\to x_0$ 时一样.

证明略.

例 4　求$\lim\limits_{x\to+\infty}\dfrac{\frac{\pi}{2}-\arctan x}{\frac{1}{x}}$

解

$$\lim_{x\to+\infty}\frac{\frac{\pi}{2}-\arctan x}{\frac{1}{x}}\qquad\left(\frac{0}{0}\text{型}\right)$$

$$=\lim_{x\to+\infty}\frac{-\frac{1}{1+x^2}}{-\frac{1}{x^2}}=\lim_{x\to+\infty}\frac{x^2}{1+x^2}=1.$$

3.2.2 $\frac{\infty}{\infty}$ 型未定式

以上讲的$\frac{0}{0}$型未定式的求法，对于$\frac{\infty}{\infty}$型未定式也有类似的方法，我们将其结果叙述如下，而将证明从略.

定理 3.5 设函数 $f(x)$ 与 $g(x)$ 满足条件：

(1) $\lim\limits_{x\to x_0} f(x)=\lim\limits_{x\to x_0} g(x)=\infty$；

(2) $f'(x)$ 与 $g'(x)$ 在点 x_0 的某邻域内（点 x_0 本身可除外）均存在，且 $g'(x)\neq 0$；

(3) $\lim\limits_{x\to x_0}\dfrac{f'(x)}{g'(x)}$ 存在（或为 ∞）.

则 $\lim\limits_{x\to x_0}\dfrac{f(x)}{g(x)}=\lim\limits_{x\to x_0}\dfrac{f'(x)}{g'(x)}$ 存在（或为 ∞）.

推论 3.4 设函数 $f(x)$ 与 $g(x)$ 满足条件：

(1) $\lim\limits_{x\to\infty} f(x)=\lim\limits_{x\to\infty} g(x)=\infty$；

(2) 在 $|x|>N$ 时，$f'(x)$ 与 $g'(x)$ 均存在，且 $g'(x)\neq 0$；

(3) $\lim\limits_{x\to\infty}\dfrac{f'(x)}{g'(x)}$ 存在（或为 ∞）.

则 $\lim\limits_{x\to\infty}\dfrac{f(x)}{g(x)}=\lim\limits_{x\to\infty}\dfrac{f'(x)}{g'(x)}$ 存在（或为 ∞）.

例 5 求 $\lim\limits_{x\to+\infty}\dfrac{\ln x}{x^n}\quad(n>0)$.

解
$$\lim_{x\to+\infty}\frac{\ln x}{x^n}\left(\frac{\infty}{\infty}\text{型}\right)=\lim_{x\to+\infty}\frac{\frac{1}{x}}{nx^{n-1}}=\lim_{x\to+\infty}\frac{1}{nx^n}=0.$$

例 6 求 $\lim\limits_{x\to+\infty}\dfrac{x^n}{e^{\lambda x}}$ （其中 n 为正整数，实数 $\lambda>0$）.

解
$$\begin{aligned}&\lim_{x\to+\infty}\frac{x^n}{e^{\lambda x}}\left(\frac{\infty}{\infty}\text{型}\right)\\&=\lim_{x\to+\infty}\frac{nx^{n-1}}{\lambda e^{\lambda x}}\left(\frac{\infty}{\infty}\text{型}\right).\\&=\lim_{x\to+\infty}\frac{n(n-1)x^{n-2}}{\lambda^2 e^{\lambda x}}\left(\frac{\infty}{\infty}\text{型}\right)\\&=\cdots(\text{应用罗必达法则 } n \text{ 次})\\&=\lim_{x\to+\infty}\frac{n!}{\lambda^n e^{\lambda x}}=0.\end{aligned}$$

用罗必达法则求未定式的极限，是一种简便而又相当有效的方法，但该方法不是万能的，也就是说，用罗必达法则有时是会失效的.

例 7 求 $\lim\limits_{x\to\infty}\dfrac{x+\sin x}{x}$.

解 因为 $|\sin x|\leqslant 1$

$$\lim_{x\to\infty}\frac{x+\sin x}{x}\left(\frac{\infty}{\infty}\text{型}\right)=\lim_{x\to\infty}(1+\cos x)=1+\lim_{x\to\infty}\cos x$$

上述极限显然不存在，也不是无穷大，但这并不能说明原函数极限不存在. 只能说这时罗必达法则失效. 事实上，这个函数的极限是存在的. 即

$$\lim_{x\to\infty}\frac{x+\sin x}{x}=\lim_{x\to\infty}\left[1+\frac{\sin x}{x}\right]=1+\lim_{x\to\infty}\frac{\sin x}{x}=1.$$

3.2.3　其他类型未定式

1. $0\cdot\infty$ 型未定式

当 $f(x)\cdot g(x)$ 为"$0\cdot\infty$ 型"未定式时，即 $f(x)\to 0, g(x)\to\infty$，则可以写为

$$f(x)\cdot g(x)=\frac{f(x)}{\dfrac{1}{g(x)}}\text{ 或 }f(x)\cdot g(x)=\frac{g(x)}{\dfrac{1}{f(x)}}$$

将原式先化为"$\frac{0}{0}$"型未定式或"$\frac{\infty}{\infty}$"型未定式，才可以运用罗必达法则求极限.

例 8　求 $\lim\limits_{x\to 0^+}x^n\ln x\quad(n>0)$.

解

$$\lim_{x\to 0^+}x^n\ln x\quad(0\cdot\infty\text{ 型})$$

$$\lim_{x\to 0^+}\frac{\ln x}{\dfrac{1}{x^n}}=\lim_{x\to 0^+}\frac{\ln x}{x^{-n}}\quad\left(\frac{\infty}{\infty}\text{ 型}\right)$$

$$\lim_{x\to 0^+}\frac{\dfrac{1}{x}}{-nx^{-n-1}}=\lim_{x\to 0^+}\left[\frac{-x^n}{n}\right]=0.$$

2. ∞-∞ 型未定式

当 $f(x)-g(x)$ 为"$\infty-\infty$ 型"未定式时，即 $f(x)\to\infty, g(x)\to\infty$ 一般用通分方法，将原式先化为"$\frac{0}{0}$"型或"$\frac{\infty}{\infty}$"型未定式，再运用罗必达法则，求其极限.

例 9　求 $\lim\limits_{x\to 1}\left[\dfrac{1}{x-1}-\dfrac{1}{\ln x}\right]$.

解

$$\lim_{x\to 1}\left[\frac{1}{x-1}-\frac{1}{\ln x}\right]\qquad(\infty\text{-}\infty\text{ 型})$$

$$=\lim_{x\to 1}\frac{\ln x-x+1}{(x-1)\ln x}\qquad\left(\frac{0}{0}\text{ 型}\right)$$

$$=\lim_{x\to 1}\frac{\dfrac{1}{x}-1}{(x-1)\dfrac{1}{x}+\ln x}$$

$$=\lim_{x\to 1}\frac{1-x}{(x-1)+x\ln x}\qquad\left(\frac{0}{0}\text{ 型}\right)$$

$$=\lim_{x\to 1}\frac{-1}{1+1+\ln x}=\frac{-1}{2}.$$

3. $0^0,\infty^0,1^\infty$ 型未定式

当 $f(x)^{g(x)}$ 为 0^0 型或 ∞^0 型或 1^∞ 型未定式时，可以设 $y=f(x)^{g(x)}$，两边取对数

$$\ln y=g(x)\ln f(x)$$

将原式先化成 $0\cdot\infty$ 型未定式，然后再化成 $\frac{0}{0}$ 型或 $\frac{\infty}{\infty}$ 型未定式使用罗必达法则.

例 10 求 $\lim\limits_{x\to0^+}x^x$ （0^0 型）.

解 令

$$y=x^x$$

两边取对数

$$\ln y=x\ln x$$

于是

$$\lim_{x\to0^+}\ln y=\lim_{x\to0^+}x\ln x \qquad (0\cdot\infty\text{ 型})$$

$$=\lim_{x\to0^+}\frac{\ln x}{\frac{1}{x}} \qquad \left(\frac{\infty}{\infty}\text{ 型}\right)$$

$$=\lim_{x\to0^+}\frac{\frac{1}{x}}{-\frac{1}{x^2}}=\lim_{x\to0^+}(-x)=0$$

所以

$$\lim_{x\to0^+}x^x=\lim_{x\to0^+}y=\lim_{x\to0^+}e^{\ln y}=e^0=1.$$

另解 利用对数恒等式

$$\text{原式}=\lim_{x\to0^+}e^{\ln x^x}$$

$$=\lim_{x\to0^+}e^{x\cdot\ln x} \qquad (\text{对数性质})$$

$$=e^{\lim\limits_{x\to0^+}x\cdot\ln x} \qquad (\text{连续函数})$$

$$=e^{\lim\limits_{x\to0^+}\frac{\ln x}{\frac{1}{x}}} \qquad \left(\text{化成}\frac{\infty}{\infty}\text{型}\right)$$

$$=e^{\lim\limits_{x\to0^+}\frac{\frac{1}{x}}{-\frac{1}{x^2}}}=e^{\lim\limits_{x\to0^+}(-x)}=e^0=1.$$

§3.3 函数的增减性

判断函数的增减性我们可以用初等数学的方法进行判断，但是初等数学的方法经常要通过较繁琐的数学运算. 在学过导数之后，就可以利用导数这个工具来判断函数的增减性，这是一个很简便的方法. 如图 3-3 和图 3-4 所示.

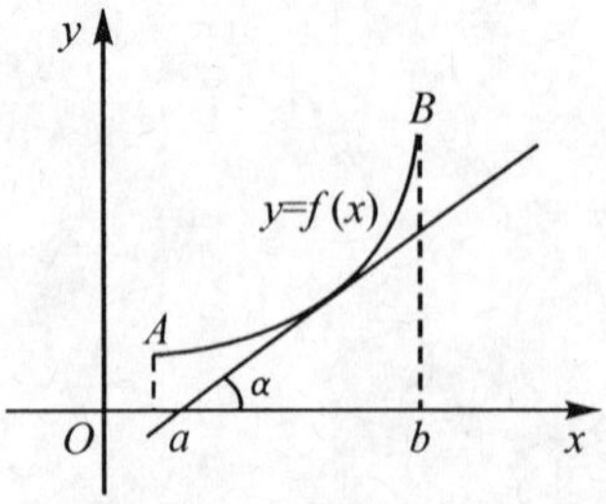

图 3-3

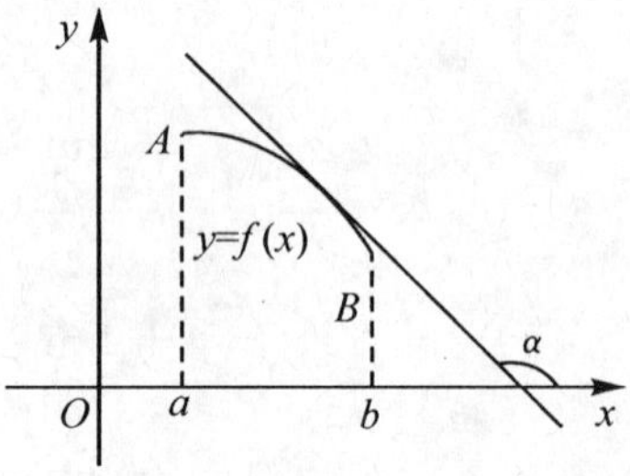

图 3-4

从图 3-3 可以看出函数 $f(x)$ 在区间 (a,b) 内严格单调增加，$f(x)$ 的图形是一条沿着 Ox 轴正向上升的曲线，曲线上每一点处切线的倾角 α 都是锐角，因而切线的斜率是正的，即

$y' = f'(x) > 0$. 类似地，从图 3-4 可以看出函数 $f(x)$ 在区间内严格单调减少，$f(x)$ 的图形是一条沿着 Ox 轴正向下降的曲线，曲线上每一点处切线的倾角 α 都是钝角，因而切线的斜率都是负的，即 $y' = f'(x) < 0$.

由此可见，导数的正、负与函数的单调增减性有着密切的关系，我们可以利用导数的正、负来判定函数的单调性.

下面给出函数的单调性的判定方法.

定理 3.6　(函数的单调性判别法) 设函数 $f(x)$ 在闭区间 $[a,b]$ 上连续，在开区间 (a,b) 内可导，则：

(1) 对任意 $x \in (a,b)$，有 $f'(x) > 0$，那么函数 $f(x)$ 在区间 (a,b) 内严格单调增加.

(2) 对任意 $x \in (a,b)$，有 $f'(x) < 0$，那么函数 $f(x)$ 在区间 (a,b) 内严格单调减少.

如果把定理 3.6 中的区间换成其他各种区间(包括无穷区间)，那么结论仍成立.

证　我们只证(1) 的情形.

在区间 (a,b) 内任取两点 x_1、x_2，且 $x_1 < x_2$，在区间 $[x_1, x_2]$ 上函数 $f(x)$ 显然满足微分中值定理(拉格朗日中值定理). 因此利用微分中值定理得

$$f(x_2) - f(x_1) = f'(\xi)(x_2 - x_1)$$

$$\xi \in (x_1, x_2) \subset (a,b)$$

又因为　$f'(\xi) > 0 \quad (x_1 < x_2)$，即 $x_2 - x_1 > 0$

于是　$f(x_2) - f(x_1) > 0$　所以 $f(x_2) > f(x_1)$

即函数 $f(x)$ 在区间 (a,b) 内是严格单调增加的.

例 1　求函数 $f(x) = 2x^3 - 9x^2 + 12x - 3$ 的单调区间.

解　$f'(x) = 6x^2 - 18x + 12x = 6(x^2 - 3x + 2) = 6(x-2)(x-1)$

函数 $f(x)$ 的定义域为 $(-\infty, +\infty)$.

当 $x \in (-\infty, 1)$ 时，$f'(x) > 0$，所以函数在区间 $(-\infty, 1)$ 内是严格单调增加的.

当 $x \in (1,2)$ 时，$f'(x) < 0$，所以函数 $f(x)$ 在区间 $(1,2)$ 内是严格单调减少的.

当 $x \in (2, +\infty)$ 时，$f'(x) > 0$，所以函数 $f(x)$ 在区间 $(2, +\infty)$ 内是严格单调增加的.

因此，区间 $(-\infty, 1)$，$(1,2)$，$(2, +\infty)$ 是函数 $f(x)$ 的单调区间. 如图 3-5 所示.

从例 1 可以看到 $f(x)$ 在其定义域内不是单调的，但是当我们把定义区间适当地划分后，$f(x)$ 在各个部分区间内是单调的.

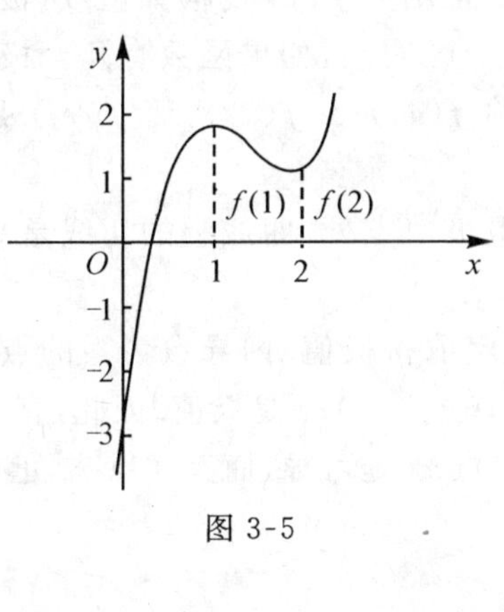

图 3-5

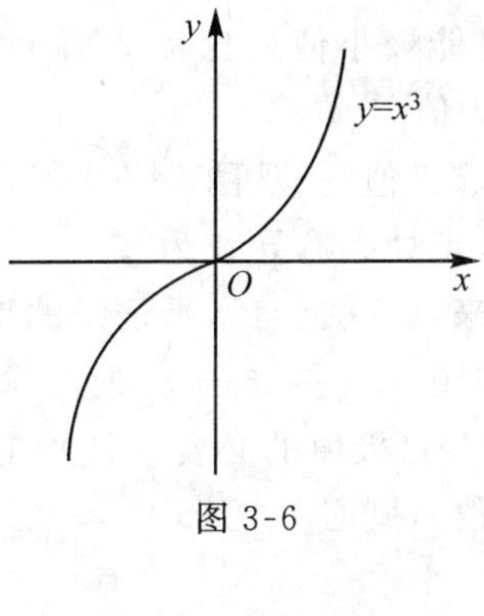

图 3-6

一般划分区间的方法是：先求出 $f'(x)=0$ 的实根，按大小点排列并作为分界点，将函数的定义域分割成若干个小区间，然后一一考察在每个小区间内 $f'(x)$ 的符号，这样就能判断函数 $f(x)$ 在每个小区间内的单调性，也判断出了函数 $f(x)$ 在其定义域内的单调性.

注意 如果当 $f'(x)$ 在某区间内的个别点处为零，在其余各点处均为正（或负）时，那么函数 $f(x)$ 在该区间上仍是单调增加（或单调减少）的，例如 $f(x)=x^3$，因为 $f'(x)=3x^2\geqslant 0$，只有在 $x=0$ 时，$f'(0)=0$，所以 $f(x)$ 在 $(-\infty,+\infty)$ 内是单调增加的，如图 3-6 所示.

利用函数的单调性还可以证明不等式.

例 2 证明：当 $x>0$ 时，$x>\ln(1+x)$

证 设 $f(x)=x-\ln(1+x)$，因为当 $x>0$ 时，有

$$f'(x)=1-\frac{1}{1+x}=\frac{x}{1+x}>0$$

又因为 $f(x)$ 在点 $x=0$ 处连续，且 $f(0)=0$，所以 $f(x)$ 在 $(0,+\infty)$ 内是增函数，从而当 $x>0$ 时，有 $f(x)=x-\ln(1+x)>f(0)=0$，即 $x-\ln(1+x)>0$，所以

$$x>\ln(1+x).$$

§3.4 函数的极值

从图 3-5 中，我们可以看到，函数 $f(x)=2x^3-9x^2+12x-3$ 在点 $x=1$ 处的函数值 $f(1)=2$ 大于该点附近一切点的函数值，在点 $x=2$ 处的函数值 $f(2)=1$ 小于该点附近一切点的函数值，像这样的函数值 $f(1)$ 叫做函数 $f(x)$ 的极大值，而 $f(2)$ 叫做函数 $f(x)$ 的极小值，点 $x=1$ 和点 $x=2$ 叫做函数 $f(x)$ 的极值点.

定义 3.1 设函数 $f(x)$ 在点 x_0 的某邻域内连续.

(1) 如果在点 x_0 处的函数值 $f(x_0)$ 比该邻域内其他点处的函数值大，即 $f(x_0)>f(x)$，则 $f(x_0)$ 叫做函数 $f(x)$ 的一个极大值.

(2) 如果在点 x_0 处的函数值 $f(x_0)$ 比该邻域内其他点处的函数值小，即 $f(x_0)<f(x)$，则 $f(x_0)$ 叫做函数 $f(x)$ 的一个极小值.

函数的极大值与函数的极小值统称为函数的极值，使函数 $f(x)$ 取得极值的点 x_0 叫做函数的极值点.

函数极值的概念是局部性的概念，如果说 $f(x_0)$ 是函数 $f(x)$ 的极大值或（极小值），那仅仅是与该点 x_0 附近的函数值相比较来说的. 在一个区间上，如果函数有几个极大值和极小值，则有可能极小值还比极大值大. 如图 3-7 中的 $f(x_6)>f(x_2)$，而 $f(x_6)$ 是极小值，$f(x_2)$ 是极大值.

如何寻求极值呢？从图 3-7 中可以看出函数取得极值点处，曲线上的切线是平行于 Ox 轴的，即极值点处必有导数为零.

但反过来，曲线上有水平切线的地方，函数不一定取得极值. 即导数为零的点却不一定是极值点，如图 3-7 中，$x=x_3$ 处曲线上有水平切线，但 $f(x_3)$ 不是极值. 因此，有下述定理.

定理 3.7 （极值的必要条件）如果函数 $f(x)$ 在点 x_0 处可导，而且在点 x_0 处有极值（极大值或极小值），则必有 $f'(x_0)=0$.

证明略.

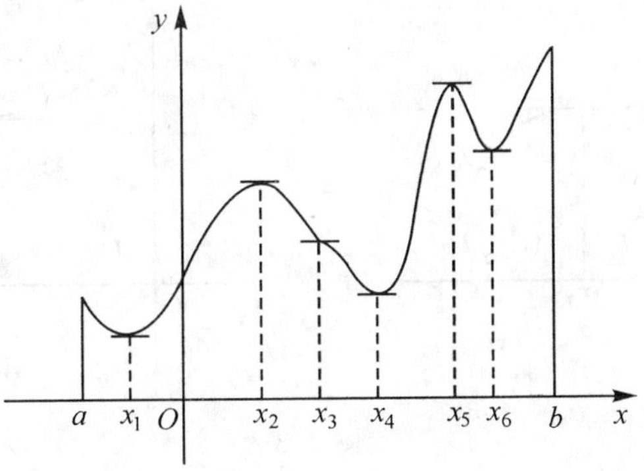

图 3-7

由定理 3.7 可知，可导函数 $f(x)$ 的极值点必在 $f'(x)=0$ 的点处(即方程 $f'(x)=0$ 的实根). 但反过来，$f'(x)=0$ 的点不一定是函数的极值点.

我们把 $f'(x)=0$ 的点叫做函数的驻点(或稳定点) 定理 3.7 也可以说，函数 $f(x)$ 的极值点必定是驻点，但反过来，函数的驻点不一定是极值点. 例如 $f(x)=x^3$ 的导数 $f'(x)=3x^2$，且 $f'(0)=0$，因此点 $x=0$ 是函数的驻点但不是函数的极值点(参见图 3-6).

此外，定理 3.7 只是对可导函数而言的，对于导数不存在的点，函数也可能取得极值. 例如 $f(x)=|x|$，$f(x)$ 在点 $x=0$ 处导数不存在，但在点 $x=0$ 处取得极小值零.

由此可知：求函数的极值点只有到 $f'(x)=0$ 的实根和导数不存在的点当中去寻找. 这些点寻找出来以后，再一个一个地去判别它们是否极值点.

极值的两个充分性判别法.

定理 3.8　(极值判别法一) 设函数 $f(x)$ 在点 x_0 的某个邻域 $(x_0-\delta, x_0+\delta)$ 内连续可导，且 $f'(x)=0$(或 $f'(x_0)$ 不存在)，当 x 由小变大经过点 x_0 时.

(1) 如果函数的导数 $f'(x)$ 的符号由正变到负，即当 $x\in(x_0-\delta, x_0)$ 时，$f'(x)>0$；而当 $x\in(x_0, x_0+\delta)$ 时，$f'(x)<0$，那么 $f(x)$ 在点 x_0 处取得极大值 $f(x_0)$.

(2) 如果函数的导数 $f'(x)$ 的符号由负变到正，即当 $x\in(x_0-\delta, x_0)$ 时，$f'(x)<0$；而当 $x\in(x_0, x_0+\delta)$ 时，$f'(x)>0$，那么 $f(x)$ 在点 x_0 处取得极小值 $f(x_0)$.

(3) 如果函数的导数 $f'(x)$ 的符号不变，即 $x\in(x_0-\delta, x_0+\delta)(x\neq x_0)$ 时，$f'(x)$ 的符号相同，那么 $f(x)$ 在点 x_0 处无极值.

证　(1) 因为当 $x\in(x_0-\delta, x_0)$ 时，$f'(x)>0$，在点 $x=x_0$ 的左边函数 $f(x)$ 为严格单调增加的，即有 $f(x)<f(x_0)$；当 $x\in(x_0, x_0+\delta)$ 时，$f'(x)<0$，所以，在点 $x=x_0$ 的右边函数 $f(x)$ 为严格单调减少的，即有 $f(x)<f(x_0)$. 可见，当 x 由左向右经过点 x_0 时，总有 $f(x)<f(x_0)$，即 $f(x_0)$ 是函数 $f(x)$ 的极大值，如图 3-8(a). 同理，可证(2)，如图 3-8(b) 中 $f(x_0)$ 是函数 $f(x)$ 的极小值.

(3) 因为当 $x\in(x_0-\delta, x_0+\delta)(x\neq x_0)$ 时，$f'(x)$ 的符号不变，即恒有 $f'(x)>0$(或 $f'(x)<0$)，所以 $f(x_0)$ 不是极值.

根据定理 3.8 求函数极值时，可以按下列步骤进行.

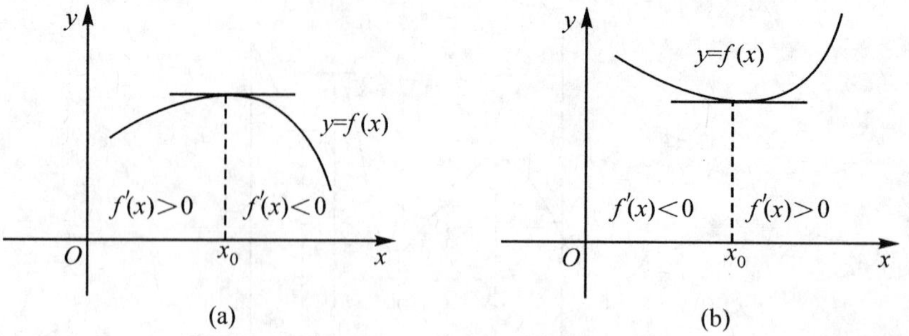

图 3-8

(1) 求出导数 $f'(x)$；

(2) 求出 $f(x)$ 的全部驻点(求出使 $f'(x)=0$ 的全部实根)以及使 $f'(x)$ 不存在的点；

(3) 分别考察当 x 经过各驻点及 $f'(x)$ 不存的点时，$f'(x)$ 符号的变化情况，并且判别这些点是否为极值点，如果是极值点，还要按定理 3.8 来确定对应的函数值是极大值还是极小值.

(4) 求出各极值点处的函数值，就得 $f(x)$ 的全部极值.

例 1 求函数 $f(x)=2x^3-9x^2+12x-3$ 的极值.

解 $f'(x)=6x^2-18x+12=6(x^2-3x+2)=6(x-2)(x-1)$

令 $f'(x)=0$，即 $6(x-2)(x-1)=0$

得 $x=1$，及 $x=2$，没有不可导的点. 如表 3-1 所示.

表 3-1

x	$(-\infty,1)$	1	$(1,2)$	2	$(2,+\infty)$
$f'(x)$	+	0	−	0	+
$f(x)$	↗	(极大值) 2	↘	(极小值) 1	↗

(“↗”表示单调增加，“↘”表示单调减少)

由表 3-1 可得函数的极大值点 $x=1$，极大值 $f(1)=2$，极小值点 $x=2$，极小值 $f(2)=1$(参见图 3-5).

例 2 求函数 $y=(x-1)\sqrt[3]{x^2}$ 的极值.

解
$$y'=\sqrt[3]{x^2}+(x-1)\frac{2}{3}x^{-\frac{1}{3}}=\frac{5x-2}{3\sqrt[3]{x}}$$

令 $y'=0$，得 $x=\frac{2}{5}$；当 $x=0$ 时，y' 不存在. 如表 3-2 所示.

表 3-2

x	$(-\infty,0)$	0	$\left(0,\frac{2}{5}\right)$	$\frac{2}{5}$	$\left(\frac{2}{5},+\infty\right)$
y'	+	不存在	−	0	+
y	↗	（极大值）0	↘	（极小值）$-\frac{3}{5}\sqrt[3]{\frac{4}{25}}$	↗

由表 3-2 可得函数的极大值点 $x=0$，极大值 $y(0)=0$，极小值点 $x=\frac{2}{5}$，极小值 $y\left(\frac{2}{5}\right)=-\frac{3}{5}\sqrt[3]{\frac{4}{25}}$，如图 3-9 所示.

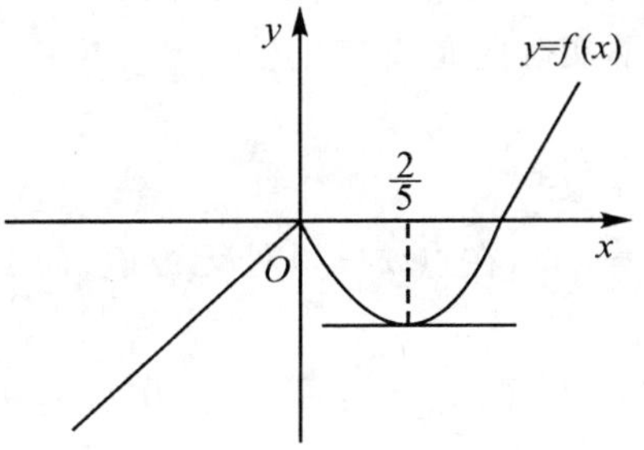

图 3-9

例 3　判定函数 $f(x)=8x^3-12x^2+6x+1$ 有无极值.

解
$$f'(x)=24x^2-24x+6=6(2x-1)^2$$
令 $f'(x)=0$，即 $6(2x-1)^2=0$. 得 $x=\frac{1}{2}$，如表 3-3 所示.

表 3-3

x	$\left[-\infty,\frac{1}{2}\right]$	$\frac{1}{2}$	$\left[\frac{1}{2},+\infty\right]$
$f'(x)$	+	0	+
$f(x)$	↗	（无极值）	↗

由表 3-3 可见，函数 $f(x)$ 在点 $x=\frac{1}{2}$ 处无极值，如图 3-10 所示.

定理 3.9　（极值判别法二）设函数 $f(x)$ 在点 x_0 的某个邻域内有一阶导数及二阶导数，且 $f'(x_0)=0$.

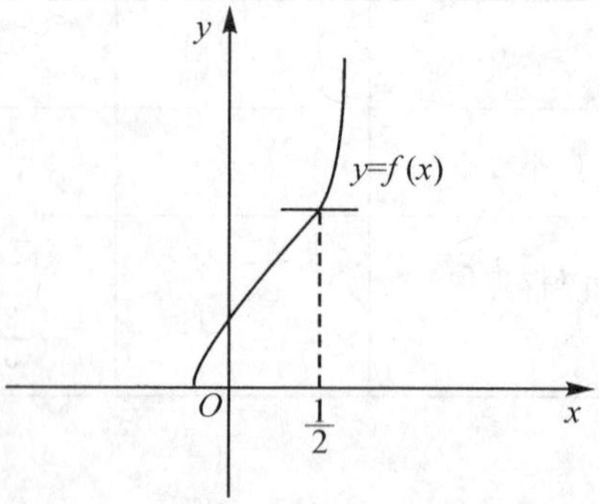

图 3-10

(1) 如果 $f''(x_0)<0$,那么 $f(x)$ 在点 x_0 处取得极大值 $f(x_0)$.

(2) 如果 $f''(x_0)>0$,那么 $f(x)$ 在点 x_0 处取得极小值 $f(x_0)$.

(3) 如果 $f''(x_0)=0$,则不能确定是否有极值.

仅举两个例子加以说明:

例如　$f(x)=x^3, g(x)=x^4$.

由极值判别法一知,$f(x)=x^3$,在点 $x=0$ 处无极值;而 $g(x)=x^4$ 在点 $x=0$ 处有极小值,但是

$$f''(x)=6x, f''(0)=0,\text{且 } f'(0)=0$$

$$g''(x)=12x, g''(0)=0,\text{且 } g'(0)=0$$

因此,如果函数在驻点处二阶导数为零,用极值判别法二不能肯定函数是否有极值,这时仍需由极值判别法一来判别.

根据极值判别法二求极值的步骤与根据极值判别法一求极值的步骤基本一样,只是在上述步骤(1) 中除求出 $f'(x)$ 外还要求出 $f''(x)$,在步骤(3) 中改用极值判别法二来判别极值点.

例 4　求函数 $f(x)=2x^3-9x^2+12x-3$ 的极值.

解　因为

$$f'(x)=6x^2-18x+12=6(x-2)(x-1)$$

$$f''(x)=12x-18=6(2x-3)$$

令 $f'(x)=0$,解得 $x=1, x=2$,$f(x)$ 没有不可导的点. 又因为

$$f''(1)=-6<0, f''(2)=6>0$$

由极值判别法二,得 $f(1)=2$ 是极大值,$f(2)=1$ 是极小值.

两个判别法相比较,极值判别法二较简便,但没有判别法一应用广泛. 在实际运用中,要根据具体问题来选用判别法,但凡遇有二阶导数为零及一阶导数、二阶导数不存在的点,就只能应用极值判别法一.

例 5　求函数 $y=x^2e^{-x}$ 的极值.

解

$$y'=2xe^{-x}-x^2e^{-x}=xe^{-x}(2-x)$$

$$y''=e^{-x}(2-2x)+(x^2-2x)e^{-x}=e^{-x}(x^2-4x+2)$$

令　$y'=0$ 得 $x=0, x=2$

$$y''(0) = 2 > 0 \quad \text{而}\ y''(2) = (-2)e^{-2} < 0$$

所以 $y(0) = 0$ 是极小值，$y(2) = 4e^{-2}$ 是极大值.

§3.5　函数的最大值与最小值

在生产实践和日常生活中，经常会遇到在一定条件下如何才能使其产量最大、成本最低、用料最省、效率最高等问题，对这类问题，往往将其化为一个求函数的最大值或最小值问题来解决. 函数的最大值或最小值问题仍是极值问题，但函数的最大值和最小值与函数的极大值和极小值的含义是不同的，前面已经讲过，极大值和极小值是就局部来说的，而最大值和最小值是就整个闭区间来说的，函数的最大值和最小值不仅可能在区间内部取得，而且也有可能在区间的端点处取得.

例如在图 3-7 中，函数有两个极大值 $f(x_2)$，$f(x_5)$ 都不是最大值，最大值是 $f(b)$，即在闭区间 $[a,b]$ 上的右端点 $x=b$ 处取得，函数有三个极小值，其中较小的一个 $f(x_1)$ 是函数在闭区间 $[a,b]$ 上的最小值.

一般地，我们可以给出求函数在 $[a,b]$ 上最大值、最小值的方法步骤如下：

(1) 求出函数在区间 (a,b) 内的一切使 $f'(x)=0$ 及 $f'(x)$ 不存在的点的函数值和函数在区间两个端点处的函数值 $f(a)$，$f(b)$.

(2) 将上述所计算出的所有函数值进行比较，其中最大者就是最大值，最小者就是最小值.

(3) 在实际问题中，如果可导函数 $f(x)$ 在区间 (a,b) 内只有一个驻点 x_0，并且 x_0 是函数 $f(x)$ 的极值点，从实际问题本身又可以知道在区间 (a,b) 内有最大值或最小值存在，那么，当 $f(x_0)$ 是极大值时，$f(x_0)$ 也就是 $f(x)$ 在区间 (a,b) 内所要求的最大值；当 $f(x_0)$ 是极小值时，也就是 $f(x)$ 在区间 (a,b) 内所要求的最小值.

(4) 如果函数 $f(x)$ 在 $[a,b]$ 上单调增加，则 $f(a)$ 为 $f(x)$ 在 $[a,b]$ 上的最小值，$f(b)$ 为 $f(x)$ 在 $[a,b]$ 上的最大值. 如果函数 $f(x)$ 在 $[a,b]$ 上单调减少，则 $f(a)$ 为 $f(x)$ 在 $[a,b]$ 上的最大值，$f(b)$ 为 $f(x)$ 在 $[a,b]$ 上的最小值.

例 1　求函数 $f(x) = 3x - x^3$ 在闭区间 $[-\sqrt{3},3]$ 上的最大值和最小值.

解　因为 $f'(x) = 3 - 3x^2$，$f''(x) = -6x$

令 $f'(x) = 0$，得 $x = -1$ 及 $x = 1$

计算函数值：$f(-1) = -2$；$f(1) = 2$. 再计算出函数在端点的值

$$f(-\sqrt{3}) = 3(-\sqrt{3}) - (-\sqrt{3})^3 = 0$$

$$f(3) = 3 \cdot 3 - (3)^3 = -18$$

比较驻点与两端点的函数值，就得函数 $f(x)$ 在闭区间 $[-\sqrt{3},3]$ 上的最小值为 $f(3) = -18$，最大值为 $f(1) = 2$.

例 2　有一块边长为 $l$cm 的正方形铁皮，在该铁皮的四角各剪去相等的一块小正方形，制成一个没有盖的容器，试求四角上应剪去多大的正方形，才能使容器的容积最大.

解　容积 V 与被剪去的小正方形边长 x 之间的函数关系式为

$$V = x(l-2x)^2 \quad x \in \left(0, \frac{l}{2}\right)$$

这一问题，可以归结为 x 在区间 $\left(0,\frac{l}{2}\right)$ 内取哪一个值时函数 $V(x)$ 的值最大，即求函数 $V=x(l-2x)^2$ 在区间 $\left(0,\frac{l}{2}\right)$ 内的最大值.

因为
$$V'(x)=(l-2x)(l-6x)$$
令
$$V'(x)=0,$$
即
$$(l-2x)(l-6x)=0,$$
得
$$x=\frac{l}{6},x=\frac{l}{2}(\text{不合实际，舍去})$$
于是 $x=\frac{l}{6}$ 是区间 $\left(0,\frac{l}{2}\right)$ 内惟一的驻点，这个实际问题肯定有最大值，所以，当 $x=\frac{l}{6}$ 时，V 取得最大值. 也就是说当四角截去边长为 $\frac{l}{6}$ 的正方形时，所做的容器的容积最大.

例 3 设某产品的需求函数为 $Q=125-5p$，其中 Q 代表产品需求量，p 代表单价，若工厂生产该种产品的单位成本为 2 元，工厂自产自销，试问每单位产品如何定价，才能使工厂获得最大利润，并求出相应的总利润.

解 设总收入为 R，总成本为 C，总利润为 L，根据题意得
$$R(p)=p\cdot Q=p(125-5p)=125p-5p^2$$
$$C(p)=2\cdot Q=250-10p$$
于是
$$L(p)=R(p)-C(p)=-5p^2+135p-250 \quad p\in[0,25]$$
因为
$$\frac{dL}{dp}=-10p+135$$
令
$$\frac{dL}{dp}=0 \quad \text{即} -10p+135=0$$
得 $p=13.5$，又因为 $\frac{d^2L}{dp^2}=-10<0$.

所以 $p=13.5$ 是区间 $(0,25)$ 内惟一的驻点，是极大值点，由题意显然也是最大值点. 故
$$L(13.5)=-5(13.5)^2+135(13.5)-250=661.25(\text{元})$$
所以，当每单位产品价格为 13.5 元时，能使工厂获得最大利润 661.25 元.

例 4 某工厂生产 W 型车床，年产量为 x(百台)，总成本为 $C(x)=3+x$(万元)，得到总收入 $R(x)=5x-0.5x^2$. 试求总利润为最大时的最佳产量.

解 因为 $L(x)=R(x)-C(x)$，于是
$$L(x)=5x-0.5x^2-3-x$$
$$L'(x)=5-x-1=4-x$$
令
$$L'(x)=0\text{ 得}, x=4$$
因为当 $x<4$ 时，$L'(x)>0$；当 $x>4$ 时，$L'(x)<0$.

所以，$L(4)$ 为极大值，也就是最大值，此时，最佳产量为 4 百台，总利润为 4 万元.

例 5 设某工厂某种物资每年耗用量为 $m$kg，采购费每次为 a 元，平均库存量为批量的一半，每公斤物资储存一年的保管费为 b 元，试求能使一年内采购费用与保管费用之和为最小的采购批量.

解 由题意，可以求得一年内采购费用与保管费用之和 $y(x)$ 与每次采购批量 x 之间

的函数关系式为

$$y(x)=\frac{ma}{x}+\frac{b}{2}x,\quad x\in(0,m)$$

令

$$y'(x)=-\frac{ma}{x^2}+\frac{b}{2}=0$$

得

$$x^2=\frac{2ma}{b}$$

即

$$x=\sqrt{\frac{2ma}{b}}\quad \text{（负值不合经济意义，舍去）}$$

又因为 $y''(x)=\frac{2ma}{x^3}$，在 $x>0$ 时，$y''(x)$ 总大于零.

所以 $x=\sqrt{\frac{2ma}{b}}$ 是区间 $(0,m)$ 内的惟一驻点，是极小值点，由题意也是最小值点. 且

$$y\left[\sqrt{\frac{2ma}{b}}\right]=\sqrt{\frac{2ma}{b}}+\sqrt{\frac{mab}{b}}=\sqrt{2mab}$$

故当每次采购批量为 $\sqrt{\frac{2ma}{b}}$ 时，能使一年内采购费用与保管费用之和取得最小. 即最优批量为 $\sqrt{\frac{mab}{b}}$.

以上这些讨论方式，对企业决策者在分析经济效益时是有参考价值的.

§3.6　曲线的凹向及拐点

由导数 $f'(x)$ 的正、负号可以判断函数 $f(x)$ 的单调区间与极值. 但是，仅仅知道这些还不可能较准确地描绘曲线的性态特征. 因为函数图形上升可能有两种弯曲方式：上凹和下凹. 如图 3-11 所示.

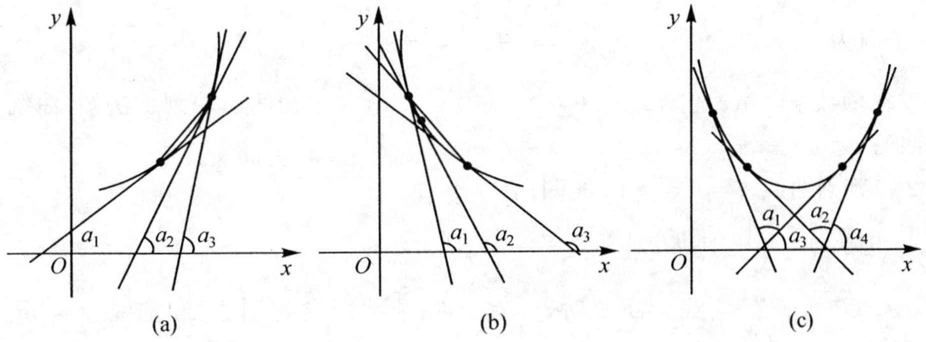

图 3-11

先观察图 3-11 中三种上凹情形.

曲线向上凹，切线在其下，变量 x 增加，斜率 y' 变大（由小变大，由负变正）

再观察图 3-12 中三种下凹情况

曲线向下凹，切线在其上，变量 x 增加，斜率 y' 变小，（由大变小，由正变负）从图 3-11，

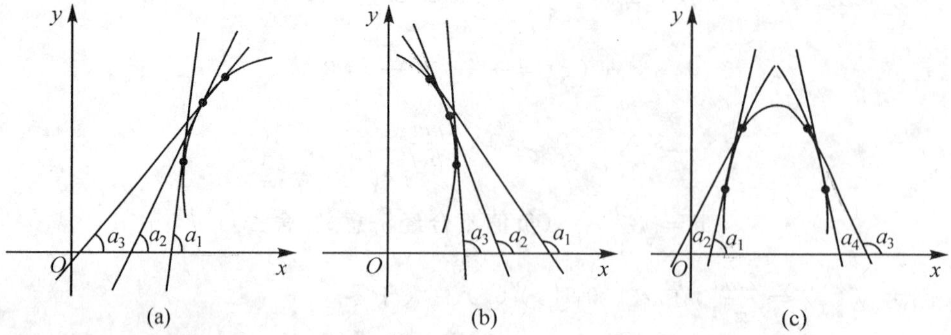

图 3-12

图 3-12 可以看出曲线上凹与下凹的区别主要在于切线是在曲线的下方还是上方.据此给出如下定义.

定义 3.2 设函数 $f(x)$ 在区间 (a,b) 内可导,若曲线 $y=f(x)$ 位于每点处切线的上(下)方,则称曲线 $y=f(x)$ 在区间 (a,b) 内是向上凹(下凹)的.

从图 3-11 与图 3-12 还可以看出,曲线凹向的特点反映在切线的斜率 y' 是递增还是递减.当曲线向上凹时,随着自变量 x 的增加,y' 是单调增加的,亦即 y' 为增函数,即 $y''>0$.

当曲线向下凹时,随着自变量 x 的增加,y' 是单调减少的,亦即 y' 为减函数,即 $y''<0$.

所以我们可以用 $f(x)$ 的二阶导数的符号来判断曲线的凹向,把这一规律总结为如下定理:

定理 3.10 (曲线凹向的判别法)设函数 $f(x)$ 在区间内具有二阶导数,那么

(1) 若对任意 $x\in(a,b)$,有 $f''(x)>0$,则曲线 $y=f(x)$ 在区间 (a,b) 内是向上凹的.

(2) 若对任意 $x\in(a,b)$,有 $f''(x)<0$,则曲线 $y=f(x)$ 在区间 (a,b) 内是向下凹的.

例 1 判定曲线 $y=\ln x$ 的凹向.

解 因为

$$y'=\frac{1}{x},\quad y''=-\frac{1}{x^2}$$

所以在函数 $y=\ln x$ 的定义域 $(0,+\infty)$ 内 $y''<0$,由曲线凹向的判别法知,曲线 $y=\ln x$ 是向下凹的.

例 2 判别曲线 $y=\arctan x$ 的凹向.

解 因为

$$y''=-\frac{2x}{(1+x^2)^2}$$

当 $x<0$ 时,$y''>0$;当 $x>0$ 时,$y''<0$,由曲线凹向判别法知.曲线 $y=\arctan x$ 在 $(-\infty,0)$ 内是向上凹的,在 $(0,+\infty)$ 内是向下凹的,如图 3-13 所示.

定义 3.3 曲线上凹与下凹的分界点称为曲线的拐点.

定理 3.11 设函数 $f(x)$ 在区间 (a,b) 内具有二阶导数 $f''(x)$,且 $f''(x_0)=0,x_0\in(a,b)$.

(1) 当 x 经过点 x_0 时,$f''(x)$ 改变符号,则点 $(x_0,f(x_0))$ 是曲线 $y=f(x)$ 的拐点.

(2) 当 x 经过点 x_0 时,$f''(x)$ 不改变符号,则点 $(x_0,f(x_0))$ 不是曲线 $y=f(x)$ 的拐点.

定理 3.11 是显然的,事实上,根据定理 3.10,这时(1)中在点 $(x_0,f(x_0))$ 左、右两边的

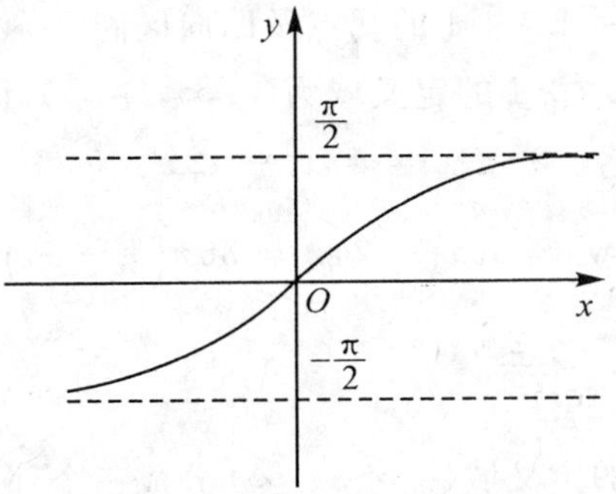

图 3-13

曲线弧的凹向是相反的，故按定义，点$(x_0,f(x_0))$是拐点. 同样，根据定理 3.10，这时(2)中，在点$(x_0,f(x_0))$左、右两边的曲线弧的凹向是相同的，故按定义点$(x_0,f(x_0))$不是拐点.

定理 3.11 只是对具有二阶导数的函数来说的，对于下面两种特殊情况还必须加以讨论：

(1) 连续函数在某点一阶导数存在，而二阶导数不存在时，在该点函数曲线可能有拐点.

(2) 连续函数在某点一阶导数、二阶导数都不存在时，在该点函数曲线亦可能有拐点. 例如，函数 $f(x)=x^{\frac{1}{3}}$ 在区间$(-\infty,+\infty)$内是连续函数，$f(x)$ 的一阶导数、二阶导数为

$$f'(x)=\frac{1}{3}x^{-\frac{2}{3}},\quad f''(x)=-\frac{2}{9}x^{-\frac{5}{3}}$$

在点 $x=0$ 处，$f'(x)$，$f''(x)$ 不存在.

但当 $x<0$ 时，$f''(x)>0$，当 $x>0$ 时，$f''(x)<0$，即 x 经过点 $x_0=0$ 时，$f''(x)$ 变号. 因此，点(0,0) 是曲线的拐点，如图 3-14 所示.

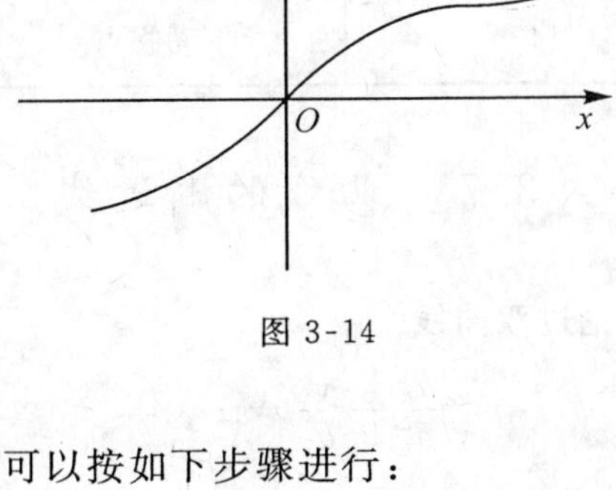

图 3-14

一般地，求曲线拐点时，可以按如下步骤进行：

(1) 求出二阶导数 $f''(x)$；

(2) 求出使 $f''(x)=0$ 的全部实根和使 $f''(x)$ 不存在的点；

(3) 分别讨论，当 x 经过(2)中解出的每个实根及 $f''(x)$ 不存在的点时，$f''(x)$ 符号的变

化情况，并求出拐点.

例 3 求曲线 $y=3x^4-4x^3+1$ 的拐点及凹向区间.

解 函数 $y=3x^4-4x^3+1$ 的定义域为$(-\infty,+\infty)$. 因为

$$y'=12x^3-12x^2$$

$$y''=36x^2-24x=36x\left(x-\frac{2}{3}\right)$$

令 $y''=0$，得 $x=0$，$x=\frac{2}{3}$

$x=0$ 及 $x=\frac{2}{3}$ 把函数的定义域$(-\infty,+\infty)$分成三个部分，分别讨论，如表 3-4 所示.

表 3-4

x	$(-\infty,0)$	0	$\left[0,\frac{2}{3}\right]$	$\frac{2}{3}$	$\left[\frac{2}{3},+\infty\right)$
y''	+	0	−	0	+
y	∪	（拐点） (0,1)	∩	（拐点） $\left(\frac{2}{3},\frac{11}{27}\right)$	∩

例 4 试问曲线 $y=x^4$ 是否有拐点.

解 函数 $y=x^4$ 的定义域$(-\infty,+\infty)$，因为

$$y'=4x^3, y''=12x^2$$

令 $y''=0$，得 $x=0$，如表 3-5 所示.

表 3-5

x	$(-\infty,0)$	0	$(0,+\infty)$
y''	+	0	+
y	∪	（无拐点）	∪

§3.7 曲线的渐近线

在平面解析几何中，曾讨论过双曲线

$$\frac{x^2}{a^2}-\frac{y^2}{b^2}=1$$

有两条渐近线$\frac{x}{a}\pm\frac{y}{b}=0$

即 $y=\pm\frac{b}{a}x$，如图 3-15 所示.

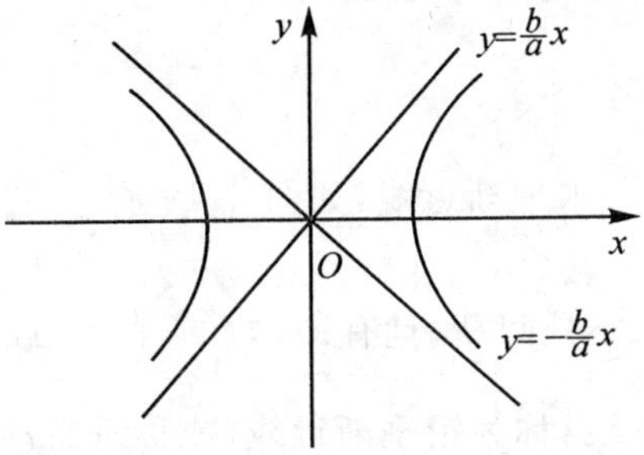

图 3-15

下面我们讨论一般曲线的渐近线.

定义 3.4　如果曲线 C 上的一点 P，沿着曲线趋向无穷远时，点 P 与某一固定直线 L 的距离趋向于零，则称直线 L 为曲线 C 的渐近线. 如图 3-16 所示.

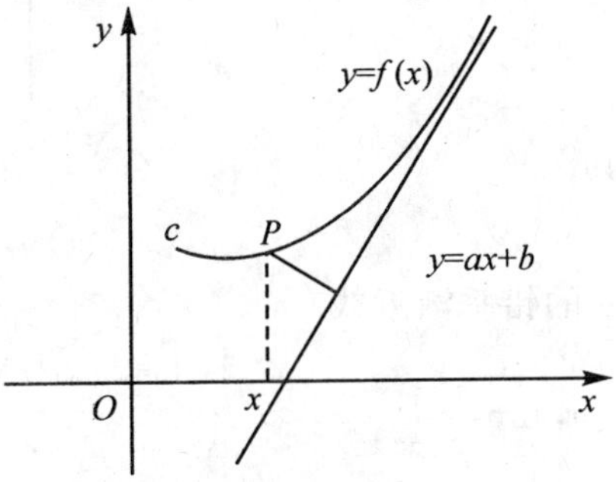

图 3-16

那么，一般地，曲线在什么情况下有渐近线呢？在有渐近线的情况下，又怎样去求出渐近线方程呢？下面分三种情况来讨论.

1. 水平渐近线

如果曲线 $y=f(x)$ 的定义域是无限区间，且有 $\lim\limits_{x\to-\infty} f(x)=b$ 或 $\lim\limits_{x\to+\infty} f(x)=b$，则直线 $y=b$ 为曲线 $y=f(x)$ 的渐近线，称为水平渐近线. 如图 3-17 和图 3-18 所示.

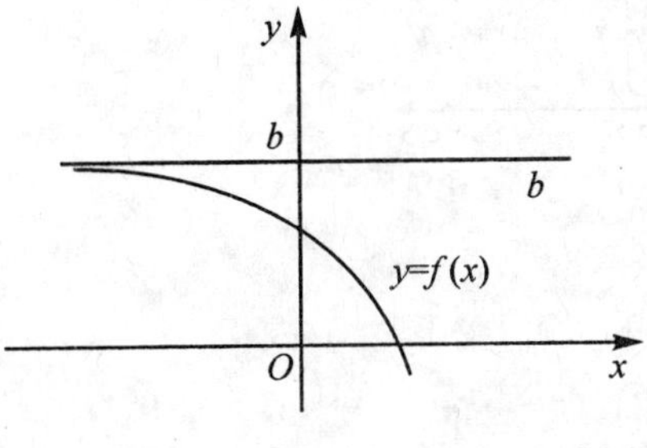

图 3-17

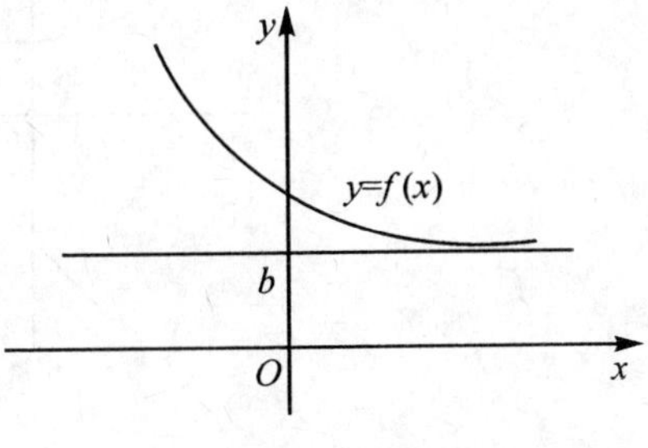

图 3-18

例 1 求曲线 $y=\dfrac{1}{x-1}$ 的水平渐近线.

解 因为 $\lim\limits_{x\to\pm\infty}\dfrac{1}{x-1}=0$

所以,$y=0$ 是曲线的一条水平渐近线,如图 3-19 所示.

2. 铅垂渐近线

如果曲线 $y=f(x)$ 在点 c 处间断,且有 $\lim\limits_{x\to c^-}f(x)=\infty$ 或 $\lim\limits_{x\to c^+}f(x)=\infty$,则直线 $x=c$ 为曲线 $y=f(x)$ 的一条渐近线,称为铅垂渐近线(或称垂直渐近线).

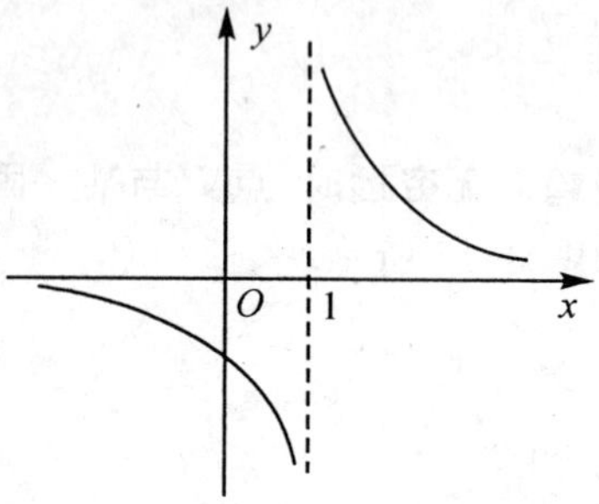

图 3-19

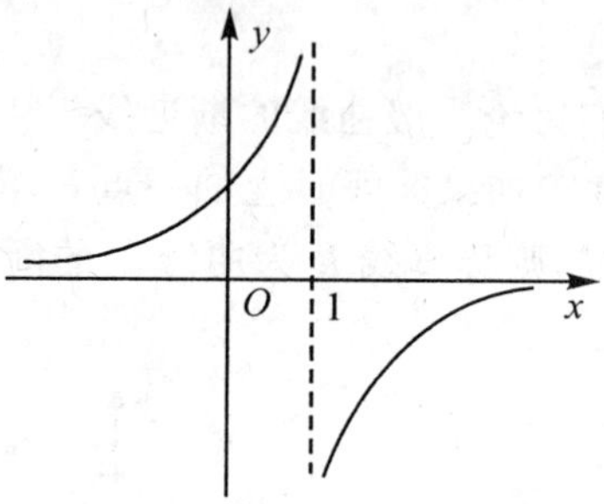

图 3-20

例 2 求曲线 $y=\dfrac{1}{x-1}$ 的铅垂渐近线.

解 因为 $\lim\limits_{x\to1^-}\dfrac{1}{x-1}=\infty$,$\lim\limits_{x\to1^+}\dfrac{1}{x-1}=\infty$

所以,$x=1$ 是曲线的一条铅垂渐近线,如图 3-20 所示.

3. 斜渐近线

如果

$$\lim_{x\to\pm\infty}[f(x)-(ax+b)]=0 \tag{3.6}$$

成立,则 $y=ax+b$ 是曲线的一条渐近线,称为斜渐近线. 如图 3-21 所示.

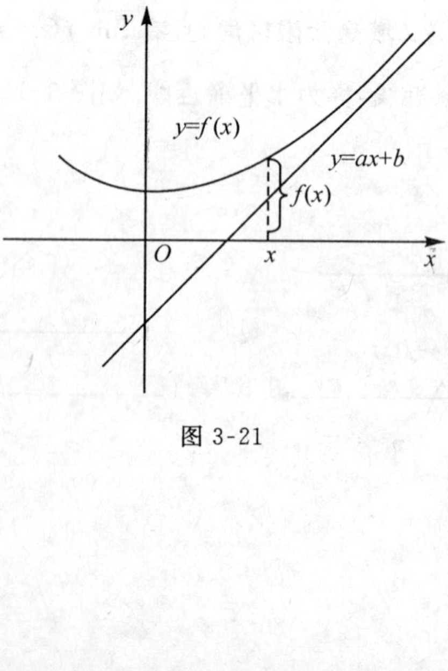

图 3-21

下面求计算 a、b 的公式：由式(3.6)有

$$\lim_{x\to\pm\infty} x\left[\frac{f(x)}{x}-a-\frac{b}{x}\right]=0$$

因为 x 为无穷大量，所以有

$$\lim_{x\to\pm\infty}\left[\frac{f(x)}{x}-a-\frac{b}{x}\right]=\lim_{x\to\pm\infty}\frac{f(x)}{x}-a=0$$

即

$$a=\lim_{x\to\pm\infty}\frac{f(x)}{x} \tag{3.7}$$

求出 a 后，将 a 代入式(3.6)即可以确定 b，即

$$b=\lim_{x\to\pm\infty}[f(x)-ax].$$

例 3　求曲线 $y=\dfrac{(x-3)^2}{4(x-1)}$ 的渐近线.

解　因为

$$\lim_{x\to1^+}\frac{(x-3)^2}{4(x-1)}=+\infty$$

$$\lim_{x\to1^-}\frac{(x-3)^2}{4(x-1)}=-\infty$$

所以，$x=1$ 是曲线的铅垂渐近线，又

$$a=\lim_{x\to\infty}\frac{f(x)}{x}=\lim_{x\to\infty}\frac{(x-3)^2}{x\cdot4(x-1)}=\frac{1}{4}$$

$$b=\lim_{x\to\infty}[f(x)-ax]=\lim_{x\to\infty}\left[\frac{(x-3)^2}{4(x-1)}-\frac{1}{4}x\right]=\lim_{x\to\infty}\frac{-5x+9}{4(x-1)}=-\frac{5}{4}$$

所以，$y=\dfrac{1}{4}x-\dfrac{5}{4}$ 是曲线的斜渐近线.

§ 3.8　边际分析与弹性分析

这一节利用读者容易理解的几个经济函数，介绍一下边际分析与弹性分析的概念.

3.8.1　函数变化率 —— 边际函数

设函数 $y=f(x)$ 可导，导函数 $f'(x)$ 也称为边际函数.

$$\frac{\Delta y}{\Delta x}=\frac{f(x_0+\Delta x)-f(x_0)}{\Delta x}$$

称为函数 $f(x)$ 在 $(x_0,x_0+\Delta x)$ 内的平均变化率，$\dfrac{\Delta y}{\Delta x}$ 表示在 $(x_0,x_0+\Delta x)$ 内 $f(x)$ 的平均变化速度.

函数 $f(x)$ 在点 $x=x_0$ 处的导数 $f'(x_0)$ 称为 $f(x)$ 在点 $x=x_0$ 处的变化率，也称为 $f(x)$ 在点 $x=x_0$ 处的边际函数值. $f'(x_0)$ 表示 $f(x)$ 在点 $x=x_0$ 处的变化速度.

在点 $x=x_0$ 处，x 从 x_0 改变一个单位，y 相应改变的精确值应为 $\Delta y\Big|_{\substack{x=x_0\\ \Delta x=1}}$，但当 x 改变的"单位"很小时，或 x 的"一个单位"与 x_0 值相对来说很小时，则有

$$\Delta y\Big|_{\substack{x=x_0\\ \Delta x=1}}\approx \mathrm{d}y\Big|_{\substack{x=x_0\\ \mathrm{d}x=1}}=f'(x)\mathrm{d}x\Big|_{\substack{x=x_0\\ \mathrm{d}x=1}}=f'(x_0)$$

这说明函数 $f(x)$ 在点 $x=x_0$ 处，当 x 产生一个单位的改变量时，y 近似改变 $f'(x_0)$ 个

单位. 在应用问题中解释边际函数值的具体意义时我们略去“近似”二字.

例 1 函数 $y=x^2$, $y'=2x$, 在点 $x=10$ 处的边际函数值 $y'(10)=20$, $y'(10)$ 表示当 $x=10$ 时, x 改变一个单位, y(近似) 改变 20 个单位.

3.8.2 边际成本分析

某产品的总成本是指生产一定数量的产品所需的全部经济资源投入(劳力、原料、设备等)的价格或费用总额. 总成本由固定成本与可变成本组成.

平均成本是生产一定量产品, 平均每单位产品的成本.

边际成本是总成本的变化率.

在生产技术水平和生产要素的价格固定不变的条件下, 产品的总成本、平均成本、边际成本都是产量的函数.

设 C 为总成本, C_1 为固定成本, C_2 为可变成本, $\overline{C}$ 为平均成本, C' 为边际成本, Q 为产量, 则有

总成本函数 $$C=C(Q)=C_1+C_2(Q)$$

平均成本函数 $$\overline{C}=\overline{C}(Q)=\frac{C(Q)}{Q}=\frac{C_1}{Q}+\frac{C_2(Q)}{Q}$$

边际成本函数 $$C'=C'(Q)=MC$$

若已知平均成本 $\overline{C}(Q)$, 通过乘法可以求出总成本

$$C(Q)=\overline{C}(Q)\cdot Q$$

例 2 设某产品成本函数为 $C=C(Q)$ (C 为总成本, Q 为产量), 称变化率 $C'=C'(Q)$ 为边际成本. $C'(Q_0)$ 称为当产量为 Q_0 时的边际成本, 西方经济学家对 $C'(Q_0)$ 的解释是: 当产量达到 Q_0 时, 生产 Q_0 后一个单位产品所增添的成本.

例 3 二次成本函数 $C=C(Q)=0.5Q^2+36Q+9\,800$.

由于 $C'(Q)=Q+36$, 即 $MC=Q+36$.

这时 $C'(100)=136$ 表明产量为 100 单位时, 再增加 1 个单位产品, 总成本将增加 136 个单位. 或者说生产第 101 个产品, 其生产成本是 136 单位.

又如 $C'(1\,000)=1\,036$ 表明产量为 1 000 单位时, 再增加 1 个单位产品, 总成本将增加 1 036 个单位. 或者说生产第 1 001 个产品, 其生产成本是 1 036 单位.

例 4 边际成本与固定成本无关.

由于 $$C=C_2(Q)+C_1$$

则 $$C'(Q)=C_2'(Q)+(C_1)'=C_2'(Q)$$

即边际成本 MC 只与可变成本有关, 而与固定成本无关, 因此边际成本又可以理解为在产量为 Q 的基础上, 增加单位产品的生产成本(生产成本不包括固定成本), 边际成本反映企业在短时期生产中能直接控制的那一部分成本.

例 5 边际成本与平均成本的关系.

根据商的导数法则, 对平均成本 $AC=\dfrac{C(Q)}{Q}$ 求导

$$\frac{\mathrm{d}}{\mathrm{d}Q}(AC)=\frac{\mathrm{d}}{\mathrm{d}Q}\left[\frac{C(Q)}{Q}\right]=\frac{C'(Q)\cdot Q-C(Q)}{Q^2}=\frac{MC-AC}{Q}$$

因为 $Q>0$, 所以当且仅当

$$MC\begin{cases}<\\=AC\text{ 时},\\>\end{cases}\frac{d(AC)}{dQ}\begin{cases}<\\=0\\>\end{cases}\qquad(3.8)$$

式(3.8)表明，当且仅当边际成本小于平均成本时，平均成本随产量增加而单调减少，适宜扩大生产. 当且仅当边际成本等于平均成本时，平均成本曲线的切线平行于 Ox 轴，即 $\frac{dAC}{dQ}=0$，此时平均成本最低，是最佳生产量. 当且仅当边际成本大于平均成本时，平均成本随产量增加而单调增加，不适宜扩大生产.

例 6　已知某商品的成本函数为

$$C=C(Q)=100+\frac{Q^2}{4}$$

试求当 $Q=10$ 时的总成本、平均成本及边际成本.

解　由 $C=100+\frac{Q^2}{4}$ 有

$$\overline{C}=\frac{100}{Q}+\frac{Q}{4},C'=\frac{Q}{2}$$

当 $Q=10$ 时，总成本为 $C(10)=125$，平均成本为 $\overline{C}(10)=12.5$，边际成本为

$$C'(10)=5.$$

例 7　例 6 中的商品，当产量 Q 为多少时，平均成本最小？

解

$$\overline{C}'=-\frac{100}{Q}+\frac{1}{4},\quad \overline{C}''=\frac{200}{Q^3}$$

令 $\overline{C}'=0$，得 $Q^2=400$，$Q=20$（只取正值），$\overline{C}''(20)>0$，所以当 $Q=20$ 时，平均成本最小.

3.8.3　边际利润分析

设某产品的总利润函数为 $L=L(Q)$，由经济学易知

$$L=L(Q)=R(Q)-C(Q)$$

下面讨论最大利润原则：

设总利润为 L，则

$$L=L(Q)=R(Q)-C(Q)$$
$$L'=L'(Q)=R'(Q)-C'(Q)$$

$L(Q)$ 取得最大值的必要条件为

$$L'(Q)=0,\text{即 } R'(Q)=C'(Q)$$

于是可以取得最大利润的必要条件是：边际收益等于边际成本.

$L(Q)$ 取得最大值的充分条件为

$$L''(Q)<0,\text{即 } R''(Q)<C''(Q)$$

于是可以取得最大利润的充分条件是：边际收益的变化率小于边际成本的变化率.

例 8　已知某产品的需求函数为 $p=10-\frac{Q}{5}$，成本函数为 $C=50+2Q$，试求产量为多少时总利润 L 最大，并验证是否符合最大利润原则.

解 已知 $p = 10 - \frac{Q}{5}, C(Q) = 50 + 2Q$，则有

$$R(Q) = 10Q - \frac{Q^2}{5}$$

$$L(Q) = R(Q) - C(Q) = 8Q - \frac{Q^2}{5} - 50$$

$$L'(Q) = 8 - \frac{2}{5}Q$$

令 $L'(Q) = 0$，得 $Q = 20, L''(20) < 0$，所以当 $Q = 20$ 时，总利润 L 最大. 此时

$$R'(20) = 2, C'(20) = 2, \text{有 } R'(20) = C'(20)$$

$$R''(20) = -\frac{2}{5}, C''(20) = 0, \text{有 } R''(20) < C''(20)$$

所以符合最大利润原则.

例 9 某工厂生产某种产品，固定成本为 20 000 元，每生产一单位产品，成本增加 100 元. 已知总收益 R 是年产量 Q 的函数

$$R = R(Q) = \begin{cases} 400Q - \frac{1}{2}Q^2, & 0 \leqslant Q \leqslant 400 \\ 80\ 000, & Q > 400 \end{cases}$$

试问每年生产多少产品时，总利润最大？此时总利润是多少？

解 根据题意总成本函数为

$$C = C(Q) = 20\ 000 + 100Q$$

从而可得总利润函数为

$$L = L(Q) = R(Q) - C(Q) = \begin{cases} 300Q - \frac{Q^2}{2} - 20\ 000, & 0 \leqslant Q \leqslant 400 \\ 60\ 000 - 100Q, & Q > 400 \end{cases}$$

$$L'(Q) = \begin{cases} 300 - Q, & 0 \leqslant Q \leqslant 400 \\ -100, & Q > 400 \end{cases}$$

令 $L'(Q) = 0$，得 $Q = 300, L'(300) < 0$，所以当 $Q = 300$ 时 L 最大.

此时 $L(300) = 25\ 000$，即当年产量为 300 个单位时，总利润最大，此时总利润为 25 000 元.

3.8.4 函数的相对变化率 —— 函数的弹性

1. 函数弹性的定义

前面所谈的函数改变量与函数变化率是绝对改变量与绝对变化率. 我们从实践中体会到，仅仅研究函数的绝对改变量与绝对变化率还是不够的. 例如，商品甲每单位价格 10 元，涨价 1 元；商品乙每单位价格 1 000 元，也涨价 1 元，两种商品价格的绝对改变量都是 1 元，但各与其原价相比，两者涨价的百分比却有很大的不同，商品甲涨了 10%，而商品乙涨了 0.1%. 因此我们还有必要研究函数的相对改变量与相对变化率.

例如 $y = x^2$，当 x 由 10 改变到 12 时，y 由 100 改变到 144，此时自变量与因变量的绝对改变量分别为 $\Delta x = 2, \Delta y = 44$，而

$$\frac{\Delta x}{x}=20\%,\quad \frac{\Delta y}{y}=44\%$$

这表示当 $x=10$ 改变到 $x=12$ 时，x 产生了 20% 的变化，y 产生了 44% 的改变. 这就是相对改变量.

$$\frac{\frac{\Delta y}{y}}{\frac{\Delta x}{x}}=\frac{44\%}{20\%}=2.2$$

这表示在(10,12)内，从 $x=10$，x 改变 1% 时，y 平均改变 2.2%，我们称上式为从 $x=10$ 到 $x=12$，函数 $y=x^2$ 的平均相对变化率.

定义 3.5　设函数 $y=f(x)$ 在点 x_0 处可导，函数的相对改变量

$$\frac{\Delta y}{y_0}=\frac{f(x_0+\Delta x)-f(x_0)}{f(x_0)} \tag{3.9}$$

与自变量的相对改变量 $\frac{\Delta x}{x_0}$ 之比 $\dfrac{\frac{\Delta y}{y_0}}{\frac{\Delta x}{x_0}}$，称为函数 $f(x)$ 从 $x=x_0$ 到 $x=x_0+\Delta x$ 两点间的相对变化率，或称两点间的弹性. 当 $\Delta x\to 0$ 时，$\dfrac{\frac{\Delta y}{y_0}}{\frac{\Delta x}{x_0}}$ 的极限称为 $f(x)$ 在点 $x=x_0$ 处的相对变化率，也就是相对导数，或称弹性. 记做

$$\left.\frac{Ey}{Ex}\right|_{x=x_0}，或\frac{E}{Ex}f(x_0)$$

$$\left.\frac{Ey}{Ex}\right|_{x=x_0}=\lim_{\Delta x\to 0}\frac{\frac{\Delta y}{y_0}}{\frac{\Delta x}{x_0}}=\lim_{\Delta x\to 0}\frac{\Delta y}{\Delta x}\cdot\frac{x_0}{y_0}=f'(x_0)\frac{x_0}{f(x_0)}$$

当 x_0 为定值时，$\left.\frac{Ey}{Ex}\right|_{x=x_0}$ 为定值.

对一般的 x，若 $f(x)$ 可导，则有

$$\frac{Ey}{Ex}=\lim_{\Delta x\to 0}\frac{\frac{\Delta y}{y}}{\frac{\Delta x}{x}}=\lim_{\Delta x\to 0}\frac{\Delta y}{\Delta x}\cdot\frac{x}{y}=y'\frac{x}{y}$$

是 x 的函数，称为 $f(x)$ 的弹性函数.

函数 $f(x)$ 在点 x 的弹性 $\frac{E}{Ex}f(x)$ 反映随 x 的变化 $f(x)$ 变化幅度的大小，亦即 $f(x)$ 对 x 变化反应的强烈程度或灵敏度.

$\frac{E}{Ex}f(x_0)$ 表示在点 $x=x_0$ 处，当 x 产生 1% 的改变时，$f(x)$ 近似地改变 $\frac{E}{Ex}f(x_0)\%$. 在具体经济应用问题中解释弹性的具体意义时，我们也略去“近似”二字.

注意　两点间的弹性是有方向性的，因为“相对性”是对初始值相对而言的.

例 10　求函数 $y=3+2x$ 在点 $x=3$ 处的弹性.

解
$$y' = 2$$
$$\frac{Ey}{Ex} = y'\,\frac{x}{y} = \frac{2x}{3+2x}$$
$$\left.\frac{Ey}{Ex}\right|_{x=3} = \frac{2\times 3}{3+2\times 3} = \frac{6}{9} = \frac{2}{3}.$$

例 11 求函数 $y = 100\mathrm{e}^{3x}$ 的弹性函数$\frac{Ey}{Ex}$及$\left.\frac{Ey}{Ex}\right|_{x=2}$.

解
$$y' = 300\mathrm{e}^{3x}$$
$$\frac{Ey}{Ex} = 300\mathrm{e}^{3x}\,\frac{x}{100\mathrm{e}^{3x}} = 3x$$
$$\left.\frac{Ey}{Ex}\right|_{x=3} = 3\times 2 = 6.$$

例 12 求幂函数 $y = x^{\alpha}$(α 为常数) 的弹性函数.

解
$$y' = \alpha x^{\alpha-1},\quad \frac{Ey}{Ex} = \alpha x^{\alpha-1}\cdot\frac{x}{x^{\alpha}} = \alpha.$$

可以看到,幂函数的弹性函数为常数,即在任意处弹性不变,所以称为不变弹性函数.

2. 函数弹性的经济意义

(1) 需求的价格弹性

分析价格变动时对需求量影响的程度,就是需求的价格弹性.

定义 3.6 某商品的需求量 $Q = \varphi(P)$ 在 P 处可导,则

$$E = \frac{EQ}{EP} = \lim_{\Delta P\to 0}\frac{\frac{\Delta Q}{Q}}{\frac{\Delta P}{P}} = \frac{P}{Q}\lim_{\Delta P\to 0}\frac{\Delta Q}{\Delta P} = \frac{Q'}{Q}P \tag{3.10}$$

称为需求价格弹性,也叫做价格弹性系数. E 表明当价格为 P 时,如果提高(或降低) 价格百分之一,需求量便在 Q 的基础上减少(或增加) 的百分数.

需求价格弹性 E 是价格 P 的函数,所以一定价格的值将决定一定的弹性值. E 也叫做需求函数在点 P 的需求价格弹性,简称为点弹性.

(2) 分析 E 的变化对需求量的影响

一般地设需求函数为 $Q = \varphi(P)$,P 为价格,Q 为需求量,由于 $P > 0$,$Q = \varphi(P) > 0$,$Q' = \varphi'(P) < 0$,所以,$E < 0$.

若 $E > -1$,即 $|E| < 1$ 时,表明价格提高 1%,而减少的需求量低于 1%,这时,称需求是低弹性的,生活必需品多属这种情况;

若 $E < -1$,即 $|E| > 1$ 时,表明价格提高 1%,而减少的需求量大于 1%,这时,称需求是弹性的,奢侈品多属这种情况;

若 $E = -1$,即 $|E| = 1$ 时,表明价格提高 1%,而减少的需求量也是 1%,这时,称需求是单位弹性的,这种情况是少见的.

需求价格弹性,也常用下述微分形式表示

$$E = \frac{\mathrm{d}(\ln Q)}{\mathrm{d}(\ln P)} \tag{3.11}$$

例如,求需求函数 $y = x^{\alpha}$(α 为常数) 的弹性.

对原函数两边取对数，得 $\ln y = \alpha \ln x$，由式(3.11)得

$$E = \frac{\mathrm{d}(\ln y)}{\mathrm{d}(\ln x)} = \frac{\mathrm{d}(\alpha \ln x)}{\mathrm{d}(\ln x)} = \alpha$$

比较上述例题的解题过程，便可以看出需求价格弹性的方便之处.

例 13　设需求函数 $Q = 100 - 4P$，试讨论：

(1) 最大需求量是多少？

(2) 求需求的价格弹性，并说明其经济意义.

(3) 价格 P 为何值时，需求是低弹性、弹性和单位弹性的.

解　(1) 所谓最大需求量，在经济学中即为 $P = 0$ 时的需求量，因此由经济学易知，最大需求量为 $Q = 100$，即此时 $P = 0$.

(2) 由弹性公式

$$E = Q' \cdot \frac{P}{Q} = (-4) \cdot \frac{P}{100 - 4P} = \frac{P}{P - 25}$$

上式表示，当这种产品价格是 P 时，价格再提高 1%，市场对这种商品的销售量将下降

$$\left|\frac{P}{P-25}\right|\%.$$

(3) 令 $\dfrac{P}{P-25} = -1$，则 $P = 12.5$. 即当 $P = 12.5$ 时，$E = -1$，这时市场对这种商品的需求是单位弹性的. 令 $\dfrac{P}{P-25} > -1$，$P < (-1)(P-25)$（注意：$P - 25 < 0$）. 即

$$2P < 25, \quad P < 12.5$$

所以，当 $0 < P < 12.5$ 时，$E > -1$，这时市场对这种商品的需求是低弹性的.

令 $\dfrac{P}{P-25} < -1$，$P > (-1)(P-25)$ 则 $P > 12.5$

所以，当 $P > 12.5$ 时，由经济学易知这种商品的最高价低于 25，因为当 $P \to 25$ 时，$E \to -\infty$，表明这种商品价格不能超过 25，故当 $12.5 < P < 25$ 时，$E < -1$，这时，市场对这种商品的需求是弹性的.

例 14　某产品滞销，准备以降价扩大销路. 如果该产品的价格弹性在 $1.5 \sim 2$ 之间，试问当降价 10% 时，销售量能增加多少？

解　根据弹性定义，有

$$1.5 = \frac{\frac{\Delta Q}{Q}}{10\%} \leqslant 2$$

于是

$$15\% \leqslant \frac{\Delta Q}{Q} \leqslant 20\%$$

所以，销售量能增加 15% ～ 20%.

3. 需求价格弹性对销售收益的分析

在市场经济分析中，应用商品的需求价格弹性，可以指明当价格变动时，销售收益的变动情况.

设 $Q = \varphi(P)$ 是需求函数，则总收益函数为

$$R = R(P) = PQ(P) = P \cdot \varphi(P) \tag{3.12}$$

为了分析收益情况，所以求 R 对价格 P 的导数，即边际收益

$$MR=\frac{dR}{dP}=\frac{d}{dP}[P\cdot\varphi(P)]=\varphi(P)+P\varphi'(P)$$
$$=\varphi(P)\left[1+P\cdot\frac{\varphi'(P)}{\varphi(P)}\right]=\varphi(P)[1+E] \tag{3.13}$$

式(3.13)给出了关于价格的边际收益与需求价格弹性之间的关系，分析式(3.13)并注意到 $\varphi(P)>0,E<0$，那么：

(1) 当 $E>-1$ 时，则 $MR=\frac{dR}{dP}>0$，从而总收益函数 $R=R(P)$ 是单调增加的，这时总收益随价格的提高而增加. 换句话说，当商品需求是低弹性时，提高价格可以使总收益增加；

(2) 当 $E<-1$ 时，则 $MR=\frac{dR}{dP}<0$，从而总收益函数 $R=R(P)$ 是单调递减的，这时总收益随价格的提高而减少. 因此，当商品需求是弹性的，可以用适当的降价办法提高总收益；

(3) 当 $E=-1$ 时，则 $MR=\frac{dR}{dP}=0$ 时，这时收益是常数，说明总收益不受价格变动的影响.

从以上分析说明，测定商品的需求价格弹性、对进行市场分析，确定或变动商品的价格将有很大的参考价值.

例 15 设 $Q=\varphi(P)=12-\frac{P}{2}$ 是某商品的需求函数.

(1) 试求需求弹性函数；

(2) 试求 $P=6$ 时的需求弹性；

(3) 试求 $P=6$ 时，若价格上涨 1%，总收益是增加还是减少？将变化百分之几？

(4) P 为何值时. 总收益最大？最大总收益是多少？

解 (1)
$$E(P)=P\cdot\frac{\left(12-\frac{P}{2}\right)'}{12-\frac{P}{2}}=-\frac{P}{24-P}$$

(2)
$$E(6)=-\frac{6}{24-6}=-\frac{1}{3}$$

(3)
$$E(6)=-\frac{1}{3}>-1$$

所以价格上涨 1%，总收益将增加. 下面求 R 的增长百分比，即求 R 的弹性.

因
$$R=P\cdot Q=P\cdot\left(12-\frac{P}{2}\right)=12P-\frac{P^2}{2}$$

故
$$R'=12-P$$
$$\frac{ER}{EP}=P\cdot\frac{R'}{R}=\frac{12-P}{12-\frac{1}{2}P}$$
$$\left.\frac{ER}{EP}\right|_{P=6}=\frac{12-6}{12-\frac{1}{2}\times 6}=\frac{2}{3}\approx 0.67$$

所以当 $P=6$ 时，价格上涨 1%，总收益约增加 0.67%.

(4) 令 $R'=0$，则 $P=12$，$R(12)=72$. 所以当 $P=12$ 时总收益最大，最大总收益为 72.

§3.9　本章小结

3.9.1　中值定理

(1) 三个中值定理的结论有一个共同的特点. 即它们只肯定了 ξ 的存在，但是没有给出值是多少，也没有给出求 ξ 的方法.

(2) 三个中值定理之间的关系是，拉格朗日定理是柯西中值定理的特例. 而罗尔定理又是拉格朗日定理的特例.

3.9.2　应用罗必达法则求极限

应用罗必达法则求极限是一元函数微分学中求极限的重要手段之一. 在我们的学习过程中，一般遇到两类求极限的问题，一类是定型的，一类是不定型的，而罗必达法则主要是处理不定型的极限问题，因此对于不定型的极限问题都可以用罗必达法则去求，但应用时要注意：

(1) 验证定理成立的条件，确定为 $\frac{0}{0}$ 型或 $\frac{\infty}{\infty}$ 型不定式才能使用.

(2) 对于其他类型的不定式 $0\cdot\infty$，$\infty-\infty$，0^0，1^∞，∞^0 可以利用代数变换或对数变换化成(1) 的形式.

(3) 在求不定式的极限问题中，罗必达法则不一定是最简单的方法，也不是万能的方法，当用罗必达法则得出的极限不存在时，并不等于原极限不存在，此时可以用其他方法求出其极限.

3.9.3　熟练掌握函数的单调性判别法

(1) 函数的间断点，使导数为零的点以及不存在导数的点才有可能是函数增减区间的分界点.

(2) 欲证函数 $f(x)$ 在区间 (a,b) 内单调增加或单调减少，可以用判别法. 其步骤是：

① 求 $f'(x)$；

② 证明 $f'(x)$ 在区间 (a,b) 内恒大于零或恒小于零；

③ 根据判别定理得出结论.

3.9.4　求函数增减区间的步骤

(1) 确定函数 $f(x)$ 的定义域.

(2) 求出函数 $f(x)$ 的全体可能的增减区间分界点. 并根据分界点写出相应的区间.

(3) 在每一个区间内选择一点，使之容易确定 $f'(x)$ 的符号，进而判断诸区间的增减性.

3.9.5 最大值、最小值和极大值、极小值

(1) 极大值、极小值表示函数 $f(x)$ 在一点附近的情况. 最大值、最小值则表示函数 $f(x)$ 在一个区间上的情况. 函数的极大值不一定是最大值,极小值也不一定是最小值. 极值是在局部对函数值的比较,最值是在整体区间上对函数值的比较.

(2) 函数在区间上的极大值和极小值可能有若干个,但是除去相等者外,最大值和最小值至多各有一个.

(3) 最大值和最小值可能在驻点,导数不存在的点以及区间上的端点上取得.

3.9.6 函数在区间上的最值问题

(1) 求出 $f(x)$ 在 $[a,b]$ 上的所有驻点和导数不存在的点.

(2) 求出驻点的函数值,导数不存在的点的函数值和端点的函数值.

(3) 对上述函数值进行比较,其最大者即最大值,最小者即最小值.

(4) 若 $f(x)$ 在 $[a,b]$ 上连续,在 (a,b) 内可导,点 x_0 是 $f(x)$ 在 $[a,b]$ 内的惟一极大(小)值点,则 x_0 是 $f(x)$ 在 $[a,b]$ 上的最大(小) 值点,许多实际应用问题属于这种情况.

(5) 即使函数在开区间上连续可导,也不一定存在最大值、最小值.

3.9.7 凹向区间与拐点

(1) 使函数二阶导数为零的点,不存在二阶导数的点以及曲线的间断点,都有可能是函数凹向区间的分界点.

(2) 凹向区间的分界点、增减区间分界点以及最值点与极值点,系指 Ox 轴上的点,而拐点是函数曲线上的点.

3.9.8 边际和弹性

(1) 函数的导数是一个变化率的问题,在经济学中又常称为边际,以此对不少问题进行分析,称为边际分析,$f'(x_0)$ 近似于经济函数值 $f(x_0+1)$ 与 $f(x_0)$(或 $f(x_0)$ 与 $f(x_0-1)$)之差. 再引入函数相对变化率的概念便得到函数的弹性分析的概念.

(2) 弹性是一种与任何单位都无关的计量方法. 弹性是反映经济杠杆作用大小的度量指标,是宏观经济分析中常用的方法. $\frac{E}{Ex}f(x_0)$ 表示在点 x_0 处,当 x 产生 1% 的改变时,$f(x)$ 近似地改变 $\frac{E}{Ex}f(x_0)\%$.

习 题 三

一、填空题

1. 当 $x=4$ 时,函数 $y=x^2+px+q$ 达到极值,则 $p=$ ________.

2. 函数 $y=3x^2-x^3$ 的拐点是________.

3. 若函数 $f(x)$ 在点 $x=0$ 处有 $f'(0)=0, f''(0)\neq 0$，则点 $x=0$ 必为函数的________.

4. $y=-(x+1)+\sqrt{x^2+1}$ 的水平渐近线是________.

5. 设需求量 $Q=ae^{-bp}$（a、b 为常数），则需求对价格的弹性________.

二、单项选择题

1. 下面函数在给定区间上满足罗尔定理条件的有（　　）.

A. $y=x^2-5x+6\quad x\in[2,3]$　　B. $y=\dfrac{1}{\sqrt[3]{(x-1)^2}}\quad x\in[0,5]$

C. $y=xe^{-x}\quad x\in[-1,1]$　　D. $y=\begin{cases}x+1, & x<5\\ 1, & x\geqslant 5\end{cases}\quad x\in[0,5]$

2. 下面结论正确的有（　　）.

A. 若点 x_0 为 $f(x)$ 的极值点，且 $f'(x)$ 存在，则必有 $f'(x_0)=0$

B. 若点 x_0 为 $f(x)$ 的极值点，则 $f'(x_0)=0$

C. 若 $f'(x_0)=0$，则点 x_0 必是 $f(x)$ 的极值点

D. 函数 $f(x)$ 在区间 (a,b) 内的极大值一定大于极小值

3. 下列函数极限的计算中能采用罗必达法则的有（　　）.

A. $\lim\limits_{x\to 0}\dfrac{x^2\sin\dfrac{1}{x}}{\sin x}$　　B. $\lim\limits_{x\to\infty}\dfrac{e^x-e^{-x}}{e^x+e^{-x}}$　　C. $\lim\limits_{x\to 0}(1+x)^{\frac{1}{x}}$　　D. $\lim\limits_{x\to\infty}\dfrac{x+\sin x}{1-\sin x}$

4. 若函数 $f(x)$ 在区间 $[a,b]$ 上恒有 $f'(x)<0, f''(x)>0$，则函数曲线为（　　）.

A. 上凹上升　　B. 上凹下降　　C. 下凹上升　　D. 下凹下降

5. 函数 $y=ax^3+bx^2+cx+d$，满足条件 $b^2-3ac<0$，则该函数（　　）.

A. 有一个极大值和一个极小值　　B. 仅有一个极大值

C. 无极值　　D. 无法确定该函数有无极值

6. 函数 $f(x)$ 在点 x 处连续但不可导，则该点（　　）.

A. 一定不是极值点　　B. 一定是极值点

C. 一定不是拐点　　D. 一定不是驻点

7. 曲线 $y=\dfrac{e^x}{x^2+1}+1$ 的水平渐近线是（　　）.

A. $x=-1$　　B. $x=1$　　C. $y=0$　　D. $y=1$

8. 下列需求函数中，需求弹性为常数的有（　　）.

A. $Q=aP+b$　　B. $Q=aP$　　C. $Q=\dfrac{a}{P^2}+1$　　D. $Q=ae^{-bP}$

其中：a、b 为常数.

三、解答题

1. 验证下列函数在给定区间上满足罗尔定理的条件，并求出相应的 ξ.

(1) $y=\ln\sin x\quad x\in\left[\dfrac{\pi}{6},\dfrac{5\pi}{6}\right]$；

(2) $y=x\sqrt{3-x}\quad x\in[0,3]$.

2. 验证下列函数在给定区间上满足拉格朗日定理的条件,并求出相应的 ξ.

(1) $y = 4x^3 - 5x^2 + x - 2 \quad x \in [0,1]$;

(2) $y = \ln x \quad x \in [1,e]$.

3. 利用罗必达法则求下列极限

(1) $\lim\limits_{x \to 0} \dfrac{a^x - b^x}{x}$;　　(2) $\lim\limits_{x \to a} \dfrac{x^m - a^m}{x^n - a^n}$;

(3) $\lim\limits_{x \to 0} \dfrac{e^x - e^{-x} - 2x}{x - \sin x}$;　　(4) $\lim\limits_{x \to 0} \dfrac{\tan x - x}{x - \sin x}$;

(5) $\lim\limits_{x \to \infty} x[e^{\frac{1}{x}} - 1]$;　　(6) $\lim\limits_{x \to 0} \left[\dfrac{1}{x} - \dfrac{1}{e^x - 1}\right]$;

(7) $\lim\limits_{x \to 0} x^2 e^{\frac{1}{x^2}}$;　　(8) $\lim\limits_{x \to 0^+} x^{\sin x}$.

4. 求下列函数的增减区间

(1) $y = x^3 - 3x^2 - 9x + 14$;　　(2) $y = x^4 - 2x^2 - 5$;

(3) $y = x + \cos x$.

5. 求下列函数的极值

(1) $y = x^3 - 3x^2 - 9x + 15$;　　(2) $y = 3x^5 - 20x^3$;

(3) $y = x^2 + \ln x$(注意定义域 $x > 0$).

6. 利用二阶导数判断下列函数的极值

(1) $y = 3x^4 - 4x^3 - 36x^2 + 6$;　　(2) $y = x\ln x$.

7. 求下列函数在所给定区间上的最大值与最小值

(1) $y = x^3 - 3x^2 + 6x - 2 \quad x \in [-1,1]$;

(2) $y = \dfrac{1 + x + x^2}{1 + x - x^2} \quad x \in [0,1]$;

(3) $y = \sqrt{5 - 4x} \quad x \in [-1,1]$.

8. 某厂每批生产某种产品 Q 个单位的费用为 $C(Q) = 2Q + 100$(元),得到收入 $R(Q) = 8Q - 0.01Q^2$(元),试问每批生产多少个单位产品时才能使利润最大?

9. 设生产某种产品 Q 个单位的生产费用为 $C(Q) = 900 + 20Q + Q^2$,试问 Q 为多少时,使平均费用最低,最低平均费用是多少?

10. 某工厂生产某种产品,年产量为 Q(单位:百台),总成本为 C(单位:万元),其中固定成本为 2 万元,每生产 1 百台的生产成本为 1 万元,市场上每年可以销售这种商品 400 台,其销售总收入 R 是 Q 的函数. 即

$$R(Q) = \begin{cases} 4Q - \dfrac{1}{2}Q^2, & 0 \leqslant x \leqslant 4 \\ 8, & x > 4 \end{cases}$$

试问每年生产多少台时,总利润 L 为最大?最大利润是多少?

11. 确定下列函数图形的凹向区间及拐点.

(1) $y = x^4 - 6x^2 - 5$;　　(2) $y = xe^{-x}$.

12. 求下列曲线的渐近线

(1) $y = e^x$;　(2) $y = \dfrac{1}{(x+2)^3}$;　(3) $y = e^{\frac{1}{x}} - 1$.

13. 某产品生产 Q 个单位的总成本 C 为

$$C = 1100 + \frac{1}{1200}Q^2(\text{元})$$

试求:(1) 生产 900 个单位产品的总成本和平均成本;

(2) 生产 900 ~ 1 000 个单位产品时的总成本的平均变化率;

(3) 生产 900 个单位和 1 000 个单位时的边际成本.

14 设某产品生产 Q 个单位总收入 R 为

$$R = 200Q - 0.01Q^2(\text{元})$$

试求生产 50 个单位产品时的边际收入.

15. 某企业的成本函数和收益函数分别为

$$C(Q) = 1000 + 5Q + \frac{Q^2}{10}(\text{元})$$

$$R(Q) = 200Q + \frac{Q^2}{20}(\text{元})$$

试求:(1) 边际成本、边际收益和边际利润;

(2) 已知生产并销售 25 个单位产品,第 26 个单位产品有多少利润.

16. 某产品的销售量 Q 与价格 P 之间的关系为 $Q = \dfrac{1-P}{P}$,试求需求价格弹性,若价格为 0.5 时,试确定 E 值.

17. 设某商品的需求量对价格 P 的函数为 $Q = 1600\left(\dfrac{1}{4}\right)^P$,试求需求价格弹性.

18. 设某商品需求量 Q 对价格的弹性为 $E = -2P\ln 2$,试求销售收益 $R = PQ$ 对价格 P 的弹性.

19. 某商品的需求函数为 $Q = Q(P) = 75 - P^2$.

(1) 试求 $P = 4$ 时的边际需求,并说明其经济意义;

(2) 试求 $P = 4$ 时的需求弹性,并说明其经济意义;

(3) 当 $P = 4$ 时,若价格 P 上涨 1%,总收益将变化百分之几?是增加还是减少?

(4) 当 $P = 6$ 时,若价格 P 上涨 1%,总收益将变化百分之几?是增加还是减少?

(5) 当 P 为多少时,总收益最大?

第4章　不定积分

在数学中，运算总是成对出现的. 对一种运算而言，必然有其逆运算，如加法的逆运算为减法，乘法的逆运算为除法，等等. 因此，导数作为一种数学运算，也必然存在着其逆运算——求不定积分. 为什么要讲不定积分?一是为了定积分的计算，二是为一些后续课程作准备.

§4.1　不定积分的概念

4.1.1　原函数

数学的各种运算都是客观事物规律的反映，因此一种运算的逆运算不仅在数学中是可能的，而且也是解决实际问题所必需的. 那么在哪些具体问题中要用到导数的逆运算，即不定积分的概念呢?下面我们举两个例子来说明.

例1　如果已知物体的运动方程为 $s=f(t)$，则该物体的运动速度 $v=v(t)$ 是距离函数 s 对时间 t 的导(函)数，反过来，如果已知物体的运动速度方程 $v=v(t)$，如何求出该物体的运动方程 $s=f(t)$，使其导数 $f'(t)$ 刚好等于已知的速度方程 $v=v(t)$，这便是微分学中求导数的逆运算问题.

例2　如果已知某产品的产量 p 是时间 t 的函数 $p=p(t)$，则该产品产量的变化率是产量对时间 t 的导数 $p'=p'(t)$；反之，若知道某产量的变化率是时间 t 的函数 $p'(t)$，求该产品产量函数 $p(t)$，也是求导数相反的问题.

一般地，我们有下面的定义：

定义4.1　设 $f(x)$ 是定义在某区间 I 上的已知函数，若存在一个函数 $F(x)$，使得对一切 $x\in I$，都有 $F'(x)=f(x)$ 或 $\mathrm{d}F(x)=f(x)\mathrm{d}x$，则称函数 $F(x)$ 是已知函数 $f(x)$ 在区间 I 上的一个原函数.

例3　$\forall x\in\mathbf{R}$，$(\sin x)'=\cos x$，即 $\sin x$ 是 $\cos x$ 的一个原函数. 同理，$\forall x\in(-1,1)$，$(\arcsin x)'=\dfrac{1}{\sqrt{1-x^2}}$，则 $\arcsin x$ 是 $\dfrac{1}{\sqrt{1-x^2}}$ 在 $(-1,1)$ 上的一个原函数.

例4　$\forall x\in\mathbf{R}$，$(x^3)'=3x^2$，即 x^3 是 $3x^2$ 的原函数；$\forall x\in\mathbf{R}$，$C\in\mathbf{R}$，$(x^3+C)'=3x^2$，即 x^3+C 也是 $3x^2$ 的原函数.

由此可见，若函数 $f(x)$ 存在原函数 $F(x)$，则该原函数 $F(x)$ 加上任意常数 C，即 $F(x)+C$ 也是 $f(x)$ 的原函数($(F(x)+C)'=f(x)$)，于是，如果一个函数存在原函数，那么该函数必然有无穷多个原函数.

关于原函数的概念有两个理论问题要解决：一是原函数的存在问题，即什么样的函数存在原函数?另一个是原函数的结构问题,即如果一个函数存在原函数,那么该函数存在什么样的原函数.换句话说,若 $F(x)$ 是 $f(x)$ 在区间 I 上的一个原函数,则无限多个原函数是否仅限于 $F(x)+C$ 的形式?除了 $F(x)+C$ 的形式外是否还有其他形式的函数也是 $f(x)$ 的原函数?

对第一个问题,即原函数的存在性问题,我们的结论是:若函数 $f(x)$ 在区间 I 上连续,则 $f(x)$ 在区间 I 上必存在原函数,对第二个问题我们有下面的定理.

定理 4.1　若 $F(x)$ 是函数 $f(x)$ 在区间 I 上的一个原函数,则函数 $f(x)$ 的无限多个原函数仅限于 $F(x)+C(C\in\mathbf{R})$ 的形式.

证　已知 $F(x)$ 是函数 $f(x)$ 的一个原函数,即 $\forall x\in I$,有 $F'(x)=f(x)$. 设 $\Phi(x)$ 是函数 $f(x)$ 的任意(注意"任意"二字)一个原函数,即 $\forall x\in I$ 有 $\Phi'(x)=f(x)$,上述二式相减,$\forall x\in I$ 有:

$$\Phi'(x)-F'(x)=[\Phi(x)-F(x)]'=f(x)-f(x)=0$$

由前面讲到的 Lagrange 定理的推论 3.1 知:$\Phi(x)-F(x)=C$(其中 C 为某个常数)或 $\Phi(x)=F(x)+C$,即函数 $f(x)$ 的任意一个原函数 $\Phi(x)$ 都有 $F(x)+C$ 的形式.

定理 4.1 指出:若一个函数存在原函数,则其无限多个原函数之间彼此只相差一个常数.因此,要求出函数 $f(x)$ 的所有原函数,只需要求出 $f(x)$ 的一个原函数 $F(x)$,然后再加上任意常数 C,即 $F(x)+C$ 表示函数 $f(x)$ 的所有原函数.

4.1.2　不定积分

有了原函数的构造理论之后,我们可以很容易地给出不定积分的概念.

定义 4.2　若函数 $f(x)$ 在区间 I 上存在原函数 $F(x)$,则所有的原函数 $F(x)+C$ $(C\in\mathbf{R})$ 称为函数 $f(x)$ 的不定积分,记做

$$\int f(x)\mathrm{d}x=F(x)+C(C\in\mathbf{R}),\tag{4.1}$$

其中 $f(x)$ 称为被积函数,$f(x)\mathrm{d}x$ 称为被积表达式,C 称为积分常数.

例如

$$(x^3)'=3x^2,\text{则}\int 3x^2\mathrm{d}x=x^3+C$$

$$(\sin x)'=\cos x,\text{则}\int\cos x\mathrm{d}x=\sin x+C$$

同样道理,因

$$(\arcsin x)'=\frac{1}{\sqrt{1-x^2}},\text{则}\int\frac{\mathrm{d}x}{\sqrt{1-x^2}}=\arcsin x+C.$$

例 5　求函数 $f(x)=\dfrac{1}{x}$ 的不定积分.

解　因当 $x>0$ 时,$(\ln x)'=\dfrac{1}{x}$,故

$$\int\frac{1}{x}\mathrm{d}x=\ln x+C\quad(x>0)$$

当 $x<0$ 时,$-x>0$,$[\ln(-x)]'=\dfrac{1}{-x}\cdot(-1)=\dfrac{1}{x}$

所以

$$\int\frac{1}{x}\mathrm{d}x=\ln(-x)+C\quad(x<0)$$

综合上述求法，$\int \frac{1}{x}\mathrm{d}x = \ln|x| + C \quad (x \neq 0)$.

例 6 若$\int f(x)\mathrm{d}x = x^2 \mathrm{e}^{2x} + C$，则 $f(x)$ 是下列函数中的哪一个？

A. $2x\mathrm{e}^{2x}$ B. $2x^2\mathrm{e}^{2x}$ C. $x\mathrm{e}^{2x}$ D. $2x\mathrm{e}^{2x}(1+x)$

解 在所给积分等式两端对 x 求导数，得

$$f(x) = (x^2\mathrm{e}^{2x} + C)' = 2x\mathrm{e}^{2x} + 2x^2\mathrm{e}^{2x} = 2x\mathrm{e}^{2x}(1+x)$$

故 $f(x)$ 是 D. 中的函数.

4.1.3 不定积分的几何意义

从几何角度看，对不定积分可以作这样的解释：若 $F(x)$ 是 $f(x)$ 的一个原函数，则 $y = F(x)$ 的图形称为 $f(x)$ 的一条积分曲线，于是 $f(x)$ 的不定积分表示 $f(x)$ 的某一条积分曲线沿着纵轴方向任意平行移动所得到的积分曲线族，因此所有积分曲线是彼此平行的，即在横坐标相同的点($x = x_0$) 处，所有积分曲线的切线互相平行，这些切线有相同的斜率 $f(x_0)$，如图 4-1 所示.

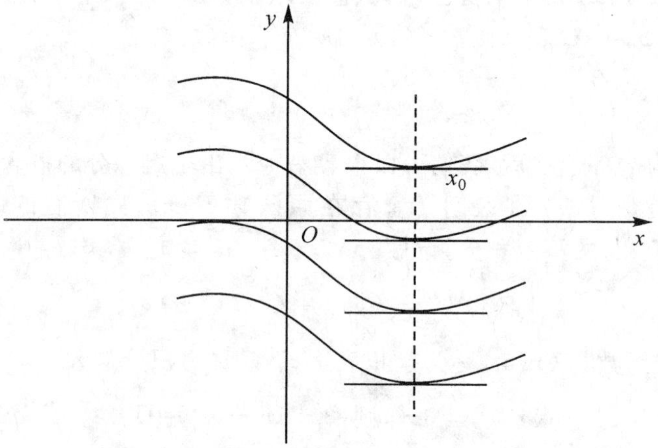

图 4-1

因此，要求一条通过定点(x_0, y_0)的积分曲线，关键是确定常数 C，而 C 值的确定可以通过解方程，因为点的坐标适合方程，所以 $y_0 = F(x_0) + C$，则 $C = y_0 - F(x_0)$，这样就得到了所求的那一条曲线：$y = F(x) + [y_0 - F(x_0)]$ 确定任意常数 C 的条件称为初始条件，记做

$$y\big|_{x=x_0} = y_0.$$

例 7 设曲线上任一点 $M(x, y)$ 处切线的斜率为 $f(x) = 2x$，又已知曲线通过坐标原点，试求该曲线的方程.

解 因为 $y' = 2x$，所以 $y = \int 2x\mathrm{d}x = x^2 + C$.

又所求曲线过原点$(0,0)$，则$(0,0)$ 适合所求曲线.

即 $0 = 0 + C$，即 $C = 0$，故所求曲线为 $y = x^2$.

§4.2　不定积分的性质及基本积分公式

4.2.1　不定积分的性质

1. 求导(微) 与求不定积分互为逆运算

(1) $\left[\int f(x)\mathrm{d}x\right]' = f(x)$ 或 $\mathrm{d}\int f(x)\mathrm{d}x = f(x)\mathrm{d}x$；

(2) $\int F'(x)\mathrm{d}x = F(x) + C$ 或 $\int \mathrm{d}F(x) = F(x) + C$.

也就是说：不定积分的导数(或微分) 等于被积函数(或被积表达式)，一个函数的导数(或微分) 的不定积分与这个函数相差一个任意常数.

2. 不为零的常数因子可以移到积分号前

$$\int af(x)\mathrm{d}x = a\int f(x)\mathrm{d}x \tag{4.2}$$

因为上式右端的导数 $\left[a\int f(x)\mathrm{d}x\right]' = a\left[\int f(x)\mathrm{d}x\right]' = af(x)$ 恰好是左端的被积函数，从而 $a\int f(x)\mathrm{d}x$ 是 $af(x)$ 的不定积分.

3. 两个函数的代数和的积分等于函数积分的代数和

$$\int [f(x) \pm g(x)]\mathrm{d}x = \int f(x)\mathrm{d}x \pm \int g(x)\mathrm{d}x \tag{4.3}$$

式(4.3) 可以推广到任意有限多个函数代数和的情况，即

$$\int [f_1(x) + f_2(x) + \cdots + f_n(x)]\mathrm{d}x = \int f_1(x)\mathrm{d}x + \int f_2(x)\mathrm{d}x + \cdots + \int f_n(x)\mathrm{d}x \tag{4.4}$$

4.2.2　不定积分公式表

因为不定积分是导数运算的逆运算，所以导数公式表中的每个公式反转过来就是不定积分的公式，在此基础上，再补充几个常用的不定积分，得到下列不定积分公式表：

(1) $\int a\mathrm{d}x = ax + C$，其中 a 为常数，$\int \mathrm{d}x = x + C$；

(2) $\int x^\alpha \mathrm{d}x = \frac{1}{\alpha+1}x^{\alpha+1} + C, \alpha \neq -1$；

(3) $\int \frac{\mathrm{d}x}{x} = \ln|x| + C \quad (x \neq 0)$；

(4) $\int a^x \mathrm{d}x = \frac{1}{\ln a}a^x + C(0 < a \neq 1)$，$\int \mathrm{e}^x \mathrm{d}x = \mathrm{e}^x + C$；

(5) $\int \sin x\mathrm{d}x = -\cos x + C$，　$\int \cos x\mathrm{d}x = \sin x + C$，

$\int \frac{\mathrm{d}x}{\cos^2 x} = \tan x + C$，　$\int \frac{\mathrm{d}x}{\sin^2 x} = -\cot x + C$；

(6) $\int \frac{\mathrm{d}x}{\sqrt{1-x^2}} = \arcsin x + C$；

(7) $\int \frac{\mathrm{d}x}{\sqrt{1+x^2}} = \arctan x + C$；

(8) $\int \frac{\mathrm{d}x}{\sqrt{a^2-x^2}} = \arcsin \frac{x}{a} + C$；

(9) $\int \frac{\mathrm{d}x}{\sqrt{x^2 \pm a^2}} = \ln|x+\sqrt{x^2 \pm a^2}| + C$；

(10) $\int \frac{\mathrm{d}x}{x^2+a^2} = \frac{1}{a}\arctan \frac{x}{a} + C$；

(11) $\int \frac{\mathrm{d}x}{x^2-a^2} = \frac{1}{2a}\ln\left|\frac{x-a}{x+a}\right| + C$；

(12) $\int \sqrt{a^2-x^2}\,\mathrm{d}x = \frac{x}{2}\sqrt{a^2-x^2} + \frac{a^2}{2}\arcsin \frac{x}{a} + C$；

(13) $\int \sqrt{x^2 \pm a^2}\,\mathrm{d}x = \frac{x}{2}\sqrt{x^2 \pm a^2} \pm \frac{a^2}{2}\ln|x+\sqrt{x^2 \pm a^2}| + C$.

公式(8)～(13)是容易验证的，对等号右端求导数，导函数恰是等号左端不定积分的被积函数，后面将用不定积分的计算方法一一加以证明.

有了上述的不定积分公式表和不定积分的运算法则就能够计算一些简单函数的不定积分.

例 1 计算多项式 $P(x) = a_0x^n + a_1x^{n-1} + \cdots + a_{n-1}x + a_n$ 的不定积分.

解 根据不定积分法则和不定积分公式(2)，有：

$$\begin{aligned}\int P(x)\mathrm{d}x &= \int (a_0x^n + a_1x^{n-1} + \cdots + a_{n-1}x + a_n)\mathrm{d}x \\ &= a_0\int x^n\mathrm{d}x + a_1\int x^{n-1}\mathrm{d}x + \cdots + a_{n-1}\int x\mathrm{d}x + a_n\int \mathrm{d}x \\ &= \frac{a_0}{n+1}x^{n+1} + \frac{a_1}{n}x^n + \cdots + \frac{a_{n-1}}{2}x^2 + a_nx + C.\end{aligned}$$

注 上述等式右端每个不定积分都带有一个任意常数，而 n 个任意常数的和还是一个任意常数，因此，上式的最后只写一个任意常数 C，下同.

例 2 计算 $\int \left(5\cos x + 1 - 3x^2 + \frac{2}{x} - \frac{4}{x^2+1}\right)\mathrm{d}x$.

解 $\int \left(5\cos x + 1 - 3x^2 + \frac{2}{x} - \frac{4}{x^2+1}\right)\mathrm{d}x$

$$\begin{aligned}&= 5\int \cos x\mathrm{d}x + \int \mathrm{d}x - 3\int x^2\mathrm{d}x + 2\int \frac{\mathrm{d}x}{x} - 4\int \frac{\mathrm{d}x}{x^2+1} \\ &= 5\sin x + x - x^3 + 2\ln|x| - 4\arctan x + C.\end{aligned}$$

例 3 计算 $\int \frac{(x+\sqrt{x})^2}{x^3}\mathrm{d}x$.

解
$$\begin{aligned}\int \frac{(x+\sqrt{x})^2}{x^3}\mathrm{d}x &= \int \frac{x^2+2x\sqrt{x}+x}{x^3}\mathrm{d}x = \int \left(\frac{1}{x} + \frac{2}{x^{\frac{3}{2}}} + \frac{1}{x^2}\right)\mathrm{d}x \\ &= \int \frac{\mathrm{d}x}{x} + 2\int x^{-\frac{3}{2}}\mathrm{d}x + \int x^{-2}\mathrm{d}x = \ln|x| - \frac{4}{\sqrt{x}} - \frac{1}{x} + C.\end{aligned}$$

例 4 计算$\int \frac{\mathrm{d}x}{\sin^2 x\cos^2 x}$.

解 $\int \frac{\mathrm{d}x}{\sin^2 x\cos^2 x} = \int \frac{\sin^2 + \cos^2 x}{\sin^2 x\cos^2 x}\mathrm{d}x$

$$= \int \frac{\mathrm{d}x}{\cos^2 x} + \int \frac{\mathrm{d}x}{\sin^2 x} = \tan x - \cot x + C.$$

例 5 求$\int 10^x \cdot 3^{2x}\mathrm{d}x$.

解 $$\int 10^x \cdot 3^{2x}\mathrm{d}x = \int 10^x (3^2)^x \mathrm{d}x = \int 90^x \mathrm{d}x = \frac{90^x}{\ln 90} + C.$$

例 6 求$\int \frac{\mathrm{d}x}{(x+3)(x+7)}$.

解 已知$\frac{1}{(x+3)(x+7)} = \frac{1}{4}\frac{(x+7)-(x+3)}{(x+3)(x+7)} = \frac{1}{4}\left[\frac{1}{x+3} - \frac{1}{x+7}\right]$,

故 $\int \frac{\mathrm{d}x}{(x+3)(x+7)} = \frac{1}{4}\int\left(\frac{1}{x+3} - \frac{1}{x+7}\right)\mathrm{d}x = \frac{1}{4}\left(\int \frac{\mathrm{d}x}{x+3} - \int \frac{\mathrm{d}x}{x+7}\right)$

$$= \frac{1}{4}(\ln|x+3| - \ln|x+7|) + C$$

$$= \frac{1}{4}\ln\left|\frac{x+3}{x+7}\right| + C.$$

注意 本节的不定积分运算法则和基本积分公式是求不定积分的基础,在应用积分公式时,要注意在熟悉掌握的同时还要灵活运用这些公式.

§4.3 换元积分法

计算不定积分$\int f(x)\mathrm{d}x$ 当不能直接应用不定积分的公式时,常常将自变量 x 替换为某个合适的函数 $\varphi(t)$,即设 $x = \varphi(t)$,可以将被积函数 $f(x)$ 化简.

定理 4.2 (第一换元法)若函数 $f(x)$ 连续,且$\int f(t)\mathrm{d}t = F(t) + C$,又函数 $t = \varphi(x)$ 有连续的导数,则

$$\int f[\varphi(x)]\varphi'(x)\mathrm{d}x = \int f[\varphi(x)]\mathrm{d}\varphi(x) = \int f(t)\mathrm{d}t = F(t) + C = F[\varphi(x)] + C \quad (4.5)$$

式(4.5) 称为第一换元公式,在式(4.5) 中,将 $\varphi'(x)\mathrm{d}x$ 凑成了 $\mathrm{d}\varphi(x)$,所以该方法也叫凑微分法,其实质是将被积函数中的函数用一个变量来替代.

证 只需证明$\{F[\varphi(x)] + C\}' = f[\varphi(x)]\varphi'(x)$.

已知 $F'(t) = f(t)$,由复合函数的求导法有

$$\{F[\varphi(x)] + C\}' = F'[\varphi(x)]\varphi'(x) = f[\varphi(x)]\varphi'(x).$$

例 1 求$\int \sin(4x+3)\mathrm{d}x$.

解 设 $t = 4x + 3$, $\mathrm{d}t = 4\mathrm{d}x$ 或 $\mathrm{d}x = \frac{1}{4}\mathrm{d}t$ 由式(4.4),有

$$\int \sin(4x+3)\mathrm{d}x = \frac{1}{4}\int \sin t\mathrm{d}t = -\frac{1}{4}\cos t + C = -\frac{1}{4}\cos(4x+3) + C.$$

例 2 计算$\int \frac{1}{x^2}e^{\frac{1}{x}}dx$.

解 设$t=\frac{1}{x}$或$x=\frac{1}{t}$，$dx=-\frac{1}{t^2}dt$，由式(4.4)，有

$$\int \frac{1}{x^2}e^{\frac{1}{x}}dx=\int t^2e^t\left(-\frac{1}{t^2}\right)dt=-\int e^t dt=-e^t+C=-e^{\frac{1}{x}}+C.$$

在熟练之后，可以直接将被积函数凑成微分形式，即$\int f[\varphi(x)]d\varphi(x)$，且把函数$\varphi(x)$看做是一个变量直接应用不定积分公式. 如

$$\int \sin(4x+3)dx=\frac{1}{4}\int \sin(4x+3)d(4x+3)\left[dx=\frac{1}{4}d(4x+3)\right]$$

$$=-\frac{1}{4}\cos(4x+3)+C \quad (4x+3\text{ 当做一个变数})$$

$$\int \frac{1}{x^2}e^{\frac{1}{x}}dx=-\int e^{\frac{1}{x}}d\left(\frac{1}{x}\right)=-e^{\frac{1}{x}}+C \quad \left(\frac{1}{x}\text{ 当做一个变数}\right).$$

例 3 计算$\int x^2\sqrt{x^3+4}dx$.

解 $$\int x^2\sqrt{x^3+4}dx=\frac{1}{3}\int \sqrt{x^3+4}d(x^3+4)$$

$$=\frac{1}{3}\int (x^3+4)^{\frac{1}{2}}d(x^3+4)=\frac{2}{9}(x^3+4)^{\frac{3}{2}}+C.$$

例 4 计算$\int \frac{dx}{\sqrt{a^2-x^2}}(a>0)$.

解 $$\int \frac{dx}{\sqrt{a^2-x^2}}=\frac{1}{a}\int \frac{dx}{\sqrt{1-\left(\frac{x}{a}\right)^2}}=\int \frac{d\left(\frac{x}{a}\right)}{\sqrt{1-\left(\frac{x}{a}\right)^2}}=\arcsin\frac{x}{a}+C.$$

这就是不定积分公式表中的公式(8).

例 5 计算$\int \frac{dx}{a^2+x^2}(a>0)$.

解 $$\int \frac{dx}{a^2+x^2}=\frac{1}{a^2}\int \frac{dx}{1+\left(\frac{x}{a}\right)^2}=\frac{1}{a}\int \frac{d\left(\frac{x}{a}\right)}{1+\left(\frac{x}{a}\right)^2}=\frac{1}{a}\arctan\frac{x}{a}+C.$$

这就是不定积分公式表中的公式(10).

例 6 计算$\int \frac{dx}{\sin x}$与$\int \frac{dx}{\cos x}$.

解 $$\int \frac{dx}{\sin x}=\int \frac{dx}{2\sin\frac{x}{2}\cos\frac{x}{2}}=\int \frac{d\left(\frac{x}{2}\right)}{\tan\frac{x}{2}\cos^2\frac{x}{2}}=\int \frac{d\left(\tan\frac{x}{2}\right)}{\tan\frac{x}{2}}=\ln\left|\tan\frac{x}{2}\right|+C.$$

因为$\tan\frac{x}{2}=\frac{1-\cos x}{\sin x}=\csc x-\cot x$，故该不定积分也可以改写为

$$\int \frac{dx}{\sin x}=\ln|\csc x-\cot x|+C.$$

利用上述结果，可以得到

$$\int\frac{\mathrm{d}x}{\cos x}=\int\frac{\mathrm{d}\left(x+\frac{\pi}{2}\right)}{\sin\left(x+\frac{\pi}{2}\right)}=\ln\left|\csc\left(x+\frac{\pi}{2}\right)-\cot\left(x+\frac{\pi}{2}\right)\right|+C$$

$$=\ln|\sec x+\tan x|+C.$$

定理 4.3 （第二换元法）若函数 $f(x)$ 连续，函数 $x=\varphi(t)$ 存在连续导函数和反函数，且 $\int f[\varphi(t)]\varphi'(t)\mathrm{d}t=F(t)+C$，则

$$\int f(x)\mathrm{d}x=\int f[\varphi(t)]\varphi'(t)\mathrm{d}t=F(t)+C=F[\varphi^{-1}(x)]+C \tag{4.6}$$

证　只需证明 $\{F[\varphi^{-1}(x)]+C\}'=f(x)$.

已知 $F'(t)=f[\varphi(t)]\varphi'(t)$，由复合函数和反函数的求导法则，有

$$\{F[\varphi^{-1}(x)]+C\}'=F'(t)\cdot[\varphi^{-1}(x)]'=f[\varphi(t)]\varphi'(t)\frac{1}{\varphi'(t)}=f[\varphi(t)]=f(x)$$

式(4.6)称为第二换元法，式(4.6)将变数替换为合适的函数.

例 7　计算 $\int\frac{\mathrm{d}x}{1+\sqrt{1+x}}$.

解　设 $x=t^2-1(t\geqslant 0)$ 或 $\sqrt{1+x}=t$，$\mathrm{d}x=2t\mathrm{d}t$. 由式(4.5)，有

$$\int\frac{\mathrm{d}x}{1+\sqrt{1+x}}=\int\frac{2t}{1+t}\mathrm{d}t=2\int\frac{1+t-1}{1+t}\mathrm{d}t$$

$$=2\left(\int\mathrm{d}t-\int\frac{\mathrm{d}t}{1+t}\right)=2\left(\int\mathrm{d}t-\int\frac{\mathrm{d}(1+t)}{1+t}\right)$$

$$=2(t-\ln|1+t|)+C$$

$$=2(\sqrt{1+x}-\ln|1+\sqrt{1+x}|)+C.$$

例 8　计算 $\int\frac{\mathrm{d}x}{\sqrt{x^2+a^2}}(a>0)$.

解　设 $x=a\tan t$，当 $-\frac{\pi}{2}<t<\frac{\pi}{2}$ 时，$x=a\tan t$ 存在反函数，且 $|\sec t|=\sec t$，$\mathrm{d}x=\frac{a}{\cos^2 t}\mathrm{d}t=a\sec^2\mathrm{d}t$ 由式(4.6)得

$$\int\frac{\mathrm{d}x}{\sqrt{x^2+a^2}}=\int\frac{a\sec^2 t}{a\sqrt{\tan^2 t+1}}\mathrm{d}t=\int\frac{\sec^2 t}{|\sec t|}\mathrm{d}t$$

$$=\int\sec t\mathrm{d}t=\int\frac{\mathrm{d}t}{\cos t}=\ln|\sec t+\tan t|+C\text{（见例 6）}$$

$$=\ln|\tan t+\sqrt{1+\tan^2 t}|+C_1=\ln\left|\frac{x}{a}+\frac{\sqrt{a^2+x^2}}{a}\right|+C_1$$

$$=\ln\left|x+\sqrt{x^2+a^2}\right|+C_1-\ln a=\ln|x+\sqrt{x^2+a^2}|+C.$$

其中 $C=C_1-\ln a$ 仍是任意常数，这便是不定积分表中的公式(9)（取正号）.

例 9　计算 $\int\frac{\mathrm{d}x}{\sqrt{x^2-a^2}}(a>0)$.

解 $|x|>a$,设 $x=a\sec t$,当 $0<t<\frac{\pi}{2}$ 或 $\frac{\pi}{2}<t<\pi$ 时,$x=a\sec t$ 存在反函数.当 $0<t<\frac{\pi}{2}$ 时,$|\tan t|=\tan t$;当 $\frac{\pi}{2}<t<\pi$ 时,$|\tan t|=-\tan t$.这里只讨论 $0<t<\frac{\pi}{2}$ 的情况,$dx=a\sec t\tan t dt$ 由式(4.6)得

$$\int\frac{dx}{\sqrt{x^2-a^2}}=\int\frac{a\sec t\tan t}{a|\tan t|}dt=\int\frac{\sec t\tan t}{\tan t}dt$$

$$=\int\sec t dt=\int\frac{dt}{\cos t}=\ln|\sec t+\tan t|+C_1$$

$$=\ln|\sec t+\sqrt{\sec^2 t-1}|+C_1=\ln\left|\frac{x}{a}+\sqrt{\left(\frac{x}{a}\right)^2-1}\right|+C_1$$

$$=\ln\frac{|x+\sqrt{x^2-a^2}|}{a}+C_1=\ln|x+\sqrt{x^2-a^2}|+C.$$

其中 $C=C_1-\ln a$,这就是不定积分表中的公式(9)(取负号).

例 10 计算 $\int\sqrt{a^2-x^2}dx\,(a>0)$.

解 $|x|\leqslant a$,设 $x=a\sin t$,当 $-\frac{\pi}{2}\leqslant t\leqslant\frac{\pi}{2}$ 时,$x=a\sin t$ 存在反函数,且 $|\cos t|=\cos t$,$dx=a\cos t dt$,由式(4.6)得

$$\int\sqrt{a^2-x^2}dx=\int\sqrt{a^2(1-\sin^2 t)}\cdot a\cos t dt$$

$$=a^2\int|\cos t|\cos t dt=a^2\int\cos^2 t dt$$

$$=\frac{a^2}{2}\int(1+\cos 2t)dt=\frac{a^2}{2}\left(\int dt+\int\cos 2t dt\right)$$

$$=\frac{a^2}{2}\left(t+\frac{1}{2}\sin 2t\right)+C=\frac{a^2}{2}t+\frac{a^2}{4}\sin 2t+C$$

因为 $t=\arcsin\frac{x}{a}$

$$\frac{a^2}{4}\sin 2t=\frac{a^2}{2}\sin t\cos t=\frac{1}{2}a\sin t\sqrt{a^2-a^2\sin^2 t}=\frac{x}{2}\sqrt{a^2-x^2}$$

故
$$\int\sqrt{a^2-x^2}dx=\frac{a^2}{2}\arcsin\frac{x}{a}+\frac{x}{2}\sqrt{a^2-x^2}+C.$$

这就是不定积分表中的公式(12).

§4.4 分部积分法

分部积分法是计算某些不定积分的一种重要方法,分部积分公式是从函数乘积的导数公式反推过来的.

设 u 与 v 都是 x 的可导函数,由函数乘积的导数公式,有 $(uv)'=uv'+vu'$ 或 $uv'=(uv)'-vu'$,根据不定积分的法则,有 $\int uv'dx=\int(uv)'dx-\int vu'dx$,即

$$\int uv'\mathrm{d}x = uv - \int vu'\mathrm{d}x \tag{4.7}$$

或

$$\int u\mathrm{d}v = uv - \int v\mathrm{d}u \tag{4.8}$$

式(4.7)或式(4.8)称为分部积分公式.

一般来说,计算下列函数 $x^k\ln x, x^k\sin ax, x^k\cos bx, x^k\mathrm{e}^{ax}, x^k\arcsin ax, x^k\arctan bx$ 等的不定积分要应用分部积分法.应用分部积分公式计算不定积分 $\int f(x)\mathrm{d}x$,首先要将被积表达式 $f(x)\mathrm{d}x$ 分解成 u 与 $\mathrm{d}v$ 的乘积,一般地,按照下列函数的顺序选择先出现的为 u,剩下的为 $v\mathrm{d}u$.

例 1 计算 $\int x\sin x\mathrm{d}x$.

解 将被积表达式 $x\sin x\mathrm{d}x$ 分解为 x 与 $\sin x\mathrm{d}x$ 的乘积,即设 $u = x, \mathrm{d}v = \sin x\mathrm{d}x$,从而 $\mathrm{d}u = \mathrm{d}x, v = -\cos x$,由式(4.8)得

$$\begin{aligned}\int x\sin x\mathrm{d}x &= x(-\cos x) - \int(-\cos x)\mathrm{d}x \\ &= -x\cos x + \int\cos x\mathrm{d}x = -x\cos x + \sin x + C.\end{aligned}$$

例 2 计算 $\int \ln x\mathrm{d}x$.

解 设 $u = \ln x, \mathrm{d}v = \mathrm{d}x$,从而 $\mathrm{d}u = \frac{1}{x}\mathrm{d}x, v = x$. 由式(4.8)得

$$\int\ln x\mathrm{d}x = x\ln x - \int x\cdot\frac{1}{x}\mathrm{d}x = x\ln x - \int\mathrm{d}x = x\ln x - x + C.$$

待基本方法掌握以后,可以省略"设"的步骤,将被积表达式直接写成式(4.8)等号左端的形式,然后应用式(4.8)再写出等号右端的结果.如

$$\begin{aligned}\int x\sin x\mathrm{d}x &= \int x\mathrm{d}(-\cos x) = x(-\cos x) - \int(-\cos x)\mathrm{d}x \\ &= -x\cos x + \int\cos x\mathrm{d}x = -x\cos x + \sin x + C\end{aligned}$$

$$\int\ln x\mathrm{d}x = x\ln x - \int x\mathrm{d}\ln x = x\ln x - \int\mathrm{d}x = x\ln x - x + C.$$

例 3 计算 $\int x^2\mathrm{e}^x\mathrm{d}x$.

解 计算这个不定积分要连续应用两次分部积分公式

$$\begin{aligned}\int x^2\mathrm{e}^x\mathrm{d}x &= \int x^2\mathrm{d}\mathrm{e}^x = x^2\mathrm{e}^x - \int\mathrm{e}^x\mathrm{d}(x^2) = x^2\mathrm{e}^x - 2\int x\mathrm{e}^x\mathrm{d}x \\ &= x^2\mathrm{e}^x - 2\int x\mathrm{d}\mathrm{e}^x = x^2\mathrm{e}^x - 2\left(x\mathrm{e}^x - \int\mathrm{e}^x\mathrm{d}x\right) \\ &= x^2\mathrm{e}^x - 2x\mathrm{e}^x + 2\mathrm{e}^x + C = (x^2 - 2x + 2)\mathrm{e}^x + C.\end{aligned}$$

例 4 计算 $I = \int\sqrt{x^2 - a^2}\mathrm{d}x$.

解 可以用换元积分法(设 $x = a\sec t$)计算,这里应用分部积分法.

$$I = \int\sqrt{x^2 - a^2}\mathrm{d}x = x\sqrt{x^2 - a^2} - \int x\mathrm{d}\sqrt{x^2 - a^2}$$

$$= x\sqrt{x^2-a^2}-\int\frac{x^2}{\sqrt{x^2-a^2}}\mathrm{d}x = x\sqrt{x^2-a^2}-\int\frac{x^2-a^2+a^2}{\sqrt{x^2-a^2}}\mathrm{d}x$$

$$= x\sqrt{x^2-a^2}-\int\sqrt{x^2-a^2}\mathrm{d}x - a^2\int\frac{\mathrm{d}x}{\sqrt{x^2-a^2}}$$

$$= x\sqrt{x^2-a^2}-I-a^2\int\frac{\mathrm{d}x}{\sqrt{x^2-a^2}}.$$

从这个等式中，解得

$$I=\frac{x}{2}\sqrt{x^2-a^2}-\frac{a^2}{2}\int\frac{\mathrm{d}x}{\sqrt{x^2-a^2}}=\frac{x}{2}\sqrt{x^2-a^2}-\frac{a^2}{2}\ln|x+\sqrt{x^2-a^2}|+C.$$

同理，有

$$\int\sqrt{x^2+a^2}\mathrm{d}x=\frac{x}{2}\sqrt{x^2+a^2}+\frac{a^2}{2}\ln|x+\sqrt{x^2+a^2}|+C.$$

以上二式就是不定积分表中的式(13).

§4.5 不定积分在经济学中的应用

在导数关于经济学的应用中，是已知某经济量函数，求其边际函数；现在反过来，若是已知边际函数，求其总经济函数，这便是不定积分在经济学中的应用问题.

例 1 已知边际平均成本函数，求平均成本函数.

设已知某厂产品的边际平均成本函数为

$$\frac{\mathrm{d}(AC)}{\mathrm{d}Q}=\frac{1}{4}-\frac{16}{Q^2}$$

假定该产品产量为 4 时，平均成本 $AC=57$，试求：

(1) 平均成本函数$\overline{C}(Q)$；

(2) 总成本函数 $C(Q)$；

(3) 产量为多少时，平均成本最低.

解 (1) 因为总平均成本函数是边际平均成本函数的原函数，所以对边际平均成本函数积分便可以得到平均成本函数$\overline{C}(Q)$. 故

$$\overline{C}(Q)=\int M(AC)\mathrm{d}Q=\int\left(\frac{1}{4}-\frac{16}{Q^2}\right)\mathrm{d}Q=\frac{1}{4}Q+\frac{16}{Q}+C$$

由题设$\overline{C}(4)=57$，则$\frac{1}{4}\cdot 4+\frac{16}{4}+C=57$，故 $C=52$.

这样，平均成本函数为$\overline{C}(Q)=\frac{1}{4}Q+\frac{16}{Q}+52$.

(2) 因为总成本函数等于平均成本函数与产量 Q 的乘积，即 $C(Q)=AC\cdot Q$，故

$$C(Q)=\left(\frac{1}{4}Q+\frac{16}{Q}+52\right)Q=\frac{1}{4}Q^2+52Q+16.$$

(3) 由极值存在的必要条件，平均成本最低的条件是 $M(AC)=0$，令

$$(AC)'=\frac{1}{4}-\frac{16}{Q^2}=0\quad 故\ Q=8(只取正根)$$

根据实际问题，驻点惟一，所以当 $Q=8$ 时，平均成本最低.

例 2　（已知边际收益，求总收益函数）已知某产品生产 x 单位时，边际收益函数为 $MR = R'(x) = 100 - \frac{x}{20}$（元 / 单位产品）.

试求：(1) 总收益函数；(2) 生产 40 个单位产品的总收益为多少？

解　(1) $R(x) = \int MR\,\mathrm{d}x = \int\left(100 - \frac{x}{20}\right)\mathrm{d}x = 100x - \frac{x^2}{40} + C$

根据题设，易知 $R(0) = 0$，则 $C = 0$，所以总收益函数为

$$R(x) = 100x - \frac{x^2}{40}(\text{元})$$

(2) 生产 40 个单位产品的总收益为

$$R(40) = 100 \cdot 40 - \frac{40^2}{40} = 3960(\text{元}).$$

例 3　（已知总产量的变化率，求总产量）某产品在时间 t(单位：h) 的总产量的变化率为 $f'(t) = 50 + 24\sqrt{t}$，试求总产量函数 $f(t)$.

解　因为总产量函数是总产量变化率的原函数，所以

$$f(t) = \int f'(t)\mathrm{d}t = \int(50 + 24\sqrt{t})\mathrm{d}t = 50t + 16\sqrt{t^3} + C$$

根据题意易知 $f(0) = 0$，则 $C = 0$，所以总产量函数为

$$f(t) = 50t + 16\sqrt{t^3}.$$

注意：例 2、例 3 的积分常数都是由隐含的条件(经济规律)确定的，如例 2"没有生产就没有收入"；例 3 中"没有时间便没有产量"，这些都是不言而喻的隐含条件.

例 4　（已知边际需求函数，求需求函数）设某产品的需求量 Q 是价格 P 的函数，即 $Q = f(P)$，最大需求量为 5000(即 $P = 0$ 时，$Q = 5\,000$). 已知边际需求函数为

$$MQ = f'(P) = -5\,000\ln 2\left(\frac{1}{2}\right)^P$$

试求需求量与价格的函数关系 $Q = f(P)$.

解　因为 $Q(P) = \int MQ\,\mathrm{d}Q = \int -5\,000\ln 2\left(\frac{1}{2}\right)^P\mathrm{d}P$

$$= -5\,000\ln 2\,\frac{\left(\frac{1}{2}\right)^P}{\ln\frac{1}{2}} + C = 5\,000\left(\frac{1}{2}\right)^P + C$$

又 $Q(0) = 5\,000$，则 $C = 0$. 故需求量函数为

$$Q = 5000\left(\frac{1}{2}\right)^P.$$

例 5　（已知边际成本函数，求其他经济量）设某产品的边际成本函数为

$$MC = C'(Q) = 3 + \frac{Q}{2}(\text{元 / 单位产品})$$

已知固定成本为 8 元，又总收益函数为

$$R(Q) = 19Q - \frac{Q^2}{4}(\text{元})$$

试求总利润函数.

解 因为 $L=R-C$，又

$$C=\int MC\,\mathrm{d}Q=\int\left(3+\frac{Q}{2}\right)\mathrm{d}Q=3Q+\frac{Q^2}{4}+C_0$$

根据题意，$C(0)=8$，则 $C_0=8$，故

$$C=3Q+\frac{Q^2}{4}+8$$

故总利润函数为

$$L=19Q-\frac{Q^2}{4}-\left(3Q+\frac{Q^2}{4}+8\right)=-\frac{Q^2}{2}+16Q-8(\text{元}).$$

综上所述，我们知道积分法能使我们由边际函数推得总经济函数，如 $C(Q)=\int MC\,\mathrm{d}Q$，$R(Q)=\int MR\,\mathrm{d}Q$ 等.

但因为不定积分中含有一个积分常量，因此运用不定积分求总经济量函数时，一般还需要知道一个确定积分常量的初始条件.

例 6 已知生产 x 单位的某种产品，边际单位成本 $\left(\frac{C(x)}{x}\right)'=-\frac{100}{x^2}$，产量为 1 个单位时，成本为 102，又知边际收入为 $R'(x)=12-0.1x$，且 $R(0)=0$，试求(1) 利润函数；(2) 利润最大时的产量；(3) 利润最大时的平均价格.

解 (1) 由题意，$\frac{C(x)}{x}=-\int\frac{100}{x^2}\mathrm{d}x=\frac{100}{x}+C_0$

即有 $C(x)=100+C_0x$，将 $C(1)=102$ 代入得 $C_0=2$，故

$$C(x)=100+2x$$

$$R(x)=\int(12-0.1x)\mathrm{d}x=12x-0.05x^2+C$$

将 $R(0)=0$ 代入得 $C_1=0$，故 $R(x)=12x-0.05x^2$，于是

$$L(x)=R(x)-C(x)=10x-0.05x^2-100$$

(2) 令 $L'(x)=10-0.1x=0$，得 $x=100$.

$$L''(100)=-0.1<0,$$

所以 $x=100$ 为极大值点，也是最大值点，即当产量为 100 单位时，利润最大.

(3) 由 $\overline{P}=\frac{R(100)}{100}=7$(单位 / 单位产量)，所以在取得最大利润时产品的平均价格为 7.

§4.6 本章小结

本章 §4.1 在原函数概念的基础上，给出了不定积分的定义，同时还说明了不定积分的几何意义和经济意义，在这一节的学习中，重点是搞清原函数与不定积分概念的联系和差别.

在微积分的各种教材中，关于函数的不定积分有以下三种定义：

(1) 函数 $f(x)$ 的原函数的全体，$\int f(x)\mathrm{d}x=F(x)+C$，其中 $F'(x)=f(x)$，$x\in I$，C 是任意常数.

(2) 函数 $f(x)$ 的原函数的一般表达式，$\int f(x)\mathrm{d}x = F(x) + C$，其中 $F'(x) = f(x)$，$x \in I$，C 是任意常数.

(3) 函数 $f(x)$ 的一个原函数(原函数与不定积分不予区别，甚至不出现"不定积分"的名称).

前二者所指的对象"原函数的全体"与"原函数的一般表达式"基本相同，但它们的着眼点不同，(1) 着眼于原函数的全体，即原函数的集合，即 $\int f(x)\mathrm{d}x = \{F(x) + C \mid F'(x) = f(x), C \in \mathbf{R}\}$. (2) 着眼于原函数的一般表达式，即原函数的形式，即

$$\int f(x)\mathrm{d}x = F(x) + C, F'(x) = f(x), C \in \mathbf{R}.$$

前者指的是集合，后者指的是原函数的形式，最后的(3) 是说函数的不定积分与原函数不予区别，虽有方便之处，但也有不严格之嫌.

§4.2 中介绍了不定积分的运算性质及基本的积分公式，从不定积分的运算性质来看：不定积分是以前学过的求导运算的逆运算. 基本积分公式是 §4.3、§4.4 不定积分计算的基础，要求大家能熟练记忆.

§4.3、§4.4 是本章的重要内容，介绍了不定积分计算的最基本的两种方法：换元积分法和分部积分法. 在换元积分法中，又分为第一换元法(把函数 → 变量，也叫凑微分法)和第二类换元法(把变量 → 函数).

换元积分法(或变量替换公式)是由复合函数的导数公式反推过来的，因此变量替换公式对求不定积分的重要性就像复合函数的导数公式对求导运算的重要性是一样的，可以这样说，熟练掌握变量替换公式是学好不定积分的关键.

让我们回顾一下两种换元积分公式：

一是：将函数替换为变量，所谓第一种替换法(也叫"凑微分法"). 若 $y = \varphi(x)$ 在$[a,b]$上可导，且 $\alpha \leqslant \varphi(x) \leqslant \beta$，而 $f(y)$ 在$[\alpha,\beta]$ 上存在原函数 $F(y)$，则(设 $\varphi(x) = y$)

$$\int f[\varphi(x)]\varphi'(x)\mathrm{d}x = \int f[\varphi(x)]\mathrm{d}\varphi(x) = \int f(y)\mathrm{d}y = F(y) + C = F[\varphi(x) + C]$$

二是：将变量替换为函数，所谓第二种替换法. 若函数 $f(x)$ 定义在$[a,b]$ 上，$x = \varphi(y)$ 在$[\alpha,\beta]$ 上，有连续导数，且 $a \leqslant \varphi(y) \leqslant b$，$\varphi'(y) \neq 0$，而 $f[\varphi(y)]\varphi'(y)$ 存在原函数 $F(y)$，则(设 $x = \varphi(y)$)

$$\int f(x)\mathrm{d}x = \int f[\varphi(y)]\mathrm{d}\varphi(y) = \int f[\varphi(y)]\varphi'(y)\mathrm{d}y = F(y) + C = F[\varphi^{-1}(x)] + C$$

由此可见，第二种替换法对替换的函数 $x = \varphi(y)$ 要求较高，不仅要求该函数有连续的导数，还要求该函数存在反函数，为此对变量 y 的变化应有一定的限制. 例如，求不定积分

$$\int \frac{\mathrm{d}x}{x\sqrt{x^2 - 1}}, \mid x \mid > 1.$$

设 $x = \dfrac{1}{y}$，$\mathrm{d}x = -\dfrac{1}{y^2}\mathrm{d}y$，必须限定 y 的变化范围. 当 $x > 1$ 时，$0 < y < 1$；当 $x < -1$ 时，$-1 < y < 0$，于是

$$\int \frac{\mathrm{d}x}{x\sqrt{x^2 - 1}} = -\int \frac{y \mid y \mid}{y^2\sqrt{1 - y^2}}\mathrm{d}y = -\operatorname{sgn}y\arcsin y + C = -\arcsin\frac{1}{\mid x \mid} + C.$$

在分部积分法中，要注意 u 和 dv 部分的恰当选择. 选择得好，可以很快把不定积分求出来，而选择不当，则可能增加求解的难度. 一般地，可以考虑按照下列顺序，选择先出现的函数为 u，而剩下的部分为 dv，这五种函数的顺序是：

对数函数，反三角函数，代数函数，三角函数，指数函数.

这样选取往往有效，原因是对数函数与反三角函数的导数，是代数函数，因此 $\int v du$ 的被积函数是代数函数，比原来的积分 $\int u dv$ 容易，就有可能积出，所以在做积分 $\int v du$ 之前，尽可能先把对数函数、反三角函数求导，使对数函数、反三角函数在积分 $\int v du$ 的被积式中消失，而三角函数与指数函数的导数及它们的原函数仍然是三角函数与指数函数.

例如　对下列三种类型的积分

$$\int x^n \sin ax \, dx, \quad \int x^n \cos bx \, dx, \quad \int x^n e^{ax} \, dx$$

应取 $u = x^n$，其余部分取做 dv.

对 $\int x^n (\ln x)^m dx$，$\int x^n \arcsin x dx$，$\int x^n \arccos x dx$，$\int x^n \arctan x dx$ 等类型，应取 $dv = x^n dx$，其余部分取做 u.

至于对 $\int e^{ax} \sin ax \, dx$，$\int e^{ax} \cos bx \, dx$ 不论怎样取定 u 和 dv 都可以.

最后，我们在 §4.5 中讨论了不定积分在经济学中的应用. 我们知道，在各种繁杂的经济现象背后，往往存在着某些函数关系，以前我们是知道某个经济总量函数，如总成本函数、总利润函数、总收益函数等，来求其导函数，即边际函数的问题，这属于导数的应用问题，而不定积分的应用与此相反，是已知边际函数求经济总函数的问题，不定积分的应用往往又和后面的定积分的计算与应用联系在一起.

习　题　四

一、判断以下结论，若正确则在括号内打 √，否则打 ×.

1. 若 $f(x) > 0$，则 $\int f(x) dx > 0$. 　（　　）

2. $\int f(x) g(x) dx = \int f(x) dx \cdot \int g(x) dx$. 　（　　）

3. $\int \frac{1}{x} d\left(\frac{1}{x}\right) = \frac{1}{2x^2} + C$. 　（　　）

4. $\frac{d}{du} \int f(x) dx = 0$. 　（　　）

5. 函数 $f(x)$ 在 $[a, b]$ 上的一个原函数为常数，则在 $[a, b]$ 上 $f(x) \equiv 0$. 　（　　）

6. $\int f'(x) dx = f(x)$. 　（　　）

7. $\frac{d}{dx} \int f(x) dx = f(x)$. 　（　　）

8. 函数$\frac{1}{2}\ln\left|\frac{1-x}{1+x}\right|$不是$f(x)=\frac{1}{1-x^2}$的原函数.　(　　)

9. $\frac{\sin^2 x}{2}$，$-\frac{\cos 2x}{4}$，$-\frac{\cos^2 x}{2}$为同一函数的原函数.　(　　)

10. 若$\int f(x)\mathrm{d}x=x^2\mathrm{e}^{2x}+C$，则$f(x)=2x\mathrm{e}^{2x}(1+x)$.　(　　)

二、单项选择题

1. 在下列四个等式中，正确的是(　　).

A. $\int f'(x)\mathrm{d}x=f(x)$　　B. $\int \mathrm{d}f(x)=f(x)$

C. $\frac{\mathrm{d}}{\mathrm{d}x}\int f(x)\mathrm{d}x=f(x)$　　D. $\mathrm{d}\int f(x)\mathrm{d}x=f(x)$

2. 下列四个函数中$f(x)=\frac{1}{1-x^2}$的原函数是(　　).

A. $\arcsin x$　　B. $\arctan x$　　C. $\frac{1}{2}\ln\left|\frac{1+x}{1-x}\right|$　　D. $\frac{1}{2}\ln\left|\frac{1-x}{1+x}\right|$

3. 已知$f(x)$的一个原函数为$\cos x$，$g(x)$的一个原函数为x^2，下列函数是复合函数$f[g(x)]$的原函数的是(　　).

A. x^2　　B. $\cos^2 x$　　C. $\cos(x^2)$　　D. $\cos x$

4. 若$\int f(x)\mathrm{d}x=x^2\mathrm{e}^{2x}+C$，则$f(x)$是下列函数中的(　　).

A. $2x\mathrm{e}^{2x}$　　B. $2x^2\mathrm{e}^{2x}$　　C. $x\mathrm{e}^{2x}$　　D. $2x\mathrm{e}^{2x}(1+x)$

5. 若$f(x)$的导数为$\sin x$，$f(x)$的一个原函数是(　　).

A. $1+\sin x$　　B. $1-\sin x$　　C. $1+\cos x$　　D. $1-\cos x$

6. 设$f(x)=\mathrm{e}^{-x}$，则$\int\frac{f'(\ln x)}{x}\mathrm{d}x=$(　　).

A. $-\frac{1}{x}+C$　　B. $-\ln x$　　C. $\frac{1}{x}+C$　　D. $\ln x+C$

7. 若$\int f(x)\mathrm{d}x=F(x)+C$，则$\int \mathrm{e}^{-x}f(\mathrm{e}^{-x})\mathrm{d}x=$(　　).

A. $F(\mathrm{e}^{-x})+C$　　B. $-F(\mathrm{e}^{-x})+C$

C. $F(\mathrm{e}^{x})+C$　　D. $\frac{F(\mathrm{e}^{-x})}{x}+C$

8. 若$\int f(x)\mathrm{d}x=x^2+C$，则$\int xf(1-x^2)\mathrm{d}x=$(　　).

A. $2(1-x^2)^2+C$　　B. $-2(1-x^2)^2+C$

C. $\frac{1}{2}(1-x^2)^2+C$　　D. $-\frac{1}{2}(1-x^2)^2+C$

9. 设e^{-x}是$f(x)$的一个原函数，则$\int xf(x)\mathrm{d}x=$(　　).

A. $\mathrm{e}^{-x}(1-x)+C$　　B. $\mathrm{e}^{-x}(x+1)+C$

C. $\mathrm{e}^{-x}(x-1)+C$　　D. $-\mathrm{e}^{-x}(x-1)+C$

三、解答题

1. 运用不定积分运算法则及积分公式求不定积分

(1) $\int 3^x 7^{2x} \mathrm{d}x$；　(2) $\int (1+x^2)^3 \mathrm{d}x$；

(3) $\int \frac{x^2+\sqrt[3]{x}+2}{\sqrt{x}} \mathrm{d}x$；　(4) $\int \tan^2 x \mathrm{d}x$；

(5) $\int \frac{\mathrm{d}x}{x^2(1+x^2)}$；　(6) $\int \frac{\mathrm{d}x}{\sqrt{4-4x^2}}$；

(7) $\int \sqrt[3]{x\sqrt{x\sqrt[7]{x}}} \mathrm{d}x$；　(8) $\int \frac{x^2}{1+x^2} \mathrm{d}x$.

2. 用换元积分法求下列不定积分

(1) $\int \frac{\mathrm{d}x}{\sqrt{1-3x}}$；　(2) $\int x\sqrt{x^2-5} \mathrm{d}x$；

(3) $\int \frac{2x-1}{x^2-x+3} \mathrm{d}x$；　(4) $\int \frac{\mathrm{d}x}{\sqrt{4-9x^2}}$；

(5) $\int \frac{\mathrm{d}x}{x(\ln x)^2}$；　(6) $\int \frac{(\arcsin x)^4-1}{\sqrt{1-x^2}} \mathrm{d}x$；

(7) $\int \cos^2 \frac{3x}{2} \mathrm{d}x$；　(8) $\int \sin^2 x \cos^5 x \mathrm{d}x$；

(9) $\int \tan^4 x \mathrm{d}x$；　(10) $\int \frac{\mathrm{d}t}{\mathrm{e}^t+\mathrm{e}^{-t}}$；

(11) $\int x\sqrt{x+1} \mathrm{d}x$；　(12) $\int \frac{\mathrm{d}x}{\sqrt{3x+1}+1}$；

(13) $\int \frac{\mathrm{d}x}{\sqrt{x}+\sqrt[3]{x}}$；　(14) $\int (1-x^2)^{-\frac{3}{2}} \mathrm{d}x$；

(15) $\int \frac{\mathrm{d}x}{(a^2+x^2)^{\frac{3}{2}}}$　(16) $\int \frac{\sqrt{x^2-4}}{x} \mathrm{d}x$；

(17) $\int \frac{\mathrm{d}x}{\sqrt{9x^2-4}}$；　(18) $\int \frac{\mathrm{d}x}{\sqrt{1+\mathrm{e}^x}}$.

3. 用分部积分法求不定积分

(1) $\int \ln^2 x \mathrm{d}x$；　(2) $\int \arctan x \mathrm{d}x$；

(3) $\int x^2 \mathrm{e}^{-x} \mathrm{d}x$；　(4) $\int \mathrm{e}^x \sin^2 \frac{x}{2} \mathrm{d}x$；

(5) $\int \mathrm{e}^{-\sqrt{x}} \mathrm{d}x$；　(6) $\int \frac{\ln\ln x}{x} \mathrm{d}x$；

(7) $\int x\sec^2 x \mathrm{d}x$；　(8) $\int \sec^3 x \mathrm{d}x$.

四、证明题

1. 试证函数 $\ln x$，$\ln ax$（$a>0$，$x>0$）为同一函数的原函数.

2. 设 $f(x)$ 是$(-\infty, +\infty)$ 内的奇函数，且 $F(x)$ 为 $f(x)$ 的一个原函数，证明 $F(-x)$ 也是 $f(x)$ 的一个原函数.

五、应用题

1. 设某商品的需求量 Q 是价格 P 的函数，该商品的最大需求量为 1 000(即 $P=0$ 时，$Q=1000$)，已知需求量的变化率(边际需求)为 $Q'(P)=-1\,000\ln 3\cdot\left(\frac{1}{3}\right)^{P}$，试求需求量 Q 与价格 P 的函数关系.

2. 设生产某产品 x 单位的总成本 C 是 x 的函数的 $C(x)$，固定成本(即 $C(0)$)为 20 元，边际成本为 $C'(x)=2x+10$(元 / 单位)，试求总成本函数 $C(x)$.

第5章 定 积 分

在第4章,作为求导数(微分)的反问题,我们引进了不定积分,讨论了不定积分的概念,计算及简单应用.这属于积分学的第一个基本问题.本章所要讲的定积分,属于积分学的第二个基本问题.这类问题的实际背景很丰富,例如,求任意平面图形的面积,求变速直线运动的路程,求变力所做的功等.初看起来,它们与微积分所讨论的问题及积分学的第一个基本问题——不定积分都没有什么联系.在历史上,定积分的发展起初也是完全独立的,由于实际问题的需要,定积分的诞生和研究甚至早于微分学和不定积分.到17世纪,牛顿(Newton)和莱布尼兹(Leibniz)在前人大量研究工作的基础上,先后发现了定积分和不定积分的联系,推动了积分学大大向前发展,使之成为解决实际问题的有力工具,从而使微分学和积分学成为一个有机的整体.所以,本章可以说是微积分学的枢纽.

本章中,我们将阐明定积分的定义,定积分的基本性质和计算,以及定积分的应用.最后,我们把定积分的概念加以推广,简要探讨两类广义积分.

§5.1 定积分的概念

5.1.1 定积分问题举例

1. 曲边梯形的面积

由一条封闭曲线所围成的平面图形,一般可以用一些互相垂直的直线把该区域分成若干个"曲边梯形",如图5-1所示.所谓曲边梯形,就是由三条直线与一条曲线所围成的图形,其中两条直线互相平行,且与第三条直线垂直,任何一条垂直于第三条直线的直线与曲线边至多相交于一点.也可能有一条或两条平行边缩成一点,这可以看做是特殊情形的曲边梯形.这样,由一条封闭曲线所围成的平面图形的面积,由于面积具有可加性,就可以归结为求曲边梯形的面积了.

选取这样的直角坐标系,使 Oy 轴与曲边梯形的两条平行边平行,Ox 轴在第三条直边上,第三条直边的两个端点的横坐标分别为 a 和 b $(a<b)$,曲线边的方程为 $y=f(x)$,其中 $f(x)$ 在 $[a,b]$ 上连续,非负,如图5-2所示.

其实,到现在为止,我们甚至还不知道什么是曲边梯形的面积,因为面积的度量单位是边长为1个长度单位的正方形,面积的度量单位只能度量直边形,不能度量曲边形.考虑到矩形面积等于底×高,且曲边梯形的高 $f(x)$ 在区间 $[a,b]$ 上是连续变化的,在很小的一段区间上 $f(x)$ 的变化很小,近似于不变.因此,如果把区间 $[a,b]$ 划分为许多小区间,在每个小区间上用其中某一点处的高来近似代替同一个小区间上的窄曲边梯形的变高,则每个窄曲边梯形就可以近似看成一个窄矩形,把所有窄矩形面积的和作为曲边梯形的面积的近似值.容易想象,把曲边梯形分得越细,所得到的近似值的精度就越高.把区间$[a,b]$无限细分下去,即使每个小区间的长度都趋于零,这样所有窄矩形面积之和的极限就可以定义为曲边梯形的面积.这个定义同时也给出了计算曲边梯形的面积的方法,详述于下:

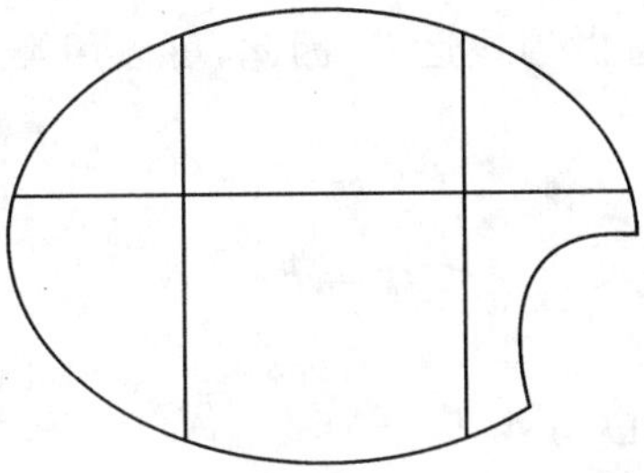

图 5-1

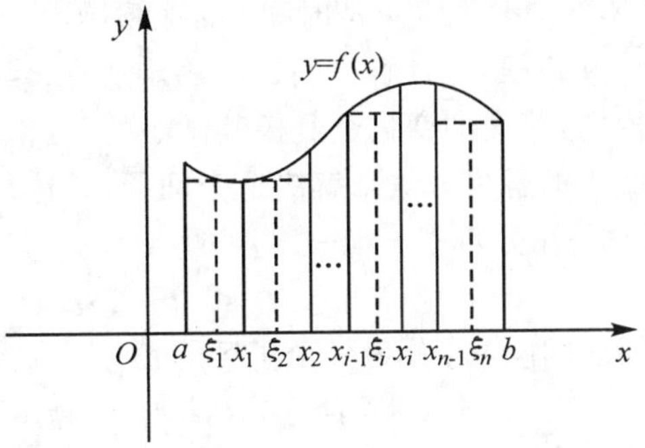

图 5-2

(1) 把以区间$[a,b]$为底边的曲边梯形分成若干个小曲边梯形.在(a,b)内插入$n-1$个分点,连同a,b,记为

$$a=x_0<x_1<x_2<\cdots<x_{i-1}<x_i<\cdots<x_{n-1}<x_n=b$$

把$[a,b]$分为n个子区间

$$[x_0,x_1],\ [x_1,x_2],\ \cdots,\ [x_{i-1},x_i],\ \cdots,[x_{n-1},x_n]$$

它们的长度分别为

$$\Delta x_i=x_i-x_{i-1},(i=1,2,\cdots,n)$$

这些长度不一定相等,过各分点作平行于Oy轴的直线,于是原曲边梯形被分成n个以这些小区间为底边的小曲边梯形.

(2) 求小曲边梯形的面积的近似值.基于前面的分析,$f(x)$是连续函数,在很小的区间上,$f(x)$变化也很小,在区间$[x_{i-1},x_i]$上任取一点ξ_i,以$f(\xi_i)$作为第i个小曲边梯形的近似高度,从而小曲边梯形的面积Δs_i就近似地等于

$$\Delta s_i\approx f(\xi_i)\Delta x_i\quad(i=1,2,\cdots,n)$$

(3) 求原曲边梯形面积的近似值S_n.把n个小曲边梯形的面积的近似值加起来,即得到原曲边梯形面积的近似值S_n

$$S\approx S_n=f(\xi_1)\Delta x_1+f(\xi_2)\Delta x_2+\cdots+f(\xi_n)\Delta x_n=\sum_{i=1}^{n}f(\xi_i)\Delta x_i$$

(4) 求原曲边梯形面积的精确值S:由于分割越细,S_n就越近似于S,要想得到精确值,就必须使分割无限地细密,也就是使每个子区间的长度无限地变小,即$\Delta x_i\to 0,(i=1,2,\cdots,n)$,记$\lambda=\max\limits_{1\leqslant i\leqslant n}\Delta x_i$,即表示$\Delta x_1,\Delta x_2,\cdots,\Delta x_n$中的最大者,于是$\lambda\to 0$,就可以保证$\Delta x_i\to 0,(i=1,2,\cdots,n)$,所以

$$S=\lim_{\lambda\to 0}S_n=\lim_{\lambda\to 0}\sum_{i-1}^{n}f(\xi_i)\Delta x_i$$

S就是原曲边梯形的面积的精确值.

2. 变速直线运动的路程

我们知道，作匀速直线运动的物体，在时间段 t 中所经过的路程 S 为：$S=vt$，其中 v 为物体的运动速度.

现在我们要求作变速直线运动的物体从时刻 $t=a$ 到时刻 $t=b$ 一段时间内所经过的路程 S. 设物体的瞬时速度 v 是时间 t 的连续函数 $v=v(t)$，既然 v 不是常数，就不能用速度乘以时间来计算路程，这是解决问题的困难所在. 考虑到速度 $v(t)$ 是时间 t 的连续函数，在微小的时间段内，速度的变化也是极其微小的，近似地可以看做匀速运动. 因此，可以用类似于曲边梯形面积的解决方法来解决这个问题，具体地即：

(1) 分割：用分点

$$a=t_0<t_1<t_2<\cdots<t_{i-1}<t_i<\cdots<t_{n-1}<t_n=b$$

把时间区间 $[a,b]$ 分为 n 个子区间

$$[t_0,t_1],[t_1,t_2],\cdots,[t_{i-1},t_i],\cdots,[t_{n-1},t_n]$$

小区间长度为 $$\Delta t_i=t_i-t_{i-1}\quad(i=1,2,\cdots,n)$$

(2) 近似代替：在每个小区间 $[t_{i-1},t_i]$ $(i=1,2,\cdots,n)$ 上任意取一点 ξ_i，$t_{i-1}\leqslant\xi_i\leqslant t_i$，以 $v(\xi_i)$ 作为物体在 $[t_{i-1},t_i]$ 上的速度，把物体的运动近似看成匀速运动，则物体从时刻 t_{i-1} 到时刻 t_i 所经过的路程的近似值 ΔS_i 为

$$\Delta S_i\approx v(\xi_i)\Delta t_i\quad i=1,2,\cdots,n.$$

(3) 求和：把这些近似值加起来，得到总路程 S 的一个近似值 ΔS

$$\Delta S=\Delta S_1+\Delta S_2+\cdots+\Delta S_n\approx v(\xi_1)\Delta t_1+v(\xi_2)\Delta t_2+\cdots+v(\xi_n)\Delta t_n=\sum_{i=1}^{n}v(\xi_i)\Delta t_i$$

(4) 取极限得精确值 S：由于分割越细，总误差越小，其近似程度越高，把时间区间 $[a,b]$ 无限细分下去，即使每个 $\Delta t_i\to 0(i=1,2,\cdots,n)$，记 $\lambda=\max\limits_{1\leqslant i\leqslant n}\{\Delta t_i\}$，为 Δt_i 中的最大者，则当 $\lambda\to 0$ 时，$\Delta t_i\to 0(i=1,2,\cdots,n)$，于是

$$S=\lim_{\lambda\to 0}\Delta S=\lim_{\lambda\to 0}\sum_{i=1}^{n}v(\xi_i)\Delta t_i$$

以上两个问题，一个来自几何学领域，一个来自物理学领域，性质截然不同，但是确定它们的量所用的数学方法却完全相同. 而且，反映在数量关系上，都是把要求的整体量，归结为具有相同固定结构的和式的极限问题. 实际上在自然科学、工程技术，以及经济学等领域还有许多问题要用类似的方法加以解决. 因此，从数学的角度看，专门对这种类型的极限问题加以研究具有非常重要的实际意义. 因此，抛开问题的实际含义，把它们在数量关系上的共性加以概括、总结和抽象，就得到了一个新的概念 —— 定积分.

5.1.2 定积分的定义

1. 定积分的定义

定义 5.1 设函数 $f(x)$ 在区间 $[a,b]$ 上有定义，用分点

$$a=x_0<x_1<x_2<\cdots<x_{i-1}<x_i<\cdots<x_{n-1}<x_n=b$$

将区间 $[a,b]$ 任意分成 n 个小区间，每个区间的长度为

$$\Delta x_i=x_i-x_{i-1}\quad(i=1,2,\cdots,n)$$

记 $$\lambda=\max_{1\leqslant i\leqslant n}\{\Delta x_i\}$$

在每个小区间$[x_{i-1},x_i]$上，任意取一点$\xi_i(x_{i-1}\leqslant\xi_i\leqslant x_i)$，作乘积

$$f(\xi_i)\Delta x_i \quad (i=1,2,\cdots,n)$$

将所有这些乘积加起来，得到和数

$$S_n=\sum_{i=1}^{n}f(\xi_i)\Delta x_i \tag{5.1}$$

这个和数称为函数$f(x)$在区间$[a,b]$上的积分和. 显然，积分和依赖于区间$[a,b]$的分割，又依赖于中间点ξ_i的选择方法.

令$\lambda\to 0$，如果积分和S_n有极限I，并且这个I与区间$[a,b]$的分割无关，与中间点的取法也无关，就称该极限值I为函数$f(x)$在区间$[a,b]$上（从a到b）的定积分，记做

$$I=\lim_{\lambda\to 0}\sum_{i=1}^{n}f(\xi_i)\Delta x_i=\int_a^b f(x)\mathrm{d}x \tag{5.2}$$

其中，$f(x)$称为被积函数，x称为积分变量，$f(x)\mathrm{d}x$称为被积表达式，$[a,b]$称为积分区间，a称为积分下限，b称为积分上限，$\int$称为积分号.

当$f(x)$在$[a,b]$上的定积分存在时，就称为$f(x)$在$[a,b]$上是可积的.

需要说明的是：$\int_a^b f(x)\mathrm{d}x$是一个整体记号，若拆开来是没有意义的.

根据定义 5.1，上述第一个例子中，曲边梯形的面积S就是$f(x)$在$[a,b]$上的定积分

$$S=\int_a^b f(x)\mathrm{d}x \quad f(x)\geqslant 0$$

第二个例子中，作变速直线运动的物体所经过的路程S就是速度函数$v(t)$在时间区间$[a,b]$上的定积分

$$S=\int_a^b v(t)\mathrm{d}t.$$

关于定积分的定义，我们还有几点说明：

(1) 区间$[a,b]$划分的细密程度不能仅由分点个数的多少，即n的大小来确定. 取极限时，是$\lambda\to 0$，不是$n\to\infty$. 因为尽管n很大，也不能保证每一个子区间的长度都很小. 但是当最大子区间的长度$\lambda\to 0$时，必有$n\to\infty$.

(2) 区间$[a,b]$的划分是任意的. 对于不同的划分，将有不同的和数S_n，即使是同一个划分，由于ξ_i的选取不同，也将有无穷多个和数S_n. 定义要求，无论区间怎样划分，ξ_i如何选取，当$\lambda\to 0$时，所有不同的和数S_n应有同一个极限. 这时，才说定积分是存在的.

(3) 如果$f(x)$在$[a,b]$上无界，则对$[a,b]$任意划分后，至少应在某一个子区间$[x_{k-1},x_k]$上无界. 于是适当选取ξ_k，可以使$f(\xi_k)\Delta x_k$的绝对值足够大，从而使$|S_n|$任意大，当$\lambda\to 0$时，S_n的极限不存在，因此，无界函数的定积分是不存在的. 或者说，$f(x)$在$[a,b]$上定积分存在的必要条件是$f(x)$在$[a,b]$上有界. 要注意条件不是充分的，就是说，有界函数不一定都是可积的.

(4) 由定义，$f(x)$在$[a,b]$上的定积分是一个常数，其值仅与被积函数有关，与积分区间有关，而与积分变量无关，即

$$\int_a^b f(x)\mathrm{d}x=\int_a^b f(t)\mathrm{d}t=\int_a^b f(u)\mathrm{d}u.$$

2. 定积分的几何意义

根据定义，当 $f(x)\geqslant 0$ 时，由 $y=f(x),x=a,x=b,y=0$，所围成的曲边梯形的面积 S 就是 $f(x)$ 在$[a,b]$上的定积分

$$S=\int_a^b f(x)\mathrm{d}x$$

当 $f(x)\leqslant 0$ 时，由于 $f(\xi_i)\leqslant 0$，而 $\Delta x_i>0$，使得积分和数 $\sum_{i=1}^{n}f(\xi_i)\Delta x_i\leqslant 0$，于是 $\int_a^b f(x)\mathrm{d}x\leqslant 0$，这时，曲边梯形在 Ox 轴的下方，可以看出，曲边梯形面积 S 的负值是 $f(x)$ 的定积分，即

$$S=-\int_a^b f(x)\mathrm{d}x$$

当 $f(x)$ 在区间$[a,b]$上的值有正有负时，根据同样的分析，定积分$\int_a^b f(x)\mathrm{d}x$ 的几何意义是$[a,b]$上各个曲边梯形面积的代数和，如图 5-3 所示，定积分为

$$\int_a^b f(x)\mathrm{d}x=S_1-S_2+S_3-S_4$$

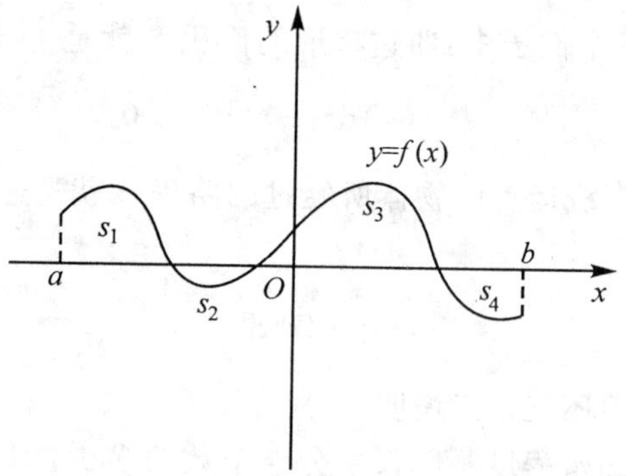

图 5-3

3. 关于函数的可积性

前面已经给出了函数 $f(x)$ 可积的必要条件是 $f(x)$ 在$[a,b]$上有界. 那么，$f(x)$ 在$[a,b]$上可积的充分条件是什么?关于这个问题，我们有下面的定理.

定理 5.1 如果函数 $f(x)$ 在区间$[a,b]$上连续，或仅有有限个第一类的间断点，则 $\int_a^b f(x)\mathrm{d}x$ 一定存在.

定理 5.1 的证明，超出了本书的范围，这里从略.

最后，我们给出一个由定义计算定积分的例子.

例 根据定积分的定义，计算定积分$\int_0^1 \mathrm{e}^x\mathrm{d}x$.

解 把区间$[0,1]$$n$ 等分，则分点为

$$0,\frac{1}{n},\frac{2}{n},\cdots,\frac{n-1}{n},1$$

如图 5-4 所示，这些分点把[0,1]分成 n 个小区间，取每个小区间左端点的函数值为高，把每个小曲边梯形近似地看做小矩形，则曲边梯形的总面积近似为

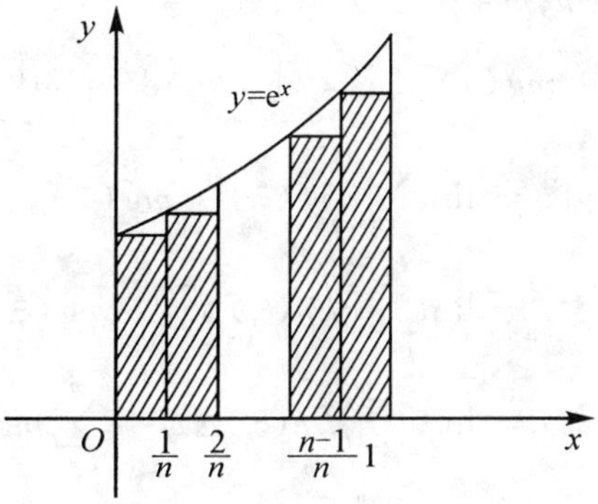

图 5-4

$$\begin{aligned}\Delta S &= 1 \cdot \frac{1}{n} + e^{\frac{1}{n}} \cdot \frac{1}{n} + \cdots + e^{\frac{n-1}{n}} \cdot \frac{1}{n}\\ &= (1 + e^{\frac{1}{n}} + \cdots + e^{\frac{n-1}{n}}) \cdot \frac{1}{n}\\ &= \frac{1-(e^{\frac{1}{n}})^n}{1-e^{\frac{1}{n}}} \cdot \frac{1}{n} = \frac{1-e}{n(1-e^{\frac{1}{n}})}\end{aligned}$$

根据定积分的定义

$$\int_0^1 e^x dx = \lim_{n\to+\infty} \frac{1-e}{n(1-e^{\frac{1}{n}})} = e-1.$$

注　$$\lim_{n\to\infty} n(1-e^{\frac{1}{n}}) = \lim_{x\to+\infty} x(1-e^{\frac{1}{x}}) = \lim_{x\to+\infty} \frac{1-e^{\frac{1}{x}}}{\frac{1}{x}}$$

$$= \lim_{x\to+\infty} \frac{-e^{\frac{1}{x}} \cdot \left(\frac{1}{x}\right)'}{\left(\frac{1}{x}\right)'} = -\lim_{x\to+\infty} e^{\frac{1}{x}} = -1.$$

§5.2　定积分的性质

为了以后计算和应用方便，我们对定积分作以下两点补充规定：

(1) 当 $a=b$ 时，$\int_a^b f(x)dx = 0$；

(2) 当 $a>b$ 时，$\int_a^b f(x)dx = -\int_b^a f(x)dx$.

上述规定，由定积分的定义或几何意义，可以作出合理的解释. 根据这两条规定，定积分上限与下限的大小，不必要求上限一定大于下限. 在下面的讨论中，若不特别指出，对积分上限、下限均不加限制，并且总假定各性质中，所列出的定积分都是存在的.

性质 5.1 $$\int_a^b \mathrm{d}x = b - a \tag{5.3}$$

性质 5.1 的证明，读者可以由定积分的定义自己完成.

性质 5.2 （线性性质）设 k,m 是任意常数，则

$$\int_a^b [kf(x) + mg(x)]\mathrm{d}x = k\int_a^b f(x)\mathrm{d}x + m\int_a^b g(x)\mathrm{d}x \tag{5.4}$$

证 $$\begin{aligned}\int_a^b [kf(x) + mg(x)]\mathrm{d}x &= \lim_{\lambda\to 0}\sum_{i=1}^{n}[kf(\xi_i) + mg(\xi_i)]\Delta x_i \\ &= \lim_{\lambda\to 0}\sum_{i=1}^{n}[kf(\xi_i)\Delta x_i + mg(\xi_i)\Delta x_i] \\ &= \lim_{\lambda\to 0}\left[\sum_{i=1}^{n}kf(\xi_i)\Delta x_i + \sum_{i=1}^{n}mg(\xi_i)\Delta x_i\right] \\ &= k\lim_{\lambda\to 0}\sum_{i=1}^{n}f(\xi_i)\Delta x_i + m\lim_{\lambda\to 0}\sum_{i=1}^{n}g(\xi_i)\Delta x_i \\ &= k\int_a^b f(x)\mathrm{d}x + m\int_a^b g(x)\mathrm{d}x\end{aligned}$$

在性质 5.2 中，分别取 $k = 1, m = 1$，则有

$$\int_a^b [f(x) + g(x)]\mathrm{d}x = \int_a^b f(x)\mathrm{d}x + \int_a^b g(x)\mathrm{d}x$$

若取 $m = 0$，则有

$$\int_a^b kf(x)\mathrm{d}x = k\int_a^b f(x)\mathrm{d}x$$

这就是说，两个函数和的积分等于积分之和；被积函数的常数因子可以提到定积分符号的外面来. 并且，这个性质显然可以推广到有限个函数的情形.

性质 5.3 （区间可加性）无论 c 的相对位置如何，总有

$$\int_a^b f(x)\mathrm{d}x = \int_a^c f(x)\mathrm{d}x + \int_c^b f(x)\mathrm{d}x \tag{5.5}$$

证 先假定 $a < c < b$，因为函数 $f(x)$ 在 $[a,b]$ 上可积，所以无论对 $[a,b]$ 怎样进行分割，积分和的极限总是不变的. 因此，对区间进行分割时，可以使 c 永远是一个分点. 这样，$[a,b]$ 上的积分和等于 $[a,c]$ 上的积分和加上 $[c,b]$ 上的积分和，即

$$\sum_{[a,b]} f(\xi_i)\Delta x_i = \sum_{[a,c]} f(\xi_i)\Delta x_i + \sum_{[c,b]} f(\xi_i)\Delta x_i$$

由于 $f(x)$ 的可积性，上式当 $\lambda \to 0$ 时，三个和式的极限都是存在的，根据定积分的定义，即有

$$\int_a^b f(x)\mathrm{d}x = \int_a^c f(x)\mathrm{d}x + \int_c^b f(x)\mathrm{d}x$$

如果 $c < a < b$，则把 a 看做 $[c,b]$ 上的分点，由上述证明

$$\int_c^b f(x)\mathrm{d}x = \int_c^a f(x)\mathrm{d}x + \int_a^b f(x)\mathrm{d}x$$

即 $$\int_a^b f(x)\mathrm{d}x = \int_c^b f(x)\mathrm{d}x - \int_c^a f(x)\mathrm{d}x = \int_a^c f(x)\mathrm{d}x + \int_c^b f(x)\mathrm{d}x$$

如果 $a < b < c$，同理可证.

性质 5.4 （保号性质）若在区间 $[a,b]$ 上，$f(x) \geqslant 0$，则

$$\int_a^b f(x)\mathrm{d}x \geqslant 0 \tag{5.6}$$

由积分和式的非负性和极限的保号性，结论是显然的，请读者自己完成证明.

推论 5.1 若在区间$[a,b]$上，$f(x) \leqslant g(x)$，则

$$\int_a^b f(x)\mathrm{d}x \leqslant \int_a^b g(x)\mathrm{d}x \tag{5.7}$$

证 因为在区间$[a,b]$上，$g(x)-f(x) \geqslant 0$，由性质 5.4

$$\int_a^b [g(x)-f(x)]\mathrm{d}x \geqslant 0$$

再利用性质 5.2，即得.

推论 5.2
$$\left|\int_a^b f(x)\mathrm{d}x\right| \leqslant \int_a^b |f(x)|\mathrm{d}x \quad (a<b) \tag{5.8}$$

证 因为
$$-|f(x)| \leqslant f(x) \leqslant |f(x)|$$

得
$$-\int_a^b |f(x)|\mathrm{d}x \leqslant \int_a^b f(x)\mathrm{d}x \leqslant \int_a^b |f(x)|\mathrm{d}x$$

即
$$\left|\int_a^b f(x)\mathrm{d}x\right| \leqslant \int_a^b |f(x)|\mathrm{d}x$$

注 $|f(x)|$ 在区间$[a,b]$上的可积性，由 $f(x)$ 在区间$[a,b]$上的可积性推出.

推论 5.3 如果 $f(x)$ 在区间$[a,b]$上有最大值 M 和最小值 m，则

$$m(b-a) \leqslant \int_a^b f(x)\mathrm{d}x \leqslant M(b-a) \tag{5.9}$$

证 由 $m \leqslant f(x) \leqslant M$，即证.

推论 5.3 说明，由被积分函数在积分区间上的最大值及最小值，即使不能求出函数的积分，也可以估计积分值的大致范围.

例如$\int_0^{\frac{1}{4}} \mathrm{e}^{x^2}\mathrm{d}x$ 的被积函数 $y=\mathrm{e}^{x^2}$ 在区间$\left[0,\dfrac{1}{4}\right]$上是单调增加的，于是有最大值 $M=\mathrm{e}^{\frac{1}{16}}$，最小值 $m=\mathrm{e}^0=1$，所以

$$1\cdot\left(\frac{1}{4}-0\right) \leqslant \int_0^{\frac{1}{4}} \mathrm{e}^{x^2}\mathrm{d}x \leqslant \mathrm{e}^{\frac{1}{16}}\cdot\left(\frac{1}{4}-0\right)$$

即
$$\frac{1}{4} \leqslant \int_0^{\frac{1}{4}} \mathrm{e}^{x^2}\mathrm{d}x \leqslant \frac{1}{4}\cdot \mathrm{e}^{\frac{1}{16}}$$

性质 5.5 （积分中值定理）若函数 $f(x)$ 在闭区间$[a,b]$上连续，则在区间$[a,b]$上至少存在一点 ξ，使得

$$\int_a^b f(x)\mathrm{d}x = f(\xi)(b-a) \quad (a \leqslant \xi \leqslant b) \tag{5.10}$$

证 由于 $f(x)$ 在区间$[a,b]$上连续，知 $f(x)$ 在区间$[a,b]$上存在最大值 M 及最小值 m，由推论 5.3 可得

$$m \leqslant \frac{1}{b-a}\int_a^b f(x)\mathrm{d}x \leqslant M$$

就是说，$\dfrac{1}{b-a}\int_a^b f(x)\mathrm{d}x$ 介于 $f(x)$ 的最小值与最大值之间，根据连续函数的介值定理，在区间$[a,b]$上至少存在一点，使得

$$f(\xi)=\frac{1}{b-a}\int_a^b f(x)\mathrm{d}x \quad (a\leqslant\xi\leqslant b)$$

即
$$\int_a^b f(x)\mathrm{d}x=f(\xi)(b-a) \quad (a\leqslant\xi\leqslant b)$$

与微分中值定理一样，我们只知道 ξ 是存在的，但 ξ 的确切位置并不知道，并且在上限小于下限时，结论也成立. 如果 $a>b$，则在区间 $[b,a]$ 上，根据积分中值定理有

$$\int_b^a f(x)\mathrm{d}x=(a-b)f(\xi), \quad (b\leqslant\xi\leqslant a)$$

两端同乘以 -1，并改变左边的上限、下限，即有

$$\int_a^b f(x)\mathrm{d}x=(b-a)f(\xi) \quad (b\leqslant\xi\leqslant a)$$

性质 5.5 有如下的几何解释：在区间 $[a,b]$ 上至少存在一点，使得以区间 $[a,b]$ 为底边，以曲线 $f(x)$ 为曲边的曲边梯形面积等于以同一底边为长而高为 $f(\xi)$ 的一个矩形面积，如图 5-5 所示.

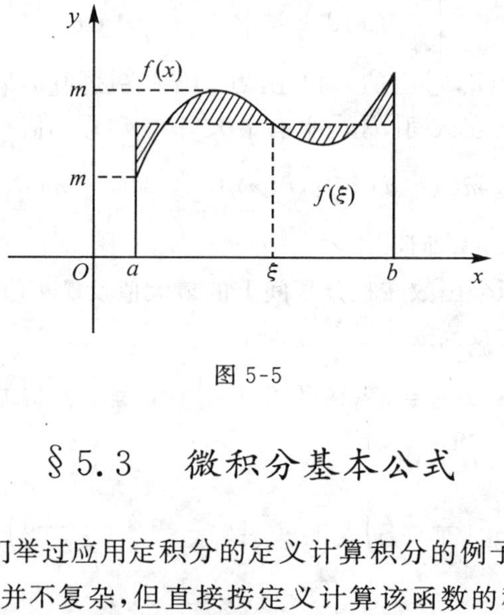

图 5-5

§5.3 微积分基本公式

在 §5.1 的最后，我们举过应用定积分的定义计算积分的例子，从这个例子我们看到，尽管被积函数 $f(x)=\mathrm{e}^x$ 并不复杂，但直接按定义计算该函数的积分，已经不是很简单的事，如果被积函数本身较为复杂，其困难就更大了. 因此，我们必须寻求计算定积分的新方法，下面我们先从一个实际问题探求解决该问题的线索.

5.3.1 实例

假定有一质点沿着直线运动，其速度 $v=f(t)$ 是时间 t 的函数. 在 §5.1 中我们已经知道质点在 $t=t_1$ 到 $t=t_2$ 这一段时间内所经历的路程 S 为

$$S=\int_{t_1}^{t_2} f(t)\mathrm{d}t.$$

另一方面，我们假定质点的运动规律为已知，也就是路程与时间 t 的函数关系 $S=F(t)$ 为已知，其中路程 S 是从直线上所选定的某个起点 A 算起的，显然，在 $[t_1,t_2]$ 一段时间内所经历的路程 S 应为

$$S = F(t_2) - F(t_1)$$

把两方面讨论的结果综合起来就是

$$\int_{t_1}^{t_2} f(t)\mathrm{d}t = F(t_2) - F(t_1)$$

这样,我们就把定积分$\int_{t_1}^{t_2} f(t)\mathrm{d}t$计算出来了,问题变为如何寻求路程函数 $S = F(t)$,为此,我们再考查 $S = F(t)$ 与被积函数 $v = f(t)$ 之间的关系,在微分学中,已经知道,质点的运动路程对于时间的变化率就是质点的运动速度,即

$$F'(t) = f(t)$$

那么,如果该例的结论具有一般意义,也就是对于定积分$\int_a^b f(x)\mathrm{d}x$,我们只要寻求到函数 $F(x)$,使得

$$F'(x) = f(x)$$

则我们就应有

$$\int_a^b f(x)\mathrm{d}x = F(b) - F(a) \tag{5.11}$$

这样,定积分的计算问题就归结为求被积函数的原函数的问题,也就是把定积分与不定积分联系起来了.

5.3.2　积分上限的函数及其导数

在上述例子中,所要寻求的路程函数 $F(t)$ 实际上是从某一选定的起点 A(A 对应于时刻 t_0)到时刻 t 时质点所经过的路程,如果再根据定积分的定义,应有

$$F(t) = \int_{t_0}^{t} f(t)\mathrm{d}t$$

这样 $F(t)$ 是积分上限的函数. 为了一般的讨论,我们来定义这样的函数.

若函数 $f(x)$ 在区间$[a,b]$上连续,设 x 为区间$[a,b]$上的一点,考查函数 $f(x)$ 在部分区间$[a,x]$上的积分(即选取起点为 a)$\int_a^x f(x)\mathrm{d}x$.

首先,由于函数 $f(x)$ 在区间$[a,x]$上仍然连续,因此,这个积分存在. 这里 x 既表示积分的上限,又表示积分的变量,因为定积分与积分变量的记法无关,所以为明确起见,把积分变量改用其他符号,比如 t,于是定积分可以写成$\int_a^x f(t)\mathrm{d}t$.

其次,如果上限在区间$[a,b]$上任意变动,则对于每一个取定的值,定积分总有一个对应值,所以,该定积分在区间$[a,b]$上定义了一个新的函数,记做:$\Phi(x)$,即

$$\Phi(x) = \int_a^x f(t)\mathrm{d}t \quad a \leqslant x \leqslant b$$

这就是积分上限的函数,根据上述讨论,我们希望 $\Phi(x)$ 是可导的,并且 $\Phi'(x) = f(x)$,更进一步希望

$$\int_a^b f(x)\mathrm{d}x = \Phi(b) - \Phi(a)$$

定理 5.2　如果函数 $f(x)$ 在区间$[a,b]$上连续,则积分上限的函数

$$\Phi(x)=\int_a^x f(t)\mathrm{d}t \tag{5.12}$$

在区间$[a,b]$上具有导数,并且

$$\Phi'(x)=\frac{\mathrm{d}}{\mathrm{d}x}\int_a^x f(t)\mathrm{d}t=f(x)\quad(a\leqslant x\leqslant b).$$

证 给自变量x以增量Δx,使$x+\Delta x$在区间(a,b)内,则$\Phi(x)$在$x+\Delta x$的函数值为

$$\Phi(x+\Delta x)=\int_a^{x+\Delta x}f(t)\mathrm{d}t\quad(a\leqslant x\leqslant b)$$

如图 5-6 所示,由此得函数的增量为

$$\begin{aligned}\Delta\Phi&=\Phi(x+\Delta x)-\Phi(x)=\int_a^{x+\Delta x}f(t)\mathrm{d}t-\int_a^x f(t)\mathrm{d}t\\&=\int_a^x f(t)\mathrm{d}t+\int_a^{x+\Delta x}f(t)\mathrm{d}t-\int_x^a f(t)\mathrm{d}t\\&=\int_x^{x+\Delta x}f(t)\mathrm{d}t=f(\xi)\Delta x\quad(\xi\text{在}x\text{与}x+\Delta x\text{之间})\end{aligned}$$

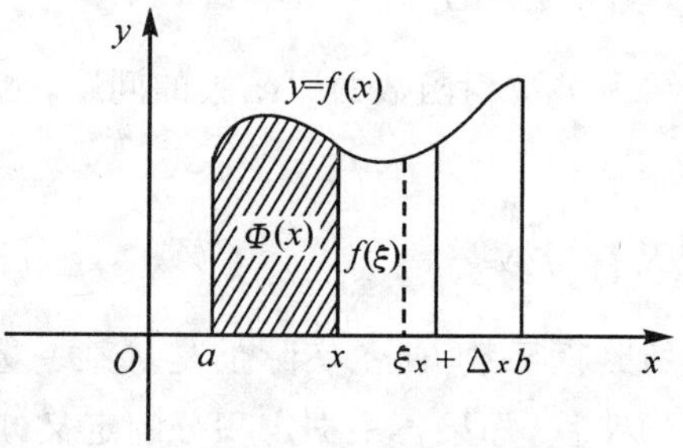

图 5-6

上述最后一个等号运用了积分中值定理.

$$\frac{\Delta\Phi}{\Delta x}=f(\xi)$$

由于$f(x)$在区间$[a,b]$上连续,而当$\Delta x\to 0$时,$\xi\to x$,因此

$$\lim_{\Delta x\to 0}\frac{\Delta\Phi}{\Delta x}=\lim_{\Delta x\to 0}f(\xi)=\lim_{\xi\to x}f(\xi)=f(x)$$

这说明$\Phi(x)$的导数存在,并且

$$\Phi'(x)=f(x)$$

若$x=a$,取$\Delta x>0$,同理可证$\Phi'_+(a)=f(a)$;若$x=b$,取$\Delta x<0$,也可以证

$$\Phi'_-(b)=f(b).$$

联想到原函数的定义,定理 5.2 实际上指出了连续函数的原函数的存在性.

定理 5.3 如果函数$f(x)$在区间$[a,b]$上连续,则函数

$$\Phi(x)=\int_a^x f(t)\mathrm{d}t \tag{5.13}$$

是$f(x)$在区间$[a,b]$上的一个原函数.

定理 5.3 称为微积分学基本定理,其重要性在于:一方面肯定了连续函数的原函数的存

在性，另一方面揭示了定积分与原函数或者说定积分与不定积分之间的关系.

例 1 设 $\varphi(x)=\int_0^x \cos^2(t+1)\mathrm{d}t$，求 $\varphi'(x)$.

解
$$\varphi'(x)=\cos^2(x+1).$$

例 2 设 $\varphi(x)=\int_{\sin x}^3 \frac{1}{1+t^2}\mathrm{d}t$，求 $\varphi'(\pi)$.

解 令 $u=\sin x$，则

$$\varphi(x)=\int_{\sin x}^3 \frac{1}{1+t^2}\mathrm{d}t=-\int_3^{\sin x}\frac{1}{1+t^2}\mathrm{d}t=-\int_3^u \frac{1}{1+t^2}\mathrm{d}t$$

$$\varphi'(x)=\varphi'(u)\cdot u'(x)=-\frac{1}{1+u^2}\cdot\cos x=-\frac{\cos x}{1+\sin^2 x}$$

故
$$\varphi'(\pi)=-\frac{\cos\pi}{1+\sin^2\pi}=-\frac{-1}{1+0}=1.$$

例 3 设 $\Phi(x)=\int_{x^2}^x \sqrt{1+t^2}\mathrm{d}t$，求 $\Phi'(x)$.

解
$$\Phi(x)=\int_{x^2}^0\sqrt{1+t^2}\mathrm{d}t+\int_0^x\sqrt{1+t^2}\mathrm{d}t=-\int_0^{x^2}\sqrt{1+t^2}\mathrm{d}t+\int_0^x\sqrt{1+t^2}\mathrm{d}t$$

$$\Phi'(x)=-\frac{\mathrm{d}}{\mathrm{d}x}\int_0^{x^2}\sqrt{1+t^2}\mathrm{d}t+\frac{\mathrm{d}}{\mathrm{d}x}\int_0^x\sqrt{1+t^2}\mathrm{d}t$$

$$=-\sqrt{1+x^4}\cdot 2x+\sqrt{1+x^2}=\sqrt{1+x^2}-2x\sqrt{1+x^4}.$$

5.3.3 牛顿 — 莱布尼兹公式

根据定理 5.2 我们来证明一个重要定理，这就是牛顿 — 莱布尼兹公式. 也说明了本节开头的实例具有普遍的意义，得到计算定积分的最主要的基本方法.

定理 5.4 如果函数 $F(x)$ 是连续函数 $f(x)$ 在区间 $[a,b]$ 上的一个原函数，则

$$\int_a^b f(x)\mathrm{d}x=F(x)\Big|_a^b=F(b)-F(a) \tag{5.14}$$

证 因为 $F(x)$ 是连续函数 $f(x)$ 在区间 $[a,b]$ 上的一个原函数，另一方面，根据定理 5.2，$\Phi(x)=\int_a^x f(x)\mathrm{d}t$，也是 $f(x)$ 在区间 $[a,b]$ 上的一个原函数，所以，必有 $\Phi(x)-F(x)=C$，即

$$\int_a^x f(t)\mathrm{d}t=F(x)+C \quad (C\text{ 为某个常数})$$

在上式中，令 $x=a$，则得 $0=F(a)+C$. 即

$$C=-F(a)$$

所以
$$\int_a^x f(t)\mathrm{d}t=F(x)-F(a)$$

再令 $x=b$，即得

$$\int_a^b f(t)\mathrm{d}t=F(b)-F(a)$$

证毕.

为方便起见，记

$$F(x)\Big|_a^b=F(b)-F(a)$$

即
$$\int_a^b f(t)\mathrm{d}t = F(x)\Big|_a^b = F(b)-F(a)$$

式(5.14)称为牛顿—莱布尼兹公式.该式进一步揭示了定积分和不定积分之间的关系,给定积分提供了一个有效、简便的计算方法,通常也把这个公式称为微积分基本公式.

例 4 计算$\int_0^1 \mathrm{e}^x \mathrm{d}x$.

解 因为 e^x 是 e^x 的一个原函数,所以根据牛顿—莱布尼兹公式有
$$\int_0^1 \mathrm{e}^x \mathrm{d}x = \mathrm{e}^x\Big|_0^1 = \mathrm{e}-1.$$

例 5 计算$\int_{-3}^{-2}\frac{1}{2x+1}\mathrm{d}x$.

解 因为$\frac{1}{2}\ln|2x+1|$是$\frac{1}{2x+1}$的一个原函数,所以
$$\int_{-3}^{-2}\frac{1}{2x+1}\mathrm{d}x = \frac{1}{2}\ln|2x+1|\Big|_{-3}^{-2}$$
$$= \frac{1}{2}[\ln|-4+1|-\ln|-6+1|] = \frac{1}{2}\ln\frac{3}{5}.$$

例 6 计算$\int_0^{\frac{\pi}{2}}\sin^3 x\cos x\mathrm{d}x$.

解 因为$\int\sin^3 x\cos x\mathrm{d}x = \int\sin^3 x\mathrm{d}\sin x = \frac{1}{4}\sin^4 x + C$.

所以
$$\int_0^{\frac{\pi}{2}}\sin^3 x\cos x\mathrm{d}x = \frac{1}{4}\sin^4 x\Big|_0^{\frac{\pi}{2}} = \frac{1}{4}\left(\sin^4\frac{\pi}{2}-0\right) = \frac{1}{4}.$$

例 7 计算$\int_{-1}^{3}|2-x|\mathrm{d}x$.

解 $|2-x| = \begin{cases} x-2, & x>2 \\ 2-x, & x\leqslant 2\end{cases}$

由定积分的区间可加性
$$\int_{-1}^{3}|2-x|\mathrm{d}x = \int_{-1}^{2}(2-x)\mathrm{d}x + \int_2^3(x-2)\mathrm{d}x$$
$$= \left(2x-\frac{1}{2}x^2\right)\Big|_{-1}^{2} + \left(\frac{x^2}{2}-2x\right)\Big|_2^3$$
$$= 4\frac{1}{2}+\frac{1}{2} = 5.$$

对于分段函数,要根据定积分的区间可加性分段来求.虽然在整个积分区间上,$f(x)$可能不连续,不能使用牛顿—莱布尼兹公式,但在每一段上,函数应是连续的,可以应用牛顿—莱布尼兹公式.

例 8 设 $f(x) = \begin{cases} 2x+1, & |x|\leqslant 2 \\ 1+x^2, & 2<x\leqslant 4\end{cases}$.求 k 的值,使$\int_k^3 f(x)\mathrm{d}x = \frac{40}{3}$.

解 由定积分的可加性,当 $k\leqslant 2$ 时有

$$\int_k^3 f(x)\mathrm{d}x = \int_k^2 (2x+1)\mathrm{d}x + \int_2^3 (1+x^2)\mathrm{d}x = (x^2+x)\Big|_k^2 + \left(x+\frac{1}{3}x^3\right)\Big|_2^3$$

$$= 6-k^2-k+3+9-2-\frac{8}{3} = \frac{40}{3}-k^2-k$$

即

$$\frac{40}{3}-k^2-k = \frac{40}{3}$$

因此 $k^2+k=0$，解得 $k=0,-1$

当 $k>2$ 时，有

$$\int_k^3 f(x)\mathrm{d}x = \int_k^3 (1+x^2)\mathrm{d}x = \left(x+\frac{1}{3}x^3\right)\Big|_k^3 = 12-k-\frac{1}{3}k^3$$

令 $12-k-\frac{1}{3}k^3=\frac{40}{3}$，由于 $k>2$，这样的 k 不存在. 故 $k=0,-1$，即为所求.

在这里要特别指出的是，应用牛顿 — 莱布尼兹公式，必须注意公式成立的条件，即 $f(x)$ 必须在被积区间上连续. 亦即，积分区间上的不连续函数不能使用这个公式.

例如计算 $\int_{-2}^1 \frac{1}{x}\mathrm{d}x$，如果按公式应有

$$\int_{-2}^1 \frac{1}{x}\mathrm{d}x = \ln|x|\Big|_{-2}^1 = \ln 1 - \ln|-2| = -\ln 2$$

这个做法是错误的，事实上被积函数 $f(x)=\frac{1}{x}$ 在区间 $[-2,1]$ 上是间断的，$x=0$ 是其无穷间断点，该定积分是不存在的.

§5.4 定积分的换元积分法

到现在为止，我们计算定积分时，总是先求出被积函数 $f(x)$ 在区间 $[a,b]$ 上的一个原函数 $F(x)$，再利用微积分基本公式求 $F(x)$ 在区间 $[a,b]$ 上的增量 $F(b)-F(a)$. 但是，在不少情况下，由于原函数可能比较复杂，这种计算是比较麻烦、困难的. 甚至有些函数的原函数不能用不定积分的一般方法求得，或者原函数不能表现成有限形式时，就无法应用公式. 本节以及下一节，我们将给出定积分计算的两个常用方法：换元积分法和分部积分法，它们能使一些定积分的计算简便化.

定理 5.5 设 $f(x)$ 在区间 $[a,b]$ 上连续，函数 $x=\varphi(t)$ 满足条件：

(1) $\varphi(\alpha)=a, \varphi(\beta)=b$；

(2) 当 t 在区间 $[\alpha,\beta]$ 上变化时，$x=\varphi(t)$ 的值在区间 $[a,b]$ 上变化；

(3) $x=\varphi(t)$ 在区间 $[\alpha,\beta]$ 有连续的导数 $\varphi'(t)$.

则有换元积分公式

$$\int_a^b f(x)\mathrm{d}x = \int_\alpha^\beta f(\varphi(t))\cdot\varphi'(t)\mathrm{d}t \tag{5.15}$$

证 因为 $f(x)$ 在区间 $[a,b]$ 上连续，所以 $f(x)$ 在区间 $[a,b]$ 上定积分存在，且 $f(x)$ 在区间 $[a,b]$ 上有原函数，设为 $F(x)$，则由牛顿 — 莱布尼兹公式

$$\int_a^b f(x)\mathrm{d}x = F(x)\Big|_a^b = F(b)-F(a)$$

再由已知条件，$f(\varphi(t))\cdot\varphi'(t)$ 在区间$[a,b]$上连续，因而 $\varphi(t)$ 在$[\alpha,\beta]$上的定积分也存在，并且 $\varphi(t)$ 在区间$[\alpha,\beta]$上也有原函数，由于

$$\frac{\mathrm{d}F(\varphi(t))}{\mathrm{d}t}=\frac{\mathrm{d}F(x)}{\mathrm{d}x}\cdot\frac{\mathrm{d}x}{\mathrm{d}t}=F'(x)\cdot\varphi'(t)$$
$$=f(x)\cdot\varphi'(t)=f(\varphi(t))\cdot\varphi'(t)$$

所以 $F(\varphi(t))$ 是 $f(\varphi(t))\cdot\varphi'(t)$ 的一个原函数，再由牛顿—莱布尼兹公式

$$\int_\alpha^\beta f(\varphi(t))\cdot\varphi'(t)\mathrm{d}t=F(\varphi(t))\Big|_\alpha^\beta=F(\varphi(\beta))-F(\varphi(\alpha))=F(b)-F(a)$$

所以 $$\int_a^b f(x)\mathrm{d}x=\int_\alpha^\beta f(\varphi(t))\cdot\varphi'(t)\mathrm{d}t.$$

式(5.15)从左向右使用，相当于不定积分的第二换元法，从右向左使用相当于不定积分的第一换元法(凑微分法)，要注意，使用凑微分法时，若没有引入新的积分变量则不需换限，引入新的积分变量后，就必须换限.

例 1 求$\int_0^4\frac{1}{1+\sqrt{x}}\mathrm{d}x$.

解 为了去掉根号，令$\sqrt{x}=t$，从而 $x=t^2$，$\mathrm{d}x=2t\mathrm{d}t$，当 $x=0$ 时，$t=0$；当 $x=4$ 时，$t=2$，由定积分的换元积分公式得

$$\int_0^4\frac{1}{1+\sqrt{x}}\mathrm{d}x=\int_0^2\frac{1}{1+t}\cdot 2t\mathrm{d}t=2\int_0^2\left(1-\frac{1}{1+t}\right)\mathrm{d}t$$
$$=2(t-\ln|1+t|)\Big|_0^2=2(2-\ln3).$$

例 2 求$\int_0^\pi\frac{\sin x}{1+\cos^2x}\mathrm{d}x$.

解 $\int_0^\pi\frac{\sin x}{1+\cos^2x}\mathrm{d}x$

$$=-\int_0^\pi\frac{1}{1+\cos^2x}\mathrm{d}(\cos x)\quad(\text{凑微分，不换限})$$

$$=-\arctan(\cos x)\Big|_0^\pi=-[\arctan(-1)-\arctan1]=\frac{\pi}{2}.$$

另解 $$\int_0^\pi\frac{\sin x}{1+\cos^2x}\mathrm{d}x=-\int_0^\pi\frac{1}{1+\cos^2x}\mathrm{d}(\cos x)$$
$$=-\int_1^{-1}\frac{1}{1+t^2}\mathrm{d}t\quad(\text{换元 }t=\cos x\text{，要换限})$$
$$=-\arctan t\Big|_1^{-1}=\frac{\pi}{2}.$$

例 3 求$\int_0^\pi\sqrt{\sin^3x-\sin^5x}\mathrm{d}x$.

解 由于$\sqrt{\sin^3x-\sin^5x}=\sqrt{\sin^3x(1-\sin^2x)}=\sin^{\frac{3}{2}}x\cdot|\cos x|$

$$=\begin{cases}\sin^{\frac{3}{2}}x\cdot\cos x, & 0\leqslant x\leqslant\frac{\pi}{2}\\ -\sin^{\frac{3}{2}}x\cdot\cos x, & \frac{\pi}{2}<x\leqslant\pi\end{cases}$$

所以，有$\int_0^{\pi}\sqrt{\sin^3 x-\sin^5 x}\mathrm{d}x$

$$=\int_0^{\frac{\pi}{2}}\sin^{\frac{3}{2}}x\cos x\mathrm{d}x+\int_{\frac{\pi}{2}}^{\pi}\sin^{\frac{3}{2}}x(-\cos x)\mathrm{d}x$$

$$=\int_0^{\frac{\pi}{2}}\sin^{\frac{3}{2}}x\mathrm{d}(\sin x)-\int_{\frac{\pi}{2}}^{\pi}\sin^{\frac{3}{2}}x\mathrm{d}(\sin x)$$

$$=\left[\frac{2}{5}\sin^{\frac{5}{2}}x\right]\Bigg|_0^{\frac{\pi}{2}}-\left[\frac{2}{5}\sin^{\frac{5}{2}}x\right]\Bigg|_{\frac{\pi}{2}}^{\pi}$$

$$=\frac{2}{5}-\left(-\frac{2}{5}\right)=\frac{4}{5}.$$

例 4　计算$\int_0^{\frac{1}{2}}\frac{x^2}{\sqrt{1-x^2}}\mathrm{d}x$.

解　与不定积分的计算一样，换元时要先去掉根号，因此令 $x=\sin t,\mathrm{d}x=\cos t\mathrm{d}t$　当 $x=0$ 时，$t=0$；当 $x=\frac{1}{2}$ 时，$t=\frac{\pi}{6}$，于是

$$\int_0^{\frac{1}{2}}\frac{x^2}{\sqrt{1-x^2}}\mathrm{d}x=\int_0^{\frac{\pi}{6}}\sin^2 t\mathrm{d}t=\int_0^{\frac{\pi}{6}}\frac{1-\cos 2t}{2}\mathrm{d}t$$

$$=\left(\frac{t}{2}-\frac{1}{4}\sin 2t\right)\Bigg|_0^{\frac{\pi}{6}}=\frac{\pi}{12}-\frac{\sqrt{3}}{8}.$$

例 5　计算 $I=\int_0^{\pi}\frac{x\sin x}{1+\cos^2 x}\mathrm{d}x$.

解　这个积分与例 2 有些相像，但因被积函数中多了一个因子 x，其原函数就不易计算，不能直接应用牛顿 — 莱布尼兹公式，考虑到被积函数中含有 $\sin x,\cos^2 x$，作变换 $x=\pi-t,\sin x=\sin t,\cos^2 x=\cos^2 t$，可以看出，代入原积分中，在计算 I 的过程中，又有原积分 I 出现，从而可以求出 I.

令 $x=\pi-t,\mathrm{d}x=-\mathrm{d}t$，当 $x=0$ 时，$t=\pi$；当 $x=\pi$ 时，$t=0$，而

$$f(x)=\frac{x\sin x}{1+\cos^2 x}=\frac{(\pi-t)\sin t}{1+\cos^2 t}=\frac{\pi\sin t}{1+\cos^2 t}-\frac{t\sin t}{1+\cos^2 t}$$

因此，换成新变量后的两个积分中，有一个就是 I，所以

$$I=\int_0^{\pi}\frac{x\sin x}{1+\cos^2 x}\mathrm{d}x=\int_{\pi}^{0}\left(\frac{\pi\sin t}{1+\cos^2 t}-\frac{t\sin t}{1+\cos^2 t}\right)(-\mathrm{d}t)$$

$$=\int_0^{\pi}\frac{\pi\sin t}{1+\cos^2 t}\mathrm{d}t-\int_0^{\pi}\frac{t\sin t}{1+\cos^2 t}\mathrm{d}t$$

$$=\pi\cdot\frac{\pi}{2}-I\quad\text{（利用例 2 的结果）}$$

即
$$I=\frac{1}{2}\pi^2-I$$

所以
$$I=\frac{1}{4}\pi^2.$$

例 6　证明

(1) 若 $f(x)$ 在区间$[-a,a]$上连续且为偶函数，则

$$\int_{-a}^{a}f(x)\mathrm{d}x=2\int_0^{a}f(x)\mathrm{d}x;$$

(2) 若 $f(x)$ 在区间 $[-a,a]$ 上连续且为奇函数，则

$$\int_{-a}^{a} f(x)\mathrm{d}x = 0.$$

证 因为
$$\int_{-a}^{a} f(x)\mathrm{d}x = \int_{-a}^{0} f(x)\mathrm{d}x + \int_{0}^{a} f(x)\mathrm{d}x$$

对积分 $\int_{-a}^{0} f(x)\mathrm{d}x$，作代换 $x=-t$，则得

$$\int_{-a}^{0} f(x)\mathrm{d}x \xlongequal{x=-t} -\int_{a}^{0} f(-t)\mathrm{d}t = \int_{0}^{a} f(-t)\mathrm{d}t = \int_{0}^{a} f(-x)\mathrm{d}x$$

于是
$$\int_{-a}^{a} f(x)\mathrm{d}x = \int_{0}^{a} f(-x)\mathrm{d}x + \int_{0}^{a} f(x)\mathrm{d}x = \int_{0}^{a} [f(-x)+f(x)]\mathrm{d}x$$

(1) 若 $f(x)$ 为偶函数，则

$$f(x)+f(-x) = 2f(x)$$

从而
$$\int_{-a}^{a} f(x)\mathrm{d}x = 2\int_{0}^{a} f(x)\mathrm{d}x$$

(2) 若 $f(x)$ 为奇函数，则

$$f(x)+f(-x) = 0$$

从而
$$\int_{-a}^{a} f(x)\mathrm{d}x = 0.$$

利用例 6 的结论，常常可以简化偶函数或奇函数在对称于原点的区间上的定积分的计算. 例 6 的几何意义也是十分明显的. 在定积分的计算中要善于利用这个结论.

以上给出了一些换元积分法的例子，由于换元的目的是为了寻求原函数，所以换元的常用方法，常见的换元函数 $x=\varphi(t)$ 与不定积分完全类似. 应当指出，在作代换函数 $x=\varphi(t)$ 时，要注意满足相关条件.

例如计算 $\int_{-1}^{1} \frac{1}{x^2+x+1}\mathrm{d}x$，如果作代换，$x=\frac{1}{t}$，则有

$$\int_{-1}^{1} \frac{1}{x^2+x+1}\mathrm{d}x = \int_{-1}^{1} \frac{-\frac{1}{t^2}\mathrm{d}t}{\left(\frac{1}{t^2}\right)+\frac{1}{t}+1}$$

$$= -\int_{-1}^{1} \frac{1}{1+t+t^2}\mathrm{d}t = -\int_{-1}^{1} \frac{1}{x^2+x+1}\mathrm{d}x$$

从而，得
$$\int_{-1}^{1} \frac{1}{x^2+x+1}\mathrm{d}x = 0$$

由于
$$\frac{1}{x^2+x+1} = \frac{1}{\left(x+\frac{1}{2}\right)^2+\frac{3}{4}} > 0,$$

所以应有
$$\int_{-1}^{1} \frac{1}{x^2+x+1}\mathrm{d}x > 0$$

说明上述作法肯定是错误的，请大家自己想一想，错在哪里？其正确作法应是

$$\int_{-1}^{1} \frac{1}{x^2+x+1}\mathrm{d}x = \int_{-1}^{1} \frac{1}{\left(x+\frac{1}{2}\right)^2+\frac{3}{4}}\mathrm{d}x$$

$$= \int_{-1}^{1} \frac{1}{\left(x+\frac{1}{2}\right)^2+\left(\frac{\sqrt{3}}{2}\right)^2} \mathrm{d}\left(x+\frac{1}{2}\right)$$

$$= \frac{2}{\sqrt{3}}\left[\arctan\sqrt{3}-\arctan\left(-\frac{1}{\sqrt{3}}\right)\right] = \frac{\pi}{\sqrt{3}}.$$

§ 5.5　定积分的分部积分法

与不定积分一样，定积分也有分部积分法. 不同之处在于定积分要考虑积分限的问题.

定理 5.6　设函数 $u(x)$，$v(x)$ 在区间 $[a,b]$ 上有连续导数 $u'(x)$ 和 $v'(x)$，则

$$\int_a^b u(x)v'(x)\mathrm{d}x = (u(x)v(x))\Big|_a^b - \int_a^b v(x)u'(x)\mathrm{d}x \tag{5.16}$$

或记为

$$\int_a^b u(x)\mathrm{d}v(x) = (u(x)v(x))\Big|_a^b - \int_a^b v(x)\mathrm{d}(u(x)). \tag{5.17}$$

证　由牛顿—莱布尼兹公式，显然有

$$\int_a^b [u(x)v(x)]'\mathrm{d}x = (u(x)v(x))\Big|_a^b$$

又由 $[u(x)v(x)]' = u'(x)v(x)+u(x)v'(x)$，则

$$\int_a^b [u(x)v(x)]'\mathrm{d}x = \int_a^b u'(x)v(x)\mathrm{d}x + \int_a^b u(x)v'(x)\mathrm{d}x$$

因此

$$\int_a^b u'(x)v(x)\mathrm{d}x + \int_a^b u(x)v'(x)\mathrm{d}x = (u(x)v(x))\Big|_a^b$$

即

$$\int_a^b u(x)v'(x)\mathrm{d}x = (u(x)v(x))\Big|_a^b - \int_a^b u'(x)v(x)\mathrm{d}x$$

或记为

$$\int_a^b u(x)v'(x)\mathrm{d}x = (u(x)v(x))\Big|_a^b - \int_a^b v(x)\mathrm{d}u(x)$$　证毕.

这个公式与不定积分的分部积分公式很相似，但是定积分的分部积分公式中，每一项都带有积分限.

例 1　求 $\int_0^1 \arctan x\mathrm{d}x$.

解　$\int_0^1 \arctan x\mathrm{d}x = (x\arctan x)\Big|_0^1 - \int_0^1 x\mathrm{d}\arctan x$

$$= \frac{\pi}{4} - \int_0^1 \frac{x}{1+x^2}\mathrm{d}x = \frac{\pi}{4} - \frac{1}{2}\ln(1+x^2)\Big|_0^1$$

$$= \frac{\pi}{4} - \frac{1}{2}\ln 2.$$

例 2　求 $\int_0^1 \mathrm{e}^{\sqrt{x}}\mathrm{d}x$.

解　由于被积分函数含有 $\sqrt{x}$，直接进行分部积分，计算将很困难，所以，我们先换元把 $\sqrt{x}$ 去掉，然后再分部积分.

令$\sqrt{x}=t,x=t^2,\mathrm{d}x=2t\mathrm{d}t$. 当$x=0$时,$t=0$;当$x=1$时,$t=1$,所以

$$\int_0^1 \mathrm{e}^{\sqrt{x}}\mathrm{d}x=\int_0^1 \mathrm{e}^t\cdot 2t\mathrm{d}t=2\int_0^1 t\mathrm{d}\mathrm{e}^t=2t\mathrm{e}^t\Big|_0^1-2\int_0^1 \mathrm{e}^t\mathrm{d}t$$
$$=2\mathrm{e}-2\mathrm{e}^t\Big|_0^1=2\mathrm{e}-2\mathrm{e}+2=2.$$

例 3 设$f(x)=\int_0^x \frac{\sin t}{\pi-t}\mathrm{d}t$,求$\int_0^\pi f(x)\mathrm{d}x$.

解 对本题一个直接的想法就是先把$f(x)$求出来,再计算积分的值. 但是,由于$\frac{\sin t}{\pi-t}$的原函数不能表现为有限形式,$\int_0^x \frac{\sin t}{\pi-t}\mathrm{d}t$是不易计算的. 考虑到$f(x)$是一个变上限的积分,其导数十分容易求得,而分部积分法中含有$f'(x)$,于是,用分部积分法.

由于$f(x)=\int_0^x \frac{\sin t}{\pi-t}\mathrm{d}t$,得$f'(x)=\frac{\sin x}{\pi-x}$,所以

$$\int_0^\pi f(x)\mathrm{d}x=xf(x)\Big|_0^\pi-\int_0^\pi x\mathrm{d}f(x)=\pi f(\pi)-\int_0^\pi x\frac{\sin x}{\pi-x}\mathrm{d}x$$
$$=\pi\int_0^\pi \frac{\sin x}{\pi-x}\mathrm{d}x-\int_0^\pi \frac{x\sin x}{\pi-x}\mathrm{d}x=\int_0^\pi \frac{\pi\sin x-x\sin x}{\pi-x}\mathrm{d}x$$
$$=\int_0^\pi \sin x\mathrm{d}x=2.$$

例 4 计算$\int_{-\pi}^\pi (x+1)^2\sin x\mathrm{d}x$.

解 1 直接进行分部积分

$$\int_{-\pi}^\pi (x+1)^2\sin x\mathrm{d}x=-\int_{-\pi}^\pi (x+1)^2\mathrm{d}\cos x$$
$$=-(x+1)^2\cos x\Big|_{-\pi}^\pi+2\int_{-\pi}^\pi (x+1)\cos x\mathrm{d}x$$
$$=(\pi+1)^2-(-\pi+1)^2+2\int_{-\pi}^\pi (x+1)\mathrm{d}\sin x$$
$$=4\pi+2(x+1)\sin x\Big|_{-\pi}^\pi-2\int_{-\pi}^\pi \sin x\mathrm{d}(x+1)$$
$$=4\pi-2\int_{-\pi}^\pi \sin x\mathrm{d}x$$
$$=4\pi+2\cos x\Big|_{-\pi}^\pi=4\pi.$$

解 2 利用被积函数的对称性

$$\int_{-\pi}^\pi (x+1)^2\sin x\mathrm{d}x=\int_{-\pi}^\pi (x^2+2x+1)\sin x\mathrm{d}x$$
$$=\int_{-\pi}^\pi 2x\sin x\mathrm{d}x=2\int_{-\pi}^\pi x\mathrm{d}(-\cos x)$$
$$=-2x\cos x\Big|_{-\pi}^\pi+2\int_{-\pi}^\pi \cos x\mathrm{d}x$$
$$=2\pi+2\pi+2\sin x\Big|_{-\pi}^\pi=4\pi.$$

§5.6 广义积分

在定积分的定义中,我们有两点假定:(1) 积分区间$[a,b]$是一个有限的闭区间;(2) 被积函数在区间$[a,b]$上是有界的,但是在进一步研究一些理论问题或应用问题时,往往会遇到函数在无穷区间上的积分以及无界函数的积分——这里所说的积分当然不是定积分,而是指解决问题的方法、思想与定积分相同.因此,需要我们将定积分的概念向这两个方面推广,从而引进一种新的积分,这就是广义积分.本教材只把积分区间从有限区间推广到无限区间.

定义 5.2 设函数$f(x)$在区间$[a,+\infty)$上连续,取$b>a$,如果极限$\lim\limits_{b\to+\infty}\int_a^b f(x)\mathrm{d}x$存在,则称该极限为函数$f(x)$在无穷区间$[a,+\infty)$内的广义积分,记做$\int_a^{+\infty} f(x)\mathrm{d}x$,即

$$\int_a^{+\infty} f(x)\mathrm{d}x=\lim_{b\to+\infty}\int_a^b f(x)\mathrm{d}x \tag{5.18}$$

这时也称广义积分$\int_a^{+\infty} f(x)\mathrm{d}x$收敛;如果上述极限不存在,函数$f(x)$在无穷区间$[a,+\infty)$内的广义积分$\int_a^{+\infty} f(x)\mathrm{d}x$就没有意义,称广义积分$\int_a^{+\infty} f(x)\mathrm{d}x$发散.这时$\int_a^{+\infty} f(x)\mathrm{d}x$只是一个记号,不表示任何数值.

类似地,若函数$f(x)$在$(-\infty,b]$内连续,取$a<b$,如果极限$\lim\limits_{a\to-\infty}\int_a^b f(x)\mathrm{d}x$存在,则称该极限为函数在无穷区间上的广义积分,记做$\int_{-\infty}^b f(x)\mathrm{d}x$,即

$$\int_{-\infty}^b f(x)\mathrm{d}x=\lim_{a\to-\infty}\int_a^b f(x)\mathrm{d}x \tag{5.19}$$

这时也称广义积分$\int_{-\infty}^b f(x)\mathrm{d}x$收敛;如果上述极限不存在,就称广义积分$\int_{-\infty}^b f(x)\mathrm{d}x$发散.

设函数$f(x)$在区间$(-\infty,+\infty)$内连续,则$f(x)$在区间$(-\infty,+\infty)$内的无穷积分定义为

$$\int_{-\infty}^{+\infty} f(x)\mathrm{d}x=\int_{-\infty}^c f(x)\mathrm{d}x+\int_c^{+\infty} f(x)\mathrm{d}x=\lim_{a\to-\infty}\int_a^c f(x)\mathrm{d}x+\lim_{b\to+\infty}\int_c^b f(x)\mathrm{d}x \tag{5.20}$$

其中c为任意实数.当式(5.20)右边两个积分都收敛时,我们称广义积分$\int_{-\infty}^{+\infty} f(x)\mathrm{d}x$收敛,显然该积分的值不依赖于数$c$的选择,当右端两个积分有一个发散,则称该积分发散.

上述定义很长,我们把主要部分归结于下

$$\int_a^{+\infty} f(x)\mathrm{d}x=\lim_{b\to+\infty}\int_a^b f(x)\mathrm{d}x$$

$$\int_{-\infty}^b f(x)\mathrm{d}x=\lim_{a\to-\infty}\int_a^b f(x)\mathrm{d}x$$

$$\int_{-\infty}^{+\infty} f(x)\mathrm{d}x=\int_{-\infty}^c f(x)\mathrm{d}x+\int_c^{+\infty} f(x)\mathrm{d}x=\lim_{a\to-\infty}\int_a^c f(x)\mathrm{d}x+\lim_{b\to+\infty}\int_c^b f(x)\mathrm{d}x$$

当右端的极限存在时,称广义积分收敛,否则称广义积分发散.特别地,$\int_{+\infty}^{-\infty} f(x)\mathrm{d}x$ 收敛,当且仅当$\int_{-\infty}^{c} f(x)\mathrm{d}x$ 和$\int_{c}^{+\infty} f(x)\mathrm{d}x$ 都收敛.还要注意$\int_{-\infty}^{+\infty} f(x)\mathrm{d}x \neq \lim\limits_{a\to\infty}\int_{-a}^{a} f(x)\mathrm{d}x$

例 1 讨论广义积分$\int_{0}^{+\infty} \frac{1}{1+x^2}\mathrm{d}x$ 的敛散性.

解 $\int_{0}^{+\infty} \frac{1}{1+x^2}\mathrm{d}x = \lim\limits_{b\to+\infty}\int_{0}^{b} \frac{1}{1+x^2}\mathrm{d}x = \lim\limits_{b\to+\infty} \arctan b = \frac{\pi}{2}$

因此积分$\int_{0}^{+\infty} \frac{1}{1+x^2}\mathrm{d}x$ 收敛,其值为$\frac{\pi}{2}$.

由于广义积分是定积分再取极限,所以前面定积分的计算方法如换元积分法、分部积分法都仍然可以应用.

例 2 讨论广义积分$\int_{\mathrm{e}}^{+\infty} \frac{1}{x(\ln x)^2}\mathrm{d}x$ 的敛散性.

解 取 $b > \mathrm{e}$,则

$$\int_{\mathrm{e}}^{b} \frac{1}{x(\ln x)^2}\mathrm{d}x = \int_{\mathrm{e}}^{b} \frac{1}{(\ln x)^2}\mathrm{d}\ln x = -\frac{1}{\ln x}\Big|_{\mathrm{e}}^{b} = 1 - \frac{1}{\ln b}$$

令 $b \to +\infty$,得

$$\int_{\mathrm{e}}^{+\infty} \frac{1}{x(\ln x)^2}\mathrm{d}x = \lim_{b\to+\infty}\int_{\mathrm{e}}^{b} \frac{1}{x(\ln x)^2}\mathrm{d}x = \lim_{b\to+\infty}\left(1 - \frac{1}{\ln b}\right) = 1$$

即广义积分$\int_{\mathrm{e}}^{+\infty} \frac{1}{x(\ln x)^2}\mathrm{d}x$ 收敛,其值为 1.

为了书写方便,在广义积分的计算过程中,可以与牛顿 — 莱布尼兹公式的记法一样.如上例可以写成

$$\int_{\mathrm{e}}^{+\infty} \frac{1}{x(\ln x)^2}\mathrm{d}x = \int_{\mathrm{e}}^{+\infty} \frac{1}{(\ln x)^2}\mathrm{d}(\ln x) = -\frac{1}{\ln x}\Big|_{\mathrm{e}}^{+\infty} = 1$$

例 3 计算$\int_{-\infty}^{+\infty} \frac{1}{x^2+2x+2}\mathrm{d}x$.

解
$$\begin{aligned}\int_{-\infty}^{+\infty} \frac{1}{x^2+2x+2}\mathrm{d}x &= \int_{-\infty}^{+\infty} \frac{1}{(x+1)^2+1}\mathrm{d}(x+1) = \arctan(x+1)\Big|_{-\infty}^{+\infty} \\ &= \frac{\pi}{2} - \left(-\frac{\pi}{2}\right) = \pi.\end{aligned}$$

例 4 讨论$\int_{-\infty}^{+\infty} \frac{x}{\sqrt{1+x^2}}\mathrm{d}x$ 的敛散性.

解 (错解):因$\frac{x}{\sqrt{1+x^2}}$ 是奇函数,故

$$\int_{-\infty}^{+\infty} \frac{x}{\sqrt{1+x^2}}\mathrm{d}x = \lim_{a\to\infty}\int_{-a}^{a} \frac{x}{\sqrt{1+x^2}}\mathrm{d}x = 0$$

上述作法,不符合定义,因而是错误的,可见定积分的有关结论,如果是与积分限有关的,就不可以随便用于广义积分.

(正解):

$$\int_{-\infty}^{+\infty}\frac{x}{\sqrt{1+x^2}}\mathrm{d}x=\int_{-\infty}^{0}\frac{x}{\sqrt{1+x^2}}\mathrm{d}x+\int_{0}^{+\infty}\frac{x}{\sqrt{1+x^2}}\mathrm{d}x$$

因
$$\int_{-\infty}^{0}\frac{x}{\sqrt{1+x^2}}\mathrm{d}x=\sqrt{1+x^2}\Big|_{-\infty}^{0}=-\infty$$

所以$\int_{-\infty}^{0}\frac{x}{\sqrt{1+x^2}}\mathrm{d}x$发散，从而$\int_{-\infty}^{+\infty}\frac{x}{\sqrt{1+x^2}}\mathrm{d}x$发散.

§5.7　定积分的应用

从定积分的概念我们知道，定积分可以解决在区间$[a,b]$上不均匀分布的整体量A，因为分布的不规则或不均匀，用初等数学的方法就不容易求出来.我们需要先把整体量分割为一些部分量，在局部微小的范围内，“以直代曲”或“以不变代变”，近似地求得整体量在局部范围内的各部分，然后加起来，再取极限，从而求得整体量.用一句话总结出来就是“分割找近似，求和取极限”，这就是用定积分解决实际问题的基本思想.一般地，具有区间可加性的某个量，总可以化归为一个定积分的问题，从而用定积分的方法求得这个量，本节我们主要说明定积分在求平面图形面积和经济学方面的应用.

5.7.1　平面图形的面积

根据定积分的几何意义，如果$f(x)\geqslant 0$.且在区间$[a,b]$上连续，则$\int_a^b f(x)\mathrm{d}x$表示由曲线$y=f(x)$，Ox轴，$x=a$，$x=b$，所围成的曲边梯形的面积.如果$f(x)$在区间$[a,b]$上连续，且$f(x)\leqslant 0$，则$-\int_a^b f(x)\mathrm{d}x$表示以曲线$y=f(x)$，$Ox$轴，$x=a$，$x=b$所围成的图形面积.如图5-7、图5-8所示.

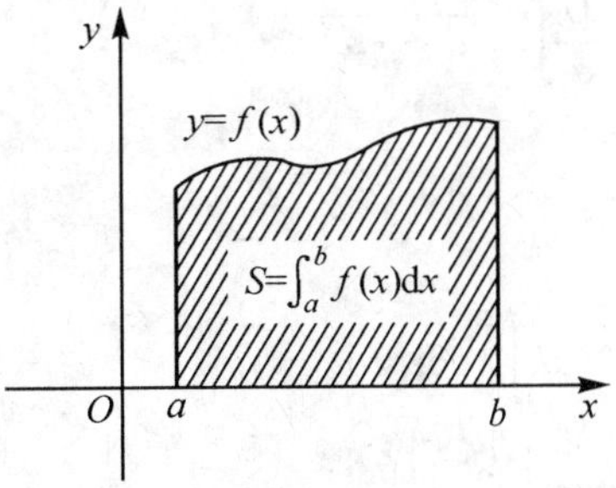

图5-7

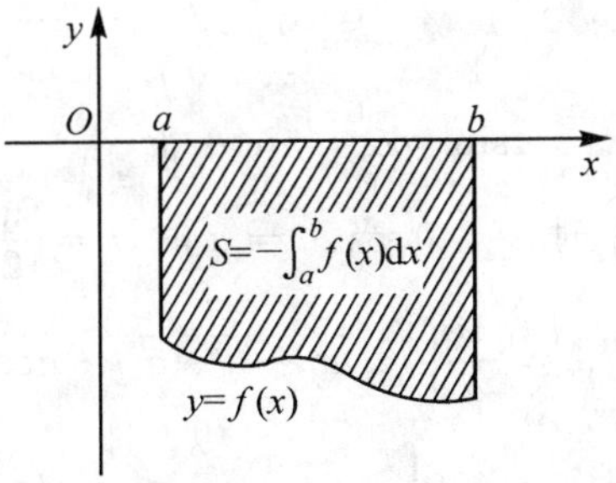

图5-8

一般地，如图5-9所示，由$y=f(x)$，$y=g(x)$，$(f(x)\geqslant g(x))$，$x=a$，$x=b$所围成的图形面积为

$$S=\int_a^b[f(x)-g(x)]\mathrm{d}x \tag{5.21}$$

同理，如图5-10所示，由连续曲线$x=\varphi(y)$，$(\varphi(y)\geqslant 0)$，$y=c$，$y=d(c<d)$所围成的曲边梯形面积为

$$S=\int_{c}^{d}\varphi(y)\mathrm{d}y \tag{5.22}$$

如图 5-11 所示，由连续曲线 $x=\varphi_1(y),x=\varphi_2(y),(\varphi_1(y)\geqslant\varphi_2(y),y=c,y=d(c<d)$ 所围成的图形面积为

$$S=\int_{c}^{d}[\varphi_1(y)-\varphi_2(y)]\mathrm{d}y \tag{5.23}$$

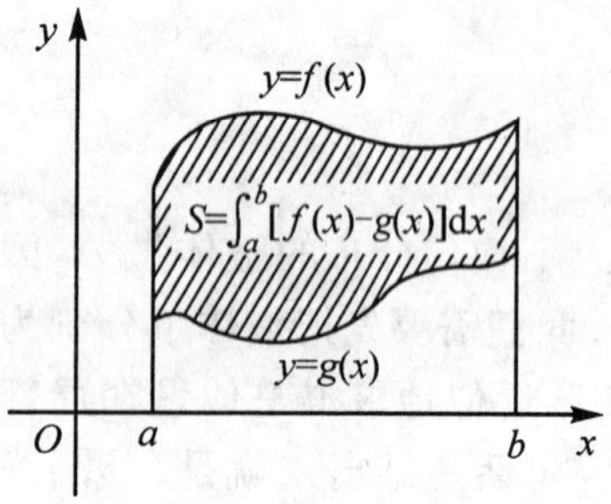

图 5-9

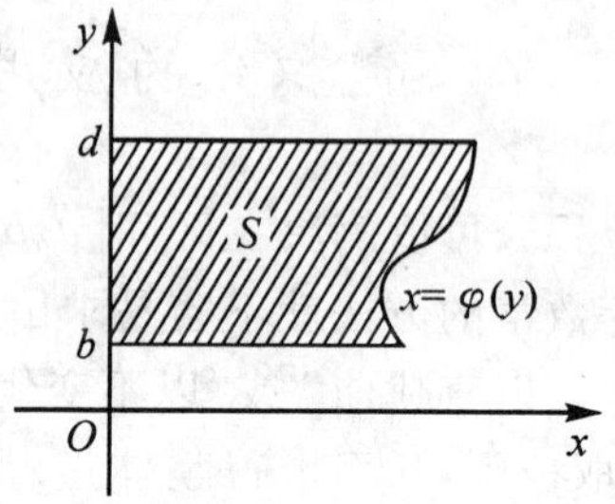

图 5-10

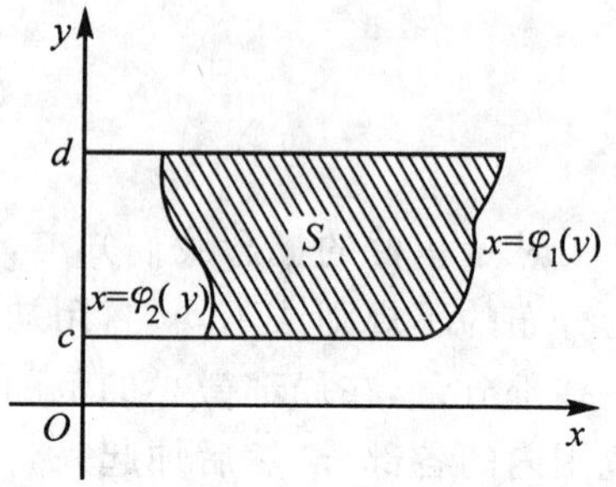

图 5-11

例 1 求由曲线 $y=\mathrm{e}^x,y=\mathrm{e}^{-x}$ 及直线 $x=1$ 所围成的图形的面积.

解 先画出已知曲线的图形，由图 5-12 可以看出

$$S=\int_{0}^{1}(\mathrm{e}^x-\mathrm{e}^{-x})\mathrm{d}x=(\mathrm{e}^x+\mathrm{e}^{-x})\Big|_{0}^{1}=\mathrm{e}+\frac{1}{\mathrm{e}}-2.$$

例 2 求椭圆$\dfrac{x^2}{a^2}+\dfrac{y^2}{b^2}=1$ 的面积 A.

解 如图 5-13 所示，由对称性，只须计算椭圆在第一象限部分的面积的 4 倍即可，从椭圆方程可得上半椭圆对应曲线为

$$y=\frac{b}{a}\sqrt{a^2-x^2}$$

因此
$$A=4\int_{0}^{a}\frac{b}{a}\sqrt{a^2-x^2}\mathrm{d}x=\frac{4b}{a}\int_{0}^{a}\sqrt{a^2-x^2}\mathrm{d}x$$

作变换 $x=a\sin t,\mathrm{d}x=a\cos t\mathrm{d}t$

当 $x=0$ 时，$t=0$；当 $x=a$ 时，$t=\dfrac{\pi}{2}$，于是

$$\begin{aligned}A&=\frac{4b}{a}\int_{0}^{\frac{\pi}{2}}\sqrt{a^2-a^2\sin^2 t}\cdot a\cos t\mathrm{d}t=4ab\int_{0}^{\frac{\pi}{2}}\cos^2 t\mathrm{d}t\\&=4ab\int_{0}^{\frac{\pi}{2}}\frac{1+\cos 2t}{2}\mathrm{d}t=4ab\left[\frac{t}{2}+\frac{1}{4}\sin 2t\right]\Big|_{0}^{\frac{\pi}{2}}\\&=4ab\left(\frac{\pi}{4}+0\right)=\pi ab.\end{aligned}$$

例 3 求由曲线 $xy=1$ 及直线 $y=x,y=2$ 所围成的面积 A.

解 如图 5-14 所示，先求出曲线 $xy=1$ 与直线 $y=x$ 的交点坐标，由$\begin{cases}xy=1\\y=x\end{cases}$，得

$\begin{cases}x=1\\y=1\end{cases}$或$\begin{cases}x=-1\\y=-1\end{cases}$（舍去）

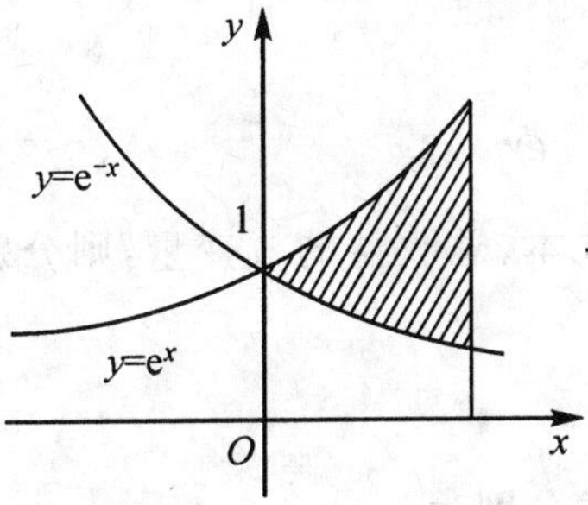

图 5-12

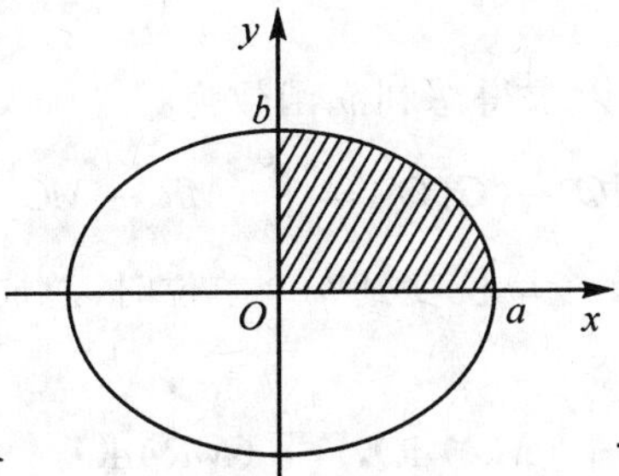

图 5-13

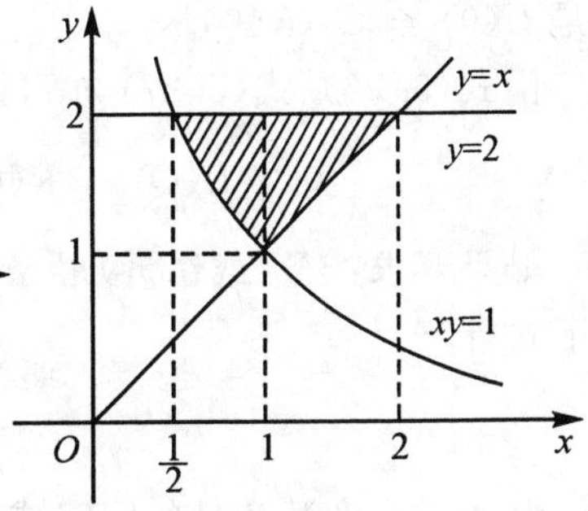

图 5-14

选取 y 为积分变量，把曲线看做自变量 y 的函数，则所求的面积 A 为

$$A=\int_1^2\left(y-\frac{1}{y}\right)\mathrm{d}y=\left(\frac{1}{2}y^2-\ln|y|\right)\Big|_1^2=\frac{3}{2}-\ln 2.$$

若选取 x 为积分变量. 把曲线看做自变量 x 的函数，则所求面积 A 也可以用下面的积分来计算，先求 $y=2$ 与 $y=x$ 及 $y=2$ 与 $y=\dfrac{1}{x}$ 的交点分别为 $(2,2)$ 和 $\left(\dfrac{1}{2},2\right)$，于是把 A 分成两个部分，A 可以表示为

$$A=\int_{\frac{1}{2}}^1\left(2-\frac{1}{x}\right)\mathrm{d}x+\int_1^2(2-x)\mathrm{d}x=(2x-\ln|x|)\Big|_{\frac{1}{2}}^1+\left(2x-\frac{1}{2}x^2\right)\Big|_1^2$$

$$=2-0-1+\ln\frac{1}{2}+4-\frac{1}{2}\times 2^2-2\times 1+\frac{1}{2}\times 1^2=\frac{3}{2}-\ln 2.$$

由例 3 可以看出，选取 y 为积分变量，计算比较简单. 在求平面图形的面积时，要根据图形的特点，适当选取积分变量，使所求面积容易求出.

5.7.2 定积分在经济学中的应用

因为定积分是一种求某区间上的总量的问题，同时由牛顿 — 莱布尼兹公式也可以知道，某函数的定积分实际上是其原函数在该区间上的增量. 如果反过来看，求某函数在区间上的增量，就是其导数在该区间上的积分. 所以，定积分在经济学中的应用，主要是已知边际函数，求总函数的问题.

已知边际成本函数 $MC=\dfrac{\mathrm{d}C}{\mathrm{d}Q}$，边际收益函数 $MR=\dfrac{\mathrm{d}R}{\mathrm{d}Q}$，则总成本函数，总收益函数，可以表示为

$$C(Q)=\int(MC)\mathrm{d}Q \tag{5.24}$$

$$R(Q)=\int(MR)\mathrm{d}Q \tag{5.25}$$

或

$$C(Q)=\int_0^Q(MC)\mathrm{d}Q+C_0 \tag{5.26}$$

$$R(Q)=\int_0^Q(MR)\mathrm{d}Q \tag{5.27}$$

其中 C_0 为固定成本.

如果用不定积分即式(5.24)、式(5.25) 来计算，尚须知道一个确定积分常数的条件. 一

般是 $C(0)=C_0, R(0)=0$.

由式(5.26)、式(5.27)亦可以求得总利润函数为

$$L(Q)=R(Q)-C(Q)=\int_0^Q (MR-MC)\mathrm{d}Q-C_0 \tag{5.28}$$

如果要求产量(或销量)由 a 个单位变到 b 个单位时,总成本、总收益的改变量,则分别用下式计算

$$\int_a^b (MC)\mathrm{d}Q,\quad \int_a^b (MR)\mathrm{d}Q$$

例 4 生产某产品的固定成本为50,边际成本和边际收益分别为

$$MC=Q^2-14Q+111$$

$$MR=100-2Q$$

试确定厂商的最大利润.

解 先确定获得最大利润的产出水平,由极值存在的必要条件:$MR=MC$ 即

$$100-2Q=Q^2-14Q+111$$

解得

$$Q_1=1,\quad Q_2=11$$

由极值存在的充分条件

$$\frac{\mathrm{d}(MR)}{\mathrm{d}Q}<\frac{\mathrm{d}(MC)}{\mathrm{d}Q}$$

即

$$\frac{\mathrm{d}}{\mathrm{d}Q}(100-2Q)<\frac{\mathrm{d}}{\mathrm{d}Q}(Q^2-14Q+111)$$

$$-2<2Q-14$$

得 $Q_2=11$ 满足充分条件,即获得最大利润产出水平是 $Q_0=11$.

其次求最大利润,最大利润为

$$\begin{aligned}L&=\int_0^{Q_0}(MR-MC)\mathrm{d}Q-C_0\\&=\int_0^{11}[(100-2Q)-(Q^2-14Q+111)]\mathrm{d}Q-50=\frac{334}{3}.\end{aligned}$$

例 5 已知生产某产品 x 个单位时,边际收益为 $MR=200-\frac{x}{100}(x\geqslant 0)$.

(1) 试求生产40个单位的总收益;

(2) 若已经生产了100个单位,试求再生产100个单位时的总收益.

解 (1) 由总收益与边际收益的关系(式(5.27))得

$$\begin{aligned}R(Q)&=\int_0^Q(MR)\mathrm{d}Q=\int_0^{40}\left(200-\frac{x}{100}\right)\mathrm{d}x\\&=200\times 40-\frac{1}{200}x^2\Big|_0^{40}=8\,000-\frac{1}{20}\times 1\,600=7\,992.\end{aligned}$$

(2) 依题意,即求生产100个单位至200个单位产品的总收益,也就是总收益函数 $R(Q)$ 在区间[100,200]上的增量

$$\begin{aligned}R(200)-R(100)&=\int_{100}^{200}(MR)\mathrm{d}Q=\int_{100}^{200}\left(200-\frac{x}{100}\right)\mathrm{d}x\\&=200\times(200-100)-\frac{1}{200}x^2\Big|_{100}^{200}\\&=200-\frac{1}{200}(40\,000-10\,000)=19\,850.\end{aligned}$$

例 6　一煤矿投资 2 000 万元建成，开工采煤后，在时刻 t 的追加成本和追加收益分别为 $G(t)=5+2t^{\frac{2}{3}}$（百万元 / 年），$\Phi(t)=17-t^{\frac{2}{3}}$（百万元 / 年）. 试确定该矿生产多少年可以获得最大利润. 最大利润是多少？

解　这里，追加成本就是总成本对时间 t 的变化率，追加收益就是总收益对时间 t 的变化率，$\Phi(t)-G(t)$ 应是追加利润，建矿投资为固定成本.

显然，$G(t)$ 是增函数，$\Phi(t)$ 是减函数，这意味着生产费用逐年增加，而所得利润逐年减少. 如图 5-15 所示，煤矿所获得最大毛利润（尚没有去掉固定成本）应是曲边形 ABC 面积的数值.

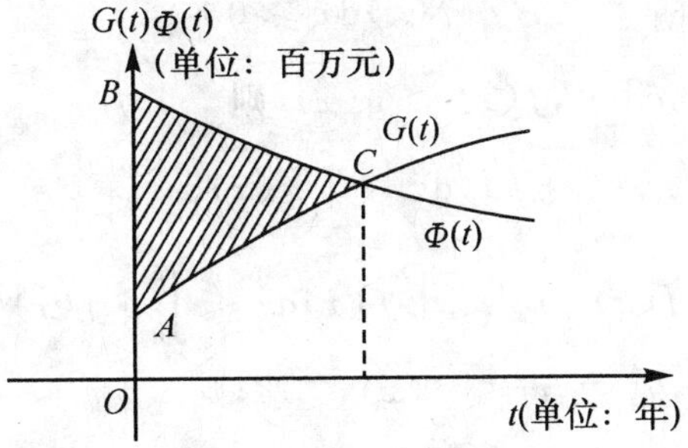

图 5-15

由极值存在的必要条件：$\Phi(t)=G(t)$ 即

$$17-t^{\frac{2}{3}}=5+2t^{\frac{2}{3}}$$

得

$$t=8$$

又

$$\Phi'(t)=-\frac{2}{3}t^{-\frac{1}{3}},G'(t)=\frac{4}{3}t^{-\frac{2}{3}}$$

即有

$$\Phi'(8)<G'(8)$$

所以煤矿生产 8 年可以获得最大利润，其值是

$$\begin{aligned}L&=\int_0^8[\Phi(t)-G(t)]\mathrm{d}t-20\\&=\int_0^8[(17-t^{\frac{2}{3}})-(5+2t^{\frac{2}{3}})]\mathrm{d}t-20=18.4(\text{百万元})\end{aligned}$$

即最大利润为 1840 万元.

§5.8　本 章 小 结

本章讨论了定积分的概念、性质、计算方法和在几何学、物理学、经济学中的应用. 我们把主要内容作一简单回顾.

5.8.1　主要内容

1. 定积分的概念

从两个实际问题：求曲边梯形的面积和求变速直线运动的路程引出定积分的概念. 介绍

了定积分的存在定理.

2. 定积分的基本性质

(1) 积分的线性性质

$$\int_a^b [kf(x)+mg(x)]\mathrm{d}x = k\int_a^b f(x)\mathrm{d}x + m\int_a^b g(x)\mathrm{d}x$$

(2) 积分的区间可加性

$$\int_a^b f(x)\mathrm{d}x = \int_a^c f(x)\mathrm{d}x + \int_c^b f(x)\mathrm{d}x$$

(3) 积分的保号性质:若在区间$[a,b]$上,$f(x)\geqslant 0$,则

$$\int_a^b f(x)\mathrm{d}x \geqslant 0$$

推论 5.1 若在区间$[a,b]$上,$f(x)\geqslant g(x)$,则

$$\int_a^b f(x)\mathrm{d}x \geqslant \int_a^b g(x)\mathrm{d}x.$$

推论 5.2

$$-\int_a^b |f(x)|\mathrm{d}x \leqslant \int_a^b f(x)\mathrm{d}x \leqslant \int_a^b |f(x)|\mathrm{d}x$$

推论 5.3 若在区间$[a,b]$上,$m\leqslant f(x)\leqslant M$,则

$$m(b-a)\leqslant \int_a^b f(x)\mathrm{d}x \leqslant M(b-a)$$

(4) 积分中值定理:当 $f(x)$ 连续时

$$\int_a^b f(x)\mathrm{d}x = f(\xi)(b-a),a\leqslant \xi\leqslant b$$

3. 微积分学基本定理

若 $f(x)$ 在区间$[a,b]$上连续,则 $\Phi(x)=\int_a^x f(t)\mathrm{d}t$ 是 $f(x)$ 的一个原函数,即

$$\Phi'(x) = \left[\int_a^x f(t)\mathrm{d}t\right]' = f(x)$$

变限积分求导方法:

$$\left[\int_a^x f(t)\mathrm{d}t\right]' = f(x)$$

$$\left[\int_x^b f(t)\mathrm{d}t\right]' = \left[-\int_b^x f(t)\mathrm{d}t\right]' = -f(x)$$

$$\left[\int_a^{\Phi(x)} f(t)\mathrm{d}t\right]' = f(\Phi(x))\cdot\Phi'(x)$$

$$\left[\int_{\Phi_1(x)}^{\Phi_2(x)} f(t)\mathrm{d}t\right]' = f[\Phi_2(x)]\Phi'_2(x) - f[\Phi_1(x)]\cdot\Phi'_1(x)$$

4. 牛顿—莱布尼兹公式

若 $f(x)$ 在区间$[a,b]$上连续,$F(x)$ 是 $f(x)$ 的一个原函数,则

$$\int_a^b f(x)\mathrm{d}x = F(x)\Big|_a^b = F(b)-F(a)$$

在应用时,应注意 $f(x)$ 在区间$[a,b]$上连续这一条件,分段连续的函数,则应分段求积分.特别不能把广义积分混为定积分.

5. 换元积分法

$$\int_a^b f(x)\mathrm{d}x \xlongequal[x\big|_a^b \Rightarrow t\big|_\alpha^\beta]{x=\varphi(t)} \int_\alpha^\beta f(\varphi(t))\varphi'(t)\mathrm{d}t$$

换元要换限，其他部分与不定积分换元法相同.

6. 分部积分法

$$\int_a^b u(x)v'(x)\mathrm{d}x = u(x)v(x)\Big|_a^b - \int_a^b v(x)u'(x)\mathrm{d}x$$

脱离积分号的部分，要用牛顿—莱布尼兹公式求值. $u(x)$，$v'(x)$ 的选择方法，要求与不定积分是一样的.

7. 定积分的应用

定积分在几何学中的应用，我们只介绍了求平面图形的面积，要画出图形，找好积分限和被积函数，分清积分变量，根据图形选择适当的积分变量，根据定积分的几何意义，计算定积分.

定积分在经济学中的应用，主要是由边际函数求总函数，要弄清楚边际成本与总成本、固定成本以及边际收益与总收益之间的关系.

8. 广义积分

主要是无穷区间的积分，注意敛散性的定义，尤其是 $\int_{+\infty}^{-\infty} f(x)\mathrm{d}x$ 敛散性的概念. 其计算方法是先作积分，再来求极限.

5.8.2 微积分学基本分析方法

导数和定积分是微积分学中两个重要的基本概念，导数和定积分所研究的问题虽然范围不同，但解决问题的基本思想和方法却有共同的特点，导数和定积分代表了微积分的基本分析方法.

比如在变速直线运动的实例中，若已知路程函数 $s(t)$，求瞬时速度 v，就是一个求导问题，该问题属于微分学的范围，研究的是运动的瞬时性质；若已知速度函数 $v(t)$，要求某时间段，例如从时刻 $t=a$ 到时刻 $t=b$ 物体所经过的路程 s，就是一个定积分问题，属于积分学范围，该问题研究的是物体在时间区间 $[a,b]$ 上的整体性态.

但是，解决这两类问题的困难是共同的，那就是路程不随时间均匀变化，即速度是变量，而非常量.

解决这两类问题的关键在于，在微小的时间区间上，把变化的速度看做常量，利用这一简单的想法，在速度问题中，我们立即得到速度的近似值.

$$\frac{\Delta s}{\Delta t} = \frac{s(t+\Delta t)-s(t)}{\Delta t}$$

在运动路程的问题中，因为是在区间 $[a,b]$ 上整体讨论，所以先把区间分小，得到每个子区间上看做匀速运动时的路程的近似值，进而求和得到在区间 $[a,b]$ 上物体经过的路程近似值

$$\sum_{i=1}^{n} v(\xi_i)\Delta t_i$$

若仅停留在这一步，仍然是近似求解，不能得到精确值，从近似到精确，利用极限思想，

从而有

$$v(t)=\lim_{\Delta t\to 0}\frac{\Delta s}{\Delta t}=\frac{\mathrm{d}s}{\mathrm{d}t}$$

$$S=\lim_{\Delta t\to 0}\sum_{i=1}^{n}v(\xi_i)\Delta t_i=\int_a^b v(t)\mathrm{d}t$$

这样我们通过导数和定积分解决了变速直线运动的瞬时速度和路程问题.

导数解决瞬时速度,因为是一点的局部问题,其解决步骤是:近似 → 精确.

定积分解决路程问题,因为是在区间[a,b]上的整体问题,其解决步骤就变为:分割 → 近似 → 求和 → 精确,也就是"分割求近似,求和取极限".

导数与定积分这种解决问题的思想方法在许多领域有着广泛的应用.本章限于篇幅,只介绍了简单的两个应用,读者可以参阅其他的资料,了解这种方法的应用.

习 题 五

一、判断题

1. $f(x)$ 在区间[a,b]上可导,则 $f(x)$ 在区间[a,b]上可积. ( )

2. 若 $f(x)>0$,则$\int_1^2 f(x)\mathrm{d}x<\int_0^3 f(x)\mathrm{d}x$. ( )

3. 若$\int_{-a}^{a} f(x)=0$,则 $f(x)$ 为奇函数. ( )

4. 设 $f(x)$ 为奇函数,则必有$\int_{-a}^{a}[f(x)+f(-x)]\mathrm{d}x=0$. ( )

5. 若$\int_a^c f(x)\mathrm{d}x=3$,$\int_c^b f(x)\mathrm{d}x=-2$,则以 $x=a$,$x=b$,$f(x)$,Ox 轴所围的图形面积为 5. ( )

6. $\int_a^b f(x^2)\cdot 2x\mathrm{d}x=\int_a^b f(x^2)\mathrm{d}(x^2)=\int_a^b f(t)\mathrm{d}t$. ( )

7. $\Phi(x)=\int_0^x t\cos t\mathrm{d}t$,则 $\Phi'(0)=0$. ( )

8. $\int_{-1}^{1}\frac{1}{x^2}\mathrm{d}x=\left[-\frac{1}{x}\right]\Big|_{-1}^{1}=-1+(-1)=2$. ( )

9. 因为 $f(x)=\dfrac{x^2+1}{x\cos x}$ 是奇函数,所以$\int_{-1}^{1}\dfrac{x^2+1}{x\cos x}=0$. ( )

10. 当 $n>1$ 时,$\int_1^{+\infty}\dfrac{1}{x^n}\mathrm{d}x$ 收敛. ( )

二、单项选择题

1. 下列积分可以直接使用牛顿—莱不尼兹公式的有 ( )

A. $\int_{-1}^{1}\dfrac{x\mathrm{d}x}{\sqrt{1-x^2}}$　　B. $\int_{\frac{1}{e}}^{e}\dfrac{\mathrm{d}x}{x\ln x}$　　C. $\int_0^4\dfrac{x\mathrm{d}x}{(x^{\frac{3}{2}}-5)^2}$　　D. $\int_0^5\dfrac{x^3}{x^2+1}\mathrm{d}x$

2. 已知$\int_1^b\dfrac{1}{x}\mathrm{d}x=1$,则 $b=$ ( )

A. e　　B. e^{-1}　　C. 2　　D. e^{-2}

3. 已知 $f(x)$ 有一原数 x^2，则 $\int_0^{\frac{\pi}{2}} f(-\sin x)\cos x dx =$ （　）

A. 1　　B. -1　　C. $\frac{\pi^2}{4}$　　D. $-\frac{\pi^2}{4}$

4. 设 $F'(x) = f(x)$，且 $F(1) = -1, F(0) = 0, f(1) = 0$，则 $\int_0^1 xf'(x)dx =$ （　）

A. -1　　B. 0　　C. 2　　D. 1

5. $\int_0^a \frac{1}{\sqrt{a^2 - x^2}} dx =$ （　）

A. $\frac{\pi}{2a}$　　B. $-\frac{\pi}{2a}$　　C. $\frac{\pi}{2}$　　D. $-\frac{\pi}{2}$

6. $a = \int_1^2 \ln x dx, b = \int_1^2 |\ln x| dx$，则 （　）

A. $a = b$　　B. $a > b$　　C. $a < b$　　D. $a \geqslant b$

7. $\frac{d}{dx}\int_0^{x^3} f(\sqrt[3]{t})dt =$ （　）

A. $f(x)$　　B. $3x^2 f(x)$　　C. $f(\sqrt[3]{x})$　　D. $3x^2 f(\sqrt[3]{x})$

8. $F(x) = \int_0^x (t-1)dt$，则 $y = F(x)$ 有 （　）

A. 极小值 $\frac{1}{2}$　　B. 极小值 $-\frac{1}{2}$　　C. 极大值 $\frac{1}{2}$　　D. 极大值 $-\frac{1}{2}$

9. $\int_0^{\frac{\pi}{2}} f(\sin x)\cos x dx =$ （　）

A. $\int_0^1 f(\sin x) d\sin x$　　B. $\int_0^1 f(t)dt$　　C. $\int_0^{\frac{\pi}{2}} f(t)dt$　　D. $\int_0^{\frac{\pi}{2}} f(\sin x)dx$

10. $\int_{-\infty}^{+\infty} \frac{2x}{x^2+1} dx$ 等于 （　）

A. -2　　B. 2　　C. 0　　D. 发散

三、计算、简答题

1. 定积分 $\int_0^{\pi} \sin x dx$ 的几何意义是什么？

2. 根据定积分的定义计算 $\int_0^1 x dx$，再利用定积分的几何意义，解释所得结果.

3. 利用定积分的性质，比较下列各组积分值的大小.

(1) $\int_0^1 x dx, \int_0^1 x^2 dx, \int_0^1 x^3 dx$；　　(2) $\int_0^{\frac{\pi}{2}} \sin x dx, \int_0^{\frac{\pi}{2}} \sin^2 x dx, \int_0^{\frac{\pi}{2}} \sin^{10} x dx$；

(3) $\int_0^{\frac{\pi}{2}} \sin x dx, \int_0^{\frac{\pi}{2}} x dx$；　　(4) $\int_0^1 e^{-x} dx, \int_0^1 e^{-x^2} dx$；

(5) $\int_3^4 \ln x dx, \int_3^4 \ln^2 x dx$；　　(6) $\int_1^2 \ln x dx, \int_1^2 \ln^2 x dx$.

4. 利用定积分性质，证明

(1) $\frac{2}{5}\leqslant\int_1^2\frac{x}{x^2+1}dx\leqslant\frac{1}{2}$；

(2) $1\leqslant\int_0^1 e^{x^2}dx\leqslant e$；

(3) $\frac{\pi}{21}<\int_{\frac{\pi}{4}}^{\frac{\pi}{3}}\frac{1}{1+\sin^2 x}dx<\frac{\pi}{8}$；

(4) $\frac{\pi}{2}<\int_0^{\frac{\pi}{2}}e^{\sin x}dx<\frac{\pi e}{2}$.

5. 求下列函数的导数

(1) $F(x)=\int_0^x\sqrt{1+t^2}dt$；

(2) $F(x)=\int_x^2 te^{-t}dt$；

(3) $F(x)=\int_1^{x^2}\frac{1}{\sqrt{1+t^3}}dt$；

(4) $F(x)=\int_{x^3}^{x^2}e^t dt$.

6. 用罗必达法则求下列极限

(1) $\lim\limits_{x\to 0}\frac{\int_0^{x^2}\cos t^2 dt}{x\sin x}$；

(2) $\lim\limits_{x\to 0}\frac{\int_0^x \tan t dt}{x^2}$.

7. 计算下列积分

(1) $\int_a^b 1dx$；

(2) $\int_a^b x^2dx$；

(3) $\int_a^b x^3dx$；

(4) $\int_1^2\frac{1}{\sqrt{x}}dx$；

(5) $\int_{-1}^1 u^4du$；

(6) $\int_0^a(3t^2-t+1)dt$；

(7) $\int_0^{\frac{\pi}{2}}\cos\varphi d\varphi$；

(8) $\int_{\frac{1}{\sqrt{3}}}^{\sqrt{3}}\frac{1}{1+x^2}dx$；

(9) $\int_{-\frac{1}{2}}^{\frac{1}{2}}\frac{1}{\sqrt{1-x^2}}dx$；

(10) $\int_0^2\frac{x^3}{1+x}dx$；

(11) $\int_0^{\frac{\pi}{2}}\sin\theta\cos^3\theta d\theta$；

(12) $\int_0^{\frac{\pi}{2}}\sin^2 xdx$；

(13) $\int_0^{\frac{\pi}{2}}\cos^2 xdx$；

(14) $\int_0^{\pi}\sin^3\varphi\cos^3\varphi d\varphi$；

(15) $\int_0^{\frac{\pi}{4}}\tan^2\theta d\theta$；

(16) $\int_0^1\frac{x^2}{1+x^2}dx$；

(17) $\int_4^9\frac{y-1}{\sqrt{y+1}}dy$；

(18) $\int_0^a\sqrt{a^2-x^2}dx$；

(19) $\int_0^1\frac{x}{(1+x^2)^3}dx$；

(20) $\int_1^e\frac{1+\ln x}{x}dx$；

(21) $\int_{-2}^0\frac{1}{x^2+2x+2}dx$；

(22) $\int_1^2\frac{1}{x+x^2}dx$；

(23) $\int_0^{16}\frac{1}{\sqrt{x+9}-\sqrt{x}}dx$；

(24) $\int_0^1\frac{\arcsin\sqrt{x}}{\sqrt{x}\cdot\sqrt{1-x}}dx$；

(25) $\int_{-1}^1|x|dx$；

(26) $\int_0^3|2-x|dx$；

(27) $\int_{\frac{1}{e}}^e|\ln x|dx$；

(28) $\int_{-\frac{\pi}{2}}^{\frac{\pi}{2}}\sqrt{\cos x-\cos^3 x}dx$.

8. 用换元积分法计算下列积分

(1) $\int_0^1 \frac{\sqrt{x}}{2-\sqrt{x}}dx$；　(2) $\int_0^3 \frac{x}{1+\sqrt{1+x}}dx$；

(3) $\int_0^2 \frac{dx}{\sqrt{x+1}+\sqrt{(x+1)^3}}$；　(4) $\int_0^1 \sqrt{4-x^2}dx$；

(5) $\int_0^a x^2\sqrt{a^2-x^2}dx(a>0)$；　(6) $\int_0^a \frac{dx}{(x^2+a^2)^{\frac{3}{2}}}(a>0)$；

(7) $\int_a^{2a} \frac{\sqrt{x^2-a^2}}{x^4}dx(a>0)$；　(8) $\int_1^{e^3} \frac{1}{x\sqrt{1+\ln x}}dx$；

(9) $\int_0^{\sqrt{2}a} \frac{rdr}{\sqrt{3a^2-r^2}}$；　(10) $\int_0^1 \frac{\sqrt{e^x}}{\sqrt{e^x+e^{-x}}}dx$；

(11) $\int_0^1 \frac{1}{1+e^x}dx$；　(12) $\int_0^{\frac{\pi}{2}} \cos^5 t dt$；

(13) $\int_0^1 \sqrt{(1-x^2)^3}dx$；　(14) $\int_{-1}^1 x\sqrt{(1-x^2)^5}dx$.

9. 检验下列代换是否正确?为什么?

(1) 计算$\int_{-1}^1 \frac{1}{x+x^2}dx$ 时,令 $x=\frac{1}{t}$；

(2) 计算$\int_0^3 x\sqrt[3]{1-x^2}dx$ 时,令 $x=\sin t$.

10. 用分部积分法计算下列积分

(1) $\int_0^{\ln 2} xe^{-x}dx$；　(2) $\int_1^e x\ln x dx$；

(3) $\int_1^4 \frac{\ln x}{\sqrt{x}}dx$；　(4) $\int_0^1 x\arctan x dx$；

(5) $\int_{\frac{\pi}{4}}^{\frac{\pi}{3}} \frac{x}{\sin^2 x}dx$；　(6) $\int_{-\frac{\pi}{2}}^{\frac{\pi}{2}} x^2\cos x dx$；

(7) $\int_0^{\sqrt{\ln 2}} x^3 e^{-x^2}dx$；　(8) $\int_0^{2\pi} x\cos^2 x dx$；

(9) $\int_0^{\frac{\pi}{2}} e^x \sin x dx$；　(10) $\int_0^{2\pi} \frac{x(1+\cos 2x)}{2}dx$.

11.* 设 $f(x)=\int_1^{x^2} e^{-t^2}dt$,求$\int_0^1 xf(x)dx$.

12.* 设 $f(x)=\begin{cases} xe^{-x^2}, & x\geqslant 0 \\ \frac{1}{1+\cos x}, & -1<x<0 \end{cases}$,求$\int_1^4 f(x-2)dx$.

13.* 求 c 的值,分别使:

(1) $\int_0^c x(1-x)dx=0$；　(2) $\int_0^c |x(1-x)|dx=0$；

(3) $\lim\limits_{x\to+\infty}\left[\frac{x+c}{x-c}\right]^x=\int_{-\infty}^c te^{2t}dt$.

14. 设 $f(x)$ 在区间$[0,a]$上连续,证明

$$\int_0^a f(x)\mathrm{d}x = \int_0^a f(a-x)\mathrm{d}x.$$

15. 计算下列广义积分

(1) $\int_{-\infty}^{+\infty} \frac{1}{x^2+4x+9}\mathrm{d}x$； (2) $\int_0^{+\infty} \mathrm{e}^{-\sqrt{x}}\mathrm{d}x$.

16. 已知 $f(x) = \frac{1}{1+x^2} + x\int_0^1 f(x)\mathrm{d}x$，求$\int_0^1 f(x)\mathrm{d}x$.

17. 求下列曲线所围成的图形的面积

(1) $y = x, y = \sqrt{x}$； (2) $y = \mathrm{e}^x, y = \mathrm{e}, x = 0$；

(3) $y = x^2, y = -2x+3$； (4) $y = 1-x^2, y = \frac{3}{2}x$；

(5) $y-2 = -\sqrt{1-(x-2)^2}, y = \mathrm{e}^{-x}, x = 1, x = 3$；

(6) $y = 2, y = x, y = 2x$； (7) $y = x^3, y = (x-2)^2, y = 0$；

(8) 曲线 $y = x^3 - 3x + 2$ 在 Ox 轴上介于两极值点之间的曲边梯形.

18. 某产品边际成本为 $MC = 3 + Q$(万元/百台)，边际收益为 $MR = 12 - Q$，固定成本为 5 万元，试求利润函数 $L(Q)$.

19. 已知某商品的边际成本为 $MC = \frac{Q}{2}$(万元/台)，固定成本为 $C_0 = 10$ 万元，又已知该商品的销售收入为 $R(Q) = 100Q$(万元)，试求：

(1) 使利润最大的销售量和销售利润；

(2) 在获得最大利润的销售量的基础上，再销售 20 台，利润将减少多少？

20. 已知某产品总产量的变化率是时间 t(单位：年) 的函数，$f(t) = 2t + 6$，$(t \geqslant 0)$，试求第一个五年和第二个五年的总产量各是多少.

21. 某商店售出 x 台机器时的边际利润为 $L'(x) = 12.5 - \frac{x}{80}(x \geqslant 0)$(万元/台)，且 $L(0) = 0$，试求：

(1) 售出 40 台时的总利润；

(2) 售出 60 台时，前 30 台的平均利润和后 30 台的平均利润.

第6章　概　率

在经济领域中有各种各样的现象，有些现象在所研究的范围内，可以用确定的数量关系来描述，这类现象的变化不仅有规律可循，而且这一规律是完全确定的. 例如，每公斤牛肉的市场售价为 19 元，当我们研究顾客买肉应付款项时，很明显，买 10 公斤便是 190 元，即

$$单价 \times 数量 = 付款数额$$

这是一个非常确定的事实；但当我们研究的是一笔投资收益的预测问题时，对一笔资金的投入，究竟是盈利还是亏损?一般地说，盈利或亏损都是可能的. 又譬如，从一批产品中任意抽取 1 个来检验，该产品可能是正品，也可能是次品，还可能是废品. 在自然现象中，明天的天气可能晴，可能阴，也可能是阵雨，诸如此类现象不胜枚举. 但我们不难发现这种不确定现象都具有这样一种特征：在一定条件下，一种现象的出现具有多种可能的结果，但究竟是哪一种结果出现，事先并不能肯定，我们把具有这种不确定性现象称为随机现象，概率论就是研究大量随机现象的规律性的科学.

本章主要介绍概率论的一些最基本的概念和运算.

§6.1　随机事件及事件关系

6.1.1　样本空间与随机事件

1. 随机现象及其统计规律性

在客观世界中存在着两类不同的现象：确定性现象和随机现象.

在一定条件下，某种结果必定发生或必定不发生的现象称为确定性现象. 这类现象的一个共同点是：事先可以判定其结果.

在一定条件下，具有多种可能发生的结果的现象称为随机现象. 这类现象的一个共同点是：事先不能预言多种可能结果中究竟出现哪一种.

一般来说，随机现象具有两重性：表面上的偶然性与内部蕴含着的必然规律性. 随机现象的偶然性又称为该现象的随机性. 在一次试验或观察中，结果的不确定性就是随机现象随机性的一面；在相同的条件下进行大量重复试验或观察时呈现出来的规律性是随机现象必然性的另一面，称随机现象的必然性为统计规律性.

2. 随机试验与随机事件

为了叙述方便，我们把对随机现象进行的一次观测或一次试验统称为一个试验，如果这个试验满足下面的两个条件：

(1) 在相同的条件下可以重复进行；

(2) 试验都有哪些可能的结果是明确的，但每次试验的具体结果在试验前是无法得知

的，那么我们就称该试验是一个随机试验，以后简称为试验. 一般用字母 E 表示.

在随机试验中，每一个可能出现的不可分解的最简单的结果称为随机试验的基本事件或样本点，用 W 表示；而由全体基本事件构成的集合称为基本事件空间或样本空间，记为 Ω.

例 1 设 E_1 为抛掷一枚均匀的硬币，观察正、反面出现的情况，记 ω_1 是出现正面，ω_2 是出现反面，于是 Ω 由两个基本事件 ω_1、ω_2 构成，即 $\Omega=\{\omega_1、\omega_2\}$.

例 2 设 E_2 为掷一粒骰子，观察出现的点数，记 ω_i 为出现 i 个点($i=1,2,\cdots,6$)，于是有 $\Omega=\{\omega_1,\omega_2,\cdots,\omega_6\}$.

例 3 设 E_3 为从 10 件产品(其中 2 件次品，8 件正品)之中任取 3 件，观察其中次品的件数，记 ω_i 为恰有 i 件次品($i=0,1,2$)，于是 $\Omega=\{\omega_0,\omega_1,\omega_2\}$.

例 4 设 E_4 为在相同条件下接连不断地向同一个目标射击，直到击中目标为止，观察射击次数，记 ω_i 为射击 i 次($i=1,2,\cdots$)，于是 $\Omega=\{\omega_1,\omega_2,\cdots\}$.

例 5 设 E_5 为某地铁站每隔 5 分钟有一列车通过，乘客对于列车通过该站的时间完全不知道，观察乘客候车的时间. 记乘客的候车时间为 ω，显然有 $\omega\in[0,5)$，即 $\Omega=[0,5)$.

通过上述几个例子可以看出，随机试验大体可以分成只有有限可能结果的(如 E_1、E_2、E_3)；有可列个可能结果的(如 E_4)和有不可列个可能结果的(如 E_5)这三种情况.

应该说明的是，一个随机试验中样本点个数的确定都是相对试验目的而言的. 另外，一个随机试验的条件有的是人为的，有的是客观存在的(如地震等)，在后一种情况下，每当试验条件实现时，人们便会观测到一个结果，虽然我们无法事先准确地说出试验的结果，但是能够指出该试验结果出现的范围 Ω，因此，我们所讨论的随机试验是有着十分广泛的含义的.

例 6 写出下列随机试验的样本空间 Ω：

(1) 同时掷两粒骰子，记录两粒骰子点数之和；

(2) 10 件产品中有 3 件是次品，每次从中抽取 1 件，取出后不再放回，直到 3 件次品全部取出为止，记录抽取的次数；

(3) 生产某种产品直到得到 10 件正品，记录生产产品的总件数；

(4) 将一尺之棰折成三段，观察各段的长度.

解 (1) $\Omega=\{2,3,\cdots 12\}$.

(2) $\Omega=\{3,4,\cdots 10\}$.

(3) $\Omega=\{10,11,\cdots\}$.

(4) 设 x,y,z 分别表示第一段、第二段、第三段的长度，有

$$\Omega=\{(x,y,z)\mid x>0,y>0,z>0,x+y+z=1\}.$$

有了样本空间的概念，我们就可以来描述随机事件了. 所谓随机事件是样本空间 Ω 的一个子集，随机事件简称为事件，用字母 A,B,C 等表示. 因此，某个事件 A 发生当且仅当这个子集中的一个样本点 ω 发生，记为 $\omega\in A$.

在一定条件下，必定要发生的事件称为必然事件，记做 Ω 如例 2 中{点数小于或等于 6}就是一个必然事件，例 3 中{至少有一件正品}也是一个必然事件.

在一定条件下，每次试验中必定不会发生的事件称为不可能事件，记为 $\varnothing$. 如例 2 中{点数等于 7}，{点数小于 1}等都是不可能事件，例 3 中{不出现正品}也是不可能事件.

严格地说，必然事件和不可能事件都不属于随机事件，而是属于确定性事件，但为了讨

论的方便，我们把它们也称为随机事件.必须指出，必然事件、不可能事件和随机事件，都是指在一定条件下发生的现象.一般地，条件变了，事件的性质也就变了.例如，当我们没有掌握小麦的丰产规律，想使小麦亩产千斤是不可能事件；一旦经过试验，掌握了小麦亩产千斤的规律，实现小麦亩产千斤就成为必然事件；如果考虑气候条件，亩产千斤又成为随机事件.

我们把最简单的事件称为基本事件，把由若干个基本事件组成的事件称为复合事件，显然随机事件总是由若干个基本事件组成的.如例2中，设事件$A=\{$出现偶数点$\}$，$B=\{$出现的点数大于4$\}$，$C=\{$出现3点$\}$，则$A=\{\omega_2,\omega_4,\omega_6\}$，$B=\{\omega_5,\omega_6\}$，$C=\{\omega_3\}$，它们都是由基本事件——样本点组成的.

6.1.2 事件的关系与运算

客观世界中的事件都不是孤立的，而是互相联系并且存在着一定的关系.例如，观察用高射炮向敌机连发两弹的“试验”，这时应考虑：命中1弹，命中2弹，第一弹命中，第二弹命中，击中了敌机，未击中敌机，这6种现象都是事件，而有些试验发生事件的情况是相当复杂的，为了认识复杂的事件，我们先来讨论一下事件之间的关系，在没有特别说明的情况下，下述问题的讨论我们都假定是在同一样本空间Ω中进行的.

1. 事件的包含

如果事件A发生，必然导致事件B发生，则称事件A包含于事件B，记为$A\subset B$或$B\supset A$，如图6-1所示.

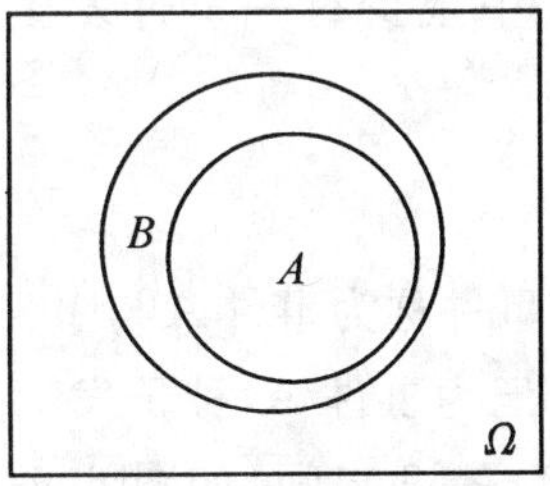

$A\subset B$

图 6-1

例7 甲产品正品率不超过95%，这一事件记为A；甲产品正品率小于97%，这一事件记为B，则$A\subset B$.

例8 高射炮向敌机连发两弹，命中一弹（记为A_1）导至击中敌机，记为B；命中两弹（记为A_2）导致击中敌机，则$A_1\subset B$；$A_2\subset B$.

显然，B不发生，则A必不发生，为方便起见，规定对任一事件A，都有

$$\varnothing\subset A\subset\Omega \tag{6.1}$$

2. 事件的相等

如果事件$A\subset B$，且$A\supset B$，则称事件A与事件B相等，记为$A=B$.

例9 检查一批产品的正品率为95%.这一事件记为A，又设正品率达到95%的是合格产品，合格产品记为事件B，则$A\subset B$且$A\supset B$，所以$A=B$.

3. 事件的和

事件 A 和事件 B 至少有一个发生的事件称为事件 A 与事件 B 的和，事件 A 与事件 B 的和也叫做事件 A 与事件 B 的并，记为 $A+B$ 或 $A\cup B$. 如图 6-2 所示.

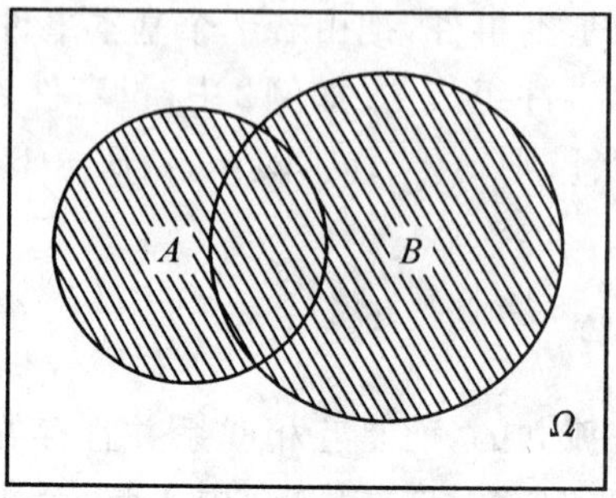

$A\cup B$

图 6-2

例 10 有一圆柱形产品，产品不合格(记为事件 C)，是直径不合格(记为事件 A) 或长度不合格(记为事件 B)，则

$$C=A+B, \text{或} C=A\cup B.$$

事实上，产品不合格有直径不合格或长度不合格，或是直径与长度都不合格三种情况.

容易推广：事件 $A_1, A_2, \cdots, A_n$ 中至少有一事件发生的事件称为事件 $A_1, A_2, \cdots, A_n$ 的和，简记为 $\sum_i A_i$ 或 $\bigcup A_i$.

4. 事件的差

事件 A 发生而事件 B 不发生的事件称为事件 A 与事件 B 的差，记为 $A-B$，如图 6-3 所示.

例 11 种子发芽数不少于 60 记为事件 A，种子发芽数不少于 70 记为事件 B，则 A 与 B 的差以 $A-B$ 表示：发芽数介于 60 ~ 69 之间，如图 6-4 所示.

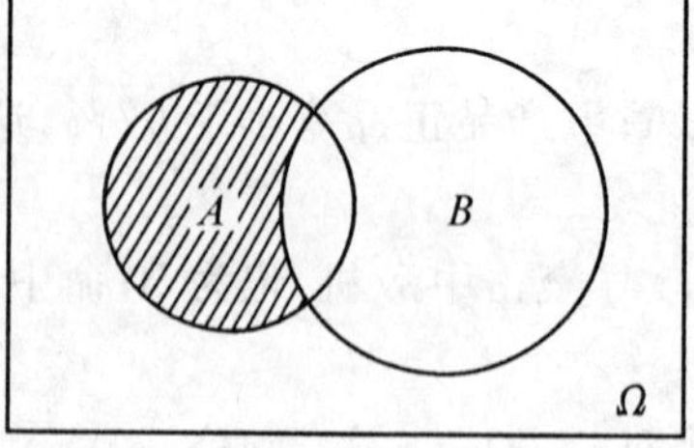

$A-B$

图 6-3

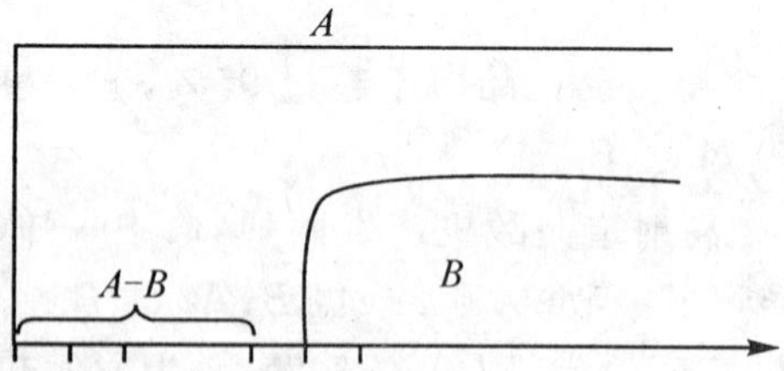

图 6-4

5. 事件的积

事件 A 与事件 B 同时发生的事件称为事件 A 与事件 B 的积(或交)，记为 AB(或 $A\cap B$)，如图 6-5 所示.

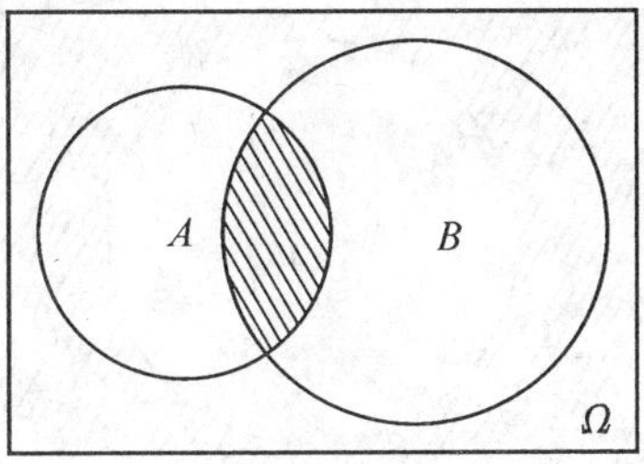

$A \cap B$

图 6-5

例 12　某厂有两台自动控制的机器,在一小时内,第一台不用工人照管记为事件 A,第二台不用工人照管记为事件 B,两台都不需工人照管记为事件 C,则 $C = AB$ 或 $C = A \cap B$,C 表示事件 A 与事件 B 同时发生构成的事件.

6. *互斥事件*

如果事件 A 和事件 B 不能同时发生,叫做事件 A 与事件 B 互斥(或称 A 与 B 互不相容),记为 $AB = \varnothing$,如图 6-6 所示.

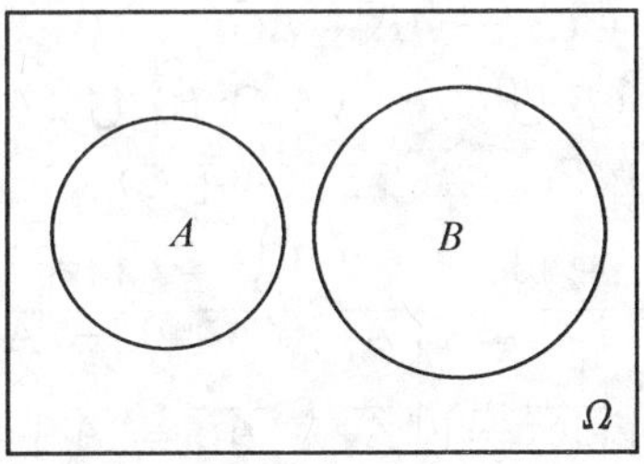

A、B 不相容

图 6-6

例 13　在一次产品检验中,正品记为事件 A,废品记为事件 B,则事件 A 与事件 B 不能同时发生,所以 A 与 B 互斥.

注　两事件互斥可能出现三种情况:(1)A 发生而 B 不发生;(2) A 不发生而 B 发生;(3) A、B 都不发生(如例 13 中,产品还可能既不是正品,也不是废品,而是次品).

7. *事件的互逆*

如果事件 A 与事件 B 必发生其一,但不能同时发生,称为事件 A 与事件 B 互逆(或叫做对立事件),记事件 A 的逆事件为 $\overline{A}$,即 $B = \overline{A}$,如图 6-7 所示. 显然 $A\overline{A} = \varnothing$,$A + \overline{A} = \Omega$,$\overline{A} = \Omega - A$,$\overline{\overline{A}} = A$.

例 14　向桌面上掷一枚五分硬币,不是正面向上,就一定是反面向上,二者不能同时出现,但二者必居其一,所以是互逆事件,又是互斥事件.

值得注意的是,两事件互逆,则该两事件一定互斥;而两事件互斥不一定互逆;因为互斥事件可以是两事件都不发生,而互逆事件必发生一个.

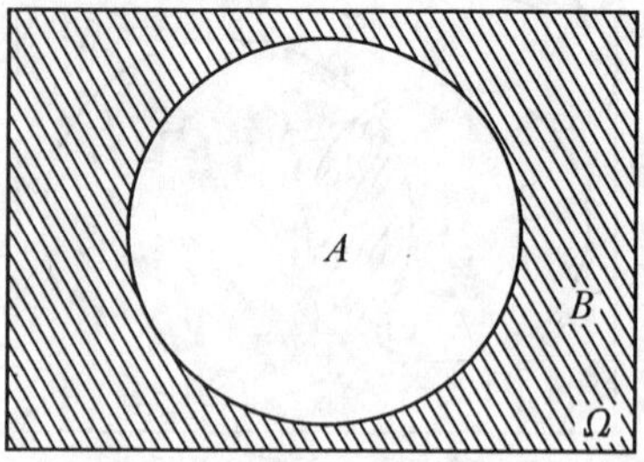

$\overline{A}=B$

图 6-7

事件的运算满足下列运算律：

(1) 交换律 $A+B=B+A \quad (A\cup B=B\cup A)$

$AB=BA \quad (A\cap B=B\cap A)$

(2) 结合律 $A+(B+C)=(A+B)+C$

$A\cup(B\cup C)=(A\cup B)\cup C$

$(AB)C=A(BC)$

$(A\cap B)\cap C=A\cap(B\cap C)$

(3) 分配律 $A(B+C)=AB+AC$

$A\cap(B\cup C)=(A\cap B)\cup(A\cap C)$

$A+BC=(A+B)(A+C)$

$A\cup(B\cap C)=(A\cup B)\cap(A\cup C)$

(4) 德·摩根定律 $\overline{\bigcup_i A_i}=\bigcap_i \overline{A_i} \quad (\overline{A+B}=\overline{A}\,\overline{B})$

$\overline{\bigcap_i A_i}=\bigcup_i \overline{A_i} \quad (\overline{AB}=\overline{A}+\overline{B})$

(5) 特殊运算律

$$A+A=A$$
$$A+\overline{A}=\Omega$$
$$A+\Omega=\Omega$$
$$A+\varnothing=A$$
$$AA=A$$
$$A\overline{A}=\varnothing$$
$$A\Omega=A$$
$$A\varnothing=\varnothing$$

例 15 设 A、B、C 是三个随机事件，试用 A、B、C 表示下列各事件：

(1) 恰有 A 发生；

(2) A 和 B 都发生而 C 不发生；

(3) 所有这三个事件都发生；

(4) A、B、C 至少有一个事件发生；

(5) A、B、C 至少有两个事件发生；

(6) 恰有一个事件发生；

(7) 恰有两个事件发生；

(8) 不多于一个事件发生；

(9) 不多于两个事件发生；

(10) 三个事件都不发生.

解　(1) $A\overline{B}\,\overline{C}$；(2) $AB\overline{C}$；(3) ABC；(4) $A+B+C$；(5) $AB+BC+CA$；(6) $A\overline{B}\,\overline{C}+\overline{A}B\overline{C}+\overline{A}\,\overline{B}C$；(7) $AB\overline{C}+A\overline{B}C+\overline{A}BC$；(8) $\overline{AB+BC+CA}$；(9) $\overline{ABC}$；(10) $\overline{A}\,\overline{B}\,\overline{C}$.

例 16　设某工人连续生产了 4 个零件，A_i 表示他生产的第 i 个零件是正品($i=1,2,3,4$)，试用 A_i 表示下列各事件：

(1) 没有一个是次品；(2) 至少有一个是次品；

(3) 只有一个是次品；(4) 至少有三个不是次品；

(5) 恰好有三个是次品；(6) 至少有一个是次品.

解　(1) $A_1A_2A_3A_4$；　(2) $\overline{A_1A_2A_3A_4}$；

(3) $\overline{A}_1A_2A_3A_4+A_1\overline{A}_2A_3A_4+A_1A_2\overline{A}_3A_4+A_1A_2A_3\overline{A}_4$；

(4) $A_1A_2A_3\overline{A}_4+A_1A_2\overline{A}_3A_4+A_1\overline{A}_2A_3A_4+\overline{A}_1A_2A_3A_4+A_1A_2A_3A_4$；

(5) $A_1\overline{A}_2\overline{A}_3\overline{A}_4+\overline{A}_1A_2\overline{A}_3\overline{A}_4+\overline{A}_1\overline{A}_2A_3\overline{A}_4+\overline{A}_1\overline{A}_2\overline{A}_3A_4$；

(6) $A_1A_2A_3A_4+\overline{A}_1A_2A_3A_4+A_1\overline{A}_2A_3A_4+A_1A_2\overline{A}_3A_4+A_1A_2A_3\overline{A}_4$.

例 17　下列各式说明 A 与 B 之间具有何种包含关系？

(1) $AB=A$；　(2)$A+B=A$.

解　(1) 因为“$AB=A$”与“$AB\subset A$ 且 $A\subset AB$”是等价的，由 $A\subset AB$ 可以推出 $A\subset A$ 且$A\subset B$，因此有 $A\subset B$；

(2) 因为“$A+B=A$”与“$A+B\subset A$ 且 $A\subset A+B$”是等价的，由 $A+B\subset A$ 可以推出 $A\subset A$ 且 $B\subset A$，因此有 $B\subset A$.

§6.2　概率的定义

通俗地说，所谓概率是某一随机事件发生可能性大小的数值度量，我们有时说，今天“八成”要下雨；对某项投资“十拿九稳”是盈利，等等. 这些都包含了概率的涵义. 但是作为对一个数学概念的定义，这样说还是很粗浅的，概率的定义随着概率论的理论和实践的发展而不断完善.

6.2.1　概率的公理化定义

定义 6.1　设 E 是一个随机试验，Ω 为 E 的样本空间，以 E 中所有的随机事件组成的集合为定义域，定义一个函数 $P(A)$(其中 A 为任一随机事件)，且 $P(A)$ 满足以下三条公理，则称函数 $P(A)$ 为事件 A 的概率：

公理 1　$0\leqslant P(A)\leqslant 1$

公理 2　$P(\Omega)=1$

公理 3　若 $A_1,A_2,\cdots,A_n,\cdots$ 两两互斥，则

$$P(\bigcup_{i=1}^{\infty} A_i) = \sum_{i=1}^{\infty} P(A_i).$$

6.2.2 概率的统计定义

首先定义频率.

定义 6.2 若在 n 次试验中,随机事件 A 出现 k 次,则称

$$f_n(A) = \frac{k}{n} \tag{6.2}$$

为事件 A 在 n 次试验中出现的频率.

其中,$f_n(A)$ 是一个频率符号,$f_n(A)$ 表示在 n 次试验中频率的大小与随机事件 A 出现的次数有关.

在每一个随机试验中,频率并不是确定的,但在大量的试验中,频率有一定的规律性.

例 1 历史上曾经有不少人对掷硬币出现正面的情况进行过多次试验,其结果如表 6-1 所示.

表 6-1

试验者	掷硬币次数 n	出现正面次数 k	频率 $\frac{k}{n}$
德·摩尔根	2048	1061	0.518
蒲 丰	4040	2048	0.5069
皮尔逊	12000	6019	0.5016
皮尔逊	24000	12012	0.5005
维 尼	30000	14994	0.4998

在掷硬币时,所掷的硬币是均匀的,我们就一定会想到出现正面和出现反面的机会应该是相等的,那么,在大量的试验中出现正面的频率应当和出现反面的频率相等,即都应在 $\frac{1}{2}$ 附近摆动,从表 6-1 的试验记录中可以看出,当掷的次数充分大时,频率确实是在 $\frac{1}{2}$ 附近摆动.

例 2 对某工厂生产的大批彩电进行合格率的抽检,结果如表 6-2 所示.

表 6-2

抽样数(n)	5	10	60	150	600	900	1200	1800
合格数(k)	5	7	53	131	542	820	1091	1631
合格率(k/n)	1	0.7	0.883	0.873	0.913	0.991	0.909	0.906

这个试验说明该厂生产的彩电合格率只有 0.9,质量不甚理想.

从上述两个例子可以看到,尽管频率没有确定的数值,但在大量的试验中却有一定的规律 —— 频率的稳定性规律,这种稳定性是客观规律的表现,是从大量统计中得到的,所以也叫统计规律性,从而引出了统计概率.

在大量重复试验中,随机事件频率的稳定性规律,反映在客观上存在着一个数值,这个数值就是频率的稳定中心,我们称这个数值为概率.

定义 6.3 在 n 次重复试验中,若事件 A 发生 k 次,当 n 充分大时,频率 $\frac{k}{n}$ 稳定接近的值 p,叫做随机事件 A 的概率,记为

$$P(A) = p$$

其中,记号 p 是表示概率的符号,$P(A)$ 表示事件 A 的概率.

概率的统计定义仅仅指出了事件的概率是客观存在的,但并不能用这个定义计算 $P(A)$,实际上,人们是采取一次大量试验的频率或一系列频率的平均值作为 $P(A)$ 的近似值的. 例如,如表 6-3 所示,从对一个妇产科医院 6 年出生婴儿的调查中,可以看到生男孩的频率是稳定的,可以取 0.515 作为生男孩概率的近似值.

表 6-3

出生年份	新生儿总数(n)	新生儿分类数		频率/%	
		男孩数(m_1)	女孩数(m_2)	男孩	女孩
1977	3670	1883	1787	51.31	48.69
1978	4250	2177	2073	51.22	48.78
1979	4055	2138	1917	52.73	47.27
1980	5844	2955	2889	50.56	49.44
1981	6344	3271	3073	51.56	48.44
1982	7231	3722	3509	51.47	48.53
6年总计	31394	16146	15248	51.48	48.52

6.2.3 概率的古典定义

我们把具有特性:

(1) 试验的结果是有限个;

(2) 每个结果出现的可能性是相同的随机试验.

称为古典概型随机试验,就是说,在我们所讨论的基本事件空间 Ω 中,基本事件 $\omega_1,\omega_2,\cdots,\omega_n$ 是有限个,且 $P(\omega_1)=P(\omega_2)=\cdots=P(\omega_n)$.

定义 6.4 设古典概型随机试验的基本事件空间由 n 个基本事件组成,即 $\Omega=\{\omega_1,\omega_2,\cdots,\omega_n\}$,如果事件 A 是由上述 n 个事件中的 m 个组成,则称事件 A 发生的概率为

$$P(A)=\frac{m}{n}\left(=\frac{\text{有利于 }A\text{ 的基本事件数}}{\text{试验的基本事件总数}}\right) \tag{6.3}$$

所谓古典概型就是利用关系式(6.3)来讨论事件发生的概率的数学模型.

根据概率的古典定义可以计算古典概型随机试验中事件的概率,在古典概型中确定事件 A 的概率时,只须求出基本事件的总数 n 以及事件 A 包含的基本事件的个数 m,为此弄清随机试验的全部基本事件是什么以及所讨论的事件 A 包含了哪些基本事件是非常重要的.

例 3 掷一粒均匀的骰子,试求出现偶数点的概率.

解 设 $A=\{\text{出现偶数点}\}$,则其基本事件空间为

$$\Omega=\{\omega_1,\omega_2,\cdots,\omega_6\}$$

显然 $n=6$,事件 $A=\{\omega_2,\omega_4,\omega_6\}$ 是由上述 6 个基本事件中的 3 个组成,即 $m=3$,由式(6.3)有

$$P(A)=\frac{m}{n}=\frac{3}{6}=\frac{1}{2}.$$

例 4 一个口袋装有 10 个外形相同的球，其中 6 个是白球，4 个是红球，“无放回”地从袋中取出 3 个球，求下列诸事件发生的概率.

(1) $A_1=\{$没有红球$\}$；

(2) $A_2=\{$恰有两个红球$\}$；

(3) $A_3=\{$至少有两个红球$\}$；

(4) $A_4=\{$至多有两个红球$\}$；

(5) $A_5=\{$至少有一个白球$\}$；

(6) $A_6=\{$颜色相同的球$\}$.

解 依题意知，基本事件总数为

$$n=C_{10}^3=120$$

由式(6.3)，有

(1) $$P(A_1)=\frac{m_1}{n}=\frac{C_6^3C_4^0}{C_{10}^3}=\frac{20}{120}=\frac{1}{6}$$

(2) $$P(A_2)=\frac{m_2}{n}=\frac{C_6^1C_4^2}{120}=\frac{3}{10}$$

(3) $$P(A_3)=\frac{m_3}{n}=\frac{C_6^1C_4^2+C_6^0C_4^3}{C_{10}^3}=\frac{40}{120}=\frac{1}{3}$$

(4) $$P(A_4)=\frac{m_4}{n}=\frac{C_4^3C_4^0+C_6^2C_4^1+C_6^1C_4^2}{C_{10}^3}=\frac{116}{120}=\frac{29}{30}$$

(5) $$P(A_5)=\frac{m_5}{n}=\frac{C_6^1C_4^2+C_6^2C_4^1+C_6^3C_4^0}{C_{10}^3}=\frac{116}{120}=\frac{29}{30}$$

(6) $$P(A_6)=\frac{m_6}{n}=\frac{C_6^3C_4^0+C_6^0C_4^3}{C_{10}^3}=\frac{24}{120}=\frac{1}{5}.$$

例 5 在例 4 的条件下，“有放回”地从袋中取出 3 个球，求例 4 中诸事件发生的概率.

解 显然有放回地抽取是一个可重复的排列问题，其基本事件总数 $n=10^3=1\,000$，于是由式(6.3)，有

(1) $$P(A_1)=\frac{m_1}{n}=\frac{6^3}{10^3}=\frac{216}{1000}=0.216$$

(2) $$P(A_2)=\frac{m_2}{n}=\frac{3\times 6\times 4^2}{10^3}=\frac{288}{1000}=0.288$$

(3) $$P(A_3)=\frac{m_3}{n}=\frac{3\times 6\times 4^2+4^2}{10^3}=\frac{352}{1000}=0.352$$

(4) $$P(A_4)=\frac{m_4}{n}=\frac{3\times 6\times 4^2+3\times 6^2\times 4+6^3}{10^3}=\frac{936}{1000}=0.936$$

(5) $$P(A_5)=\frac{m_5}{n}=\frac{6^3+3\times 6^2\times 4+3\times 6\times 4^2}{10^3}=\frac{936}{1000}=0.936$$

(6) $$P(A_6)=\frac{m_6}{n}=\frac{6^3+4^3}{10^3}=\frac{280}{1000}=0.28.$$

6.2.4 概率的几何定义

我们把具有特性：

(1) 试验的结果是无限且不可列的；

(2) 每个结果出现的可能性是均匀的随机试验.

称为几何型随机试验. 在几何型随机试验中，我们是通过几何度量(长度、面积、体积等)来计算事件出现的可能性.

定义 6.5　设 E 为几何型的随机试验，其基本事件空间中的所有基本事件可以用一个有界区域来描述，而其中一部分区域可以表示事件 A 所包含的基本事件，则称事件 A 发生的概率为

$$P(A)=\frac{L(A)}{L(\Omega)} \tag{6.4}$$

其中 $L(\Omega)$ 与 $L(A)$ 分别为 Ω 与 A 的几何度量.

所谓几何概型就是利用关系式(6.4)来讨论事件发生的概率的数学模型.

注意　上述事件 A 的概率 $P(A)$ 只与 $L(A)$ 有关，而与 $L(A)$ 对应区域的位置及形状无关.

例 6　某地铁每隔五分钟有一列车通过，在乘客对列车通过该站时间完全不知道的情况下，试求每一个乘客到站等车时间不多于 2 分钟的概率.

解　设 $A=\{$每个乘客等车时间不多于 2 分钟$\}$. 由于乘客可以在接连两列车之间的任何一个时刻到达车站，因此每一乘客到达站台时刻 t 可以看成是均匀地出现在长为 5 分钟的时间区间上的一个随机点，即 $\Omega=[0,5)$. 又设前一列车在时刻 T_1 开出，后一列车在时刻 T_2 到达，线段 T_1T_2 长为 5，如图 6-8 所示. 即 $L(\Omega)=5$；T_0 是 T_1T_2 上一点，且 T_0T_2 的长为 2，显然，乘客只有在 T_0 之后到达(即只有 t 落在线段 T_0T_2 上)，等车时间才不会多于 2 分钟，即 $L(A)=2$，因此

$$P(A)=\frac{L(A)}{L(\Omega)}=\frac{2}{5}.$$

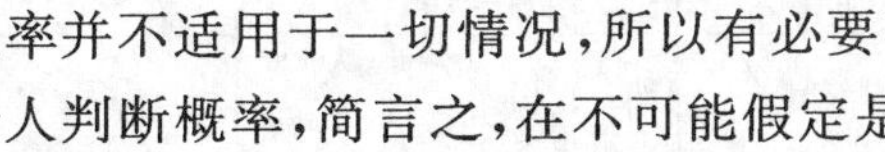

图 6-8

6.2.5　主观概率

古典概率和统计概率都有其客观基础，因而常称古典概率和统计概率为客观概率，但如前所述，古典概率和统计概率并不适用于一切情况，所以有必要引入主观概率来对客观概率进行补充. 主观概率也称个人判断概率，简言之，在不可能假定是等可能的试验中，或试验数据不可用，或是缺乏历史资料的情况下，把对某种事件出现可能性大小的估值，叫做主观概率.

主观概率实际上是反映决策者对某一事件置信程度的计量，在大量的经济决策中，人们常常要用到主观概率. 如对某项投资“十拿九稳”是盈利，这里“十拿九稳”就是决策者对这笔投资置信程度的主观判断，这就是主观概率. 因此，一方面主观概率是因人而异的；另一方面，在即使能用古典概率或统计概率的情况下，也往往需要对客观概率进行某种必要的修正，以达到客观概率和主观概率相结合的最佳概率.

主观概率虽然是反映个人的主观判断，但主观概率对某一事件的概率赋值时，必须满足概率的公理化定义中的三条公理.

例 7　肯塔基电力公司当前正开始一项新的设计工程(简称为 LT 工程)，该工程分为两

个主要阶段:第一阶段是设计阶段,第二阶段是施工阶段.完成这两个阶段所需要的时间如表 6-4 所示,现公司的管理者需要了解第一阶段延期完工(事件 A)和第二阶段延期完工(事件 B)的概率.

表 6-4　　　　LT 工程时间表

完工情况	第一阶段	第二阶段
提前完工	2 个月	6 个月
按期完工	3 个月	7 个月
延期完工	4 个月	8 个月

解　依题意知 LT 工程有 9 个基本事件,把这 9 个基本事件视为等可能事件是不合理的,因此不能用古典概率模型;而且又因为 LT 工程是首次进行的,没有历史资料(数据)可以利用,因此选用统计概率模型也是不适合的.这样,肯塔基公司只好要求本公司的专家提供一个最好的主观概率的估值,如表 6-5 所示.

根据表 6-5 所表示的基本事件的概率,可以求出肯塔基电力公司管理部门考虑的任何事件概率.

因 A 表示第一阶段延误完工事件;B 表示第二阶段延误完工事件,故

$$A=\{E_7,E_8,E_9\},\quad B=\{E_3,E_6,E_9\}$$

$$P(A)=P(E_7+E_8+E_9)=P(E_7)+P(E_8)+P(E_9)$$
$$=0.05+0.10+0.15=0.30$$

$$P(B)=P(E_3+E_6+E_9)=P(E_3)+P(E_6)+P(E_9)$$
$$=0.05+0.05+0.15=0.25$$

如果还需了解两个阶段延误完工的事件的概率,那么便有

$$P(A\cap B)=P(E_9)=0.15$$

表 6-5

阶段 1(设计)	阶段 2(施工)	基本事件 E_i	主观概率赋值 $P(E_i)$
提前	提前	E_1	0.15
提前	按期	E_2	0.15
提前	延期	E_3	0.05
按期	提前	E_4	0.10
按期	按期	E_5	0.20　$\sum_{i=1} P(E_i)=1$
按期	延期	E_6	0.05
延期	提前	E_7	0.05
延期	按期	E_8	0.10
延期	延期	E_9	0.15

注　这是一组可行的主观概率赋值,因为上述事件满足概率的三条公理.

§6.3　概率的运算定理

6.3.1　概率的加法定理

定理 6.1　两个互斥事件之和的概率,等于两个事件的概率之和,即若 $A\cap B=\varnothing$,则

$$P(A\cap B)=P(A)+P(B) \tag{6.5}$$

证　设在 n 次试验中,出现事件 A 有 n_1 次,出现事件 B 有 n_2 次,又 $A\cap B=\varnothing$,所以

$$A+B=n_1+n_2$$

而
$$\frac{n_1+n_2}{n}=\frac{n_1}{n}+\frac{n_2}{n}$$

故
$$P(A+B)=P(A)+P(B)$$

这个结论可以推广到计算有限个两两互斥事件的概率.

推论 6.1　有限个两两互斥的事件之和的概率,等于这些事件的概率之和,即

$$P(A_1+A_2+\cdots+A_n)=P(A_1)+P(A_2)+\cdots+P(A_n) \tag{6.5'}$$

推论 6.2　任一随机事件 A 的概率,等于 1 减去其对立事件 $\overline{A}$ 的概率,即

$$P(A)=1-P(\overline{A}) \tag{6.6}$$

事实上,$A+\overline{A}=\Omega$,且 $A\cdot\overline{A}=\varnothing$,所以

$$P(\Omega)=P(A+A)=P(A)+P(\overline{A})=1$$

从而
$$P(A)=1-P(\overline{A}).$$

定理 6.1 仅适用于互斥事件的概率,对于并不互斥的事件 A 与事件 B,其概率不能直接相加,可以用下面一般事件的加法定理.

定理 6.2　两个相容事件 A 与 B 之和的概率为

$$P(A+B)=P(A)+P(B)-P(AB) \tag{6.7}$$

证　先将 $A+B$ 分成三个两两互斥事件的和

即
$$A+B=A\overline{B}+\overline{A}B+AB$$

于是
$$P(A+B)=P(A\overline{B})+P(\overline{A}B)+P(AB)$$

又
$$A=A\overline{B}+AB$$

所以
$$P(A)=P(A\overline{B})+P(AB)$$

即
$$P(A\overline{B})=P(A)-P(AB)$$

同理
$$P(\overline{A}B)=P(B)-P(AB)$$

从而
$$\begin{aligned}P(A+B)&=P(A)-P(AB)+P(B)-P(AB)+P(AB)\\&=P(A)+P(B)-P(AB)\end{aligned}$$

显然定理 6.1 是定理 6.2 的特殊情况,定理 6.2 还可以推广到有限个相容事件的概率.

$$P\left(\sum_{i=1}^{n}A_i\right)=\sum_{i}P(A_i)-\sum_{i\neq j}P(A_iA_j)+\sum_{i\neq j\neq k}(A_iA_jA_k)-\cdots+(-1)^{n-1}P(A_1A_2\cdots A_n)$$

例 1　某企业生产的电子产品,分一等品、二等品与废品三种,如果生产一等品的概率

为0.8,二等品的概率为0.19,试问生产合格品的概率是多少?

解 设$A=\{$生产的是一等品$\}$,$B=\{$生产的是二等品$\}$,用$A+B$表示"生产的是合格品",这样由定理6.1知生产合格品的概率为

$$P(A+B)=P(A)+P(B)=0.8+0.19=0.99.$$

例2 一批产品共有100件,其中90件是合格品,10件是次品,从这批产品中任取3件,试求其中有次品的概率.

解一 设$A=\{$有次品$\}$,$A_i=\{$有i件次品$\}(i=1,2,3)$,故$A=A_1+A_2+A_3$,且A_1、A_2、A_3是两两互斥的,由概率的古典定义,我们有

$$P(A_1)=\frac{C_{10}^1\cdot C_{90}^2}{C_{100}^3}=0.24768$$

$$P(A_2)=\frac{C_{10}^2\cdot C_{90}^1}{C_{100}^3}=0.02504$$

$$P(A_3)=\frac{C_{10}^3}{C_{100}^3}=0.00074$$

$$P(A)=P(A_1+A_2+A_3)=P(A_1)+P(A_2)+P(A_3)=0.2735.$$

解二 由于事件A的对立事件$\overline{A}=\{$取出的3件产品全是合格品$\}$,故

$$P(\overline{A})=\frac{C_{90}^3}{C_{100}^3}=0.7265$$

由推论6.2

$$P(A)=1-P(\overline{A})=1-0.7265=0.2735$$

例3 某一企业与甲、乙两公司签订某物资长期供货关系的合同,由以前的统计得知,甲公司能按时供货的概率为0.9,乙公司能按时供货的概率为0.75,两公司都能按时供货的概率为0.7,试求至少有一公司能按时供货的概率.

解 分别用A、B表示甲、乙两公司按时供货的事件,由题意,A、B为非互斥事件,由定理6.2知

$$P(A+B)=P(A)+P(B)-P(AB)=0.9+0.75-0.7=0.95.$$

故至少有一公司能按时供货的概率为0.95.

例4 一个电路上装有甲、乙两根保险丝,当电流强度超过一定值时,甲烧断的概率为0.85,乙烧断的概率为0.74,两根保险丝同时烧断的概率为0.63,试问至少烧断一根保险丝的概率是多少?

解 设A、B分别表示保险丝甲、乙烧断的事件,问题归结为计算$A+B$的概率,由于事件A与事件B是非互斥的任意事件,故有

$$P(A+B)=P(A)+P(B)-P(AB)=0.82+0.74-0.63=0.93.$$

6.3.2 条件概率与概率的乘法定理

1. 相依事件与条件概率

如果事件A的概率与事件B是否出现有关,则称事件A与事件B为相依事件,在已知事件B出现的条件下,我们去决定事件A的出现概率就称为在事件B出现的情况下事件A出现的条件概率,用$P(A\mid B)$表示.同样,在事件A出现的情况下,事件B出现的条件概率为$P(B\mid A)$.

$P(A \mid B)$ 的含义可以用图 6-9 表示.

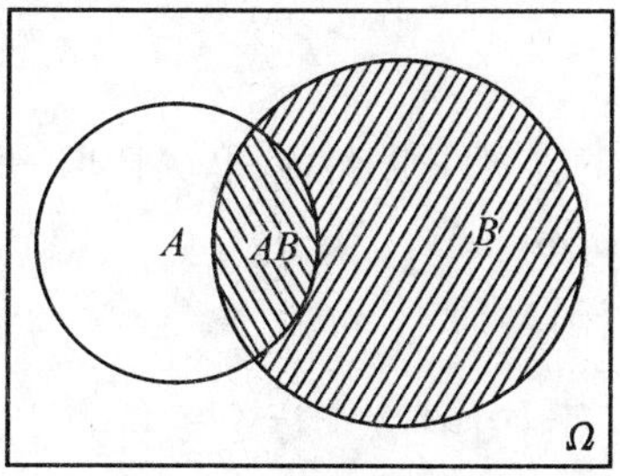

图 6-9

可以验证,条件概率也是一种概率,条件概率有概率的三个基本属性,且有下面条件概率公式

$$P(B \mid A)=\frac{P(AB)}{P(A)}(P(A)>0) \tag{6.8}$$

$$P(A \mid B)=\frac{P(AB)}{P(B)}(P(B)>0) \tag{6.8'}$$

例 5　某品牌的电视机使用到 3 万小时的概率为 0.6,使用到 5 万小时的概率为 0.24,一台电视机已使用到 3 万小时,试求这台电视机使用到 5 万小时的概率.

解　设 $A=\{$使用到 3 万小时$\}$,$B=\{$使用到 5 万小时$\}$,于是 $P(A)=0.6$,$P(AB)=P(B)=0.24$,则

$$P(B \mid A)=\frac{P(AB)}{P(A)}=0.4.$$

例 6　设随机事件 B 是事件 A 的子事件,已知 $P(A)=\frac{1}{4}$,$P(B)=\frac{1}{6}$,试求 $P(B \mid A)$.

解　因 $B \subset A$,故 $P(B)=P(AB)$,因此

$$P(B \mid A)=\frac{P(AB)}{P(A)}=\frac{P(B)}{P(A)}=\frac{2}{3}.$$

2. 乘法法则

在一次试验中,事件 A 与事件 B 同时出现的概率等于其中一事件的概率与另一事件在前一事件出现下的条件概率的乘积,即

$$P(AB)=P(B)P(A \mid B) \tag{6.9}$$

或

$$P(AB)=P(A)P(B \mid A) \tag{6.9'}$$

例 7　(抓阄问题)五个人抓一个有物之阄.试求第二个人抓到的概率.

解　这是一个乘法公式的问题,设 $A_i=\{$第 i 个人抓到有物之阄$\}(i=1,2,3,4,5)$,有

$$A_2=A_2\Omega=A_2(A_1+\overline{A_1})=A_1A_2+\overline{A_1}A_2=\varnothing+\overline{A_1}A_2=\overline{A_1}A_2$$

于是

$$P(A_2)=P(\overline{A_1}A_2)=P(\overline{A_1})P(A_2 \mid \overline{A_1})$$

又

$$P(A_1)=\frac{1}{5},P(\overline{A_1})=\frac{4}{5},P(A_2 \mid \overline{A_1})=\frac{1}{4}$$

故 $$P(A_2)=\frac{4}{5}\times\frac{1}{4}=\frac{1}{5}.$$

6.3.3 事件的独立性

例 8 设有100件产品，其中有5件是次品，每次任取一件，有放回地取两次，设 A 为第一次取到正品，B 为第二次取到次品，试求 $P(AB)$.

解 $P(AB)=P(A)P(B\mid A)$，而

$$P(B\mid A)=\frac{5}{100}=P(B)$$

从而

$$P(AB)=P(A)P(B)=\frac{95}{100}\times\frac{5}{100}=0.0475.$$

这表明事件 A 的发生并不影响事件 B 的发生的概率，于是有下面的定义.

定义 6.6 如果事件 A 发生的可能性不受事件 B 发生与否的影响，即 $P(A\mid B)=P(A)$，则称事件 A 对于事件 B 独立，显然，若事件 A 对于事件 B 独立，则事件 B 对于事件 A 也一定独立，称事件 A 与事件 B 相互独立.

定义 6.7 如果 $n(n>2)$ 个事件 $A_1,A_2,\cdots,A_n$ 中任何一个事件发生的可能性都不受其他一个或几个事件发生与否的影响，则称事件 $A_1,A_2,\cdots,A_n$ 相互独立.

定理 6.3 关于事件独立性的几个结论如下：

(1) 事件 A 与事件 B 独立的充分必要条件是

$$P(AB)=P(A)P(B)$$

(2) 若事件 A 与事件 B 独立，则事件 A 与事件 $\overline{B}$、事件 $\overline{A}$ 与事件 B、事件 $\overline{A}$ 与事件 $\overline{B}$ 中的每一对事件都相互独立.

(3) 若事件 $A_1,A_2,\cdots,A_n$ 互相独立，则有

$$P(A_1,A_2,\cdots,A_n)=\prod_{i=1}^{n}P(A_i) \tag{6.10}$$

(4) 若事件 $A_1,A_2,\cdots,A_n$ 互相独立，则有

$$P\left(\sum_{i=1}^{n}A_i\right)=1-\prod_{i=1}^{n}P(\overline{A}_i) \tag{6.11}$$

证 (1) 必要性 若事件 A 与事件 B 中有一个事件的概率为零，则结论显然成立. 设事件 A、事件 B 的概率都不为0，由于事件 A 与事件 B 独立，有 $P(A\mid B)=P(A)$，因此

$$P(AB)=P(A\mid B)P(B)=P(A)P(B)$$

充分性 不妨设 $P(B)>0$

因 $$P(AB)=P(A\mid B)P(B) \text{ 及 } P(AB)=P(A)P(B)$$

故 $$P(A\mid B)=P(A)$$

即事件 A 与事件 B 独立.

(2) 只证明事件 A 与事件 $\overline{B}$ 独立，其余留给读者完成.

$P(A\overline{B})=P(A-AB)=P(A)-P(AB)=P(A)-P(A)P(B)=P(A)P(\overline{B})$.

由结论(1)，事件 A 与事件 $\overline{B}$ 独立.

(3) $P(A_1,A_2,\cdots,A_n)=P(A_1)P(A_2\mid A_1)\cdots P(A_n\mid A_1A_2\cdots A_{n-1})$

而 $$P(A_2\mid A_1)=P(A_2),\cdots,P(A_n)\mid A_1A_2\cdots A_n)=P(A_n)$$

所以 $$P(A_1A_2\cdots A_n)=P(A_1)P(A_2)\cdots P(A_n)$$

(4) $P(A_1+A_2+\cdots+A_n)=1-P(\overline{A_1+A_2+\cdots+A_n})=1-P(\overline{A}_1\,\overline{A}_2\cdots\overline{A}_n)$

由于事件 $A_1,A_2,\cdots,A_n$ 相互独立,事件$\overline{A}_1,\overline{A}_2,\cdots,\overline{A}_n$ 也相互独立,所以

$$P(A_1+A_2+\cdots+A_n)=1-P(\overline{A}_1)P(\overline{A}_2)\cdots P(\overline{A}_n)$$

例 9 甲、乙、丙 3 台机床独立工作,由一个工人照管,某段时间内它们不需要工人照管的概率分别为 0.9,0.8 及 0.85,试求在这段时间内有机床需要工人照管的概率以及机器因无人照管而停工的概率.

解 用事件 A、B、C 分别表示在这段时间内机床甲、乙、丙不需工人照管,依题意,A、B、C 相互独立,并且

$$P(A)=0.9\quad P(B)=0.8\quad P(C)=0.85$$

$$P(\overline{ABC})=1-P(ABC)=1-P(A)P(B)P(C)=1-0.612=0.388$$

$$\begin{aligned}&P(\overline{A}\,\overline{B}+\overline{B}\,\overline{C}+\overline{A}\,\overline{C})\\&\quad=P(\overline{A}\,\overline{B})+P(\overline{B}\,\overline{C})+P(\overline{A}\,\overline{C})-2P(\overline{A}\,\overline{B}\,\overline{C})\\&\quad=0.1\times0.2+0.2\times0.15+0.1\times0.15-2\times0.1\times0.2\times0.15\\&\quad=0.059.\end{aligned}$$

若三台机床性能相同,且 $P(A)=P(B)=P(C)=0.8$,则这段时间内恰有一台机床需人照管的概率为

$$P(E)=C_3^1\times0.2\times0.8\times0.8=0.384.$$

例 10 用高射炮射击飞机,如果每门高射炮击中飞机的概率是 0.6,试问:(1) 用两门高射炮分别射击一次击中飞机的概率是多少?(2) 若有一架敌机入侵,需要多少架高射炮同时射击才能以 99% 的概率命中敌机?

解 (1) 令 $A=\{$击中敌机$\}$,$B_i=\{$第 i 门高射炮击中敌机$\}(i=1,2)$

在同时射击时,B_1 与 B_2 可以看成是互相独立的,从而$\overline{B}_1$,$\overline{B}_2$ 也是相互独立的,且有

$$P(B_1)=P(B_2)=0.6$$

$$P(\overline{B}_1)=P(\overline{B}_2)=1-P(B_1)=0.4$$

故 $$P(A)=1-P(\overline{A})=1-P(\overline{B}_1\,\overline{B}_2)=1-P(\overline{B}_1)P(\overline{B}_2)=1-0.4^2=0.84$$

(2) 令 n 是以 99% 的概率击中敌机所需高射炮的门数,由上述讨论可知

$$99\%=1-0.4^n \text{ 即 } 0.4^n=0.01$$

立即

$$n=\frac{\lg 0.01}{\lg 0.4}=\frac{-2}{-0.3979}\approx5.026$$

因此若有一架敌机入侵,至少需要配置 6 门高射炮方能以 99% 的把握击中敌机.

注 事件 A、B、C 相互独立与事件 A、B、C 两两独立是不同的,相互独立一定两两独立,反之不一定.

§6.4 全概率公式与贝叶斯公式

前面介绍过，在计算概率时，经常要把一个复杂事件分解为若干个互斥的简单事件之和，再分别计算这些简单事件的概率，然后利用加法定理得到最后结果，这里全概率公式起着重要作用.

6.4.1 全概率公式

定理 6.4 设 $A_1, A_2, \cdots, A_n$ 是两两互斥事件，即 $A_i \cap A_j = \varnothing (i \neq j)$，且 $\sum\limits_{i=1}^{n} A_i = \Omega$，$P(A_i) > 0 (i = 1, 2, \cdots, n)$，则对任一事件 B，有

$$P(B) = \sum_{i=1}^{n} P(A_i) P(B \mid A_i) \tag{6.12}$$

证 因为 $B \cap \Omega = B$，所以

$$B = B \cap \Omega = B(A_1 + A_2 + \cdots + A_n) = BA_1 + BA_2 + \cdots + BA_n$$

由于 $A_1, A_2, \cdots, A_n$ 两两互斥，所以 $BA_1, BA_2, \cdots, BA_n$ 也是两两互斥. 故由加法定理，得

$$P(B) = P(BA_1) + P(BA_2) + \cdots + P(BA_n) = \sum_{i=1}^{n} P(BA_i)$$

根据乘法法则，即得

$$P(B) = \sum_{i=1}^{n} P(A_i) P(B \mid A_i).$$

注 满足定理 6.4 中所有条件的事件组 $A_1, A_2, \cdots, A_n$ 称为完备事件组.

例 1 三人同时向一架飞机射击，设三人都射不中的概率为 0.09，三人中只有一人射中的概率为 0.36，三人中恰有两人射中的概率为 0.41，三人同时射中的概率为 0.14. 又设无人射中，飞机不会坠毁；只有一人击中飞机坠毁的概率为 0.2；两人击中飞机坠毁的概率为 0.6；三人射中飞机一定坠毁. 试求三人同时向飞机射击一次，飞机坠毁的概率.

解 令 $B = \{飞机坠毁\}$.

$A_0 = \{三人都射不中\}$，$A_1 = \{只有一人射中\}$，$A_2 = \{恰有两人射中\}$，$A_3 = \{三人同时射中\}$，显然 $\sum\limits_{i=0}^{3} A_i = \Omega$，且 $A_i A_j = \varnothing (i \neq j, i、j = 0, 1, 2, 3)$. 由题设可知

$$P(B \mid A_0) = 0, \quad P(B \mid A_1) = 0.2, \quad P(B \mid A_2) = 0.6, \quad P(B \mid A_3) = 1$$

且 $\quad P(A_0) = 0.09, \quad P(A_1) = 0.36, \quad P(A_2) = 0.41, \quad P(A_3) = 0.14$

由全概率公式得

$$\begin{aligned} P(B) &= \sum_{i=0}^{3} P(A_i) P(B \mid A_i) \\ &= 0.09 \times 0 + 0.36 \times 0.2 + 0.41 \times 0.6 + 0.14 \times 1 = 0.458. \end{aligned}$$

例 2 设 1 000 件产品中有 200 件是不合格品，依次作不放回地抽取两件产品，试求第二次抽取到不合格品的概率.

解 设A表示第一次抽取到不合格品事件;B表示第二次抽取到不合格品事件. 根据全概率公式,得

$$P(B)=P(A)P(B\mid A)+P(\overline{A})P(B\mid \overline{A})$$

而由题设知

$$P(A)=\frac{200}{1000}=0.2,\quad P(\overline{A})=1-P(A)=0.8$$

由于是不放回地抽取,所以

$$P(B\mid A)=\frac{199}{999},\quad P(B\mid \overline{A})=\frac{200}{999}$$

故有
$$P(B)=0.2\times\frac{199}{999}+0.8\times\frac{200}{999}=0.2.$$

6.4.2 贝叶斯公式及其应用

定理 6.5 贝叶斯公式(逆概公式):设$A_1,A_2,\cdots,A_n$是两两互斥事件,且$B\subset A_1+A_2+\cdots+A_n=\Omega$,则

$$P(A_i\mid B)=\frac{P(A_i)P(B\mid A_i)}{\sum_{i=1}^{n}P(A_i)P(B\mid A_i)}\quad (i=1,2,\cdots,n)\tag{6.13}$$

证 因为$B\subset A_1+A_2+\cdots+A_n$,所以

$$B=B(A_1+A_2+\cdots+A_n)=BA_1+BA_2+\cdots+BA_n$$

由于$A_1,A_2,\cdots,A_n$两两互斥,所以$BA_1,BA_2,\cdots,BA_n$也两两互斥.

于是由条件概率公式,得

$$P(A_i\mid B)=\frac{P(A_iB)}{P(B)}$$

由全概率公式,得

$$P(B)=\sum_{i=1}^{n}P(A_i)P(B\mid A_i)$$

故
$$P(A_i\mid B)=\frac{P(A_i)P(B\mid A_i)}{\sum_{i=1}^{n}P(A_i)P(B\mid A_i)}.$$

贝叶斯公式主要用于在已知某事件B发生的条件下,判断事件B是伴随着事件$A_1,A_2,\cdots,A_n$中的哪一个事件发生的情况下发生的,即要求知道事件B发生的条件下某个原因A_i发生的概率,这就是条件概率$P(A_i\mid B)$,所以式(6.13)又称为原因概率公式.

例3 设某人从外地赶来参加紧急会议,他乘火车、轮船、汽车或飞机的概率分别是$\frac{3}{10}$、$\frac{1}{5}$、$\frac{1}{10}$、$\frac{2}{5}$,如果他乘飞机来,不会迟到;而乘火车、轮船或汽车来迟到的概率分别为$\frac{1}{4}$、$\frac{1}{3}$、$\frac{1}{2}$,此人迟到,试判断他是怎样来的.

解 令 $B=\{迟到\}, A_1=\{乘火车\}, A_2=\{乘轮船\}, A_1=\{乘汽车\}, A_4=\{乘飞机\}$，依题意有

$$P(A_1)=\frac{3}{10},\quad P(A_2)=\frac{1}{5}$$

$$P(A_3)=\frac{1}{10},\quad P(A_4)=\frac{2}{5}$$

$$P(B\mid A_1)=\frac{1}{4},\quad P(B\mid A_2)=\frac{1}{3}$$

$$P(B\mid A_3)=\frac{1}{2},\quad P(B\mid A_4)=0$$

将这些数值代入贝叶斯公式，有

$$P(A_i\mid B)=\frac{P(A_i)P(B\mid A_i)}{\sum_{i=1}^{n}P(A_i)P(B\mid A_i)}\quad(i=1,2,3,4)$$

得到
$$P(A_1\mid B)=\frac{1}{2},\quad P(A_2\mid B)=\frac{4}{9}$$

$$P(A_3\mid B)=\frac{1}{18},\quad P(A_4\mid B)=0$$

由上述计算结果可以推断出此人迟到乘火车的可能性最大.

例 4 某服装厂有第一组、第二组、第三组 3 个生产小组生产同一种服装，各组的产量分别占总产量的 25%、35%、40%，各组的次品率分别为 5%、4%、2%，试问从产品中任取 1 件是次品，该次品恰好是第一组、第二组、第三组生产的概率各是多少？

解 设 A_i 表示抽到第 i 组生产的产品这一事件 $(i=1,2,3)$，B 表示抽到 1 件产品是次品的这一事件，由题设条件则有

$$P(A_1)=25\%,\quad P(A_2)=35\%,\quad P(A_3)=40\%$$
$$P(B\mid A_1)=5\%,\quad P(B\mid A_2)=4\%,\quad P(B\mid A_3)=2\%$$

由全概率公式，得

$$\begin{aligned}P(B)&=P(A_1)P(B\mid A_1)+P(A_2)P(B\mid A_2)+P(A_3)P(B\mid A_3)\\&=0.25\times0.05+0.35\times0.04+0.4\times0.02=0.0345\end{aligned}$$

由贝叶斯公式，得

$$P(A_1\mid B)=\frac{P(A_1)P(B\mid A_1)}{P(B)}=\frac{0.25\times0.05}{0.0345}=0.362$$

同理可得
$$P(A_2\mid B)=0.406,\quad P(A_3\mid B)=0.232$$

从例 4 中可以看出，总产品中随意地抽取 1 件是次品，这件次品是第二组的产品的可能性最大，因为该事件的概率最大，这就是贝叶斯决策.

注 (1) 事件 B 必须伴随着 n 个互不相容事件 $A_1, A_2, \cdots, A_n$ 之一发生，B 的概率就可以用全概率公式计算.

(2) 如果我们已知事件 B 发生了，求事件 $A_i(i=1,2,\cdots,n)$ 的概率，则使用贝叶斯公式，这里用贝叶斯公式计算的是条件概率 $P(A_i\mid B)(i=1,2,\cdots,n)$.

§6.5　贝努里概率公式

6.5.1　n 重独立试验 —— 贝努里试验

在实际问题中，常常遇到下列类型的试验：做 n 次试验，这些试验完全是同样的一个试验的重复，且这些试验之间是相互独立的，即每一次试验中，随机事件的概率都不依赖于其他各次试验的结果，我们称这种试验为 n 重独立试验.

例如，从一定次品率的一批产品中逐件地抽取，如果每次取出后都立即放回，再抽下一件，那么，可以把每取一件产品作为一个试验. 由于每次取出后立即放回，这样，产品的总数不变，正品数、次品数也不变，所以各次取得的结果都不影响其余各次抽取时取得的产品是正品或次品的概率. 又因为每次抽取时，面对的产品的次品率是相同的，所以各次抽取的试验既互相独立又是重复的，所以叫做重复独立试验. 如果重复 n 次，就叫做 n 重独立试验.

独立试验是贝努里首先研究的，所以又叫贝努里试验. 概括地说，具有以下三个条件：

(1) 每次试验中，事件 A 或者发生，或者不发生；

(2) 每次试验的结果与其他各次试验的结果无关；

(3) 事件 A 的概率 $P(A)$ 不变的一系列试验称为独立试验.

6.5.2　贝努里概率公式(二项概率公式)

如前所述，做 n 次重复独立试验，在每次试验中，事件 A 可以出现或不出现，其出现的概率为 p，不出现的概率为 $q = 1 - p$，则这 n 次试验中，事件 A 出现 k 次的概率为

$$p_n(k) = C_n^k p^k (1-p)^{n-k} \quad (k = 0,1,2,\cdots,n) \tag{6.14}$$

事实上，$p_n(k)$ 是表示在 n 次独立重复试验中，事件 A 出现 k 次的概率，由于试验的独立性，事件 A 在 k 次试验中出现，而在其余 $n-k$ 次试验中不出现，根据乘法法则，事件 A 在 n 次独立试验中出现 k 次，而不管是在哪一次，事件 A 出现的概率为

$$p^k (1-p)^{n-k}$$

由组合的性质可知，事件 A 出现 k 次的情形共有 C_n^k 种，再由概率加法定理，便得所求的概率为

$$p_n(k) = C_n^k p^k (1-p)^{n-k} \quad (k = 0,1,2,\cdots,n)$$

若令 $q = 1 - p$，则有

$$p_n(k) = C_n^k p^k q^{n-k} \quad (k = 0,1,2,\cdots,n) \tag{6.14'}$$

生产管理中的质量检验，重复抽样就属于独立试验概率型.

例 1　一批产品废品率为 10%，每次抽取一个，观察后再放回去，独立地重复 5 次，试求 5 次观察中恰有 2 次是废品的概率.

解　设 A 表示"一次观察中出现废品"，B 表示"5 次观察中出现 2 次废品".
由题意可知：$P(A) = 0.1$，于是有

$$P(B) = C_5^2 [P(A)]^2 [1 - P(A)]^{5-2} = 10 \times 0.1^2 \times 0.9^3 = 0.0729.$$

例 2　一个人的血型为 A 型、B 型、AB 型、O 型的概率分别为 0.40、0.11、0.03、0.46，现在任意挑选 7 个人，求以下事件的概率：(1) 没有人为 B 型的概率 P_1；(2) 没有人为 AB 型的

概率 P_2.

解 (1) 每次结果,只考虑两个可能的结果:B型或非B型,故

$$P_1 = C_7^0(0.11)^0 \times (1-0.11)^7 = 0.89^7.$$

(2) 每次结果,只考虑两个可能的结果:AB型与非AB型,这样

$$P_2 = C_7^0(0.03)^0 \times (1-0.03)^7 = 0.97^7.$$

例3 设一年中在某类保险者里每个人死亡的概率等于0.001,现有5000人参加这类保险,试求在未来一年中,在这类保险者里,(1) 恰有20人死亡的概率 P_1;(2) 死亡人数不超过50人的概率 P_2.

解(1)

$$P_1 = C_{5000}^{20}(0.001)^{20}(0.999)^{4980}$$

(2)

$$P_2 = \sum_{k=0}^{50} C_{5000}^{k}(0.001)^{k}(0.999)^{5000-k}.$$

例4 在对某厂的产品进行重复抽样检查时,从抽取的200件样品中发现有4件次品,试问能否相信该厂产品次品率不超过0.005?

解 如果该产品的次品率为0.005,由二项概型可知,这200件样品中出现大于或等于4件次品的概率为

$$\begin{aligned} P_{200}(\mu \geqslant 4) &= 1 - P_{200}(\mu < 4) \\ &= 1 - \sum_{k=0}^{3} C_{200}^{k}(0.005)^{k}(1-0.005)^{200-k} \\ &\approx 0.0190(> 0.005) \end{aligned}$$

这说明在我们进行的一次抽取(一共抽取200个样品)的试验中,一个小概率的事件意外发生了,因此,我们可以说该厂产品的次品率不超过0.005是不可信的.

§6.6 本章小结

6.6.1 随机事件的概率

1. 随机试验

如果试验(一次观察或一次科学试验)具有以下三个特点:

(1) 在相同条件下可以重复进行;

(2) 结果具有多种可能性;

(3) 试验前不能准确的预知将出现哪种结果而却知道所有可能的结果.

则称该试验为随机试验.

2. 随机事件

在随机试验中,可能发生也可能不发生的事件称为随机事件,简称事件,常用大写字母 A、B、C 等表示.

3. 样本点和样本空间

随机试验中每一个可能的试验结果(不能再分解)称为样本点,样本点的全体称为样本空间或基本空间,记做 Ω.

随机事件是 Ω 的一个小集合,仅含一个样本点的随机事件称为基本事件,含有两个或两

个以上样本点的随机事件称做复合事件.

4. 必然事件和不可能事件

每次试验必然发生的事件称为必然事件,必然事件应包含所有可能的试验结果,故Ω不可能发生的事件称做不可能事件,不可能事件不包含任何样本点,记做 $\varnothing$(空集).

6.6.2 事件之间的关系和运算

1. 事件的包含与相等

如果事件 A 发生必然导致事件 B 发生,则称事件 A 是事件 B 的子事件,或称事件 B 包含事件 A,记做 $A \subset B$ 或 $B \supset A$,对任何事件 A 有

$$\varnothing \subset A \subset \Omega$$

若 $A \supset B$ 且 $B \supset A$,则称事件 A 与事件 B 相等,记做 $A = B$.

2. 和事件

若事件 A 和事件 B 至少有一个发生,则称为事件 A 与事件 B 的和事件,记做 $A \cup B$,或 $A + B$.

和事件可以推广到 n 个事件的情况,$A_1 \cup A_2 \cup A_3 \cup \cdots \cup A_n$ 表示事件 A_1、A_2、A_3、…、A_n 中至少有一个发生,记做 $\bigcup\limits_{i=1}^{n} A_i$,这里 $i \geqslant 2$,还可以推广到可数个事件的情况,$\bigcup\limits_{i=1}^{\infty} A_i$ 表示 A_1、A_2、… 中至少有一个发生.

性质 6.1

(1) $A \cup A = A$; (2) $A \subset A \cup B$, $B \subset A \cup B$.

3. 积事件

若事件 A 与事件 B 同时发生则称为事件 A 与事件 B 的积事件,记做 $A \cap B$,或简记为 AB.

积事件可以推广到 n 个事件的情况,n 个事件的积事件 $\bigcap\limits_{i=1}^{n} A_i = A_1 \cap A_2 \cap \cdots \cap A_n$ 表示 n 个事件 $A_1, A_2, \cdots, A_n$ 同时发生,还可以推广到可数个事件的情况 $\bigcap\limits_{i=1}^{\infty} A_i = A_1 \cap A_2 \cap \cdots$ 表示可数个事件同时发生.

性质 6.2

(1) $A \cap A = A$;

(2) $A \cap B \subset A \quad A \cap B \subset B$;

(3) $A \cap (A \cup B) = A$, $B \cap (A \cup B) = B$;

(3) $(A \cap B) \cup A = A$, $(A \cap B) \cup B = B$.

4. 差事件

若事件 A 发生且事件 B 不发生,这一事件称为事件 A 与事件 B 的差事件,记做 $A - B$,显然

$$A - B = A\overline{B}$$

其中事件 $\overline{B}$ 是事件 B 的逆事件.

性质 6.3

(1) $A - B \subset A$;

(2) $(A - B) \cup A = A$, $(A - B) \cup B = B$;

(3) $(A-B)\cap A=A$；$(A\cap B)\cap B=B$.

5. 逆事件(对立事件)

$\Omega-A$ 称做事件 A 的逆事件或对立事件，即由样本空间中所有不属于事件 A 的样本点组成的集合，记做 $\overline{A}$.

性质 6.4

(1) $A\overline{A}=\varnothing$； (2) $A+\overline{A}=\Omega$； (3) $\overline{\overline{A}}=A$.

6. 互不相容(互斥)事件

若事件 A 和事件 B 不可能同时发生，即 $AB=\varnothing$ 则称事件 A 与事件 B 互不相容，或互斥. 显然，基本事件是互不相容事件，事件 A 与事件 $\overline{A}$ 互不相容，但互不相容事件不一定是互逆事件.

上述关系和运算如图 6-10 所示.

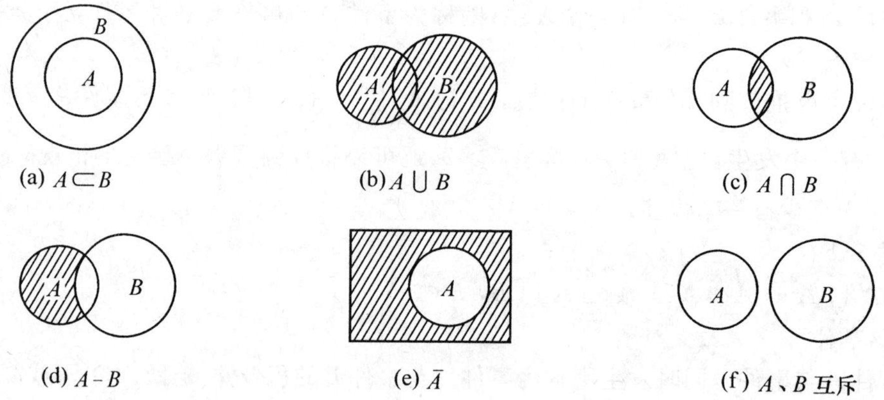

图 6-10

7. 事件运算的性质

性质 6.5

(1) 交换律 $A\cup B=B\cup A \quad A\cap B=B\cap A$；

(2) 结合律 $(A\cup B)\cup C=A\cup(B\cup C)$，

$(A\cap B)\cap C=A\cap(B\cap C)$；

(3) 分配律 $A\cap(B\cup C)=(A\cap B)\cup(A\cap C)$，

$A\cup(B\cap C)=(A\cup B)\cap(A\cup C)$；

(4) 德·摩根定律 $\overline{A\cup B}=\overline{A}\cap\overline{B}$

$\overline{A\cap B}=\overline{A}\cup\overline{B}$

$$\overline{\bigcup_{i=1}^{n}A_i}=\bigcap_{i=1}^{n}\overline{A_i} \quad \overline{\bigcap_{i=1}^{n}A_i}=\bigcup_{i=1}^{n}\overline{A_i}.$$

6.6.3 概率的定义与性质

1. 概率的统计定义

在不变的条件下，重复做 n 次试验，设 n 次事件中事件 A 发生 m 次，如果当 n 很大时，频率$\frac{m}{n}$稳定地在某一数值 p 的附近摆动，而且一般来说随着 n 的增大，这种摆动的幅度越小，则称数值 p 为事件 A 的概率，记做 $P(A)=p$，这样定义的概率称作统计概率.

2. 概率的古典定义

如果随机试验满足下述三条：

(1) 样本空间是有限的，$\Omega=\{\omega_1,\omega_2,\cdots,\omega_n\}$；

(2) 基本事件$\{\omega_1\},\{\omega_2\},\cdots,\{\omega_n\}$两两互不相容；

(3) 基本事件$\{\omega_1\},\{\omega_2\},\cdots,\{\omega_n\}$发生的可能性相等.

则称这个问题为古典概型，随机事件 $A\subset\Omega$ 的概率定义为

$$P(A)=\frac{m}{n}$$

其中 m 表示 A 中元素（样本点）的个数，这样定义的概率称做古典概率.

概率具有下述基本性质：

(1) 对任何事件 A，$0\leqslant P(A)\leqslant 1$；

(2) $P(\Omega)=1,P(\varnothing)=0$；

(3) 若 $A_1,A_2,\cdots$ 两两互不相容，则

$$P(\bigcup_{i=1}^{\infty}A_i)=\sum_{i=1}^{\infty}P(A).$$

注　(1) 零概率事件（即概率等于 0 的事件）不一定是不可能事件. 例如连续随机变量在每一个连续点处的概率为 0，但取到一个连续点的事件不是不可能事件.

(2) 如果对两事件 A、B，有 $P(AB)=0$，不一定得出 A、B 是不相容事件.

3. 古典概型的计算

常遇到的古典概型问题大致可以分为三类：

(1) 抽物（抽球）问题；

(2) 投球入筐（分房）问题；

(3) 随意取数问题.

4. 几何概率型

设平面区域 Ω 的面积为 D，质点可以等可能地落在 Ω 内任何一点，区域 ω 是面积为 d 的 Ω 的一部分，设事件 $A=\{$点落入 ω 内$\}$，A 的概率定义为

$$P(A)=\frac{d}{D}=\frac{\omega\text{ 的面积}}{\Omega\text{ 的面积}}$$

这样定义的概率为几何概率，后是用区域 ω 与 Ω 的面积之比来表示的.

类似地可以对线段来定义：设长度为 d 的线段 l 是长度为 D 的线段 L 的一部分，质点可以等可能地落入 L 内任何一点，事件 $A=\{$质点落入线段 l 内$\}$ 的概率定义为 l 与 L 长度之比，即

$$P(A)=\frac{d}{D}=\frac{l\text{ 的长度}}{L\text{ 的长度}}$$

同样，可以对空间区域定义几何概率.

5. 条件概率

设 A、B 是两个随机事件，且 $P(A)>0$，称

$$P(B \mid A)=\frac{P(AB)}{P(A)}$$

为事件 A 发生的条件下事件 B 发生的条件概率.

6. 独立性

如果 $P(AB)=P(A)P(B)$,则称事件 A 与事件 B 相互独立.

也可以这样定义:如果 $P(B \mid A)=P(B)$ 或 $P(A \mid B)=P(A)$

则称事件 A 与事件 B 相互独立,即若两个事件中任一个事件发生不影响另一事件发生的概率,则称这两事件 A 与 B 相互独立.

设 $A_1,A_2,\cdots,A_n$ 是 n 个事件,如果对任意的 $1\leqslant i_1\leqslant i_k\leqslant i_n,1\leqslant k\leqslant n$,都有

$$P(A_{i1}A_{i2}\cdots A_{ik})=P(A_{i1})P(A_{i2})\cdots P(A_{ik})$$

则称这 n 个事件 $A_1,A_2,\cdots,A_n$ 相互独立.

注 (1) 事件 $A_1,A_2,\cdots,A_n$ 相互独立与事件 $A_1,A_2,\cdots,A_n$ 两两相互独立是两个不同的概念,前者蕴涵后者,即若事件 $A_1,A_2,\cdots,A_n$ 相互独立,则事件 $A_1,A_2,\cdots,A_n$ 两两相互独立.但反之不真.

(2) 当 $P(A)>0$ 时,事件 A 与事件 B 相互独立当且仅当 $P(B \mid A)=P(B)$.

(3) 直观上,事件 A 与事件 B 相互独立的意思是 $B(A)$ 发生的概率与 $A(B)$ 是否发生无关.

(4) 若两事件 A 与 B 相互独立,可能有 $AB\neq\varnothing$,即事件 A 与事件 B 可能相容,反之,若事件 A 与事件 B 不相容,即 $AB=\varnothing$,则 $P(AB)=0$,而当 $P(A)=0,P(B)=0$ 时,有 $P(AB)\neq P(A)P(B)>0$,即两事件不相容并不能保证两事件独立.

(5) 若事件 A 与事件 B 相互独立,则事件 A 与事件 $\overline{B}$、事件 $\overline{A}$ 与事件 B、事件 $\overline{A}$ 与事件 $\overline{B}$ 中每一对事件都相互独立,即这四对事件或都独立或都不独立.

6.6.4 概率的计算公式

1. 加法公式

$$P(A\cup B)=P(A)+P(B)-P(AB)$$

一般地,设 n 个事件 $A_1,A_2,\cdots,A_n$,则

$$P(A_1\cup A_2\cup\cdots\cup A_n)$$
$$=\sum_{i=1}^{n}P(A_i)-\sum_{i<j}P(A_iA_j)+\sum_{i<j<k}P(A_iA_jA_k)-\cdots+(-1)^{n-1}P(A_1A_2\cdots A_n)$$

当 $n=3$ 时

$$P(A_1+A_2+A_3)=P(A_1)+P(A_2)+P(A_3)-P(A_1A_2)$$
$$-P(A_1A_3)-P(A_2A_3)+P(A_1A_2A_3)$$

特别地,当事件 A、事件 B 互不相容时

$$P(A\cup B)=P(A)+P(B).$$

当事件 $A_1,A_2,\cdots,A_n$ 两两互不相容时

$$P(A_1\cup A_2\cup\cdots\cup A_n)=P(A_1)+P(A_2)+\cdots P(A_n).$$

2. 乘法公式

当 $P(A)>0$ 时,$P(AB)=P(A)P(B \mid A)$

对于 n 个事件,若 $P(A_1 \cdot A_2 \cdot \cdots \cdot A_{n-1}) > 0$,则

$$P(A_1A_2\cdots A_n) = P(A_1)P(A_2 \mid A_1)P(A_3 \mid A_1A_2)\cdots P(A_n \mid A_1A_2\cdots A_{n-1})$$

特别地,当事件 A、事件 B 相互独立时,$P(AB) = P(A)P(B)$.

当事件 $A_1, A_2, \cdots, A_n$ 相互独立时

$$P(A_1A_2\cdots A_n) = P(A_1)P(A_2)\cdots P(A_n)$$

$$P(\overline{A}) = 1 - P(A),\text{又 } P(\overline{B} \mid A) = 1 - P(B \mid A)$$

$$P(A - B) = P(A) - P(AB)$$

特别地,当 $B \subseteq A$ 时,$P(A-B) = P(A) - P(B)$.

3. 全概率公式

设 $A_1 \cup A_2 \cup \cdots \cup A_n = \Omega$ 且 $A_iA_j = \varnothing(i = j)$,$P(A_i) > 0$,$1 \leqslant i,j \leqslant n$,则

$$P(B) = \sum_{i=1}^{n} P(A_i)P(B \mid A_i).$$

4. 贝叶斯公式

设 $A_1 \cup A_2 \cup \cdots \cup A_n = \Omega$ 且 $A_iA_j = \varnothing(i = j)$,$P(A_i) > 0$,$1 \leqslant i,j \leqslant n$,又设 $P(B) > 0$,则

$$P(A_k \mid B) = \frac{P(A_k)P(B \mid A_k)}{\sum_{i=1}^{n} P(A_i)P(B \mid A_i)}, \quad (k = 1,2,\cdots,n).$$

贝叶斯公式又称做逆概率公式.

5. 独立试验序列概型

在相同的条件下,重复做 n 次试验,这 n 次试验是相互独立的,每次试验的结果只有两种可能,这样的 n 次试验称做贝努里(Bernoulli) 概型.

假设在贝努里概型中,每次试验事件 A 发生的概率为 p,不发生的概率为 $q = 1 - p$,则在 n 次试验中事件 A 恰好发生 $k(0 \leqslant k \leqslant n)$ 次的概率为

$$P_n(k) = C_n^k p^k q^{n-k}.$$

习 题 六

一、判断题

1. 水加热到 70℃,水沸腾是不可能事件. ( )
2. 互斥事件也必然是互逆事件. ( )
3. 在一次试验中,任意两个基本事件必是互逆,又是互斥. ( )
4. 在一天当中天晴和下雨是互斥事件. ( )
5. 概率是研究大量偶然现象规律性的科学. ( )

二、填空题

1. 设 $\Omega = \{E_1, E_2, \cdots, E_9\}$, $A = \{E_1, E_3, E_5, E_7, E_9\}$, $B = \{E_2, E_4, E_6, E_8\}$,则 $A \cup B$ = ________; $A \cap B$ = ________.

2. 推销经理要对一种新产品可能引起的盈亏三种情况的概率赋值，作如下判断 P_1（利润不超过 1 万元）$=0.50$；P_2（利润超过 1 万元）$=0.36$；那么 P_3（亏损）$=$ ________.

3. 在1,2,3,4,5,6这六个数字中任取两个数，则它们都是奇数的概率为________，若任取三个数，则它们都是偶数的概率为________.

4. 某厂在一定生产条件下，二级品出现的概率为 0.05，三级品出现的概率为 0.07，则二级品或三级品出现的概率是________.

5. 由相关统计资料表明，某一地区 6 月份下雨(A) 的概率为$\frac{4}{15}$，刮风(B) 的概率为$\frac{7}{15}$，既刮风又下雨的概率为$\frac{1}{10}$，则 $P(A \mid B)=$ ________，$P(A+B)=$ ________.

三、选择题

1. 下面经济现象中是随机现象的有(　　).

A. 会计师对某笔资金的投资(考虑盈亏问题)

B. 会计员造月报表(考虑正误问题)

C. 检验员从入库的产品中抽 10 件作标准化检验

D. 出纳员按工资表去银行取款(专款专用)

2. 下面各组事件中是互逆事件的是(　　).

A. $X>20$ 与 $X \leqslant 18$

B. $X \leqslant 20$ 与 $X \leqslant 22$

C. 50 个产品全是合格品与 50 个产品中只有一个废品

D. 一盒产品全是合格品与一盒产品全是废品

3. 从装有同一牌号一盒乒乓球中，摸出一个观察其颜色，则这是(　　).

A. 随机试验　　　　B. 不是试验

C. 随机事件　　　　D. 肯定性事件

4. 设事件 A 与事件 B，则下列关系肯定成立的是(　　).

A. $P(A+B)=P(A)+P(B)$

B. $P(A+B)=P(A)+P(B)-P(AB)$

C. $P(A+B)=P(A)+P(B)+P(AB)$

D. $P(AB)=P(A)P(B)$

5. 设事件 A 与事件 B 互相独立，则(　　).

A. $P(A+B)=P(A)+P(B)$

B. $P(A \cap B)=P(A)P(B)$

C. $P(A)=P(A \mid B)$

D. $P(B)=P(B \mid A)$

四、计算题

1. 在经济系学生中任选一名学生，令事件 A 表示被选学生是男生，事件 B 表示该生是三年级学生，事件 C 表示该生是运动员.

(1) 叙述事件 ABC 的意义.

(2) 在什么条件下 $AB=C$ 成立?

(3) 什么时候关系式 $C\subset A$ 是正确的?

(4) 什么时候 $A=\overline{B}$ 成立?

2. 指出下列命题中哪些成立,哪些不成立?

(1) $A\cup B=A\overline{B}\cup B$;　(2) $\overline{A}B=A\cup B$;

(3) $\overline{A\cup BC}=\overline{A}\,\overline{B}\,\overline{C}$;　(4) $(AB)(A\overline{B})=\varnothing$;

(5) 若 $A\subset B$,则 $A=AB$;　(6) 若 $AB=\varnothing$ 且 $C\subset A$,则 $BC=\varnothing$;

(7) 若 $A\subset B$,则$\overline{B}\subset\overline{A}$;　(8) 若 $B\subset A$,则 $A\cup B=A$.

3. 化简下列各式

(1) $(A\cup B)\cap(A\cup\overline{B})$;

(2) $(A\cup B)\cap(A\cup\overline{B})\cap(\overline{A}\cup B)$;

(3) $(A\cup B)\cap(B\cup C)$.

4. 事件 A 与事件 B 相容,记 $C=AB,D=A\cup B,E=\overline{A}\cup\overline{B},F=A-B$,说明事件 A、B、C、D、E、F 的关系.

5. 设事件 A、B、C 满足 $ABC\neq\varnothing$,把下列各事件表示为一些互不相容事件的和:

(1) $A\cup B$;　(2) $A\cup B\cup C$;　(3) $B\cup AC$;

(4) $AB\cup BC$;　(5) $B-AC$.

6. 已知事件 A 与事件 B 是对立事件,求证:事件$\overline{A}$ 与事件$\overline{B}$ 也是对立事件.

7. 一间学生宿舍中住有 6 位同学,试求下列事件的概率:

(1) 6 个人中至少有 1 人生日在 10 月份的概率;

(2) 6 个人中有 4 人的生日在 10 月份的概率;

(3) 6 个人中有 4 人的生日在同一个月份内的概率(假定每人生日在各个月的可能性相同).

8. 桥牌游戏中(4 人各从 52 张牌中分得 13 张),求 4 张 A 集中在一个人手中的概率.

9. 将 7 本不同的书随机地陈列在书架上排成一列,求下列事件的概率:

$A=$“某指定的 1 本书放在正中间”;

$B=$“某指定的 2 本书放在正中间”;

$C=$“某指定的 2 本书放在相邻位置”;

$D=$“某指定的 1 本书既未放在中间,也没有放在两端”.

10. 从 0,1,2,…,9 共 10 个数字中,每次取出 1 个,取后放回,先后取出 5 个数字,求下列事件的概率(假定每个数字都以 $\frac{1}{10}$ 的概率被取到):

$A=$“5 个数字全不相同”;

$B=$“5 个数字不全相同”;

$C=$“5 个数字都是偶数”;

$D=$“5 个数字组成 1 个偶数”;

$E=$“数字 8 被取到 2 次”;

$F=$“数字 8 至少被取到 2 次”.

11. 有 $2n$ 个数字，其中 n 个是 0，n 个是 1，从中任取两数之和为 0 或偶数的概率.

12. 在一个装有白球、黑球与红球各 n 个的口袋中任取 m 个球，试求其中有 m_1 个白球、m_2 个黑球、m_3 个红球的概率($m_1 + m_2 + m_3 = m$).

13. 设有 n 个人，每个人都等可能地被分配到 N 个房间中的任一间去住($n \leqslant N$)，试求下列事件的概率：

(1) 指定的 n 个房间里各住 1 人；

(2) 恰有 n 间房间，其中各住 1 人.

14. 设事件 A、事件 B 及事件 $A \cup B$ 的概率分别为 p、q 及 r，求 $P(AB)$、$P(A\overline{B})$、$P(\overline{A}B)$、$P(\overline{A}\,\overline{B})$.

15. 把 4 个颜色分别为黑、白、红、黄的球任意地放入 4 个颜色也分别为黑、白、红、黄的盒子中，每盒放一球，试求球与盒子的颜色都不一致的概率.

16. 采用不放回抽样方式从 $1,2,\cdots,n$ 中抽取 k 个数，试求抽出的 k 个数恰好按上升次序排列的概率.

17. 把 20 个球队平均分成两组进行比赛，试求最强的两队分在不同组内的概率.

18. 设停车场有 12 个车位，排成一行，现停着 8 辆车，试求恰有 4 个连续的车位空着的概率.

19. 试求 6 个人的生日恰巧在两个月中的概率.

20. 在六位电话号码的 6 个数字中，试求恰有 2 个数字相同的概率.

21. 将两封信随机地投入编号为 1,2,3,4,5 的 5 个邮筒，试计算下列事件的概率：

(1) $A =$ "第三个邮筒(即 3 号邮筒) 内没有信"；

(2) $B =$ "前两个邮筒没有信"；

(3) $C =$ "前三个邮筒没有信"；

(4) $D =$ "在已发现前两个邮筒内没有信的条件下，第三个邮筒内也没有信".

22. 已知一个家庭有 3 个小孩，且其中 1 个是女孩，试求至少有 1 个男孩的概率(假设 1 个小孩为男或女是等可能的).

23. 掷 3 粒骰子，已知所得 3 个数都不一样，试求含有三点的概率.

24. 设 M 件产品中有 m 件废品，从中任取两件，试求：(1) 在所取产品中有一件是废品的条件下，另一件也是废品的概率；(2) 在所取产品中有一件是正品的条件下，另一件是废品的概率.

25. 以 A_k 表示事件："接连检查 k 个产品都没有发现次品"，假设对任意正整数 k,l，$P(A_{k+l} \mid A_k) = P(A_l)$，$P(A_l) = 1-q$，试求：(1) $P(A_k)$；(2) 第一次查到次品时已检查了 l 个正品的概率.

26. 若事件 A、B 独立，试证明 $\overline{A}$ 与 B，A 与 $\overline{B}$，$\overline{A}$ 与 $\overline{B}$ 均独立.

27. 设 $A_1,A_2,\cdots,A_n$ 为 n 个独立事件，且

$$P(A_k) = p_k \quad (1 \leqslant k \leqslant n)$$

试求下列事件的概率：(1) n 个事件全不发生；(2) n 个事件至少发生一件；(3) n 个事件恰有一件发生.

28. 一工作室有 4 位同事的帽子都放在衣架上，下班时每人任取 1 顶帽子，试求他们都没有拿自己帽子的概率.

29. 已知事件 A 与事件 B 相互独立，且 $P(A)=P(\overline{B})=a-1, P(A\cup B)=\frac{7}{9}$，试确定 a 的值.

30. 已知 A、B、C 两两独立，其概率分别为 0.2、0.4、0.6，$P(A\cup B\cup C)=0.76$，试求概率 $P(\overline{A}\cup\overline{B}\cup\overline{C})$ 与 $P(A\mid BC)$.

31. 在某工厂中有甲、乙、丙 3 台机器生产螺丝钉，它们的产量各占 25%、35%、40%，各台的废品率依次为 5%、4%、2%，今从产品中任取一颗螺丝钉是废品，试求该废品是甲机器生产的概率.

32. 一台机床有三分之一的时间加工零件 A. 其余时间加工零件 B，加工零件 A 时，停机的概率为 0.3，加工零件 B 时停机的概率为 0.4，试求这个机床停机的概率.

33. 有甲、乙两袋，甲袋中有 3 个白球、2 个黑球，乙袋中有 2 个白球、3 个黑球，从甲袋中任取两球放入乙袋，然后再从乙袋中任取一球，试求该球为白球的概率.

34. 乒乓球盒中有 15 个球，其中 9 个球是没有用过的新球，第一次比赛时任取 3 个球使用，用毕放回，第二次比赛时也任取 3 个球使用，试求这 3 个球全是没有用过的概率.

35. 每箱产品有 10 件，其次品数从 0 到 2 是等可能的，开箱检验时，从中一次抽取 2 件(不重复)，如果发现有次品，则认为该箱产品不合格即拒收，试计算一箱产品通过验收的概率.

36. 设有四台机器编号为 1、2、3、4，生产同一种产品，已知各机器生产产品的数量之比为 7∶6∶4∶3，各台机器产品的不合格率依次为 10%、5%、15%、20%，现从总产品中查出一件不合格品，试判断这件不合格品产自哪台机器的可能性最大？

37. 某工厂的车床、钻床、磨床、刨床的台数之比为 9∶3∶2∶1，它们在一定时间内需修理的概率之比为 1∶2∶3∶1，当有一台机床需要修理时，试求这台机床是车床的概率.

38. 轰炸机轰炸某目标，轰炸机能飞到距目标 400、200、100(m) 的概率分别是 0.5、0.3、0.2，又设轰炸机在距目标 400、200、100(m) 时的命中率分别为 0.01、0.02、0.1，当目标被击中时，试求轰炸机是在 400、200、100(m) 处轰炸的概率各为多少？

39. 射手射靶 5 次，各次命中的概率为 0.6，试求下列各事件的概率：(1) 前 3 次中靶，后 2 次脱靶；(2) 第 1、3、5 次中靶，第 2、4 次脱靶；(5) 5 次中恰有 3 次中靶.

40. 设 4 次独立试验中，事件 A 出现的概率相等，若已知事件 A 至少出现一次的概率等于 $\frac{65}{81}$，试求事件 A 在一次试验中出现的概率.

41. 一个大学生想借某本专业书，决定到 3 个图书馆去借，对每个图书馆而言，有无这本书的概率相等，若有，是否借出的概率也相等，假设这 3 个图书馆采购、出借图书是相互独立的，试求这个大学生能借到该专业书的概率.

42. 某厂产品的废品率为 0.03，现在要把产品装箱，若要以不少于 0.9 的概率保证每箱中至少有 100 个正品，那么每箱至少要装多少个产品？

43. 设事件 A 在每一次试验中发生的概率为 0.3，当事件 A 发生不少于 3 次时，指示灯发出信号，(1) 进行了 5 次独立试验，试求指示灯发出信号时的概率；(2) 进行了 7 次独立试验，试求指示灯发出信号的概率.

44. 掷均匀硬币 $n+m$ 次，已知至少出现一次正面，试求第一次正面出现在第 n 次试验的概率.

45. 高射炮手对敌机进行 4 次独立射击,每次命中的概率为 0.3,命中 1 次,敌机被击落的概率为 0.6;至少命中 2 次,敌机必被击落,试求敌机被击落的概率.

46. 某机构有一个 9 人组成的顾问小组,若每个顾问贡献正确意见的百分比是 0.7,现在该机构对某事可行与否个别征求各位顾问的意见,并按多数人意见作出决策,试求作出正确决策的概率.

第 7 章　矩　阵

矩阵在经济领域中有着广泛的应用，是经济研究和经济工作中处理线性经济模型的重要工具. 本章将介绍有关矩阵的基础知识，即矩阵的概念与运算、矩阵的初等变换、n 阶矩阵、行列式以及逆矩阵等.

§7.1　矩阵的概念

先看一个例子. 设某工厂三个车间去年各季度的产量情况如表 7-1 所示.

表 7-1　　(单位：t)

产量 季度 / 车间	一	二	三	四
Ⅰ	80	76	78	81
Ⅱ	67	68	72	70
Ⅲ	88	90	87	86

如果取出表 7-1 中的数据并且保持原来的相对位置，则可以得到一个矩形数表

$$\begin{matrix} 80 & 76 & 78 & 81 \\ 67 & 68 & 72 & 70 \\ 88 & 90 & 87 & 86 \end{matrix}$$

数学上将这样的矩形数表称为矩阵.

定义 7.1　由 $m \times n$ 个数 $a_{ij}(i=1,2,\cdots,m; j=1,2,\cdots,n)$ 排成的一个 m 行 n 列的矩形数表，称为一个 $m \times n$ 矩阵，通常用大写字母 $\boldsymbol{A},\boldsymbol{B},\boldsymbol{C},\cdots$ 表示，记做

$$\boldsymbol{A} = \begin{bmatrix} a_{11} & a_{12} & \cdots & a_{1n} \\ a_{21} & a_{22} & \cdots & a_{2n} \\ \vdots & \vdots & \cdots & \vdots \\ a_{m1} & a_{m2} & \cdots & a_{mn} \end{bmatrix} \tag{7.1}$$

也可以简记为 $\boldsymbol{A}_{m\times n}$ 或 $\boldsymbol{A}=(a_{ij})_{m\times n}$，矩阵 $\boldsymbol{A}$ 中的横排为行，纵排为列，数 a_{ij} 称为矩阵 $\boldsymbol{A}$ 的第 i 行第 j 列的元素，即前一个足标为行标，后一个足标为列标.

当 $m=1$ 时，为只有一行的矩阵

$$\boldsymbol{A} = (a_{11} \quad a_{12} \quad \cdots \quad a_{1n})$$

叫做行矩阵. 当 $n=1$ 时，为只有一列的矩阵

$$A = \begin{bmatrix} a_{11} \\ a_{21} \\ \vdots \\ a_{m1} \end{bmatrix}$$

叫做列矩阵

所有元素都是 0 的矩阵叫做零矩阵，记为 $\boldsymbol{O}$.

定义 7.2 如果矩阵 $\boldsymbol{A}$ 的行数与列数都等于 n，则称 $\boldsymbol{A}$ 为 n 阶矩阵，也称为 n 阶方阵，即

$$\boldsymbol{A} = \begin{bmatrix} a_{11} & a_{12} & \cdots & a_{1n} \\ a_{21} & a_{22} & \cdots & a_{2n} \\ \vdots & \vdots & \cdots & \vdots \\ a_{n1} & a_{n2} & \cdots & a_{nn} \end{bmatrix} \tag{7.2}$$

n 阶矩阵 $\boldsymbol{A}$ 中从左上角到右下角由元素 a_{ii} $(i = 1, 2, \cdots, n)$ 连成的直线称为 $\boldsymbol{A}$ 的主对角线.

特别地，规定一阶矩阵就是一个数，即

$$\boldsymbol{A} = (a) = a \tag{7.3}$$

下面介绍几种常用的特殊 n 阶矩阵.

7.1.1 对角矩阵

如果 n 阶矩阵 $\boldsymbol{A}$ 中除主对角线上的元素外，其他的元素均为 0，则称 $\boldsymbol{A}$ 为 n 阶对角矩阵，即

$$\boldsymbol{A} = \begin{bmatrix} a_{11} & & & \\ & a_{22} & & \\ & & \ddots & \\ & & & a_{nn} \end{bmatrix} \tag{7.4}$$

注 矩阵中有大块元素为 0 时，可以略去不写.

7.1.2 数量矩阵

如果 n 阶对角矩阵 $\boldsymbol{A}$ 中主对角线上的元素均为 a，则称 $\boldsymbol{A}$ 为 n 阶数量矩阵，即

$$\boldsymbol{A} = \begin{bmatrix} a & & & \\ & a & & \\ & & \ddots & \\ & & & a \end{bmatrix} \tag{7.5}$$

7.1.3 单位矩阵

如果 n 阶数量矩阵 $\boldsymbol{A}$ 中的元素均为 1，则称 $\boldsymbol{A}$ 为 n 阶单位矩阵，记做 $\boldsymbol{I}_n$，或简记为 $\boldsymbol{I}$，即

$$\boldsymbol{I} = \begin{bmatrix} 1 & & & \\ & 1 & & \\ & & \ddots & \\ & & & 1 \end{bmatrix} \tag{7.6}$$

7.1.4 三角形矩阵

如果 n 阶矩阵 $\boldsymbol{A}$ 中主对角线左下方的元素都是 0，则称 $\boldsymbol{A}$ 为 n 阶上三角形矩阵，即

$$\boldsymbol{A}=\begin{bmatrix} a_{11} & a_{12} & \cdots & a_{1n} \\ & a_{22} & \cdots & a_{2n} \\ & & \ddots & \vdots \\ & & & a_{nn} \end{bmatrix} \tag{7.7}$$

如果 n 阶矩阵 $\boldsymbol{A}$ 中主对角线右上方的元素都是 0，则称 $\boldsymbol{A}$ 为 n 阶下三角形矩阵，即

$$\boldsymbol{A}=\begin{bmatrix} a_{11} & & & \\ a_{21} & a_{22} & & \\ \vdots & \vdots & \ddots & \\ a_{n1} & a_{n2} & \cdots & a_{nn} \end{bmatrix} \tag{7.8}$$

注 为简便起见，矩阵中的零元素可以省略不写.

7.1.5 对称矩阵

如果 n 阶矩阵 $\boldsymbol{A}=(a_{ij})$ 满足 $a_{ij}=a_{ji}(i,j=1,2,\cdots,n)$，称 $\boldsymbol{A}$ 为对称矩阵.

显然，对称矩阵 A 的元素关于主对角线对称. 如

$$\begin{bmatrix} 0 & -1 \\ -1 & 0 \end{bmatrix},\quad \begin{bmatrix} 1 & 0 & \frac{1}{2} \\ 0 & 2 & -1 \\ \frac{1}{2} & -1 & 3 \end{bmatrix}$$

均为对称矩阵.

定义 7.3 如果两个矩阵 $\boldsymbol{A},\boldsymbol{B}$ 有相同的行数与相同的列数，并且对应位置上的元素均相等，则称矩阵 $\boldsymbol{A}$ 与矩阵 $\boldsymbol{B}$ 相等，记为 $\boldsymbol{A}=\boldsymbol{B}$，即设 $\boldsymbol{A}=(a_{ij})_{m\times n}$，$\boldsymbol{B}=(b_{ij})_{m\times n}$，若 $a_{ij}=b_{ij}$ $(i=1,2,\cdots,m,j=1,2,\cdots,n)$，则 $\boldsymbol{A}=\boldsymbol{B}$.

显然，两个矩阵相等，则它们的行数、列数必然分别相等，也只有行数、列数分别相等的矩阵才有可能相等.

§7.2 矩阵的运算

矩阵的意义不仅在于将一组数按一定次序排成矩形数表给处理问题带来方便，更在于对这种数表规定了有理论和实际意义的运算.

7.2.1 矩阵的加法和减法

例 1 设有两种物资(单位：t)要从四个产地运往三个销地，调动方案分别为矩阵 $\boldsymbol{A}$ 和矩阵 $\boldsymbol{B}$，即

$$A=\begin{bmatrix}3&7&0\\1&2&5\\2&4&1\\8&0&5\end{bmatrix}\quad B=\begin{bmatrix}5&3&3\\1&7&2\\2&0&8\\6&9&4\end{bmatrix}$$

那么，要从各个产地运往各个销地的两种物资（单位：t）的总调运方案应为矩阵 **A** 与矩阵 **B** 之和，即

$$A+B=\begin{bmatrix}3&7&0\\1&2&5\\2&4&1\\8&0&5\end{bmatrix}+\begin{bmatrix}5&3&3\\1&7&2\\2&0&8\\6&9&4\end{bmatrix}=\begin{bmatrix}3+5&7+3&0+3\\1+1&2+7&5+2\\2+2&4+0&1+8\\8+6&0+9&5+4\end{bmatrix}=\begin{bmatrix}8&10&3\\2&9&7\\4&4&9\\14&9&9\end{bmatrix}.$$

例 2 设某工厂生产甲，乙，丙三种产品，上个月的销售收入及生产成本（单位：万元）分别为矩阵 **A** 和矩阵 **B**，即

$$A=(25\quad 16\quad 30)\qquad B=(18\quad 10\quad 24)$$

那么，该厂上个月生产这三种产品的利润（单位：万元）应为矩阵 **A** 与矩阵 **B** 之差，即

$$\begin{aligned}A-B&=(25\quad 16\quad 30)-(18\quad 10\quad 24)\\&=(25-18\quad 16-10\quad 30-24)=(7\quad 6\quad 6).\end{aligned}$$

一般地，可得如下定义：

定义 7.4 设 **A**，**B** 均为 $m\times n$ 矩阵．由 $A=(a_{ij})_{m\times n}$ 中的元素与 $B=(b_{ij})_{m\times n}$ 中对应位置上的元素相加或相减而得到的 $m\times n$ 矩阵，分别称为矩阵 **A** 与矩阵 **B** 的和或差，记做

$$A+B=(a_{ij})_{m\times n}+(b_{ij})_{m\times n}=(a_{ij}+b_{ij})_{m\times n} \tag{7.9}$$

$$A-B=(a_{ij})_{m\times n}-(b_{ij})_{m\times n}=(a_{ij}-b_{ij})_{m\times n} \tag{7.10}$$

注 只有当两个矩阵具有相同的行数和相同的列数时，才能进行矩阵的加法、减法运算．

可以验证，矩阵的加法、减法满足下面运算律：

设 **A**，**B**，**C**，**O** 都是 $m\times n$ 矩阵，则

(1) $A+B=B+A$； (2) $A+(B+C)=(A+B)+C$；

(3) $A+O=A$； (4) $A-A=O$.

7.2.2 数与矩阵的乘法

定义 7.5 设 **A** 为 $m\times n$ 矩阵，k 是数，用数 k 乘矩阵 $A=(a_{ij})_{m\times n}$ 中的每一个元素而得到的 $m\times n$ 矩阵称为数 k 与矩阵 **A** 的积，记做

$$kA=k(a_{ij})_{m\times n}=(ka_{ij})_{m\times n} \tag{7.11}$$

由定义 7.5 可知，数与任意一个矩阵都可以相乘．

例 3 设某两个地区与另外四个地区之间的里程（单位：km）为矩阵 **A**，即

$$A=\begin{bmatrix}75&90&50&80\\60&45&70&55\end{bmatrix}.$$

如果货物每吨公里的运价是 2 元，则上述地区之间每吨货物的运费（单位：元 / 吨）应是 2 元与矩阵 **A** 的乘积，即

$$B = 2A = 2\begin{bmatrix} 75 & 90 & 50 & 80 \\ 60 & 45 & 70 & 55 \end{bmatrix}$$

$$= \begin{bmatrix} 2\times 75 & 2\times 90 & 2\times 50 & 2\times 80 \\ 2\times 60 & 2\times 45 & 2\times 70 & 2\times 55 \end{bmatrix} = \begin{bmatrix} 150 & 180 & 100 & 160 \\ 120 & 90 & 140 & 110 \end{bmatrix}.$$

可以验证，数与矩阵的乘法满足以下运算律：

设 $\boldsymbol{A}, \boldsymbol{B}$ 均为 $m \times n$ 矩阵，k, l 是数，则

(1) $k\boldsymbol{A} = \boldsymbol{A}k$；

(2) $k(\boldsymbol{A}+\boldsymbol{B}) = k\boldsymbol{A} + k\boldsymbol{B}$；

(3) $(k+l)\boldsymbol{A} = k\boldsymbol{A} + l\boldsymbol{A}$；

(4) $(kl)\boldsymbol{A} = k(l\boldsymbol{A})$.

例 4　设矩阵 $\boldsymbol{A} = \begin{bmatrix} 4 & 3 & 7 \\ 6 & 1 & 5 \end{bmatrix}$，　$\boldsymbol{B} = \begin{bmatrix} 3 & -1 & 6 \\ -2 & 9 & 7 \end{bmatrix}$.

(1) 计算 $2\boldsymbol{A} + 3\boldsymbol{B}$；

(2) 设 $3\boldsymbol{A} - 2\boldsymbol{X} = \boldsymbol{B}$，求 $\boldsymbol{X}$.

解　(1) $2\boldsymbol{A} + 3\boldsymbol{B} = 2\begin{bmatrix} 4 & 3 & 7 \\ 6 & 1 & 5 \end{bmatrix} + 3\begin{bmatrix} 3 & -1 & 6 \\ -2 & 9 & 7 \end{bmatrix}$

$$= \begin{bmatrix} 8+9 & 6-3 & 14+18 \\ 12-6 & 2+27 & 10+21 \end{bmatrix} = \begin{bmatrix} 17 & 3 & 32 \\ 6 & 29 & 31 \end{bmatrix}.$$

(2) 由 $3\boldsymbol{A} - 2\boldsymbol{X} = \boldsymbol{B}$ 可以解出 $\boldsymbol{X} = \dfrac{1}{2}(3\boldsymbol{A} - \boldsymbol{B})$，即

$$\boldsymbol{X} = \frac{1}{2}\left[3\begin{bmatrix} 4 & 3 & 7 \\ 6 & 1 & 5 \end{bmatrix} - \begin{bmatrix} 3 & -1 & 6 \\ -2 & 9 & 7 \end{bmatrix}\right]$$

$$= \frac{1}{2}\begin{bmatrix} 9 & 10 & 15 \\ 20 & -6 & 8 \end{bmatrix} = \begin{bmatrix} 4.5 & 5 & 7.5 \\ 10 & -3 & 4 \end{bmatrix}.$$

7.2.3　矩阵的乘法

先看一个实例：设有甲、乙、丙三种产品，其中两年的产量用矩阵 $\boldsymbol{A}$ 表示，产品的成本和单价用矩阵 $\boldsymbol{B}$ 表示，试求两年的成本总额和销售总额.

$$\boldsymbol{A} = \begin{matrix} \begin{bmatrix} 200 & 300 & 400 \\ 600 & 700 & 800 \end{bmatrix} \begin{matrix} \text{第一年} \\ \text{第二年} \end{matrix} \\ \begin{matrix} \text{甲} & \quad\text{乙} & \quad\text{丙} \end{matrix} \end{matrix};\quad \boldsymbol{B} = \begin{matrix} \begin{bmatrix} 2 & 3 \\ 3 & 4 \\ 5 & 6 \end{bmatrix} \begin{matrix} \text{甲} \\ \text{乙} \\ \text{丙} \end{matrix} \\ \begin{matrix} \text{成本} & \text{售价} \end{matrix} \end{matrix}$$

则第一年的成本总额为

$$200 \times 2 + 300 \times 3 + 400 \times 5 = 3300$$

第一年的销售总额为

$$200 \times 3 + 300 \times 4 + 400 \times 6 = 4200$$

第二年的成本总额为

$$600 \times 2 + 700 \times 3 + 800 \times 5 = 7300$$

第二年的销售总额为

$$600 \times 3 + 700 \times 4 + 800 \times 6 = 9400$$

用矩阵表示应是

$$\boldsymbol{C} = \begin{bmatrix} 3300 & 4200 \\ 7300 & 9400 \end{bmatrix} \begin{matrix} \text{第一年} \\ \text{第二年} \end{matrix}$$

成本总额　销售总额

显然，矩阵 $\boldsymbol{C}$ 的第 i 行第 j 列的元素是矩阵 $\boldsymbol{A}$ 的第 i 行的元素与矩阵 $\boldsymbol{B}$ 的第 j 列对应元素的乘积之和，我们把矩阵 $\boldsymbol{C}$ 称为矩阵 $\boldsymbol{A}$ 与矩阵 $\boldsymbol{B}$ 的乘积，记为 $\boldsymbol{AB} = \boldsymbol{C}$.

定义 7.6　设 $\boldsymbol{A} = (a_{ik})_{m\times l}$，$\boldsymbol{B} = (b_{kj})_{l\times n}$，它们的乘积 $\boldsymbol{AB} = \boldsymbol{C} = (c_{ij})_{m\times n}$，是一个行与左边矩阵 $\boldsymbol{A}$ 相同，列与右边矩阵 $\boldsymbol{B}$ 相同的 $m \times n$ 矩阵，而积矩阵 $\boldsymbol{C}$ 的第 i 行第 j 列的元素是

$$c_{ij} = a_{i1}b_{1j} + a_{i2}b_{2j} + \cdots + a_{il}b_{lj} = \sum_{k=1}^{l} a_{ik}b_{kj} \tag{7.12}$$

$$(i = 1,2,\cdots,m, j = 1,2,\cdots,n)$$

注　(1) 矩阵 $\boldsymbol{A}$ 的列数与矩阵 $\boldsymbol{B}$ 的行数相等（均为 l），这是矩阵乘法的条件.

(2) 矩阵 $\boldsymbol{A}$ 的第 i 行元素 a_{ik} 与矩阵 $\boldsymbol{B}$ 的第 j 列对应元素 b_{kj} $(k = 1,2,\cdots,l)$ 的乘积之和 c_{ij} 是积矩阵 $\boldsymbol{C}$ 的第 i 行第 j 列的元素.

(3) 积矩阵 $\boldsymbol{C}$ 的行数等于矩阵 $\boldsymbol{A}$ 的行数 m，列数等于矩阵 $\boldsymbol{B}$ 的列数 n.

例 5　设甲，乙两个机床厂均生产 Ⅰ，Ⅱ，Ⅲ 三种型号的机床，其年产量（单位：台）为

$$\boldsymbol{A} = \begin{bmatrix} 200 & 250 & 180 \\ 160 & 240 & 270 \end{bmatrix} \begin{matrix} \text{甲} \\ \text{乙} \end{matrix}$$

Ⅰ　Ⅱ　Ⅲ

如果生产这三种型号的机床每台的利润（单位：万元 / 台）为

$$\boldsymbol{B} = \begin{bmatrix} 0.2 \\ 0.5 \\ 0.7 \end{bmatrix} \begin{matrix} \text{Ⅰ} \\ \text{Ⅱ} \\ \text{Ⅲ} \end{matrix}$$

那么，这两个机床厂的年利润（单位：万元）应为矩阵 $\boldsymbol{A}$ 与矩阵 $\boldsymbol{B}$ 的积，即

$$\boldsymbol{AB} = \begin{bmatrix} 200 & 250 & 180 \\ 160 & 240 & 270 \end{bmatrix} \begin{bmatrix} 0.2 \\ 0.5 \\ 0.7 \end{bmatrix}$$

$$= \begin{bmatrix} 200 \times 0.2 + 250 \times 0.5 + 180 \times 0.7 \\ 160 \times 0.2 + 240 \times 0.5 + 270 \times 0.7 \end{bmatrix} = \begin{bmatrix} 291 \\ 341 \end{bmatrix} \begin{matrix} \text{甲} \\ \text{乙} \end{matrix}$$

例 6　设矩阵 $\boldsymbol{A} = \begin{bmatrix} 2 & 3 \\ 1 & -2 \\ 3 & 1 \end{bmatrix}$，$\boldsymbol{B} = \begin{bmatrix} 1 & -2 & -3 \\ 2 & -1 & 0 \end{bmatrix}$，求 $\boldsymbol{AB}$、$\boldsymbol{BA}$.

解

$$\boldsymbol{AB} = \begin{bmatrix} 2 & 3 \\ 1 & -2 \\ 3 & 1 \end{bmatrix} \begin{bmatrix} 1 & -2 & -3 \\ 2 & -1 & 0 \end{bmatrix} = \begin{bmatrix} 8 & -7 & -6 \\ -3 & 0 & -3 \\ 5 & -7 & -9 \end{bmatrix}$$

$$\boldsymbol{BA} = \begin{bmatrix} 1 & -2 & -3 \\ 2 & -1 & 0 \end{bmatrix} \begin{bmatrix} 2 & 3 \\ 1 & -2 \\ 3 & 1 \end{bmatrix} = \begin{bmatrix} -9 & 4 \\ 3 & 8 \end{bmatrix}.$$

例 7 设矩阵

$$A=\begin{bmatrix}-2 & 4\\ 1 & -2\end{bmatrix},\ B=\begin{bmatrix}2 & 4\\ -3 & -6\end{bmatrix},\ C=\begin{bmatrix}-2 & 0\\ -5 & -8\end{bmatrix}$$

则

$$AB=\begin{bmatrix}-2 & 4\\ 1 & -2\end{bmatrix}\begin{bmatrix}2 & 4\\ -3 & -6\end{bmatrix}=\begin{bmatrix}-16 & -32\\ 8 & 16\end{bmatrix}$$

$$BA=\begin{bmatrix}2 & 4\\ -3 & -6\end{bmatrix}\begin{bmatrix}-2 & 4\\ 1 & -2\end{bmatrix}=\begin{bmatrix}0 & 0\\ 0 & 0\end{bmatrix}$$

$$AC=\begin{bmatrix}-2 & 4\\ 1 & -2\end{bmatrix}\begin{bmatrix}-2 & 0\\ -5 & -8\end{bmatrix}=\begin{bmatrix}-16 & -32\\ 8 & 16\end{bmatrix}$$

关于矩阵的乘法，有两点必须注意：

(1) 矩阵的乘法不满足交换律. 在一般的情况下，矩阵的乘法不可以交换，即 $AB\neq BA$. 这是因为 AB 有意义时，BA 未必有意义，如例 5 中的 BA 就不能相乘. 即使 AB 和 BA 都有意义，两者也未必相等，如例 6 与例 7 中都给出了 $AB\neq BA$ 的反例. 因此，矩阵相乘时有左乘与右乘的区别，通常将 AB 称为 A 左乘 B，或称为 B 右乘 A.

如果 $AB=BA$ 成立，则称矩阵 A 与矩阵 B 可以交换.

(2) 矩阵的乘法不满足消去律. 在一般情况下，两个非零矩阵的积可能是零矩阵. 因此，不能由 $AB=O$ 推出 $A=O$ 或 $B=O$. 此外，即使 $A\neq O$，也不能由 $AB=AC$ 推出 $B=C$. 如例 7 中已经给出了这两种情况的反例.

矩阵的乘法满足以下运算律：

设矩阵 A,B,C,I 可以进行下列有关运算，k 是数，则

(1) $(AB)C=A(BC)$；　　(2) $A(B+C)=AB+AC$；

(3) $(A+B)C=AC+BC$；　　(4) $k(AB)=(kA)B=A(kB)$；

(5) $AI=A$；　　(6) $IA=A$.

证 现在证(2)，其余可以仿此得到证明.

设 $A=(a_{ik})_{m\times l},B=(b_{kj})_{l\times n},C=(c_{kj})_{l\times n}$，则

$$A(B+C)=(a_{ik})_{m\times l}(b_{kj}+c_{kj})_{l\times n}=\left(\sum_{k=1}^{l}a_{ik}(b_{kj}+c_{kj})\right)_{m\times n}$$

$$=\left(\sum_{k=1}^{l}a_{ik}b_{kj}\right)_{m\times n}+\left(\sum_{k=1}^{l}a_{ik}c_{kj}\right)_{m\times n}=AB+AC.$$

7.2.4 n 阶矩阵的幂

根据矩阵乘法的条件可知，只有方阵，即 n 阶矩阵，才能与自身相乘.

定义 7.7 设 A 为 n 阶矩阵，k 是自然数，则 k 个 A 的连乘积称为 A 的 k 次幂，记做

$$A^k=\underbrace{AA\cdots A}_{k\text{个}} \tag{7.13}$$

规定

$$A^0=I$$

根据定义不难得知，n 阶矩阵的幂具有下列性质：

性质 7.1 设 A 为 n 阶矩阵，k、l 是自然数，则：

(1) $A^kA^l = A^{k+l}$；　(2) $(A^k)^l = A^{kl}$.

应当注意，由于矩阵的乘法不满足交换律，因而初等代数中的许多乘幂公式对于 n 阶矩阵不再成立.例如，在一般情况下

$$(A+B)^2 = A^2 + AB + BA + B^2 \neq A^2 + 2AB + B^2$$

$$(AB)^k = \underbrace{ABAB\cdots AB}_{k\text{个}} \neq A^kB^k.$$

7.2.5 矩阵的转置

定义 7.8 将 $m\times n$ 矩阵 A 的行与列互换(将行改写成列，或将列改写成行)而得到的 $n\times m$ 矩阵称为 A 的转置矩阵，记做 A^{T}，或 A'. 即如果

$$A = \begin{bmatrix} a_{11} & a_{12} & \cdots & a_{1n} \\ a_{21} & a_{22} & \cdots & a_{2n} \\ \vdots & \vdots & \cdots & \vdots \\ a_{m1} & a_{m2} & \cdots & a_{mn} \end{bmatrix}$$

那么

$$A^{\mathrm{T}} = \begin{bmatrix} a_{11} & a_{21} & \cdots & a_{m1} \\ a_{12} & a_{22} & \cdots & a_{m2} \\ \vdots & \vdots & \cdots & \vdots \\ a_{1n} & a_{2n} & \cdots & a_{mn} \end{bmatrix} \tag{7.14}$$

容易验证，转置矩阵有下列性质：

性质 7.2 (1) $(A^{\mathrm{T}})^{\mathrm{T}} = A$；　(2) $(A+B)^{\mathrm{T}} = A^{\mathrm{T}} + B^{\mathrm{T}}$；

(3) $(kA)^{\mathrm{T}} = kA^{\mathrm{T}}$；　(4) $(AB)^{\mathrm{T}} = B^{\mathrm{T}}A^{\mathrm{T}}$.

下面我们以实例验证(4).

设矩阵

$$A = \begin{bmatrix} 1 & 3 \\ 2 & 1 \\ 3 & 2 \end{bmatrix},\ B = \begin{bmatrix} 3 & 1 & 2 \\ 1 & 2 & 1 \end{bmatrix}$$

则

$$AB = \begin{bmatrix} 1 & 3 \\ 2 & 1 \\ 3 & 2 \end{bmatrix}\begin{bmatrix} 3 & 1 & 2 \\ 1 & 2 & 1 \end{bmatrix} = \begin{bmatrix} 6 & 7 & 5 \\ 7 & 4 & 5 \\ 11 & 7 & 8 \end{bmatrix}$$

故

$$(AB)^{\mathrm{T}} = \begin{bmatrix} 6 & 7 & 11 \\ 7 & 4 & 7 \\ 5 & 5 & 8 \end{bmatrix}$$

而

$$B^{\mathrm{T}}A^{\mathrm{T}} = \begin{bmatrix} 3 & 1 \\ 1 & 2 \\ 2 & 1 \end{bmatrix}\begin{bmatrix} 1 & 2 & 3 \\ 3 & 1 & 2 \end{bmatrix} = \begin{bmatrix} 6 & 7 & 11 \\ 7 & 4 & 7 \\ 5 & 5 & 8 \end{bmatrix}$$

可见

$$(AB)^{\mathrm{T}} = B^{\mathrm{T}}A^{\mathrm{T}}.$$

§7.3 分块矩阵

当矩阵的行数与列数较大时，为了简化运算，我们引进分块矩阵及其运算的概念. 务必

注意,分块矩阵及其运算不是一种新的运算,而只是矩阵运算的简化.

7.3.1　矩阵的分块

什么叫矩阵的分块?简单地说就是用横线与竖线将一个矩阵分成若干个子块,这样得到的矩阵就称为“分块矩阵”.

如对矩阵

$$\boldsymbol{A}=\begin{bmatrix} a_{11} & a_{12} & a_{13} & a_{14} \\ a_{21} & a_{22} & a_{23} & a_{24} \\ a_{31} & a_{32} & a_{33} & a_{34} \end{bmatrix}$$

的第二行,第三行之间以及第一列,第二列之间进行分块.

得

$$\boldsymbol{A}=\left[\begin{array}{c|ccc} a_{11} & a_{12} & a_{13} & a_{14} \\ a_{21} & a_{22} & a_{23} & a_{24} \\ \hline a_{31} & a_{32} & a_{33} & a_{34} \end{array}\right]=\begin{bmatrix} \boldsymbol{A}_{11} & \boldsymbol{A}_{12} \\ \boldsymbol{A}_{21} & \boldsymbol{A}_{22} \end{bmatrix}$$

其中

$$\boldsymbol{A}_{11}=\begin{bmatrix} a_{11} \\ a_{21} \end{bmatrix}\quad \boldsymbol{A}_{12}=\begin{bmatrix} a_{12} & a_{13} & a_{14} \\ a_{22} & a_{23} & a_{24} \end{bmatrix}$$

$$\boldsymbol{A}_{21}=\begin{bmatrix} a_{31} \end{bmatrix}\quad \boldsymbol{A}_{22}=\begin{bmatrix} a_{32} & a_{33} & a_{34} \end{bmatrix}$$

根据不同的需要,也可以将矩阵 $\boldsymbol{A}$ 按其他方式分块. 例如

$$\boldsymbol{A}=\left[\begin{array}{cc|cc} a_{11} & a_{12} & a_{13} & a_{14} \\ \hline a_{21} & a_{22} & a_{23} & a_{24} \\ a_{31} & a_{32} & a_{33} & a_{34} \end{array}\right]=\begin{bmatrix} \boldsymbol{A}_{11} & \boldsymbol{A}_{12} \\ \boldsymbol{A}_{21} & \boldsymbol{A}_{22} \end{bmatrix}$$

$$\boldsymbol{A}=\left[\begin{array}{c|c|cc} a_{11} & a_{12} & a_{13} & a_{14} \\ a_{21} & a_{22} & a_{23} & a_{24} \\ \hline a_{31} & a_{32} & a_{33} & a_{34} \end{array}\right]=\begin{bmatrix} \boldsymbol{A}_{11} & \boldsymbol{A}_{12} & \boldsymbol{A}_{13} \\ \boldsymbol{A}_{21} & \boldsymbol{A}_{22} & \boldsymbol{A}_{23} \end{bmatrix}$$

一般地,如果将 $m\times n$ 矩阵

$$\boldsymbol{A}=(a_{ij})_{m\times m}=\begin{bmatrix} a_{11} & a_{12} & \cdots & a_{1n} \\ a_{21} & a_{22} & \cdots & a_{2n} \\ \vdots & \vdots & \cdots & \vdots \\ a_{m1} & a_{m2} & \cdots & a_{mn} \end{bmatrix}$$

划分为 s 行块,t 列块,则分块矩阵可以记为

$$\boldsymbol{A}=(\boldsymbol{A}_{pq})_{s\times t}=\begin{bmatrix} \boldsymbol{A}_{11} & \boldsymbol{A}_{12} & \cdots & \boldsymbol{A}_{1t} \\ \boldsymbol{A}_{21} & \boldsymbol{A}_{22} & \cdots & \boldsymbol{A}_{2t} \\ \vdots & \vdots & \cdots & \vdots \\ \boldsymbol{A}_{s1} & \boldsymbol{A}_{s2} & \cdots & \boldsymbol{A}_{st} \end{bmatrix} \tag{7.15}$$

注意　这里 $\boldsymbol{A}_{pq}$ 代表一个矩阵,而不是一个数. $\boldsymbol{A}_{pq}$ 通常称为 $\boldsymbol{A}$ 的第(p,q) 块,记 $\boldsymbol{A}=(\boldsymbol{A}_{pq})_{s\times t}$,需注明这是分块矩阵,足标 s 表示横向分成 s 块,t 表示纵向分成 t 块,一共为 $s\times t$ 块.

例1 $A=\left[\begin{array}{cc:cc:c} 1 & 1 & 0 & 0 & 0 \\ -1 & 0 & 0 & 0 & 0 \\ \hdashline 0 & 0 & 1 & 0 & 0 \\ 0 & 0 & 1 & 1 & 0 \\ \hdashline 0 & 0 & 0 & 0 & 1 \end{array}\right]$

是一个分了块的矩阵，A 的分块有一个特点，若记

$$A_1=\begin{bmatrix} 1 & 1 \\ -1 & 0 \end{bmatrix}, A_2=\begin{bmatrix} 1 & 0 \\ 1 & 1 \end{bmatrix}, A_3=[1]$$

则

$$A=\begin{bmatrix} A_1 & 0 & 0 \\ 0 & A_2 & 0 \\ 0 & 0 & A_3 \end{bmatrix}$$

即 A 作为分块矩阵来看，除了主对角线上的子块外其余各块都是零矩阵.

一般来说，称下列形状的矩阵

$$A=\begin{bmatrix} A_1 & & & O \\ & A_2 & & \\ & & \ddots & \\ O & & & A_k \end{bmatrix} \tag{7.16}$$

为分块对角阵（A 中的"O" 表示除对角线上的子块外都是零矩阵块），以后我们会看到这种分块对角阵在运算上是比较简便的.

7.3.2 分块矩阵的运算

对矩阵作分块运算时，其分块方法必须按照运算规则的要求去进行. 运算以子块作为元素，最后对子块再作进一步的运算.

1. 分块矩阵的加法和减法

矩阵 $A_{m\times n}$ 与矩阵 $B_{m\times n}$ 分块相加或相减时，两个矩阵关于行的分法以及关于列的分法都必须一致.

设 $A=(A_{pq})$ 与 $B=(B_{pq})$ 均为 s 行块，t 列块的分块矩阵，并且其对应的子块 A_{pq} 与 B_{pq} 有相同的行数与相同的列数，则

$$A\pm B=(A_{pq})\pm(B_{pq})=(A_{pq}\pm B_{pq})$$

然后再分别计算子块 $A_{pq}+B_{pq}$ 或 $A_{pq}-B_{pq}$ ($p=1,2,\cdots,s;q=1,2,\cdots,t$).

2. 数与分块矩阵的乘法

数与分块矩阵相乘时，矩阵 A 可以按任意方式分块.

设 $A_{m\times n}$ 分块为 s 行，t 列，即 $A=(A_{pq})_{s\times t}$，k 为数，则

$$kA=k(A_{pq})_{s\times t}=(kA_{pq})_{s\times t}$$

然后再分别计算子块 kA_{pq}.

3. 分块矩阵的乘法

矩阵 $A_{m\times l}$ 与矩阵 $B_{l\times m}$ 分块相乘时，矩阵 A 关于列的分法与矩阵 B 关于行的分法必须一致，而矩阵 A 关于行的分法与矩阵 B 关于列的分法则可以是任意的.

设有分块矩阵

$$A=(A_{pk})_{s\times r};\ B=(B_{kq})_{r\times t}$$

其中 A_{pk} 的列数与 B_{kq} 的行数相同，则

$$C=AB=(A_{pk})(B_{kq})=\left(\sum_{k=1}^{r}A_{pk}B_{kq}\right)_{p\times q}$$

然后再分别计算子块 $A_{pk}B_{kq}(p=1,2,\cdots,s;q=1,2,\cdots,t)$.

例 2 设矩阵

$$A=\begin{bmatrix}1&0&2&3\\0&1&6&1\\0&0&3&0\\0&0&0&3\end{bmatrix},B=\begin{bmatrix}7&8&0&0\\1&-4&0&0\\5&2&-1&0\\2&-3&0&-1\end{bmatrix}$$

计算 $A+B,3A,AB$.

解 设将矩阵 A 和矩阵 B 分块如下

$$A=\left[\begin{array}{cc:cc}1&0&2&3\\0&1&6&1\\\hdashline 0&0&3&0\\0&0&0&3\end{array}\right]=\begin{bmatrix}I&C\\O&3I\end{bmatrix}$$

$$B=\left[\begin{array}{cc:cc}7&8&0&0\\1&-4&0&0\\\hdashline 5&2&-1&0\\2&-3&0&-1\end{array}\right]=\begin{bmatrix}D&O\\F&-I\end{bmatrix}$$

则
$$A+B=\begin{bmatrix}I&C\\O&3I\end{bmatrix}+\begin{bmatrix}D&O\\F&-I\end{bmatrix}=\begin{bmatrix}I+D&C\\F&2I\end{bmatrix}$$

$$3A=3\begin{bmatrix}I&C\\O&3I\end{bmatrix}=\begin{bmatrix}3I&3C\\O&9I\end{bmatrix}$$

$$AB=\begin{bmatrix}I&C\\O&3I\end{bmatrix}\begin{bmatrix}D&O\\F&-I\end{bmatrix}=\begin{bmatrix}D+CF&-C\\3F&-3I\end{bmatrix}$$

然后再分别计算 $I+D,3C,D+CF,3F$ 等子块，代入上面三个式子得到

$$A+B=\begin{bmatrix}8&8&2&3\\1&-3&6&1\\5&2&2&0\\2&-3&0&2\end{bmatrix},3A=\begin{bmatrix}3&0&6&9\\0&3&18&3\\0&0&9&0\\0&0&0&9\end{bmatrix},AB=\begin{bmatrix}23&3&-2&-3\\33&5&-6&-1\\15&6&-3&0\\6&-9&0&-3\end{bmatrix}$$

例 3 设有两个分块对角阵

$$A=\begin{bmatrix}A_1&&&O\\&A_2&&\\&&\ddots&\\O&&&A_k\end{bmatrix},B=\begin{bmatrix}B_1&&&O\\&B_2&&\\&&\ddots&\\O&&&B_k\end{bmatrix}$$

其中矩阵 A_i 与矩阵 B_i 都是同阶方阵 $(i=1,2,\cdots,k)$.

试求 AB.

解 因 A_i 与 B_i 都是同阶方阵，所以 A,B 是同阶方阵，因此 A_i 与 B_i 可以相乘，用分块

矩阵的乘法不难求得

$$
\boldsymbol{AB}=\begin{bmatrix} \boldsymbol{A}_1\boldsymbol{B}_1 & & & \boldsymbol{O} \\ & \boldsymbol{A}_2\boldsymbol{B}_2 & & \\ & & \ddots & \\ \boldsymbol{O} & & & \boldsymbol{A}_k\boldsymbol{B}_k \end{bmatrix} \tag{7.17}
$$

即分块对角矩阵相乘时只需将主对角线上的子块相乘即可.

可以证明:同结构的对角分块矩阵的和、积仍是对角分块矩阵.

§7.4 矩阵的初等变换

7.4.1 矩阵初等变换的概念

矩阵的初等变换是对矩阵的行或列所施行的一类运算,这类运算是线性代数中应用最广泛的基本运算之一.

定义 7.9 矩阵的行(列)初等变换是指以下三种变换:

(1) 变换矩阵中两行(列)的位置;

(2) 用一个非零数 k 乘矩阵的某一行(列);

(3) 将矩阵中某一行(列)的 l 倍加到另一行(列)上.

矩阵的行初等变换和列初等变换统称为矩阵的初等变换.

下面介绍与矩阵初等变换相关的初等矩阵.

7.4.2 初等矩阵

定义 7.10 对 n 阶单位矩阵 $\boldsymbol{I}$ 施行一次初等变换后得到的矩阵称为 n 阶初等矩阵,简称为初等矩阵.

相应于上述的三种初等变换,有下列三种初等矩阵:

(1) 对 $\boldsymbol{I}$ 施行第一种初等变换,即交换 $\boldsymbol{I}$ 中第 i 行(列)与第 j 行(列)的位置,得到第一种初等矩阵,记做

$$
\boldsymbol{I}(i,j)=\begin{array}{l}
\begin{array}{ccccccccccc} & & & i & & & & j & & & \end{array}\\
\begin{bmatrix}
1 &&&&&&&&&& \\
& \ddots &&&&&&&&& \\
&& 1 &&&&&&&& \\
&&& 0 & \cdot & \cdot & \cdot & 1 &&& \\
&&& \cdot & 1 &&& \cdot &&& \\
&&& \cdot && \ddots && \cdot &&& \\
&&& \cdot &&& 1 & \cdot &&& \\
&&& 1 & \cdot & \cdot & \cdot & 0 &&& \\
&&&&&&&& 1 && \\
&&&&&&&&& \ddots & \\
&&&&&&&&&& 1
\end{bmatrix}
\begin{array}{c} \\ \\ \\ i \\ \\ \\ \\ j \\ \\ \\ \\ \end{array}
\end{array} \tag{7.18}
$$

(2) 对 $\boldsymbol{I}$ 施行第二种初等变换,即用一个非零数 k 乘 $\boldsymbol{I}$ 的第 i 行(列),得到第二种初等矩

阵，记做

$$\boldsymbol{I}(i(k))=\begin{bmatrix}1&&&&&\\&\ddots&&&&\\&&1&&&\\&&&k&&\\&&&&1&\\&&&&&\ddots&\\&&&&&&1\end{bmatrix}i \tag{7.19}$$

(3) 对 $\boldsymbol{I}$ 施行第三种初等变换，即将第 j 行(第 i 列) 的 l 倍加到第 i 行(第 j 列) 上，得到第三种初等矩阵，记做

$$\boldsymbol{I}(i,j(l))=\begin{bmatrix}1&&&&&\\&\ddots&&&&\\&&1&\cdots&l&&\\&&&\ddots&\vdots&&\\&&&&1&&\\&&&&&\ddots&\\&&&&&&1\end{bmatrix}\begin{matrix}i\\ \\ j\end{matrix} \tag{7.20}$$

可以证明：矩阵的初等变换与初等矩阵之间存在着如下关系.

定理 7.1　设 $\boldsymbol{A}$ 为 $m\times n$ 矩阵，则

(1) 对 $\boldsymbol{A}$ 施行一次行初等变换，就相当于用一个同种的 m 阶初等矩阵左乘 $\boldsymbol{A}$；

(2) 对 $\boldsymbol{A}$ 施行一次列初等变换，就相当于用一个同种的 n 阶初等矩阵右乘 $\boldsymbol{A}$.

证明略.

定理 7.1 表明，如果要对矩阵 $\boldsymbol{A}$ 施行某种行(列) 初等变换，则可以先对单位矩阵 $\boldsymbol{I}$ 施行同样的行(列) 初等变换，再将由此得到的初等矩阵左(右) 乘矩阵 $\boldsymbol{A}$，即可以实现对矩阵 $\boldsymbol{A}$ 的行(列) 初等变换.

例如
$$\begin{bmatrix}0&1\\1&0\end{bmatrix}\begin{bmatrix}1&3&5\\2&4&1\end{bmatrix}=\begin{bmatrix}2&4&1\\1&3&5\end{bmatrix}$$

$$\begin{bmatrix}2&4&1\\3&1&2\end{bmatrix}\begin{bmatrix}1&0&0\\0&0&1\\0&1&0\end{bmatrix}=\begin{bmatrix}2&1&4\\3&2&1\end{bmatrix}.$$

7.3.3　标准形矩阵和化任一矩阵为标准形矩阵

我们称形如

$$\boldsymbol{D}=\begin{bmatrix}1&&&&&\\&1&&&&\\&&\ddots&&&\\&&&1&&\\&&&&0&\\&&&&&\ddots&\\&&&&&&0\end{bmatrix}=\begin{bmatrix}\boldsymbol{I}_r&\boldsymbol{O}_{r\times(n-r)}\\\boldsymbol{O}_{(m-r)\times r}&\boldsymbol{O}_{(m-r)\times(n-r)}\end{bmatrix} \tag{7.21}$$

的矩阵 $\boldsymbol{D}$ 为标准形矩阵.

定理 7.2 对任意一个矩阵 $\boldsymbol{A}_{m\times n}=(a_{ij})_{m\times n}$，都可以经过施行若干次初等变换，将其化为标准形矩阵 $\boldsymbol{D}$.

证 设矩阵

$$\boldsymbol{A}=\begin{bmatrix} a_{11} & a_{12} & \cdots & a_{1n} \\ a_{21} & a_{22} & \cdots & a_{2n} \\ \vdots & \vdots & \cdots & \vdots \\ a_{m1} & a_{m2} & \cdots & a_{mn} \end{bmatrix}$$

如果 $\boldsymbol{A}=\boldsymbol{O}$，则 $\boldsymbol{A}$ 已经是标准形了（此时 $r=0$）. 如果 $\boldsymbol{A}\neq\boldsymbol{O}$，则不妨假设 $a_{11}\neq 0$（如 $a_{11}=0$，可以在 $\boldsymbol{A}$ 中选定某个非零元素 a_{ij}，再通过对 $\boldsymbol{A}$ 施行第一种初等变换，将 a_{ij} 换到 $\boldsymbol{A}$ 的左上角取代 a_{11}）. 现将 $\boldsymbol{A}$ 的第一行的 $-\dfrac{a_{i1}}{a_{11}}$ 倍加到 i 行上（$i=2,3,\cdots,m$），将第一列的 $-\dfrac{a_{1j}}{a_{11}}$ 倍加到第 j 列上（$j=2,3,\cdots,n$），最后用数 $\dfrac{1}{a_{11}}$ 乘第一行. 经过这样一系列的初等变换，矩阵 $\boldsymbol{A}$ 将化为如下形式

$$\boldsymbol{A}'=\begin{bmatrix} 1 & 0 & \cdots & 0 \\ 0 & a'_{22} & \cdots & a'_{2n} \\ \vdots & \vdots & \cdots & \vdots \\ 0 & a'_{m2} & \cdots & a'_{mn} \end{bmatrix}=\begin{bmatrix} \boldsymbol{I}_1 & \boldsymbol{O} \\ \boldsymbol{O} & \boldsymbol{A}_1 \end{bmatrix}$$

如果 $\boldsymbol{A}_1=\boldsymbol{O}$，则 $\boldsymbol{A}$ 已经化为标准形了（此时 $r=1$）. 如果 $\boldsymbol{A}_1\neq\boldsymbol{O}$，则可以对 $\boldsymbol{A}_1$ 重复上述过程，继续下去，最后总可以将 $\boldsymbol{A}$ 化为标准形.

注意 在具体化一个矩形为标准形时，可以根据实际情况灵活应用上述定理证明中所述的方法.

为了后面叙述的方便，现作如下约定：

(1) 用“ⓘ↔ⓙ”表示交换矩阵中第 i 行（列）与第 j 行（列）的位置.

(2) 用“$k\times$ ⓘ”（$k\neq 0$）表示用非零数 k 乘矩阵的第 i 行（列）.

(3) 用“$l\times$ ⓙ + ⓘ”表示将矩阵中第 j 行（列）的 l 倍加到第 i 行（列）上.

(4) 初等变换的过程用箭头“→”表示，上述记号写在箭头上方表示行初等变换，写在箭头下方表示列初等变换.

例 1 将下列矩阵化为标准形

$$\boldsymbol{A}=\begin{bmatrix} 2 & 1 & 2 & 3 \\ 4 & 1 & 3 & 5 \\ 2 & 0 & 1 & 2 \end{bmatrix},\boldsymbol{B}=\begin{bmatrix} 2 & -1 & 1 \\ 3 & 1 & 0 \\ -1 & 1 & -1 \end{bmatrix}.$$

解
$$\boldsymbol{A}=\begin{bmatrix} 2 & 1 & 2 & 3 \\ 4 & 1 & 3 & 5 \\ 2 & 0 & 1 & 2 \end{bmatrix}\xrightarrow[\substack{(-2)\times ②+① \\ (-2)\times ②+③ \\ (-3)\times ②+④}]{}\begin{bmatrix} 0 & 1 & 0 & 0 \\ 2 & 1 & 1 & 2 \\ 2 & 0 & 1 & 2 \end{bmatrix}$$

$$\xrightarrow{\substack{(-1)\times ①+② \\ (-1)\times ③+②}}\begin{bmatrix} 0 & 1 & 0 & 0 \\ 0 & 0 & 0 & 0 \\ 2 & 0 & 1 & 2 \end{bmatrix}\xrightarrow[\substack{(-2)\times ③+① \\ (-2)\times ③+④}]{①\leftrightarrow ②}\begin{bmatrix} 0 & 0 & 0 & 0 \\ 0 & 1 & 0 & 0 \\ 0 & 0 & 1 & 0 \end{bmatrix}$$

$$\xrightarrow[①\leftrightarrow③]{①\leftrightarrow③}\begin{bmatrix}1&0&0&0\\0&1&0&0\\0&0&0&0\end{bmatrix}=\begin{bmatrix}\boldsymbol{I}_2&\boldsymbol{O}\\\boldsymbol{O}&\boldsymbol{O}\end{bmatrix}$$

$$\boldsymbol{B}=\begin{bmatrix}2&-1&1\\3&1&0\\-1&1&-1\end{bmatrix}\xrightarrow{1\times③+①}\begin{bmatrix}1&0&0\\3&1&0\\-1&1&-1\end{bmatrix}$$

$$\xrightarrow[(-1)\times③+①]{1\times③+②}\begin{bmatrix}1&0&0\\3&1&0\\0&0&-1\end{bmatrix}\xrightarrow[(-1)\times③]{(-3)\times①+②}\begin{bmatrix}1&0&0\\0&1&0\\0&0&1\end{bmatrix}=\boldsymbol{I}_3.$$

注意 矩阵经过一次初等变换后一般就不是原来的矩阵了,所以矩阵施行初等变换的过程只能用箭头"→",不能用等号.

如果需要写出初等变换过程的等式关系,则可以利用定理7.1,把对矩阵施行的每一次行或列的初等变换表示成一个相应的初等矩阵左乘或右乘的式子.假定将矩阵$\boldsymbol{A}$化为标准形矩阵$\boldsymbol{D}$需经过s次行初等变换,t次列初等变换.如果把相应于第i次行初等变换的初等矩阵记为$\boldsymbol{P}_i(i=1,2,\cdots,s)$,把相应于第$j$次列初等变换的初等矩阵记为$\boldsymbol{Q}_j(j=1,2,\cdots,t)$,那么,将矩阵$\boldsymbol{A}$化为标准形矩阵$\boldsymbol{D}$的过程就可以表示成关系式

$$\boldsymbol{P}_s\cdots\boldsymbol{P}_2\boldsymbol{P}_1\mathbf{A}\mathrm{Q}_1\boldsymbol{Q}_2\cdots\boldsymbol{Q}_t=\boldsymbol{D}$$

例如 将矩阵$\boldsymbol{A}=\begin{bmatrix}0&1\\-1&0\\0&-2\end{bmatrix}$化为标准形的过程

$$\boldsymbol{A}=\begin{bmatrix}0&1\\-1&0\\0&-2\end{bmatrix}\xrightarrow{2\times①+③}\begin{bmatrix}0&1\\-1&0\\0&0\end{bmatrix}\xrightarrow[①\leftrightarrow②]{}\begin{bmatrix}1&0\\0&-1\\0&0\end{bmatrix}\xrightarrow{(-1)\times②}\begin{bmatrix}1&0\\0&1\\0&0\end{bmatrix}=\boldsymbol{D}$$

可以表示成关系式

$$\boldsymbol{I}(2(-1))\boldsymbol{I}(3,1(2))\boldsymbol{AI}(1,2))=\boldsymbol{D}.$$

§7.5 n阶矩阵的行列式

历史上,行列式是在矩阵之前引入的一个重要概念,有着深远的历史渊源,行列式对研究矩阵及其运算具有重要作用.本节将介绍行列式的有关概念、性质及其计算方法.

7.5.1 行列式的定义

定义7.11 由$n\times n$个数$a_{ij}(i,j=1,2,\cdots,n)$排成n行与n列,两边各加一竖线,即

$$\begin{vmatrix}a_{11}&a_{12}&\cdots&a_{1n}\\a_{21}&a_{22}&\cdots&a_{2n}\\\vdots&\vdots&\cdots&\vdots\\a_{n1}&a_{n2}&\cdots&a_{nn}\end{vmatrix}\tag{7.22}$$

称为n阶行列式.记做$|\boldsymbol{A}|$或D.其中a_{ij}称为行列式的第i行第j列上的元素.

定义7.11也可以看成与n阶矩阵$\boldsymbol{A}=(a_{ij})_{n\times n}$,相应的算式(7.22).称为$n$阶矩阵$\boldsymbol{A}$的

行列式,或称方阵 **A** 的行列式.

方阵 **A** 与方阵 **A** 的行列式 $|\boldsymbol{A}|$ 是两个不同的概念. 方阵 **A** 是一个数表,是一个整体;行列式 $|\boldsymbol{A}|$ 是一种运算,其结果是一个数,可以展开得出具体的数值. 但是,n 阶矩阵的相关术语,如行、列、元素、主对角线、转置等对 n 阶行列式也通用.

7.5.2 行列式的计算

1. 一阶、二阶及三阶行列式

(1) 一阶行列式

对于只含一个元素的一阶矩阵

$$\boldsymbol{A} = (a) = a$$

规定其行列式就是该元素本身,记做

$$|\boldsymbol{A}| = |a| = a$$

这里的记号"|　|"是行列式符号,不要与绝对值符号混淆.

(2) 二阶行列式

对于二阶矩阵 **A** 定义的二阶行列式的运算规定为

$$|\boldsymbol{A}| = \begin{vmatrix} a_{11} & a_{12} \\ a_{21} & a_{22} \end{vmatrix} = a_{11}a_{22} - a_{12}a_{21} \tag{7.23}$$

二阶行列式所表示的代数式 $a_{11}a_{22} - a_{12}a_{21}$,可以用如图 7-1 所示的方法记忆,即实线连接的两元素的乘积减去虚线连接两元素的乘积. 称此为计算二阶行列式的对角线法.

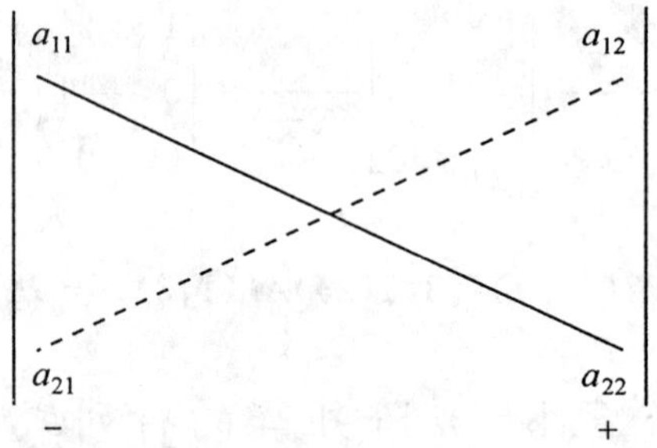

图 7-1

例 1 计算二阶矩阵 $\boldsymbol{A} = \begin{bmatrix} 1 & 2 \\ 3 & 4 \end{bmatrix}$ 的行列式.

解 $|\boldsymbol{A}| = \begin{vmatrix} 1 & 2 \\ 3 & 4 \end{vmatrix} = 1 \times 4 - 2 \times 3 = -2.$

(3) 三阶行列式.

对于三阶矩阵

$$A = \begin{bmatrix} a_{11} & a_{12} & a_{13} \\ a_{21} & a_{22} & a_{23} \\ a_{31} & a_{32} & a_{33} \end{bmatrix}$$

规定三阶行列式的运算规则为

$$|A| = \begin{vmatrix} a_{11} & a_{12} & a_{13} \\ a_{21} & a_{22} & a_{23} \\ a_{31} & a_{32} & a_{33} \end{vmatrix}$$

$$= a_{11}a_{22}a_{33} + a_{12}a_{23}a_{31} + a_{13}a_{21}a_{32} - a_{11}a_{23}a_{32} - a_{12}a_{21}a_{33} - a_{13}a_{22}a_{31} \quad (7.24)$$

式(7.24)右端的代数式称为三阶行列式的展开式.

三阶行列式的运算规则可以按图 7-2 所示的方法记忆,即各实线连接的三个元素的乘积取"+"号,各虚线连接的三个元素的乘积取"—"号,然后取它们的代数和即为三阶行列式的值,称此为计算三阶行列式的对角线法.

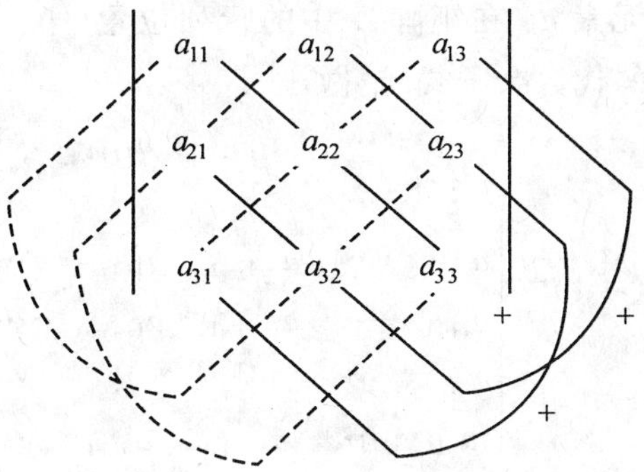

图 7-2

注意:图 7-1,图 7-2 中"+"、"—"号是运算符号,不是元素积的符号.

例 2 计算三阶行列式

$$|\mathbf{A}| = \begin{vmatrix} 2 & -1 & 2 \\ 1 & 1 & 0 \\ 3 & -7 & -1 \end{vmatrix}$$

解 $|\mathbf{A}| = 2\times1\times(-1)+(-1)\times0\times3+1\times(-7)\times2-2\times1\times3-(-1)\times1\times(-1)-0\times(-7)\times2$

$= -2-14+0-6-1-0 = -23.$

注 这种计算行列式的对角线法仅适用于计算二阶、三阶行列式的值.

例 3 a,b 满足什么条件时有

$$|\mathbf{A}| = \begin{vmatrix} a & b & 0 \\ -b & a & 0 \\ 1 & 0 & 1 \end{vmatrix} = 0$$

解 $|\mathbf{A}| = a^2 + b^2$

若要 $a^2+b^2=0$,则 a 与 b 必须同时等于零,因此,当 $a=0$ 且 $b=0$ 时,给定行列式等于零.

2. n阶行列式

(1) 余子式和代数余子式

为了讨论 n 阶行列式的计算,首先介绍关于代数余子式的概念.

定义 7.12 在 n 阶矩阵

$$\mathbf{A}=\begin{array}{c}\begin{array}{ccccc} \phantom{a_{11}} & & j & & \phantom{a_{1n}} \end{array}\\ \left[\begin{array}{ccccc} a_{11} & \cdots & a_{1j} & \cdots & a_{1n} \\ \vdots & \cdots & \vdots & \cdots & \vdots \\ a_{i1} & \cdots & a_{ij} & \cdots & a_{in} \\ \vdots & \cdots & \vdots & \cdots & \vdots \\ a_{n1} & \cdots & a_{nj} & \cdots & a_{nn} \end{array}\right]\end{array}\begin{array}{c} \\ \\ \\ i \\ \\ \\ \end{array}$$

中划去元素 a_{ij} 所在的第 i 行与第 j 列,就得到一个 $n-1$ 阶矩阵,该矩阵的行列式称为元素 a_{ij} 的余子式,再乘以根据元素 a_{ij} 在矩阵 $\mathbf{A}$ 中的行列位置(第 i 行,第 j 行)所确定的符号 $(-1)^{i+j}$ 后,称为元素 a_{ij} 的代数余子式. 记做

$$\mathbf{A}_{ij}=(-1)^{i+j}\begin{vmatrix} a_{11} & \cdots & a_{1j-1} & a_{1j+1} & \cdots & a_{1n} \\ \vdots & \cdots & \vdots & \vdots & \cdots & \vdots \\ a_{i-11} & \cdots & a_{i-1j-1} & a_{i-1j+1} & \cdots & a_{i-1n} \\ a_{i+11} & \cdots & a_{i+1j-1} & a_{i+1j+1} & \cdots & a_{i+1n} \\ \vdots & \cdots & \vdots & \vdots & \cdots & \vdots \\ a_{n1} & \cdots & a_{nj-1} & a_{nj+1} & \cdots & a_{nn} \end{vmatrix} \tag{7.25}$$

$$(i=1,2,\cdots,n;j=1,2,\cdots,n)$$

根据代数余子式的定义,二阶、三阶行列式的对角线法可以分别表示为

$$\begin{aligned} |\mathbf{A}| &= \begin{vmatrix} a_{11} & a_{12} \\ a_{21} & a_{22} \end{vmatrix} = a_{11}a_{22}-a_{12}a_{21} \\ &= a_{11}[(-1)^{1+1}a_{22}]+a_{12}[(-1)^{1+2}a_{21}] = a_{11}\mathbf{A}_{11}+a_{12}\mathbf{A}_{12} \end{aligned}$$

$$\begin{aligned} |\mathbf{A}| &= \begin{vmatrix} a_{11} & a_{12} & a_{13} \\ a_{21} & a_{22} & a_{23} \\ a_{31} & a_{32} & a_{33} \end{vmatrix} \\ &= a_{11}(a_{22}a_{33}-a_{23}a_{32})-a_{12}(a_{21}a_{33}-a_{23}a_{31})+a_{13}(a_{21}a_{32}-a_{22}a_{31}) \\ &= a_{11}\cdot(-1)^{(1+1)}\begin{vmatrix} a_{22} & a_{23} \\ a_{32} & a_{33} \end{vmatrix}+a_{12}\cdot(-1)^{(1+2)}\begin{vmatrix} a_{21} & a_{23} \\ a_{31} & a_{33} \end{vmatrix} \\ &\quad +a_{13}\cdot(-1)^{1+3}\begin{vmatrix} a_{21} & a_{22} \\ a_{31} & a_{32} \end{vmatrix} = a_{11}\mathbf{A}_{11}+a_{12}\mathbf{A}_{12}+a_{13}\mathbf{A}_{13} \end{aligned}$$

从以上两式中可以得出一个共同规律,即二阶行列式或三阶行列式均可以表示成该行列式的第一行各元素与其对应的代数余子式的乘积之和. 由于代数余子式中的行列式的阶数比原行列式的阶数降低一阶,故以上两式分别称为二阶行列式及三阶行列式按第一行元素的降阶展开式. 上述规律表明,行列式可以通过降阶展开的方法转化为低一阶的行列式来计算. 因此,可以通过递推的方法,由低阶行列式来定义高阶行列式.

事实上,上述方法可以推广到更一般的情况,即行列式可以按任意一行或任意一列的元

素降阶展开.

(2) n 阶行列式的计算

定义 7.13 n 阶行列式 $|\boldsymbol{A}|$ 等于该行列式的任一行(列)上各元素与其对应的代数余子式的乘积之和.即

$$|\boldsymbol{A}|=\begin{vmatrix}a_{11}&a_{12}&\cdots&a_{1n}\\a_{21}&a_{22}&\cdots&a_{2n}\\\vdots&\vdots&\cdots&\vdots\\a_{n1}&a_{n2}&\cdots&a_{nn}\end{vmatrix}=\begin{cases}\sum\limits_{j=1}^{n}a_{ij}\boldsymbol{A}_{ij}\,(i=1,2,\cdots,n) & (7.26)\\\sum\limits_{i=1}^{n}a_{ij}\boldsymbol{A}_{ij}\,(j=1,2,\cdots,n) & (7.27)\end{cases}$$

式(7.26)和式(7.27)分别称为 n 阶行列式按第 i 行和第 j 列元素的降阶展开式.

根据定义可得,如果 n 阶行列式中有一行(列)元素全为零,则该行列式的值为零.

例 4 计算四阶行列式

$$|\boldsymbol{A}|=\begin{vmatrix}1&2&3&4\\4&3&2&1\\0&-1&2&0\\1&6&4&-2\end{vmatrix}$$

解 为简便起见,注意到该行列式的第三行中有两个元素是零,故将行列式按第三行降阶展开得

$$|\boldsymbol{A}|=\begin{vmatrix}1&2&3&4\\4&3&2&1\\0&-1&2&0\\1&6&4&-2\end{vmatrix}$$

$$=(-1)\times(-1)^{3+2}\begin{vmatrix}1&3&4\\4&2&1\\1&4&-2\end{vmatrix}+2\times(-1)^{3+3}\begin{vmatrix}1&2&4\\4&3&1\\1&6&-2\end{vmatrix}$$

$$=75+180=255.$$

例 5 计算上三角形行列式.

解 将 n 阶上三角形矩阵的行列式按第一列元素降阶展开后,再按同一方法继续下去,可得

$$|\boldsymbol{A}|=\begin{vmatrix}a_{11}&a_{12}&\cdots&a_{1n}\\&a_{22}&\cdots&a_{2n}\\&&\ddots&\vdots\\&&&a_{nn}\end{vmatrix}=a_{11}(-1)^{1+1}\begin{vmatrix}a_{22}&\cdots&a_{2n}\\&\ddots&\vdots\\&&a_{nn}\end{vmatrix}+0+\cdots+0$$

$$=a_{11}a_{22}(-1)^{1+1}\begin{vmatrix}a_{33}&\cdots&a_{3n}\\&\ddots&\vdots\\&&a_{nn}\end{vmatrix}+0+\cdots+0=a_{11}a_{22}\cdots a_{nn}$$

即上三角形行列式的值等于其主对角线上元素的乘积.

用同样的方法可以推得下三角形行列式也有同样的结论.

例 6 计算对角形行列式.

解 因为对角形矩阵也可以看做是上三角形矩阵,故由例 5 可知,对角形行列式的值

也等于其主对角线上元素的乘积. 即

$$|\boldsymbol{A}|=\begin{vmatrix} a_{11} & & & \\ & a_{22} & & \\ & & \ddots & \\ & & & a_{nn} \end{vmatrix}=a_{11}a_{22}\cdots a_{nn}.$$

特别地,对于单位矩阵 $\boldsymbol{I}$,则有 $|\boldsymbol{I}|=1$.

综合例 5、例 6 可得结论,三角形行列式,对角形行列式的值都等于其主对角线上元素的乘积.

7.5.3 行列式的性质

为了简化行列式的计算,我们需要讨论行列式的性质.

利用二阶行列式或三阶行列式,容易验证以下性质.

性质 7.1 行列式 $|\boldsymbol{A}|$ 与自身的转置行列式 $|\boldsymbol{A}^{\mathrm{T}}|$ 相等. 即 $|\boldsymbol{A}|=|\boldsymbol{A}^{\mathrm{T}}|$.

性质 7.1 表明凡是行列式的行具有的性质,对列也同样成立. 因此,下面只就对行的情况讨论其性质.

例如
$$\begin{vmatrix} a_{11} & a_{12} & a_{13} \\ a_{21} & a_{22} & a_{23} \\ a_{31} & a_{32} & a_{33} \end{vmatrix}=\begin{vmatrix} a_{11} & a_{21} & a_{31} \\ a_{12} & a_{22} & a_{32} \\ a_{13} & a_{23} & a_{33} \end{vmatrix}$$

事实上,左端行列式按第一行展开,就等于右端行列式按第一列展开,故两行列式的值相等.

性质 7.2 交换行列式的两行(列),行列式变号.

例如
$$\begin{vmatrix} 1 & 2 \\ 3 & 4 \end{vmatrix}=-2;\quad \begin{vmatrix} 3 & 4 \\ 1 & 2 \end{vmatrix}=2$$

推论 7.1 如果行列式中有两行(列) 元素对应相同,则该行列式的值等于零.

事实上,将行列式 $|\boldsymbol{A}|$ 中元素对应相同的两行(列) 交换位置,$|\boldsymbol{A}|$ 显然保持不变. 但根据性质 7.2,行列式应反号,于是得到 $|\boldsymbol{A}|=-|\boldsymbol{A}|$,故 $|\boldsymbol{A}|=0$.

性质 7.3 用数 k 乘行列式的某一行(列),等于用 k 乘该行列式.

例如
$$\begin{vmatrix} a_{11} & a_{12} & a_{13} \\ ka_{21} & ka_{22} & ka_{23} \\ a_{31} & a_{32} & a_{33} \end{vmatrix}=k\begin{vmatrix} a_{11} & a_{12} & a_{13} \\ a_{21} & a_{22} & a_{23} \\ a_{31} & a_{32} & a_{33} \end{vmatrix}$$

事实上,只要将等式两端的行列式均按第二行降阶展开,即可验证.

性质 7.3 表明,如果行列式中某一行(列) 的元素有公因子,则可以将其提到行列式记号的外面.

推论 7.2 如果行列式中有两行(列) 元素对应成比例,则该行列式的值等于零.

事实上,只要根据性质 7.3,将比例因子提到行列式记号的外面,则在剩下的行列式中恰有两行(列) 元素对应相同,于是由推论 7.1 可得该行列式的值等于零.

性质 7.4 如果行列式中某一行(列) 的元素均为两个数之和,则该行列式可以依该行(列) 元素分拆成两个行列式之和.

例如
$$\begin{vmatrix} a_{11} & a_{12} & a_{13} \\ b_1+c_1 & b_2+c_2 & b_3+c_3 \\ a_{31} & a_{32} & a_{33} \end{vmatrix} = \begin{vmatrix} a_{11} & a_{12} & a_{13} \\ b_1 & b_2 & b_3 \\ a_{31} & a_{32} & a_{33} \end{vmatrix} + \begin{vmatrix} a_{11} & a_{12} & a_{13} \\ c_1 & c_2 & c_3 \\ a_{31} & a_{32} & a_{33} \end{vmatrix}$$

事实上,只要将等式两端的三个行列式均按第二行降阶展开,即可验证.

性质 7.5 将行列式中某一行(列) 的 l 倍加到另一行(列) 上,行列式的值不变.

例如
$$\begin{vmatrix} a_{11} & a_{12} & a_{13} \\ a_{21} & a_{22} & a_{23} \\ a_{31} & a_{32} & a_{33} \end{vmatrix} = \begin{vmatrix} a_{11} & a_{12} & a_{13} \\ a_{21}+la_{11} & a_{22}+la_{12} & a_{23}+la_{13} \\ a_{31} & a_{32} & a_{33} \end{vmatrix}$$

事实上,只要根据性质 7.4,将等式右端的行列式依第二行元素分拆成两个行列式之和,再由推论 7.2 即可验证得

$$\begin{vmatrix} a_{11} & a_{12} & a_{13} \\ a_{21}+la_{11} & a_{22}+la_{12} & a_{23}+la_{13} \\ a_{31} & a_{32} & a_{33} \end{vmatrix}$$
$$= \begin{vmatrix} a_{11} & a_{12} & a_{13} \\ a_{21} & a_{22} & a_{23} \\ a_{31} & a_{32} & a_{33} \end{vmatrix} + \begin{vmatrix} a_{11} & a_{12} & a_{13} \\ la_{11} & la_{12} & la_{13} \\ a_{31} & a_{32} & a_{33} \end{vmatrix} = \begin{vmatrix} a_{11} & a_{12} & a_{13} \\ a_{21} & a_{22} & a_{23} \\ a_{31} & a_{32} & a_{33} \end{vmatrix} + 0$$

下面给出两个关于行列式的重要定理

定理 7.3 n 阶行列式 $|\boldsymbol{A}|$ 的某一行(列) 的各元素与另一行(列) 对应元素的代数余子式的乘积之和等于零,即

$$\sum_{j=1}^{n} a_{ij}\boldsymbol{A}_{sj} = 0 \quad (i \neq s) \tag{7.28}$$

$$\sum_{i=1}^{n} a_{ij}\boldsymbol{A}_{it} = 0 \quad (j \neq t) \tag{7.29}$$

证 设将行列式 $|\boldsymbol{A}|$ 中第 s 行的元素换为第 i 行($i \neq s$) 的对应元素,得到有两行相同的行列式 $|\boldsymbol{A}_1|$,由推论 7.1 得知 $|\boldsymbol{A}_1| = 0$,再将 $|\boldsymbol{A}_1|$ 按 s 行展开,则

$$|\boldsymbol{A}_1| = \sum_{j=1}^{n} a_{ij}\boldsymbol{A}_{sj} = 0 \quad (i \neq s)$$

同理,可证 $|\boldsymbol{A}_1|$ 按列展开的情形.

例 7 设
$$|\boldsymbol{A}| = \begin{vmatrix} 3 & 4 & -2 \\ 1 & 9 & 0 \\ 0 & 2 & 1 \end{vmatrix}$$

试求第三列元素与第一列对应元素代数余子式乘积的和.

解 因为
$$a_{13} = -2, a_{23} = 0, a_{33} = 1$$

又 $\boldsymbol{A}_{11} = \begin{vmatrix} 9 & 0 \\ 2 & 1 \end{vmatrix} = 9$ $\boldsymbol{A}_{21} = -\begin{vmatrix} 4 & -2 \\ 2 & 1 \end{vmatrix} = -8$ $\boldsymbol{A}_{31} = \begin{vmatrix} 4 & -2 \\ 9 & 0 \end{vmatrix} = 18$

所以 $a_{13}\boldsymbol{A}_{11} + a_{23}\boldsymbol{A}_{21} + a_{33}\boldsymbol{A}_{31} = -2 \times 9 + 0 \times (-8) + 1 \times 18 = 0.$

定理 7.4 设 $\boldsymbol{A}$、$\boldsymbol{B}$ 均为 n 阶矩阵,则 $\boldsymbol{A}$ 与 $\boldsymbol{B}$ 乘积的行列式等于 $\boldsymbol{A}$ 的行列式与 $\boldsymbol{B}$ 的行列式的乘积,即

$$|\boldsymbol{AB}| = |\boldsymbol{A}||\boldsymbol{B}| \tag{7.30}$$

证明略.

用具体例子加以验证.

例如,设
$$A=\begin{bmatrix}3&4&2\\1&2&1\\2&0&2\end{bmatrix}\quad B=\begin{bmatrix}1&2&1\\1&0&2\\0&1&-1\end{bmatrix}$$

则
$$AB=\begin{bmatrix}3&4&2\\1&2&1\\2&0&2\end{bmatrix}\begin{bmatrix}1&2&1\\1&0&2\\0&1&-1\end{bmatrix}=\begin{bmatrix}7&8&9\\3&3&4\\2&6&0\end{bmatrix}$$

所以
$$|AB|=\begin{vmatrix}7&8&9\\3&3&4\\2&6&0\end{vmatrix}=4$$

而
$$|A|=\begin{vmatrix}3&4&2\\1&2&1\\2&0&2\end{vmatrix}=4\quad |B|=\begin{vmatrix}1&2&1\\1&0&2\\0&1&-1\end{vmatrix}=1$$

于是有
$$|AB|=|A||B|.$$

7.5.4 行列式的计算举例

在计算行列式时,对于二阶行列式、三阶行列式可以采用对角线法计算其值,但是对于高于三阶以上的行列式就只能采用下面的方法来计算其值.

第一,运用行列式的性质,把行列式 $|A|$ 化为三角形行列式来计算;

第二,采用降阶展开的方法,即运用行列式的性质,把 $|A|$ 中的某一行(列)中的元素化成只有一个非零元素,再按该行(列)展开,变为低一阶的行列式,如此继续下去,直到化为三阶行列式或二阶行列式.

例 8 用化上三角形的方法计算行列式
$$|A|=\begin{vmatrix}1&2&0&1\\1&\frac{3}{2}&5&0\\0&1&\frac{5}{3}&6\\1&2&3&\frac{4}{5}\end{vmatrix}.$$

解 为了方便计算,先将 $|A|$ 中的元素都化成整数,然后再化为上三角形行列式来计算.
$$|A|=\begin{vmatrix}1&2&0&1\\1&\frac{3}{2}&5&0\\0&1&\frac{5}{3}&6\\1&2&3&\frac{4}{5}\end{vmatrix}\xlongequal[5\times④]{2\times②\ 3\times③}\frac{1}{2\times3\times5}\begin{vmatrix}1&2&0&1\\2&3&10&0\\0&3&5&18\\5&10&15&4\end{vmatrix}$$

$$\xrightarrow[(-5)\times①+④]{(-2)\times①+②}\frac{1}{30}\begin{vmatrix}1&2&0&1\\0&-1&10&-2\\0&3&5&18\\0&0&15&-1\end{vmatrix}\xrightarrow{3\times②+③}\frac{1}{30}\begin{vmatrix}1&2&0&1\\0&-1&10&-2\\0&0&35&12\\0&0&15&-1\end{vmatrix}$$

$$\xrightarrow{(-2)\times④+③}\frac{1}{30}\begin{vmatrix}1&2&0&1\\0&-1&10&-2\\0&0&5&14\\0&0&15&-1\end{vmatrix}\xrightarrow{(-3)\times③+④}\frac{1}{30}\begin{vmatrix}1&2&0&1\\0&-1&10&-2\\0&0&5&14\\0&0&0&-43\end{vmatrix}.$$

$$=\frac{1}{30}[1\times(-1)\times5\times(-43)]=\frac{43}{6}.$$

例 9 用降阶展开法计算行列式

$$|\boldsymbol{A}|=\begin{vmatrix}1&5&-1&7&3\\-1&0&1&4&0\\1&1&2&3&-1\\5&0&1&1&0\\-1&4&3&2&-2\end{vmatrix}.$$

解 $$|\boldsymbol{A}|=\begin{vmatrix}1&5&-1&7&3\\-1&0&1&4&0\\1&1&2&3&-1\\5&0&1&1&0\\-1&4&3&2&-2\end{vmatrix}\xrightarrow[(-2)\times③+⑤]{3\times③+①}\begin{vmatrix}4&8&5&16&0\\-1&0&1&4&0\\1&1&2&3&-1\\5&0&1&1&0\\-3&2&-1&-4&0\end{vmatrix}$$

$$=(-1)\times(-1)^{3+5}\begin{vmatrix}4&8&5&16\\-1&0&1&4\\5&0&1&1\\-3&2&-1&-4\end{vmatrix}\xrightarrow{(-4)\times④+①}\begin{vmatrix}16&0&9&32\\-1&0&1&4\\5&0&1&1\\-3&2&-1&-4\end{vmatrix}$$

$$=(-2)\times(-1)^{4+2}\begin{vmatrix}16&9&32\\-1&1&4\\5&1&1\end{vmatrix}\xrightarrow[(-4)\times②+③]{1\times②+①}-2\begin{vmatrix}25&9&-4\\0&1&0\\6&1&-3\end{vmatrix}$$

$$=(-2)\times1\times(-1)^{2+2}\begin{vmatrix}25&-4\\6&-3\end{vmatrix}=-2\times(-75+24)=102.$$

例 10 计算 n 阶行列式

$$|\boldsymbol{A}|=\begin{vmatrix}a&b&b&\cdots&b\\b&a&b&\cdots&b\\b&b&a&\cdots&b\\\vdots&\vdots&\vdots&\cdots&\vdots\\b&b&b&\cdots&a\end{vmatrix}.$$

解 $$|\boldsymbol{A}|=\begin{vmatrix} a & b & b & \cdots & b \\ b & a & b & \cdots & b \\ b & b & a & \cdots & b \\ \vdots & \vdots & \vdots & \cdots & \vdots \\ b & b & b & \cdots & a \end{vmatrix} \xlongequal[\begin{subarray}{c}1\times\text{③}+\text{①}\\ 1\times\text{ⓝ}+\text{①}\end{subarray}]{1\times\text{②}+\text{①}} \begin{vmatrix} a+(n-1)b & b & b & \cdots & b \\ a+(n-1)b & a & b & \cdots & b \\ a+(n-1)b & b & a & \cdots & b \\ \vdots & \vdots & \vdots & \cdots & \vdots \\ a+(n-1)b & b & b & \cdots & a \end{vmatrix}$$

$$\xlongequal[\begin{subarray}{c}(-1)\times\text{①}+\text{③}\\ (-1)\times\text{①}+\text{ⓝ}\end{subarray}]{(-1)\times\text{①}+\text{②}} \begin{vmatrix} a+(n-1)b & b & b & \cdots & b \\ 0 & a-b & 0 & \cdots & 0 \\ 0 & 0 & a-b & \cdots & 0 \\ \vdots & \vdots & \vdots & \cdots & \vdots \\ 0 & 0 & 0 & \cdots & a-b \end{vmatrix}$$

$$=[a+(n-1)b](a-b)^{(n-1)}.$$

例 11 求证：$$\begin{vmatrix} 1 & 2 & 3 & 4 & \cdots & n \\ 1 & 1 & 2 & 3 & \cdots & n-1 \\ 1 & x & 1 & 2 & \cdots & n-2 \\ 1 & x & x & 1 & \cdots & n-3 \\ \vdots & \vdots & \vdots & \vdots & \cdots & \vdots \\ 1 & x & x & x & \cdots & 2 \\ 1 & x & x & x & \cdots & 1 \end{vmatrix}=(-1)^{n+1}x^{n-2}.$$

证 $$\begin{vmatrix} 1 & 2 & 3 & 4 & \cdots & n \\ 1 & 1 & 2 & 3 & \cdots & n-1 \\ 1 & x & 1 & 2 & \cdots & n-2 \\ 1 & x & x & 1 & \cdots & n-3 \\ \vdots & \vdots & \vdots & \vdots & \cdots & \vdots \\ 1 & x & x & x & \cdots & 2 \\ 1 & x & x & x & \cdots & 1 \end{vmatrix}$$

$$\xlongequal[\begin{subarray}{c}-\text{③}+\text{②}\\ -\text{④}+\text{③}\\ \vdots\\ -\text{ⓝ}+\textcircled{n-1}\end{subarray}]{-\text{②}+\text{①}} \begin{vmatrix} 0 & 1 & 1 & 1 & \cdots & 1 & 1 \\ 0 & 1-x & 1 & 1 & \cdots & 1 & 1 \\ 0 & 0 & 1-x & 1 & \cdots & 1 & 1 \\ 0 & 0 & 0 & 1-x & \cdots & 1 & 1 \\ \vdots & \vdots & \vdots & \vdots & \cdots & \vdots & \vdots \\ 0 & 0 & 0 & 0 & \cdots & 1-x & 1 \\ 1 & x & x & 1 & \cdots & x & 1 \end{vmatrix}$$

$$=(-1)^{n+1}\begin{vmatrix} 1 & 1 & 1 & \cdots & 1 & 1 \\ 1-x & 1 & 1 & \cdots & 1 & 1 \\ 0 & 1-x & 1 & \cdots & 1 & 1 \\ 0 & 0 & 1-x & \cdots & 1 & 1 \\ \vdots & \vdots & \vdots & \cdots & \vdots & \vdots \\ 0 & 0 & 0 & \cdots & 1-x & 1 \end{vmatrix}$$

$$\xlongequal[\substack{-②+①\\-③+②\\-④+③\\ \vdots \\ -ⓝ+(n-1)}]{} (-1)^{n+1}\begin{vmatrix} x & 0 & 0 & \cdots & 0 & 0 \\ 1-x & x & 0 & \cdots & 0 & 0 \\ 0 & 1-x & x & \cdots & 0 & 0 \\ 0 & 0 & 1-x & \cdots & 0 & 0 \\ \vdots & \vdots & \vdots & \cdots & \vdots & \vdots \\ 0 & 0 & 0 & \cdots & 1-x & 1 \end{vmatrix} = (-1)^{n+1}x^{n-2}.$$

7.5.5 克莱姆法则

含有 n 个方程的 n 元线性方程组的一般形式为

$$\begin{cases} a_{11}x_1 + a_{12}x_2 + \cdots + a_{1n}x_n = b_1 \\ a_{21}x_1 + a_{22}x_2 + \cdots + a_{2n}x_n = b_2 \\ \vdots \qquad \vdots \qquad \cdots \qquad \vdots \\ a_{n1}x_1 + a_{n2}x_2 + \cdots + a_{nn}x_n = b_n \end{cases} \tag{7.31}$$

该方程组的系数 $a_{ij}(i,j=1,2,\cdots,n)$ 构成的行列式

$$D = \begin{vmatrix} a_{11} & a_{12} & \cdots & a_{1n} \\ a_{21} & a_{22} & \cdots & a_{2n} \\ \vdots & \vdots & \cdots & \vdots \\ a_{n1} & a_{n2} & \cdots & a_{nn} \end{vmatrix}$$

称为方程组(7.31)的系数行列式.

定理7.5 （克莱姆法则）n 元线性方程组(7.31)当其系数行列式 $D\neq 0$ 时，有且仅有惟一解

$$x_j = \frac{D_j}{D} \quad (j=1,2,\cdots,n) \tag{7.32}$$

其中 $D_j(j=1,2,\cdots,n)$ 是将系数行列式中第 j 列元素 $a_{1j},a_{2j},\cdots,a_{nj}$ 对应地换为方程组的常数项 $b_1,b_2,\cdots,b_n$ 后得到的行列式.

证 以行列式 D 的第 $j(j=1,2,\cdots,n)$ 列的代数余子式 $a_{1j},a_{2j},\cdots,a_{nj}$ 分别乘方程组(7.31)的第一，第二，…，第 n 个方程，然后相加，得

$$(a_{11}A_{1j}+a_{21}A_{2j}+\cdots+a_{n1}A_{nj})x_1+\cdots+(a_{1j}A_{1j}+a_{2j}A_{2j}+\cdots+a_{nj}A_{nj})x_j+\cdots+$$
$$(a_{1n}A_{1j}+a_{2n}A_{2j}+\cdots+a_{nn}A_{nj})x_n = b_1A_{1j}+b_2A_{2j}+\cdots+b_nA_{nj}$$

由定义7.13和定理7.3的结论，x_j 的系数等于 D，$x_s(s\neq j)$ 的系数等于零. 符号右端等于 D 第 j 列元素以常数项 $b_1,b_2,\cdots,b_n$ 替换后的行列式 D_j，即

$$Dx_j = D_j \quad (j=1,2,\cdots,n) \tag{7.33}$$

如果方程组(7.31)有解，则其解必满足方程组(7.33)，而当 $D\neq 0$ 时，方程组(7.33)只有形式为式(7.32)的解，即

$$x_j = \frac{D_j}{D} \quad (j=1,2,\cdots,n)$$

另一方面，将式(7.32)代入方程组(7.31)，容易验证满足方程组(7.31)，所以式(7.32)是方程组(7.31)的解.

综上所述，于是得到：

当方程组(7.31)的系数行列式 $D \neq 0$ 时,方程组(7.31)有且仅有惟一解

$$x_j = \frac{D_j}{D} \quad (j = 1,2,\cdots,n).$$

例 12 解三元线性方程组

$$\begin{cases} x_1 + 2x_2 - x_3 = -5 \\ 2x_1 - x_2 + x_3 = 6 \\ x_1 - x_2 - 3x_3 = -3 \end{cases}.$$

解 系数行列式

$$D = \begin{vmatrix} 1 & 2 & -1 \\ 2 & -1 & 1 \\ 1 & -1 & -3 \end{vmatrix} = 19 \neq 0 \quad D_1 = \begin{vmatrix} -5 & 2 & -1 \\ 6 & -1 & 1 \\ -3 & -1 & -3 \end{vmatrix} = 19$$

$$D_2 = \begin{vmatrix} 1 & -5 & -1 \\ 2 & 6 & 1 \\ 1 & -3 & -3 \end{vmatrix} = -38 \quad D_3 = \begin{vmatrix} 1 & 2 & -5 \\ 2 & -1 & 6 \\ 1 & -1 & -3 \end{vmatrix} = 38$$

故 $$x_1 = \frac{D_1}{D} = \frac{19}{19} = 1, \quad x_2 = \frac{D_2}{D} = \frac{-38}{19} = -2, \quad x_3 = \frac{D_3}{D} = \frac{38}{19} = 2.$$

是所给方程组的解.

如果线性方程组(7.31)的常数项为零,即

$$\begin{cases} a_{11}x_1 + a_{12}x_2 + \cdots + a_{1n}x_n = 0 \\ a_{21}x_1 + a_{22}x_2 + \cdots + a_{2n}x_n = 0 \\ \vdots \quad\quad \vdots \quad\quad \cdots \quad\quad \vdots \quad\quad \vdots \\ a_{n1}x_1 + a_{n2}x_2 + \cdots + a_{nn}x_n = 0 \end{cases} \tag{7.34}$$

称式(7.34)为齐次线性方程组.

任何一个齐次线性方程组总有解的,因为齐次线性方程组至少有零解.在什么条件下有非零解呢?

定理 7.6 齐次线性方程组(7.34)有非零解的充要条件是系数行列式 $D = 0$

证 必要性显然成立,如不然,若 $D \neq 0$,由克莱姆法则有惟一解,即只有一个零解,这与题设矛盾,所以有 $D = 0$.

充分性(略).

例 13 当 λ 取何值时,齐次线性方程组

$$\begin{cases} (\lambda + 3)x_1 + x_2 + 2x_3 = 0 \\ \lambda x_1 + (\lambda - 1)x_2 + x_3 = 0 \\ 3(\lambda + 1)x_1 + \lambda x_2 + (\lambda + 3)x_3 = 0 \end{cases}$$

有非零解?

解 其系数行列式为

$$D = \begin{vmatrix} \lambda + 3 & 1 & 2 \\ \lambda & \lambda - 1 & 1 \\ 3(\lambda + 1) & \lambda & \lambda + 3 \end{vmatrix} \xlongequal[\text{①} + \text{③}\cdot(-1)]{\text{①} + \text{②}\cdot(-1)} \begin{vmatrix} \lambda & 1 & 2 \\ 0 & \lambda - 1 & 1 \\ \lambda & \lambda & \lambda + 3 \end{vmatrix} = \lambda^2(\lambda - 1)$$

如果方程组有非零解,则 $D = 0$,即 $\lambda = 0$,或 $\lambda = 1$.

§7.6 逆 矩 阵

7.6.1 逆矩阵的概念

矩阵运算除了代数运算外，还有与矩阵乘法运算相对应的逆矩阵运算.

我们在数的运算中知道，对于数 $a \neq 0$，a 的倒数 $\frac{1}{a}$ 存在，并且满足关系

$$a \cdot \frac{1}{a} = a \cdot a^{-1} = a^{-1} \cdot a = 1$$

其中 a^{-1} 也称为 a 的逆数.

在矩阵的运算中，如果给定一个矩阵 $\boldsymbol{A}$，是否存在相应的矩阵 $\boldsymbol{B}$，使得

$$\boldsymbol{AB} = \boldsymbol{BA} = \boldsymbol{I}$$

这就是我们将要讨论的逆矩阵问题，逆矩阵在矩阵理论和应用中都起着非常重要的作用.

定义 7.14 对于 n 阶矩阵 $\boldsymbol{A}$，如果存在 n 阶矩阵 $\boldsymbol{B}$，使得

$$\boldsymbol{AB} = \boldsymbol{BA} = \boldsymbol{I} \tag{7.35}$$

则称 $\boldsymbol{B}$ 是 $\boldsymbol{A}$ 的逆矩阵. 而称 $\boldsymbol{A}$ 为可逆矩阵，简称可逆阵.

如果 n 阶矩阵 $\boldsymbol{A}$ 是可逆的，则 $\boldsymbol{A}$ 的逆矩阵是惟一的.

因为如果 $\boldsymbol{B}$ 和 $\boldsymbol{B}_1$ 都是 $\boldsymbol{A}$ 的逆矩阵，则有

$$\boldsymbol{AB} = \boldsymbol{BA} = \boldsymbol{I} \quad \boldsymbol{AB}_1 = \boldsymbol{B}_1\boldsymbol{A} = \boldsymbol{I}$$

于是

$$\boldsymbol{B} = \boldsymbol{BI} = \boldsymbol{B}(\boldsymbol{AB}_1) = (\boldsymbol{BA})\boldsymbol{B}_1 = \boldsymbol{IB}_1 = \boldsymbol{B}_1$$

即

$$\boldsymbol{B} = \boldsymbol{B}_1$$

所以逆矩阵是惟一的. 我们把矩阵 $\boldsymbol{A}$ 惟一的逆矩阵记做 $\boldsymbol{A}^{-1}$.

7.6.2 n 阶矩阵可逆的条件

首先介绍伴随矩阵的概念

定义 7.15 设 n 阶矩阵

$$\boldsymbol{A} = \begin{bmatrix} a_{11} & a_{12} & \cdots & a_{1n} \\ a_{21} & a_{22} & \cdots & a_{2n} \\ \vdots & \vdots & \cdots & \vdots \\ a_{n1} & a_{n2} & \cdots & a_{nn} \end{bmatrix}$$

由 $\boldsymbol{A}$ 中元素 a_{ij} 的代数余子式 A_{ij}（$i = 1,2,\cdots,n; j = 1,2,\cdots,n$）构成的 n 阶矩阵

$$\boldsymbol{A}^* = \begin{bmatrix} A_{11} & A_{21} & \cdots & A_{n1} \\ A_{12} & A_{22} & \cdots & A_{n2} \\ \vdots & \vdots & \cdots & \vdots \\ A_{1n} & A_{2n} & \cdots & A_{nn} \end{bmatrix} \tag{7.36}$$

称为矩阵 $\boldsymbol{A}$ 的伴随矩阵.

必须注意，n 阶矩阵 $\boldsymbol{A}$ 与其伴随矩阵 $\boldsymbol{A}^*$ 在元素的排列方式上存在着转置关系，即 $\boldsymbol{A}$ 中第 i 行各元素的代数余子式是依次排在 $\boldsymbol{A}^*$ 中第 i 列的位置上（$i = 1,2,\cdots,n$）.

根据式(7.26) ~ 式(7.29) 可以验证,n 阶矩阵 $\boldsymbol{A}$ 与其伴随矩阵 $\boldsymbol{A}^*$ 的乘积具有如下重要结论

$$\boldsymbol{A}\boldsymbol{A}^* = \boldsymbol{A}^*\boldsymbol{A} = \begin{bmatrix} |\boldsymbol{A}| & & & \\ & |\boldsymbol{A}| & & \\ & & \ddots & \\ & & & |\boldsymbol{A}| \end{bmatrix} = |\boldsymbol{A}|\boldsymbol{I} \tag{7.37}$$

由上述性质可以从理论上解决逆矩阵的问题.

定义 7.16 设 $\boldsymbol{A}$ 为 n 阶矩阵,如果 $\boldsymbol{A}$ 的行列式 $|\boldsymbol{A}| \neq 0$,则称 $\boldsymbol{A}$ 为非奇异矩阵;反之,如果 $|\boldsymbol{A}| = 0$,则称 $\boldsymbol{A}$ 为奇异矩阵.

定理 7.7 n 阶矩阵 $\boldsymbol{A}$ 可逆的充分必要条件是 $\boldsymbol{A}$ 为非奇异矩阵.并且,当 $\boldsymbol{A}$ 可逆时,$\boldsymbol{A}$ 的逆矩阵可以表示为

$$\boldsymbol{A}^{-1} = \frac{1}{|\boldsymbol{A}|}\boldsymbol{A}^* \tag{7.38}$$

其中 $|\boldsymbol{A}|$ 为 $\boldsymbol{A}$ 的行列式,$\boldsymbol{A}^*$ 为 $\boldsymbol{A}$ 的伴随矩阵.

证 必要性:设 $\boldsymbol{A}$ 可逆,则存在逆矩阵 $\boldsymbol{A}^{-1}$,使得

$$\boldsymbol{A}\boldsymbol{A}^{-1} = \boldsymbol{I}$$

于是根据定理 7.4 可得

$$|\boldsymbol{A}||\boldsymbol{A}^{-1}| = |\boldsymbol{A}\boldsymbol{A}^{-1}| = |\boldsymbol{I}| = 1$$

因此 $|\boldsymbol{A}| \neq 0$,即 $\boldsymbol{A}$ 为非奇异矩阵.

充分性:设 $\boldsymbol{A}$ 为非奇异矩阵,则 $|\boldsymbol{A}| \neq 0$.考虑 $\boldsymbol{A}$ 的伴随矩阵 $\boldsymbol{A}^*$,由式(7.37) 可得

$$\boldsymbol{A}\boldsymbol{A}^* = \boldsymbol{A}^*\boldsymbol{A} = |\boldsymbol{A}|\boldsymbol{I}$$

因为 $|\boldsymbol{A}| \neq 0$,故用 $|\boldsymbol{A}|$ 除上式即得

$$\boldsymbol{A}\left(\frac{1}{|\boldsymbol{A}|}\boldsymbol{A}^*\right) = \left(\frac{1}{|\boldsymbol{A}|}\boldsymbol{A}^*\right)\boldsymbol{A} = \boldsymbol{I}$$

所以 $\boldsymbol{A}$ 可逆,并且由逆矩阵的惟一性得到

$$\boldsymbol{A}^{-1} = \frac{1}{|\boldsymbol{A}|}\boldsymbol{A}^*.$$

定理 7.7 不仅指出了 n 阶矩阵可逆的充分必要条件,而且在矩阵可逆的条件下,给出了利用伴随矩阵求逆矩阵的方法.

例 1 判断下列矩阵

$$\boldsymbol{A} = \begin{bmatrix} 0 & 1 & 2 \\ 1 & 1 & 4 \\ 2 & -1 & 0 \end{bmatrix}$$

是否可逆,在可逆的情况下求出 $\boldsymbol{A}$ 的逆矩阵.

解 因为

$$|\boldsymbol{A}| = \begin{vmatrix} 0 & 1 & 2 \\ 1 & 1 & 4 \\ 2 & -1 & 0 \end{vmatrix} = 2 \neq 0$$

所以 $\boldsymbol{A}$ 可逆.现计算 $\boldsymbol{A}$ 中各元素的代数余子式

$$A_{11}=\begin{vmatrix}1&4\\-1&0\end{vmatrix}=4,A_{12}=-\begin{vmatrix}1&4\\2&0\end{vmatrix}=8,A_{13}=\begin{vmatrix}1&1\\2&-1\end{vmatrix}=-3,$$

$$A_{21}=-\begin{vmatrix}1&2\\-1&0\end{vmatrix}=-2,A_{22}=\begin{vmatrix}0&2\\2&0\end{vmatrix}=-4,$$

$$A_{23}=-\begin{vmatrix}0&1\\2&-1\end{vmatrix}=2,A_{31}=\begin{vmatrix}1&2\\1&4\end{vmatrix}=2,$$

$$A_{32}=-\begin{vmatrix}0&2\\1&4\end{vmatrix}=2,A_{33}=\begin{vmatrix}0&1\\1&1\end{vmatrix}=-1,$$

于是求得 $\boldsymbol{A}$ 的逆矩阵为

$$\boldsymbol{A}^{-1}=\frac{1}{|\boldsymbol{A}|}\boldsymbol{A}^{*}=\frac{1}{2}\begin{bmatrix}4&-2&2\\8&-4&2\\-3&2&-1\end{bmatrix}=\begin{bmatrix}2&-1&1\\4&-2&1\\-\frac{3}{2}&1&-\frac{1}{2}\end{bmatrix}.$$

例 2　求二阶可逆矩阵的逆矩阵公式

解　设二阶矩阵

$$\boldsymbol{A}=\begin{bmatrix}a&b\\c&d\end{bmatrix}\quad(ad-bc\neq 0)$$

当 $|\boldsymbol{A}|=ad-bc\neq 0$ 时，$\boldsymbol{A}$ 为可逆矩阵. 不难看出 $\boldsymbol{A}$ 中各元素的代数余子式分别为

$$A_{11}=d\quad A_{12}=-c\quad A_{21}=-b\quad A_{22}=a$$

于是，二阶可逆矩阵 $\boldsymbol{A}$ 的逆矩阵公式为

$$\boldsymbol{A}^{-1}=\begin{bmatrix}a&b\\c&d\end{bmatrix}^{-1}=\frac{1}{ad-bc}\begin{bmatrix}d&-b\\-c&a\end{bmatrix}(ad-bc\neq 0).$$

例 3　如果 $\boldsymbol{A}=\begin{bmatrix}a_1&&&\\&a_2&&\\&&\ddots&\\&&&a_n\end{bmatrix}$，其中 $a_i\neq 0(i=1,2,\cdots n)$.

验证：$\boldsymbol{A}^{-1}=\begin{bmatrix}\frac{1}{a_1}&&&\\&\frac{1}{a_2}&&\\&&\ddots&\\&&&\frac{1}{a_n}\end{bmatrix}$.

证

$$\begin{bmatrix}a_1&&&\\&a_2&&\\&&\ddots&\\&&&a_n\end{bmatrix}\cdot\begin{bmatrix}\frac{1}{a_1}&&&\\&\frac{1}{a_2}&&\\&&\ddots&\\&&&\frac{1}{a_n}\end{bmatrix}=\boldsymbol{I}$$

又
$$\begin{bmatrix} \frac{1}{a_1} & & & \\ & \frac{1}{a_2} & & \\ & & \ddots & \\ & & & \frac{1}{a_n} \end{bmatrix} \cdot \begin{bmatrix} a_1 & & & \\ & a_2 & & \\ & & \ddots & \\ & & & a_n \end{bmatrix} = \boldsymbol{I}$$

故
$$\boldsymbol{A}^{-1} = \begin{bmatrix} \frac{1}{a_1} & & & \\ & \frac{1}{a_2} & & \\ & & \ddots & \\ & & & \frac{1}{a_n} \end{bmatrix}.$$

特别地，当 $\boldsymbol{A} = \boldsymbol{I}$ 时，$\boldsymbol{A}^{-1} = \boldsymbol{I}$，即 $\boldsymbol{I}^{-1} = \boldsymbol{I}$.

例 4 若 $\boldsymbol{A}$ 是非奇异矩阵，且 $\boldsymbol{AB} = \boldsymbol{AC}$，则 $\boldsymbol{B} = \boldsymbol{C}$.

证 因为 $\boldsymbol{A}$ 是非奇异矩阵，故有逆阵 $\boldsymbol{A}^{-1}$.

由 $\boldsymbol{AB} = \boldsymbol{AC}$，将等式两边左乘以 $\boldsymbol{A}^{-1}$，则
$$\boldsymbol{A}^{-1}(\boldsymbol{AB}) = \boldsymbol{A}^{-1}(\boldsymbol{AC}), \text{得 } \boldsymbol{B} = \boldsymbol{C}.$$

同理可证：当 $\boldsymbol{A}$ 是非奇异矩阵时，从 $\boldsymbol{BA} = \boldsymbol{CA}$ 也可以推出 $\boldsymbol{B} = \boldsymbol{C}$.

例 5 解矩阵方程 $\boldsymbol{AX} = \boldsymbol{B}$，其中
$$\boldsymbol{A} = \begin{bmatrix} 0 & -1 & 1 \\ 1 & 0 & 0 \\ 1 & 0 & 2 \end{bmatrix}, \boldsymbol{B} = \begin{bmatrix} 0 & -1 \\ 2 & -5 \\ 0 & 1 \end{bmatrix}$$

解 $|\boldsymbol{A}| = 2 \neq 0$，$\boldsymbol{A}^{-1}$ 存在，又
$$\boldsymbol{A}^* = \begin{bmatrix} 0 & 2 & 0 \\ -2 & -1 & 1 \\ 0 & -1 & 1 \end{bmatrix}$$
$$\boldsymbol{A}^{-1} = \frac{1}{|\boldsymbol{A}|}\boldsymbol{A}^* = \begin{bmatrix} 0 & 1 & 0 \\ -1 & -\frac{1}{2} & \frac{1}{2} \\ 0 & -\frac{1}{2} & \frac{1}{2} \end{bmatrix}$$

用 $\boldsymbol{A}^{-1}$ 左乘方程两边，得 $\boldsymbol{X} = \boldsymbol{A}^{-1}\boldsymbol{B}$，即
$$\boldsymbol{X} = \boldsymbol{A}^{-1}\boldsymbol{B} = \begin{bmatrix} 0 & 1 & 0 \\ -1 & -\frac{1}{2} & \frac{1}{2} \\ 0 & -\frac{1}{2} & \frac{1}{2} \end{bmatrix} \begin{bmatrix} 0 & -1 \\ 2 & -5 \\ 0 & 1 \end{bmatrix} = \begin{bmatrix} 2 & -5 \\ -1 & 4 \\ -1 & 3 \end{bmatrix}.$$

7.6.3 逆矩阵的性质

性质 7.6 可逆矩阵 $\boldsymbol{A}$ 的逆矩阵 $\boldsymbol{A}^{-1}$ 是可逆矩阵，且

$$(\boldsymbol{A}^{-1})^{-1} = \boldsymbol{A} \tag{7.39}$$

由可逆矩阵的定义,显然可见,$\boldsymbol{A}$ 与 $\boldsymbol{A}^{-1}$ 互为逆矩阵.

性质 7.7 两个同阶可逆矩阵 $\boldsymbol{A},\boldsymbol{B}$ 的乘积是可逆矩阵,且

$$(\boldsymbol{AB})^{-1} = \boldsymbol{B}^{-1}\boldsymbol{A}^{-1} \tag{7.40}$$

证 因为 $$(\boldsymbol{AB})(\boldsymbol{B}^{-1}\boldsymbol{A}^{-1}) = \boldsymbol{A}(\boldsymbol{BB}^{-1})\boldsymbol{A}^{-1} = \boldsymbol{AIA}^{-1} = \boldsymbol{AA}^{-1} = \boldsymbol{I}$$

$$(\boldsymbol{B}^{-1}\boldsymbol{A}^{-1})(\boldsymbol{AB}) = \boldsymbol{B}^{-1}(\boldsymbol{A}^{-1}\boldsymbol{A})\boldsymbol{B} = \boldsymbol{B}^{-1}\boldsymbol{IB} = \boldsymbol{B}^{-1}\boldsymbol{B} = I,$$

所以 $$(\boldsymbol{AB})^{-1} = \boldsymbol{B}^{-1}\boldsymbol{A}^{-1}.$$

性质 7.8 可逆矩阵 $\boldsymbol{A}$ 的转置矩阵 $\boldsymbol{A}^{\mathrm{T}}$ 是可逆矩阵,且

$$(\boldsymbol{A}^{\mathrm{T}})^{-1} = (\boldsymbol{A}^{-1})^{\mathrm{T}} \tag{7.41}$$

证 因为 $$\boldsymbol{A}^{\mathrm{T}}(\boldsymbol{A}^{-1})^{\mathrm{T}} = (\boldsymbol{A}^{-1}\boldsymbol{A})^{\mathrm{T}} = \boldsymbol{I}^{\mathrm{T}} = \boldsymbol{I}$$

$$(\boldsymbol{A}^{-1})^{\mathrm{T}}\boldsymbol{A}^{\mathrm{T}} = (\boldsymbol{AA}^{-1})^{\mathrm{T}} = \boldsymbol{I}^{\mathrm{T}} = I$$

所以 $$(\boldsymbol{A}^{\mathrm{T}})^{-1} = (\boldsymbol{A}^{-1})^{\mathrm{T}}.$$

性质 7.9 若 $\boldsymbol{A}$ 为可逆矩阵,则 $|\boldsymbol{A}^{-1}| = \dfrac{1}{|\boldsymbol{A}|} = |\boldsymbol{A}|^{-1}$.

证 因为 $\boldsymbol{A}$ 可逆,所以 $|\boldsymbol{A}| \neq 0$,并且 $\boldsymbol{AA}^{-1} = \boldsymbol{I}$,

于是 $|\boldsymbol{A}|\cdot|\boldsymbol{A}^{-1}| = 1 \neq 0$,即

$$|\boldsymbol{A}^{-1}| = \frac{1}{|\boldsymbol{A}|} = |\boldsymbol{A}|^{-1} \tag{7.42}$$

这说明 $\boldsymbol{A}$ 的逆矩阵的行列式 $|\boldsymbol{A}^{-1}|$ 的值等于 $\boldsymbol{A}$ 的行列式的倒数.

性质 7.10 若 $\boldsymbol{A}$ 为可逆矩阵,且数 $k \neq 0$,则

$$(k\boldsymbol{A})^{-1} = \frac{1}{k}\boldsymbol{A}^{-1} \tag{7.43}$$

证 因为 $$(k\boldsymbol{A})\left(\frac{1}{k}\boldsymbol{A}^{-1}\right) = k\cdot\frac{1}{k}\boldsymbol{A}\cdot\boldsymbol{A}^{-1} = \boldsymbol{I}$$

$$\left(\frac{1}{k}\boldsymbol{A}^{-1}\right)(k\boldsymbol{A}) = \frac{1}{k}\cdot k\boldsymbol{A}^{-1}\boldsymbol{A} = \boldsymbol{I}$$

所以 $$(k\boldsymbol{A})^{-1} = \frac{1}{k}\boldsymbol{A}^{-1}.$$

性质 7.11 若 $\boldsymbol{A}$ 为 n 阶可逆矩阵,则 $|\boldsymbol{A}^*| = |\boldsymbol{A}|^{n-1}$,且

$$(\boldsymbol{A}^*)^{-1} = \frac{1}{|\boldsymbol{A}|}\boldsymbol{A} \tag{7.44}$$

证 因为 $$\boldsymbol{AA}^* = |\boldsymbol{A}|\boldsymbol{I},\ |\boldsymbol{A}| \neq 0$$

所以 $$|\boldsymbol{A}|\cdot|\boldsymbol{A}^*| = |\boldsymbol{A}|^n$$

即 $$|\boldsymbol{A}^*| = |\boldsymbol{A}|^{n-1}$$

又 $\boldsymbol{AA}^* = |\boldsymbol{A}|\boldsymbol{I}$ 左乘 $\boldsymbol{A}^{-1}$ 得

$$\boldsymbol{A}^* = |\boldsymbol{A}|\boldsymbol{A}^{-1}$$

利用性质 7.10 $(\boldsymbol{A}^*)^{-1} = \dfrac{1}{|\boldsymbol{A}|}(\boldsymbol{A}^{-1})^{-1} = \dfrac{1}{|\boldsymbol{A}|}\boldsymbol{A}$.

性质 7.12 若分块方阵 $\boldsymbol{D} = \begin{bmatrix} \boldsymbol{A} & \boldsymbol{C} \\ \boldsymbol{O} & \boldsymbol{B} \end{bmatrix}$ 其中 $\boldsymbol{A},\boldsymbol{B}$ 分别为 r 阶与 k 阶可逆方阵,$\boldsymbol{C}$ 是 $r\times k$ 矩阵,$\boldsymbol{O}$ 是 $k\times r$ 零矩阵. 则 $\boldsymbol{D}$ 可逆,且

$$D^{-1}=\begin{bmatrix}A^{-1} & -A^{-1}CB^{-1}\\ O & B^{-1}\end{bmatrix} \tag{7.45}$$

容易验证，$DD^{-1}=D^{-1}D=I$

特殊情形
$$\begin{bmatrix}A & O\\ O & B\end{bmatrix}^{-1}=\begin{bmatrix}A^{-1} & O\\ O & B^{-1}\end{bmatrix}$$

及
$$\begin{bmatrix}O & A\\ B & O\end{bmatrix}^{-1}=\begin{bmatrix}O & B^{-1}\\ A^{-1} & O\end{bmatrix}.$$

例 6 求矩阵 $A=\begin{bmatrix}4 & 1 & 0 & 0\\ 2 & 3 & 0 & 0\\ 0 & 0 & 5 & 6\\ 0 & 0 & 6 & 7\end{bmatrix}$的逆矩阵.

解 将矩阵A作如下分块

$$A=\left[\begin{array}{cc:cc}4 & 1 & 0 & 0\\ 2 & 3 & 0 & 0\\ \hdashline 0 & 0 & 5 & 6\\ 0 & 0 & 6 & 7\end{array}\right]=\begin{bmatrix}A_1 & O\\ O & A_2\end{bmatrix}$$

可以求出 $A_1^{-1}=\dfrac{1}{10}\begin{bmatrix}3 & -1\\ 2 & 4\end{bmatrix}=\begin{bmatrix}\dfrac{3}{10} & -\dfrac{1}{10}\\ -\dfrac{1}{5} & \dfrac{2}{5}\end{bmatrix}$

$$A_2^{-1}=-\begin{bmatrix}7 & -6\\ 6 & 5\end{bmatrix}=\begin{bmatrix}-7 & 6\\ 6 & -5\end{bmatrix}$$

所以
$$A^{-1}=\begin{bmatrix}A_1^{-1} & O\\ O & A_2^{-1}\end{bmatrix}=\begin{bmatrix}\dfrac{3}{10} & -\dfrac{1}{10} & 0 & 0\\ -\dfrac{1}{5} & \dfrac{2}{5} & 0 & 0\\ 0 & 0 & -7 & 6\\ 0 & 0 & 6 & -5\end{bmatrix}.$$

7.6.4 应用初等变换求逆矩阵

应用伴随矩阵的方法求逆矩阵需要计算许多代数余子式，这对阶数较高的方阵来说是很不方便的，为此，我们再介绍一种应用初等变换求逆矩阵的方法.

定理 7.8 如果n阶矩阵A可逆，则可以经过若干次的初等变换将A化为n阶单位矩阵I.

证 根据定理7.2，对A施以若干次初等变换可以化为D. 对A施以初等变换等于用同种的初等矩阵乘A，因A可逆，且初等矩阵可逆，则其乘积也可逆，所以D可逆，则$|D|\neq 0$，于是D不能有任一行(列)的元素全为零，因此D必等于I_n.

定理7.8表明，存在若干初等矩阵$Q_1,Q_2,\cdots,Q_s$及$P_1,P_2,\cdots,P_t$，使

$$Q_1Q_2\cdots Q_sP_t\cdots P_2P_1A=I \tag{7.46}$$

因为A可逆，用A^{-1}右乘式(7.46)，得

$$Q_1Q_2\cdots Q_sP_t\cdots P_2P_1I = A^{-1} \tag{7.47}$$

式(7.46)表明通过若干次行初等变换，可以将 A 化为 I，而式(7.47)表明通过同样的行初等变换，就可以将 I 化为 A^{-1}. 于是可以得出一个求逆矩阵的方法.

构造一个 $n\times 2n$ 的矩阵 $[A\ I]$. 对矩阵 $[A\ I]$ 施以行的初等变换，使子块 A 化为 I，则同时子块 I 即化为 A^{-1} 了. 即

$$[A\ I] \xrightarrow{\text{初等变换}} [I\ A^{-1}]$$

这就是应用初等行变换求逆矩阵的方法.

例 7　利用初等行变换的方法，求矩阵 $A=\begin{bmatrix}0 & 1 & 2\\ 1 & 1 & 4\\ 2 & -1 & 0\end{bmatrix}$ 的逆矩阵.

解　$[A\ I]=\left[\begin{array}{ccc:ccc}0 & 1 & 2 & 1 & 0 & 0\\ 1 & 1 & 4 & 0 & 1 & 0\\ 2 & -1 & 0 & 0 & 0 & 1\end{array}\right] \xrightarrow{①\leftrightarrow②} \left[\begin{array}{ccc:ccc}1 & 1 & 4 & 0 & 1 & 0\\ 0 & 1 & 2 & 1 & 0 & 0\\ 2 & -1 & 0 & 0 & 0 & 1\end{array}\right]$

$\xrightarrow{(-2)\times①+③} \left[\begin{array}{ccc:ccc}1 & 1 & 4 & 0 & 1 & 0\\ 0 & 1 & 2 & 1 & 0 & 0\\ 0 & -3 & -8 & 0 & -2 & 1\end{array}\right] \xrightarrow{3\times②+③} \left[\begin{array}{ccc:ccc}1 & 1 & 4 & 0 & 1 & 0\\ 0 & 1 & 2 & 1 & 0 & 0\\ 0 & 0 & -2 & 3 & -2 & 1\end{array}\right]$

$\xrightarrow[2\times③+①]{1\times③+②} \left[\begin{array}{ccc:ccc}1 & 1 & 0 & 6 & -3 & 2\\ 0 & 1 & 0 & 4 & -2 & 1\\ 0 & 0 & -2 & 3 & -2 & 1\end{array}\right] \xrightarrow[\left(-\frac{1}{2}\right)\times③]{(-1)\times②+①} \left[\begin{array}{ccc:ccc}1 & 0 & 0 & 2 & -1 & 1\\ 0 & 1 & 0 & 4 & -2 & 1\\ 0 & 0 & 1 & -\frac{3}{2} & 1 & -\frac{1}{2}\end{array}\right]$

$=(I\ A^{-1})$

于是求得逆矩阵为

$$A^{-1}=\begin{bmatrix}2 & -1 & 1\\ 4 & -2 & 1\\ -\frac{3}{2} & 1 & -\frac{1}{2}\end{bmatrix}$$

这与例 1 所求得的结果一致.

如果不知矩阵 A 是否可逆，也可以按上述方法去作，只要 $n\times 2n$ 矩阵左边子块有一行(列)的元素全为零，则 A 不可逆.

例 8　求矩阵 A 的逆矩阵　$A=\begin{bmatrix}1 & 2 & 3\\ 4 & 5 & 6\\ 7 & 8 & 9\end{bmatrix}$.

解　$[A\ I]=\left[\begin{array}{ccc:ccc}1 & 2 & 3 & 1 & 0 & 0\\ 4 & 5 & 6 & 0 & 1 & 0\\ 7 & 8 & 9 & 0 & 0 & 1\end{array}\right] \xrightarrow[(-7)\times①+③]{(-4)\times①+②} \left[\begin{array}{ccc:ccc}1 & 2 & 3 & 1 & 0 & 0\\ 0 & -3 & -6 & -4 & 1 & 0\\ 0 & -6 & -12 & -7 & 0 & 1\end{array}\right]$

$\xrightarrow{(-2)\times②+③} \left[\begin{array}{ccc:ccc}1 & 2 & 3 & 1 & 0 & 0\\ 0 & -3 & -6 & -4 & 1 & 0\\ 0 & 0 & 0 & 1 & -2 & 1\end{array}\right]$

这里，左边的矩阵中最后一行元素全部为零，故 A 不可逆，即 A^{-1} 不存在.

注 当构造的矩阵是 $n\times 2n$ 矩阵时，便只能用行初等变换；若构造的矩阵是 $2n\times n$ 矩阵时，便只能用列初等变换，即

$$\begin{bmatrix} A \\ I \end{bmatrix} \xrightarrow{\text{初等变换}} \begin{bmatrix} I \\ A^{-1} \end{bmatrix}$$

我们一般习惯用行初等变换求逆矩阵.

§7.7 本章小结

通过这一章的学习，要求熟练掌握矩阵的加减法、数乘、乘法、初等变换以及求逆矩阵的方法，并能熟练准确地计算一些简单的行列式.

7.7.1 矩阵的概念

由 $m\times n$ 个数 $a_{ij}(i=1,2,\cdots,m;j=1,2,\cdots,n)$ 排列成的一个 m 行 n 列的矩形表，称为一个 $m\times n$ 矩阵，记做 $\boldsymbol{A}=(a_{ij})_{m\times n}$.

所有元素均为 0 的矩阵，称为零矩阵，记做 $\boldsymbol{O}$.

如果矩阵 $\boldsymbol{A}$ 的行数与列数都等于 n，则称 $\boldsymbol{A}$ 为 n 阶矩阵(或称 n 阶方阵).

特殊的方阵有：三角形矩阵、对角矩阵、数量矩阵、单位矩阵以及对称矩阵.

7.7.2 矩阵运算的条件

矩阵运算是要满足一定条件的.矩阵的加法、减法要求矩阵是同阶数的；矩阵的乘法要求左矩阵的列数与右矩阵的行数相同.不是任意两个矩阵都能相加，相减或相乘的.

矩阵的加、减运算具有与数的加、减运算相同的性质，但矩阵乘法一般不满足交换律和消去律.

矩阵的转置矩阵也可以看成是矩阵的一种运算.并且也有一系列的性质，特别是

$$(\boldsymbol{AB})^{\mathrm{T}}=\boldsymbol{B}^{\mathrm{T}}\boldsymbol{A}^{\mathrm{T}}.$$

7.7.3 矩阵的分块

将一个矩阵分成若干块(称为子块或子阵)，并以所分的子块为元素的矩阵称为分块矩阵.把矩阵分成若干个适当的子矩阵进行代数运算时，要把每一小块看做一个元素，再进行代数运算.在具体运用矩阵分块技巧时，要充分考虑选取何种分法最合适，既要满足运算条件又要使子矩阵简单易于计算.

7.7.4 矩阵的初等变换

矩阵的初等变换是指对矩阵的行(列)进行以下三种变换.

(1) 互换两行(列)的位置；

(2) 用一个非零数乘某一行(列)；

(3) 把一行(列)的倍数加到另一行(列)上.

由于矩阵经过初等变换后，矩阵的元素会发生变化，彼此是不相等的.因此，每作一次初等变换，矩阵之间只能用箭头“→”表示.

对任意一个矩阵 $\boldsymbol{A}_{m\times n}=(a_{ij})_{m\times n}$，都可以经过施行若干次初等变换，将其化为标准形式矩阵 $\boldsymbol{D}$. 矩阵的初等变换有很多用处.

7.7.5 n 阶矩阵的行列式

1. 行列式的定义

一个由 n 阶矩阵 $\boldsymbol{A}$ 的元素按原来排列的形式构成的 n 阶行列式，称为矩阵 $\boldsymbol{A}$ 的行列式. 记做 $|\boldsymbol{A}|$，行列式表示一个数.

2. 余子式与代数余子式

在 n 阶矩阵 $\boldsymbol{A}$ 中划去元素 a_{ij} 所在的第 i 行与第 j 列，剩下的元素按原来次序组成的 $n-1$ 阶矩阵的行列式称为元素 a_{ij} 的余子式，再乘以 $(-1)^{i+j}$ 后，称为元素 a_{ij} 的代数余子式.

3. 行列式按行列展开定理

$$\sum_{j=1}^{n} a_{ij}\boldsymbol{A}_{sj}=\begin{cases}|\boldsymbol{A}| & i=s\\ 0 & i\neq s\end{cases}$$

$$\sum_{i=1}^{n} a_{ij}\boldsymbol{A}_{it}=\begin{cases}|\boldsymbol{A}| & j=t\\ 0 & j\neq t\end{cases}$$

4. 行列式的基本性质以及相关推论

在行列式的五条性质中，经常用到的主要有性质 7.2，性质 7.3，性质 7.5，正确掌握和灵活应用这几条性质，可以简化行列式的计算.

5. 计算行列式的方法

对于二阶行列式、三阶行列式可以采用对角线法. 对于高于三阶以上的行列式可以采用化行列式为三角形行列式来计算，或者采用降阶展开的方法.

7.7.6 逆矩阵及其计算

1. 逆矩阵的定义

如果矩阵 $\boldsymbol{A},\boldsymbol{B}$ 满足

$$\boldsymbol{AB}=\boldsymbol{BA}=\boldsymbol{I}$$

则矩阵 $\boldsymbol{A},\boldsymbol{B}$ 互为可逆矩阵，且 $\boldsymbol{A}^{-1}=\boldsymbol{B}$ 或 $\boldsymbol{B}^{-1}=\boldsymbol{A}$，其中 $\boldsymbol{A}^{-1},\boldsymbol{B}^{-1}$ 分别是矩阵 $\boldsymbol{A},\boldsymbol{B}$ 的逆矩阵.

2. 性质

$$(\boldsymbol{A}^{-1})=\boldsymbol{A}$$

$$(\boldsymbol{AB})^{-1}=\boldsymbol{B}^{-1}\boldsymbol{A}^{-1}$$

$$(k\boldsymbol{A})^{-1}=\frac{1}{k}\boldsymbol{A}^{-1}\qquad(k\neq 0)$$

$$(\boldsymbol{A}^{\mathrm{T}})^{-1}=(\boldsymbol{A}^{-1})^{\mathrm{T}}$$

$$|\boldsymbol{A}^{-1}|=|\boldsymbol{A}|^{-1}$$

其中矩阵 $\boldsymbol{A}$、$\boldsymbol{B}$ 是可逆矩阵. 可逆矩阵的充要条件是矩阵行列式不等于零.

3. 求逆矩阵的方法

方法 Ⅰ 是伴随矩阵法，$\boldsymbol{A}^{-1}=\dfrac{1}{|\boldsymbol{A}|}\boldsymbol{A}^{*}$.

方法 Ⅱ 是初等行变换法：

$$[\boldsymbol{A}\ \boldsymbol{I}]\xrightarrow{\text{初等行变换}}[\boldsymbol{I}\ \boldsymbol{A}^{-1}]\ \text{或}\ \begin{bmatrix}\boldsymbol{A}\\ \boldsymbol{I}\end{bmatrix}\xrightarrow[\text{初等列变换}]{}\begin{bmatrix}\boldsymbol{I}\\ \boldsymbol{A}^{-1}\end{bmatrix}$$

习 题 七

一、判断题

1. 单位矩阵都相等.
2. 若 $\boldsymbol{A}$、$\boldsymbol{B}$ 为同阶同结构三角形矩阵，则 $k\boldsymbol{A}$，$\boldsymbol{A}+\boldsymbol{B}$，$\boldsymbol{AB}$ 仍为同阶同结构三角形矩阵. （ ）
3. 以数量矩阵 $\boldsymbol{A}$ 左乘或右乘（如果可乘）一个矩阵 $\boldsymbol{B}$，其乘积等于以数 a 乘矩阵 $\boldsymbol{B}$. （ ）
4. 若 $\boldsymbol{A}$ 为对称矩阵，则 $\boldsymbol{A}^{\mathrm{T}}=\boldsymbol{A}$. （ ）
5. 对单位矩阵 $\boldsymbol{I}$ 施以初等变换得到的矩阵，称为初等矩阵. （ ）
6. 设 n 阶矩阵 $\boldsymbol{A}$、$\boldsymbol{B}$，则 $(\boldsymbol{A}+\boldsymbol{B})(\boldsymbol{A}-\boldsymbol{B})=\boldsymbol{A}^2-\boldsymbol{B}^2$. （ ）
7. 若矩阵 $\boldsymbol{A}\neq\boldsymbol{O},\boldsymbol{B}\neq\boldsymbol{O}$，则 $\boldsymbol{AB}\neq\boldsymbol{O}$. （ ）
8. $(\boldsymbol{AB})^{\mathrm{T}}=\boldsymbol{B}^{\mathrm{T}}\boldsymbol{A}^{\mathrm{T}}$. （ ）
9. 设 $\boldsymbol{A}$，$\boldsymbol{B}$ 为同阶方阵，则 $\boldsymbol{AB}$ 可逆的充要条件是 $\boldsymbol{A}$，$\boldsymbol{B}$ 都可逆. （ ）
10. 设矩阵 $\boldsymbol{A}$ 可逆，则 $(2\boldsymbol{A})^{-1}=2\boldsymbol{A}^{-1}$. （ ）
11. 对 n 阶矩阵 $\boldsymbol{A}$ 有 $|\boldsymbol{A}|=-|\boldsymbol{A}|$. （ ）
12. 设 n 阶矩阵 $|\boldsymbol{A}|\neq 0$，且 $\boldsymbol{AX}=\boldsymbol{AY}$，则 $\boldsymbol{X}=\boldsymbol{Y}$. （ ）
13. 若 $\boldsymbol{A}$ 为 n 阶矩阵，则 $|\boldsymbol{A}|=|\boldsymbol{A}^{\mathrm{T}}|$.
14. 若 $|\boldsymbol{A}+\boldsymbol{B}|=0$，则 $\boldsymbol{A}=-\boldsymbol{B}$. （ ）
15. 将矩阵 $\boldsymbol{A}$ 化为标准型 $\boldsymbol{D}$ 时，可以同时作行与列的初等变换.
16. 利用初等变换求 $\boldsymbol{A}$ 的逆矩阵时，可以对 $(\boldsymbol{AI})$ 同时作行与列的初等变换. （ ）
17. 如果对称矩阵 $\boldsymbol{A}$ 为非奇异矩阵，则 $\boldsymbol{A}^{-1}$ 也是对称矩阵. （ ）
18. 如果 $\boldsymbol{A}^2=\boldsymbol{A}$，但 $\boldsymbol{A}$ 不是单位矩阵，则 $\boldsymbol{A}$ 必为奇异矩阵. （ ）

二、填空题

1. 当方阵 $\boldsymbol{A}$ 为________，则 $\boldsymbol{A}^{\mathrm{T}}=\boldsymbol{A}$.
2. $\begin{bmatrix}1 & 1\\0 & 1\end{bmatrix}^n=$________.
3. 若 $\boldsymbol{A}=\begin{bmatrix}2 & 1\\0 & 2\end{bmatrix}$，则与 $\boldsymbol{A}$ 可交换的全体二阶方阵为________.
4. 若 $\begin{bmatrix}2 & 5\\1 & 3\end{bmatrix}\boldsymbol{X}=\begin{bmatrix}4 & -6\\2 & 1\end{bmatrix}$，则 $\boldsymbol{X}=$________.
5. 设 $f(x)=ax^2+bx+c$，$\boldsymbol{A}$ 为 n 阶矩阵，$\boldsymbol{I}$ 为 n 阶单位矩阵. 若 $f(\boldsymbol{A})=a\boldsymbol{A}^2+b\boldsymbol{A}+c\boldsymbol{I}$，

已知 $f(x)=x^2-x-2$，且 $\boldsymbol{A}=\begin{bmatrix}3 & 1 & 1\\3 & 1 & 2\\1 & -1 & 0\end{bmatrix}$，则 $f(\boldsymbol{A})=$________.

6. 若 n 阶行列式中，非零元素只有 $n-1$ 个，则行列式的值等于________.

7. 在四阶行列式 $|\boldsymbol{A}|$ 的展开式中，含有因子 a_{32} 的乘积共有________项.

8. 已知 $\boldsymbol{A}$ 为三阶方阵，且 $|\boldsymbol{A}|=3$，则 $|\boldsymbol{A}+\boldsymbol{A}|=$________.

9. 设 $\boldsymbol{A}$ 为 n 阶矩阵，且 $|\boldsymbol{A}|=a, k\neq 0$，则 $|k\boldsymbol{A}\boldsymbol{A}^{\mathrm{T}}|=$________.

10. 如果 $|\boldsymbol{D}|=\begin{vmatrix} a_{11} & a_{12} & a_{13} \\ a_{21} & a_{22} & a_{23} \\ a_{31} & a_{32} & a_{33} \end{vmatrix}=1$

则 $|\boldsymbol{D}_1|=\begin{vmatrix} 4a_{11} & 2a_{13} & 2a_{11}-3a_{12} \\ 4a_{21} & 2a_{23} & 2a_{21}-3a_{22} \\ 4a_{31} & 2a_{33} & 2a_{31}-3a_{32} \end{vmatrix}=$________.

11. 如果 $\boldsymbol{A}\boldsymbol{A}^{\mathrm{T}}=\boldsymbol{A}^{\mathrm{T}}\boldsymbol{A}=\boldsymbol{I}$，则 $|\boldsymbol{A}|=$________.

12. n 阶矩阵 $\boldsymbol{A}$ 可逆的充分必要条件是________.

13. 已知 $\boldsymbol{A}^2=\boldsymbol{A}$，且 $\boldsymbol{A}$ 可逆，则 $\boldsymbol{A}=$________.

14. 已知 $\boldsymbol{A}^3=\boldsymbol{I}$，则 $\boldsymbol{A}^{-1}=$________.

15. $\begin{bmatrix} & & a_3 \\ & a_2 & \\ a_1 & & \end{bmatrix}^{-1}=$________. $(a_1,a_2,a_3\neq 0)$

16. 设 $\boldsymbol{A}$ 为 n 阶矩阵，已知 $|\boldsymbol{A}|=a\neq 0$，则 $|\boldsymbol{A}^{-1}|=$________；$|\boldsymbol{A}^*|=$________；$|\boldsymbol{A}\boldsymbol{A}^*|=$________；$|\boldsymbol{A}\boldsymbol{A}^{\mathrm{T}}|=$________；$(\boldsymbol{A}^*)^{-1}=$________.

17*. 设 $\boldsymbol{A}$ 是三阶方阵，$\boldsymbol{A}^*$ 是 $\boldsymbol{A}$ 的伴随矩阵，已知 $|\boldsymbol{A}|=\dfrac{1}{2}$ 则 $|(3\boldsymbol{A})^{-1}-2\boldsymbol{A}^*|=$________.

18*. 已知方阵 $\boldsymbol{A}$，且 $\boldsymbol{A}$ 满足 $\boldsymbol{A}^2+\boldsymbol{A}+\boldsymbol{I}=\boldsymbol{O}$，则 $\boldsymbol{A}^{-1}=$________.

三、解答题

1. 计算下列各式

(1) $\begin{bmatrix} 1 & 6 & 4 \\ -4 & 2 & 8 \end{bmatrix}+\begin{bmatrix} -2 & 0 & 1 \\ 2 & -3 & 4 \end{bmatrix}$；

(2) $\begin{bmatrix} 1 & 2 \\ 0 & 1 \end{bmatrix}-\begin{bmatrix} 2 & -2 \\ 0 & 3 \end{bmatrix}$；

(3) $\begin{bmatrix} 1 & 0 \\ 0 & 0 \end{bmatrix}+2\begin{bmatrix} 0 & 1 \\ 0 & 0 \end{bmatrix}+3\begin{bmatrix} 0 & 0 \\ 1 & 0 \end{bmatrix}+4\begin{bmatrix} 0 & 0 \\ 0 & 1 \end{bmatrix}$.

2. 设矩阵

$$\boldsymbol{A}=\begin{bmatrix} 1 & 2 & 1 & 2 \\ 2 & 1 & 2 & 1 \\ 1 & 2 & 3 & 4 \end{bmatrix}, \boldsymbol{B}=\begin{bmatrix} 4 & 3 & 2 & 1 \\ -2 & 1 & -1 & 1 \\ 0 & -1 & 0 & -1 \end{bmatrix}$$

(1) 计算 $3\boldsymbol{A}-\boldsymbol{B}$；　(2) 计算 $2\boldsymbol{A}+3\boldsymbol{B}$；

(3) 如果 $\boldsymbol{X}$ 满足 $\boldsymbol{A}+\boldsymbol{X}=\boldsymbol{B}$，求 $\boldsymbol{X}$；

(4) 如果 $\boldsymbol{Y}$ 满足$(2\boldsymbol{A}-\boldsymbol{Y})+2(\boldsymbol{B}-\boldsymbol{Y})=\boldsymbol{0}$,求 $\boldsymbol{Y}$.

3. 计算下列矩阵

(1) $\begin{bmatrix}3 & 1\\7 & 2\end{bmatrix}\begin{bmatrix}2 & -2\\-6 & 5\end{bmatrix}$;　　(2) $\begin{bmatrix}2 & 3 & 1\\3 & 5 & 3\\4 & 7 & 0\end{bmatrix}\begin{bmatrix}6\\-3\\1\end{bmatrix}$;

(3) $(2\quad 3\quad -1)\begin{bmatrix}1\\-1\\-1\end{bmatrix}$;　　(4) $\begin{bmatrix}1\\-1\\-1\end{bmatrix}(2\quad 3\quad -1)$;

(5) $\begin{bmatrix}1 & 2 & 3\\2 & 4 & 6\\3 & 6 & 9\end{bmatrix}\begin{bmatrix}1 & 2 & 4\\1 & 2 & 4\\-1 & -2 & -4\end{bmatrix}$;　　(6) $\begin{bmatrix}1 & 2 & 3\\-2 & 1 & 2\end{bmatrix}\begin{bmatrix}1 & 2 & 0\\0 & 1 & 1\\3 & 0 & -1\end{bmatrix}$.

4. 计算下列矩阵,(其中 n 为正整数)

(1) $\begin{bmatrix}1 & -2\\3 & 4\end{bmatrix}^3$;　　(2) $\begin{bmatrix}2 & 1\\-1 & 3\end{bmatrix}^8$;

(3) $\begin{bmatrix}1 & 1\\1 & 1\end{bmatrix}^n$;　　(4) $\begin{bmatrix}a & & \\ & b & \\ & & c\end{bmatrix}^n$.

5. 设矩阵

$$\boldsymbol{A}=\begin{bmatrix}1 & 2 & 1\\-1 & 0 & 1\\2 & 1 & 1\end{bmatrix},\boldsymbol{B}=\begin{bmatrix}1 & 0\\2 & 1\\1 & -1\end{bmatrix}$$

求:(1)$\boldsymbol{AB}$;(2) $\boldsymbol{A}^{\mathrm{T}}\boldsymbol{B}$;(3) $\boldsymbol{B}^{\mathrm{T}}\boldsymbol{A}$;(4) $(\boldsymbol{AB})^{\mathrm{T}}$; (5) $\boldsymbol{B}^{\mathrm{T}}\boldsymbol{A}^{\mathrm{T}}$.

6. 将下面两题用矩阵表示,并用矩阵的运算求出各题要求的结果.

(1) 某厂生产五种产品,1 ~ 3 月份的生产数量及产品的单位价格如表 7-2 所示.

表 7-2

月份 \ 产量 \ 产品	Ⅰ	Ⅱ	Ⅲ	Ⅳ	Ⅴ
1	50	30	25	10	5
2	30	60	25	20	10
3	50	60	0	25	5
单价 /(万元)	0.95	1.2	2.35	3	5.2

作矩阵 $\boldsymbol{A}=(a_{ij})_{3\times5}$,使 a_{ij} 表示 i 月份生产第 j 种产品的数量;$\boldsymbol{B}=(b_j)_{5\times1}$,使 b_j 表示第 j 种产品的单位价格,并计算该厂各月份的总产值.

(2) 四个工厂均能生产甲、乙、丙三种产品,其单位成本如表 7-3 所示.

表 7-3

工厂＼单位成本＼产品	甲	乙	丙
Ⅰ	3	5	6
Ⅱ	2	4	8
Ⅲ	4	5	5
Ⅳ	4	3	7

现要生产甲产品 600 件，乙产品 500 件，丙产品 200 件，试问由哪个工厂生产总成本最低？

7. 按指定的分块要求，用分块矩阵乘法求下列矩阵的乘积.

(1) $\left[\begin{array}{cc|c} 1 & -2 & 0 \\ -1 & 1 & 1 \\ \hline 0 & 3 & 2 \end{array}\right]\left[\begin{array}{c|c} 0 & 1 \\ 1 & 0 \\ \hline 0 & -1 \end{array}\right]$；

(2) $\left[\begin{array}{cc|cc} a & & & \\ & a & & \\ \hline 1 & & b & \\ & 1 & & b \end{array}\right]\left[\begin{array}{cc|cc} 1 & & c & \\ & 1 & & c \\ \hline & & d & \\ & & & d \end{array}\right]$.

8. 设

$$A=\begin{bmatrix} a_{11} & a_{12} & a_{13} \\ a_{21} & a_{22} & a_{23} \\ a_{31} & a_{32} & a_{33} \end{bmatrix},B=\begin{bmatrix} 1 & 0 & 0 \\ 0 & 1 & 0 \\ 0 & 0 & k \end{bmatrix}\quad S=\begin{bmatrix} 0 & 1 & 0 \\ 0 & 0 & 1 \\ 0 & 0 & 0 \end{bmatrix},T=\begin{bmatrix} 0 & 0 & 1 \\ 0 & 1 & 0 \\ 1 & 0 & 0 \end{bmatrix}.$$

计算(1) AB；(2) BA；(3) AS；(4) SA；(5) AT；(6) TA；(7) SAS；(8) TAT.

9. 用初等变换将下列矩阵化为标准形

(1) $\begin{bmatrix} 1 & -1 \\ 3 & 2 \end{bmatrix}$；　(2) $\begin{bmatrix} 1 & 2 \\ 3 & 1 \\ 2 & 4 \end{bmatrix}$；　(3) $\begin{bmatrix} 1 & -1 & 2 \\ 3 & 2 & 1 \\ 1 & -2 & 0 \end{bmatrix}$；　(4) $\begin{bmatrix} 1 & 2 & 4 & 2 \\ 8 & 3 & 3 & 5 \\ 12 & 7 & 9 & 8 \end{bmatrix}$.

10. 计算下列行列式

(1) $\begin{vmatrix} 1 & -1 \\ 3 & 2 \end{vmatrix}$；　(2) $\begin{vmatrix} 2 & -1 & 0 \\ 4 & 1 & 2 \\ -1 & -1 & -1 \end{vmatrix}$.

11. 已知四阶行列式 $|A|$ 中第三列元素依次为 $-1,2,0,1$. 它们的余子式依次为 $5,3,-7,4$，试求 $|A|$ 的值.

12. 用化三角形行列式的方法计算下列行列式

(1) $\begin{vmatrix} 0 & 1 & 1 & 1 \\ 1 & 0 & 1 & 1 \\ 1 & 1 & 0 & 1 \\ 1 & 1 & 1 & 0 \end{vmatrix}$；　(2) $\begin{vmatrix} 1 & 0 & 2 & 1 \\ 2 & -1 & 1 & 0 \\ 1 & 0 & 0 & 3 \\ -1 & 0 & 2 & 1 \end{vmatrix}$.

13. 用降阶展开的方法计算下列行列式

(1) $\begin{vmatrix} 3 & 2 & -2 & 4 \\ 2 & -1 & 3 & -6 \\ 2 & 0 & -4 & 7 \\ 5 & 6 & 1 & 0 \end{vmatrix}$； (2) $\begin{vmatrix} 0 & 4 & 5 & -1 & 2 \\ -5 & 0 & 2 & 0 & 1 \\ 7 & 2 & 0 & 3 & -4 \\ -3 & 1 & -1 & -5 & 0 \\ 2 & -3 & 0 & 1 & 3 \end{vmatrix}$；

(3) $\begin{vmatrix} 1 & 2 & 3 & 4 \\ 2 & 3 & 4 & 1 \\ 3 & 4 & 1 & 2 \\ 4 & 1 & 2 & 3 \end{vmatrix}$； (4) $\begin{vmatrix} 1+x & 1 & 1 & 1 \\ 1 & 1-x & 1 & 1 \\ 1 & 1 & 1+y & 1 \\ 1 & 1 & 1 & 1-y \end{vmatrix}$.

14. 计算 n 阶行列式

(1) $\begin{vmatrix} x & y & 0 & \cdots & 0 & 0 \\ 0 & x & y & \cdots & 0 & 0 \\ \vdots & \vdots & \vdots & \cdots & \vdots & \vdots \\ 0 & 0 & 0 & \cdots & x & y \\ y & 0 & 0 & \cdots & 0 & x \end{vmatrix}$； (2) $\begin{vmatrix} 1 & 2 & 3 & \cdots & n-1 & n \\ -1 & 0 & 3 & \cdots & n-1 & n \\ -1 & -2 & 0 & \cdots & n-1 & n \\ \vdots & \vdots & \vdots & \cdots & \vdots & \vdots \\ -1 & -2 & -3 & \cdots & 0 & n \\ -1 & -2 & -3 & \cdots & -(n-1) & 0 \end{vmatrix}$；

(3) $\begin{vmatrix} 0 & 0 & \cdots & 0 & 1 \\ 0 & 0 & \cdots & 2 & 0 \\ \vdots & \vdots & \cdots & \vdots & \vdots \\ 0 & n-1 & \cdots & \cdots & \cdots \\ n & 0 & \cdots & 0 & 0 \end{vmatrix}$； (4) $\begin{vmatrix} -a_1 & a_1 & 0 & \cdots & 0 & 0 \\ 0 & -a_2 & a_2 & \cdots & 0 & 0 \\ \vdots & \vdots & \vdots & \cdots & \vdots & \vdots \\ 0 & 0 & 0 & \cdots & -a_{n-1} & a_{n-1} \\ 1 & 1 & 1 & \cdots & 1 & 1 \end{vmatrix}$.

15. 判断下列矩阵是否可逆，若可逆，用伴随矩阵法求其逆矩阵.

(1) $\begin{bmatrix} 5 & 7 \\ 8 & 11 \end{bmatrix}$； (2) $\begin{bmatrix} 1 & 2 & -1 \\ 3 & -2 & 1 \\ 1 & -1 & 1 \end{bmatrix}$； (3) $\begin{bmatrix} 1 & 0 & 0 \\ 1 & 2 & 0 \\ 1 & 2 & 3 \end{bmatrix}$； (4) $\begin{bmatrix} 1 & -1 & 3 \\ 2 & -1 & 4 \\ -1 & 2 & -4 \end{bmatrix}$.

16. 用初等变换法判断下列矩阵是否可逆，若可逆，求其逆矩阵.

(1) $\begin{bmatrix} -1 & 1 & 1 \\ 0 & 1 & 2 \\ 0 & -1 & 1 \end{bmatrix}$； (2) $\begin{bmatrix} 1 & 2 & 3 & 4 \\ 2 & 3 & 1 & 2 \\ 1 & 1 & 1 & -1 \\ 3 & 6 & -6 & 7 \end{bmatrix}$；

(3) $\begin{bmatrix} 1 & 1 & 1 & 1 \\ 1 & 1 & -1 & 1 \\ 1 & -1 & 1 & -1 \\ 1 & -1 & -1 & 1 \end{bmatrix}$； (4) $\begin{bmatrix} 0 & a_1 & 0 & \cdots & 0 \\ 0 & 0 & a_2 & \cdots & 0 \\ \vdots & \vdots & \vdots & \cdots & \vdots \\ 0 & 0 & 0 & \cdots & a_{n-1} \\ a_n & 0 & 0 & \cdots & 0 \end{bmatrix}$

（其中 $a_i \neq 0 \quad i = 1,2,\cdots,n$）.

17. 用分块的方法求下列矩阵的逆矩阵

(1) $\begin{bmatrix}1&2&3&4\\0&1&2&3\\0&0&1&2\\0&0&0&1\end{bmatrix}$； (2) $\begin{bmatrix}5&6&0&0\\6&7&0&0\\0&0&4&11\\0&0&3&8\end{bmatrix}$； (3) $\begin{bmatrix}0&0&0&0&5\\0&0&0&4&0\\1&0&0&0&0\\0&2&0&0&0\\0&0&3&0&0\end{bmatrix}$.

18. 解下列矩阵方程

(1) $\begin{bmatrix}2&5\\1&3\end{bmatrix}\boldsymbol{X}=\begin{bmatrix}1&1\\-1&0\end{bmatrix}$；

(2) $\begin{bmatrix}1&2&3\\0&1&2\\4&5&3\end{bmatrix}\boldsymbol{X}=\begin{bmatrix}1&2\\0&1\\-1&0\end{bmatrix}$；

(3) $\boldsymbol{X}\begin{bmatrix}1&1&-1\\2&1&0\\1&-1&1\end{bmatrix}=\begin{bmatrix}1&1&3\\4&3&2\\1&2&5\end{bmatrix}$.

19. 设n阶方阵$\boldsymbol{A}$满足关系式$\boldsymbol{A}^2-3\boldsymbol{A}-2\boldsymbol{I}=0$，证明$\boldsymbol{A}$可逆，并求$\boldsymbol{A}^{-1}$.

20. 设$\boldsymbol{A},\boldsymbol{B},\boldsymbol{C}$为同阶矩阵，且$\boldsymbol{C}$非奇异，满足$\boldsymbol{C}^{-1}\boldsymbol{A}\boldsymbol{C}=\boldsymbol{B}$，求证：$\boldsymbol{C}^{-1}\boldsymbol{A}^m\boldsymbol{C}=\boldsymbol{B}^m$（$m$是正整数）.

第8章　向　　量

为了讨论线性方程组及其解的问题，不仅要掌握一定的矩阵知识，而且要了解并掌握向量及其线性相关性的知识.本章主要介绍 n 维向量的概念及其运算，向量间的线性关系以及向量组的秩等相关的基础知识.

§8.1　向量的概念及其运算

8.1.1　向量的概念

一个 $m\times n$ 矩阵的每一行都是由 n 个数组成的有序数组，其每一列都是由 m 个数组成的有序数组.在研究其他很多问题时也常常要遇到有序数组.例如平面上一点的坐标和空间中一点的坐标分别是二元和三元有序数组 (x,y)，(x,y,z).又若把组成社会生产的各部门的产品或劳务的数量，按一定次序排列起来，就得到国民经济各部门产品或劳务的有序数组.

定义 8.1　由 n 个数 $a_1,a_2,\cdots,a_n$ 所组成的一个有序数组，称为一个 n 维向量.通常用小写希腊字母 $\boldsymbol{\alpha},\boldsymbol{\beta},\boldsymbol{\gamma},\cdots$ 表示，记做

$$\boldsymbol{\alpha}=\begin{bmatrix}a_1\\a_2\\\vdots\\a_n\end{bmatrix}\text{或}\boldsymbol{\alpha}^{\mathrm{T}}=(a_1,a_2,\cdots,a_n) \tag{8.1}$$

其中数 a_i 称为向量 $\boldsymbol{\alpha}$ 的第 i 个分量 $(i=1,2,\cdots,n)$，分量的个数称为向量 $\boldsymbol{\alpha}$ 的维数，如式(8.1)的 $\boldsymbol{\alpha}$ 有 n 个分量，故 $\boldsymbol{\alpha}$ 是一个 n 维向量.

向量在书写表达的形式上写成一列的向量，称为列向量，写成一行的向量，称为行向量，这里我们用 $\boldsymbol{\alpha},\boldsymbol{\beta},\boldsymbol{\gamma},\cdots$ 表示列向量，而用列向量的转置 $\boldsymbol{\alpha}^{\mathrm{T}},\boldsymbol{\beta}^{\mathrm{T}},\boldsymbol{\gamma}^{\mathrm{T}},\cdots$ 来表示行向量，有时也将列向量写成行向量的转置形式，如

$$\boldsymbol{\alpha}=\begin{bmatrix}a_1\\a_2\\\vdots\\a_n\end{bmatrix}=(a_1,a_2,\cdots,a_n)^{\mathrm{T}} \tag{8.2}$$

所有分量都为0的向量称为零向量，常用小写希腊字母 $\boldsymbol{\theta}$ 表示，有时也用 $\boldsymbol{O}$ 表示，本教材选用 $\boldsymbol{\theta}$ 表示零向量，即

$$\boldsymbol{\theta}=(0,0,\cdots,0)^{\mathrm{T}}$$

n 维向量 $\boldsymbol{\alpha}=(a_1,a_2,\cdots,a_n)$ 的各分量的相反数组成的 n 维向量，称为 $\boldsymbol{\alpha}$ 的负向量，记做 $-\boldsymbol{\alpha}$，即 $-\boldsymbol{\alpha}=(-a_1,-a_2,\cdots,-a_n)$.

向量与矩阵有着密切的联系,矩阵

$$A=\begin{bmatrix} a_{11} & a_{12} & \cdots & a_{1n} \\ a_{21} & a_{22} & \cdots & a_{2n} \\ \vdots & \vdots & \cdots & \vdots \\ a_{m1} & a_{m2} & \cdots & a_{mn} \end{bmatrix}$$

中的每一行$(a_{i1},a_{i2},\cdots,a_{in})$ $(i=1,2,\cdots,m)$都是n维行向量,每一列$\begin{bmatrix} a_{1j} \\ a_{2j} \\ \vdots \\ a_{mj} \end{bmatrix}$ $(j=1,2,\cdots,n)$都是m维列向量.而一个n维列向量可以看做$n\times 1$矩阵,n维行向量可以看做$1\times n$矩阵.因此,矩阵可以看做由若干个同维向量按一定次序排列成的.

一个$m\times n$矩阵$\boldsymbol{A}$,如果将其逐列分块,则可以记为

$$A=\left[\begin{array}{c:c:c:c} a_{11} & a_{12} & \cdots & a_{1n} \\ a_{21} & a_{22} & \cdots & a_{2n} \\ \vdots & \vdots & \cdots & \vdots \\ \vdots & \vdots & & \vdots \\ a_{m1} & a_{m2} & \cdots & a_{mn} \end{array}\right]=(\alpha_1,\alpha_2,\cdots,\alpha_n) \tag{8.3}$$

其中$\boldsymbol{\alpha}_j=(a_{1j},a_{2j},\cdots,a_{mj})^{\mathrm{T}}$是由矩阵的第$j$列元素组成的$m$维列向量$(j=1,2,\cdots,n)$.向量$\boldsymbol{\alpha}_1,\boldsymbol{\alpha}_2,\cdots,\boldsymbol{\alpha}_n$称为矩阵$\boldsymbol{A}$的列向量组,因此,矩阵可以看做是由$\boldsymbol{A}$的列向量组依次横排而成的.

如果将$\boldsymbol{A}$逐行分块,则可以记为

$$A=\left[\begin{array}{cccc} a_{11} & a_{12} & \cdots & a_{1n} \\ \hdashline a_{21} & a_{22} & \cdots & a_{2n} \\ \hdashline \vdots & \vdots & \cdots & \vdots \\ \hdashline a_{m1} & a_{m2} & \cdots & a_{mn} \end{array}\right]=\begin{bmatrix} \boldsymbol{\alpha}_1^{\mathrm{T}} \\ \boldsymbol{\alpha}_2^{\mathrm{T}} \\ \vdots \\ \boldsymbol{\alpha}_m^{\mathrm{T}} \end{bmatrix} \tag{8.3'}$$

其中$\boldsymbol{\alpha}_i^{\mathrm{T}}=(a_{i1},a_{i2},\cdots,a_{in})$是由矩阵$\boldsymbol{A}$的第$i$行元素组成的$n$维行向量$(i=1,2,\cdots,m)$,向量组$\boldsymbol{\alpha}_1^{\mathrm{T}},\boldsymbol{\alpha}_2^{\mathrm{T}},\cdots,\boldsymbol{\alpha}_m^{\mathrm{T}}$称为矩阵$\boldsymbol{A}$的行向量组,因此矩阵$\boldsymbol{A}$又可以看做是由$\boldsymbol{A}$的行向量组依次纵排而成的.

n阶单位矩阵$\boldsymbol{I}$的列向量组称为n维初始单位列向量组,记为$e_1,e_2,\cdots,e_n$,即

$$\boldsymbol{e}_1=\begin{bmatrix}1\\0\\\vdots\\0\end{bmatrix},\boldsymbol{e}_2=\begin{bmatrix}0\\1\\\vdots\\0\end{bmatrix},\cdots,\boldsymbol{e}_n=\begin{bmatrix}0\\0\\\vdots\\1\end{bmatrix} \tag{8.4}$$

而n维单位矩阵$\boldsymbol{I}$的行向量组,称为n维初始单位行向量组,记为$e_1^{\mathrm{T}},e_2^{\mathrm{T}},\cdots,e_n^{\mathrm{T}}$,即

$$\begin{aligned} \boldsymbol{e}_1^{\mathrm{T}} &= (1,0,\cdots,0), \\ \boldsymbol{e}_2^{\mathrm{T}} &= (0,1,\cdots,0), \\ \vdots & \qquad \vdots \\ \boldsymbol{e}_n^{\mathrm{T}} &= (0,0,\cdots,1). \end{aligned}$$

8.1.2 向量的运算

由于向量可以看做单行或单列的矩阵,因此,有关向量相等的概念,向量的加法、减法以及数与向量的乘法运算都分别与矩阵相应的概念及运算完全一致.

定义 8.2 设有两个 n 维向量 $\boldsymbol{\alpha}=(a_1,a_2,\cdots,a_n)^T$,$\boldsymbol{\beta}=(b_1,b_2,\cdots,b_n)^T$,如果它们的对应分量分别相等,即 $a_i=b_i(i=1,2,\cdots,n)$ 则称向量 $\boldsymbol{\alpha}$ 与 $\boldsymbol{\beta}$ 相等,记为 $\boldsymbol{\alpha}=\boldsymbol{\beta}$.

定义 8.3 由两个 n 维向量 $\boldsymbol{\alpha}=(a_1,a_2,\cdots,a_n)^T$ 与 $\boldsymbol{\beta}=(b_1,b_2,\cdots,b_n)^T$ 的对应分量相加或相减得到的 n 维向量,分别称为向量 $\boldsymbol{\alpha}$ 与向量 $\boldsymbol{\beta}$ 的和或差,记为

$$\boldsymbol{\alpha}+\boldsymbol{\beta}=(a_1+b_1,a_2+b_2,\cdots,a_n+b_n)^T \tag{8.5}$$

$$\boldsymbol{\alpha}-\boldsymbol{\beta}=(a_1-b_1,a_2-b_2,\cdots,a_n-b_n)^T \tag{8.6}$$

定义 8.4 n 维向量的各个分量的 k 倍所构成的 n 维向量,称为数 k 与向量 $\boldsymbol{\alpha}$ 的乘积,记为 $k\boldsymbol{\alpha}$,即

$$k\boldsymbol{\alpha}=(ka_1,ka_2,\cdots,ka_n)^T \tag{8.7}$$

显然,当 $k=0$ 时,$0\boldsymbol{\alpha}=\boldsymbol{\theta}$

根据矩阵的运算律,可以推得向量运算满足下面的运算律:

$$\boldsymbol{\alpha}+\boldsymbol{\theta}=\boldsymbol{\alpha};\quad \boldsymbol{\alpha}-\boldsymbol{\alpha}=\boldsymbol{\theta};\quad (-k)\boldsymbol{\alpha}=k(-\boldsymbol{\alpha})$$

$$k(\boldsymbol{\alpha}+\boldsymbol{\beta})=k\boldsymbol{\alpha}+k\boldsymbol{\beta};\quad (k+l)\boldsymbol{\alpha}=k\boldsymbol{\alpha}+l\boldsymbol{\alpha};\quad 0\cdot\boldsymbol{\alpha}=\boldsymbol{\theta}.$$

例 1 已知向量 $\boldsymbol{\alpha}_1=(2,3,-1)^T$,$\boldsymbol{\alpha}_2=(4,0,-1)^T$,$\boldsymbol{\alpha}_3=(5,-3,1)^T$,$\boldsymbol{\alpha}_4=(-3,2,0)^T$,试求 $4\boldsymbol{\alpha}_1-\boldsymbol{\alpha}_2+2\boldsymbol{\alpha}_3-3\boldsymbol{\alpha}_4$

解 $4\boldsymbol{\alpha}_1-\boldsymbol{\alpha}_2+2\boldsymbol{\alpha}_3-3\boldsymbol{\alpha}_4$

$=4(2,3,-1)^T-(4,0,-1)^T+2(5,-3,1)^T-3(-3,2,0)^T$

$=(8,12,-4)^T-(4,0,-1)^T+(10,-6,2)^T-(-9,6,0)^T$

$=(8-4+10+9,12-0-6-6,-4+1+2-0)^T$

$=(23,0,-1)^T$.

例 2 证明若 $k\boldsymbol{\alpha}=\boldsymbol{\theta}$,则 $k=0$,或 $\boldsymbol{\alpha}=\boldsymbol{\theta}$.

证 设 $k\boldsymbol{\alpha}=\boldsymbol{\theta}$,若 $k\neq 0$,则 $\boldsymbol{\alpha}=\dfrac{1}{k}\boldsymbol{\theta}$. 即 $\boldsymbol{\alpha}=\boldsymbol{\theta}$;若 $k=0$ 或 $\boldsymbol{\alpha}=\boldsymbol{\theta}$,则显然 $k\boldsymbol{\alpha}=\boldsymbol{\theta}$.

故 $k\boldsymbol{\alpha}=\boldsymbol{\theta}$ 必有 $k=0$ 或 $\boldsymbol{\alpha}=\boldsymbol{\theta}$.

例 3 试写出线性方程组

$$\begin{cases} a_{11}x_1+a_{12}x_2+\cdots+a_{1n}x_n=b_1 \\ a_{21}x_1+a_{22}x_2+\cdots+a_{2n}x_n=b_2 \\ \quad\vdots \qquad\quad \vdots \qquad\qquad \vdots \qquad\quad \vdots \\ a_{m1}x_1+a_{m2}x_2+\cdots+a_{mn}x_n=b_m \end{cases}$$

的向量形式.

解 设 $\boldsymbol{\alpha}_1=\begin{bmatrix} a_{11} \\ a_{21} \\ \vdots \\ a_{m1} \end{bmatrix}$,$\boldsymbol{\alpha}_2=\begin{bmatrix} a_{12} \\ a_{22} \\ \vdots \\ a_{m2} \end{bmatrix}$,$\cdots$,$\boldsymbol{\alpha}_j=\begin{bmatrix} a_{1j} \\ a_{2j} \\ \vdots \\ a_{mj} \end{bmatrix}$,$\cdots$,$\boldsymbol{\alpha}_n=\begin{bmatrix} a_{1n} \\ a_{2n} \\ \vdots \\ a_{mn} \end{bmatrix}$,$\boldsymbol{\beta}=\begin{bmatrix} b_1 \\ b_2 \\ \vdots \\ b_m \end{bmatrix}$

根据向量的加法及数乘矩阵的方法,得

$$x_1\boldsymbol{\alpha}_1 + x_2\boldsymbol{\alpha}_2 + \cdots + x_j\boldsymbol{\alpha}_j + \cdots + x_n\boldsymbol{\alpha}_n = \boldsymbol{\beta} \tag{8.8}$$

称式(8.8)为线性方程组的向量形式，其中 $\boldsymbol{\alpha}_j(j=1,2,\cdots,n)$ 和 $\boldsymbol{\beta}$ 分别为线性方程组的未知量 x_j 的系数向量和常数项向量.

最后，我们给出向量空间的概念.

定义 8.5　所有 n 维实向量的集合记为 $\mathbf{R}^n$，我们称 $\mathbf{R}^n$ 为实 n 维向量空间，亦即在 $\mathbf{R}^n$ 中定义了加法及数乘这样两种运算，并且这两种运算满足以下规律

$$\boldsymbol{\alpha}+\boldsymbol{\beta}=\boldsymbol{\beta}+\boldsymbol{\alpha}$$
$$\boldsymbol{\alpha}+(\boldsymbol{\beta}+\boldsymbol{\gamma})=(\boldsymbol{\alpha}+\boldsymbol{\beta})+\boldsymbol{\gamma}$$
$$\boldsymbol{\alpha}+\boldsymbol{\theta}=\boldsymbol{\alpha}$$
$$\boldsymbol{\alpha}+(-\boldsymbol{\alpha})=\boldsymbol{\theta}$$
$$(k+l)\boldsymbol{\alpha}=k\boldsymbol{\alpha}+l\boldsymbol{\alpha}$$
$$k(\boldsymbol{\alpha}+\boldsymbol{\beta})=k\boldsymbol{\alpha}+k\boldsymbol{\beta}$$
$$(kl)\boldsymbol{\alpha}=k(l\boldsymbol{\alpha})$$
$$1\cdot\boldsymbol{\alpha}=\boldsymbol{\alpha}$$

其中 $\boldsymbol{\alpha},\boldsymbol{\beta},\boldsymbol{\gamma}$ 都是 n 维向量，k,l 为实数.

§8.2　向量间的线性关系

向量的线性相关性在研究向量空间的结构时极为重要，本节所讨论的向量间的线性关系，只适合于同维向量的情形，维数不同的向量之间不存在任何线性关系.

8.2.1　线性组合与线性表示

定义 8.6　对于给定的向量组 $\boldsymbol{\alpha}_1,\boldsymbol{\alpha}_2,\cdots,\boldsymbol{\alpha}_n$ 与向量 $\boldsymbol{\beta}$，如果存在一组数 $k_1,k_2,\cdots,k_n$，使得

$$\boldsymbol{\beta}=k_1\boldsymbol{\alpha}_1+k_2\boldsymbol{\alpha}_2+\cdots+k_n\boldsymbol{\alpha}_n \tag{8.9}$$

则称向量 $\boldsymbol{\beta}$ 是向量组 $\boldsymbol{\alpha}_1,\boldsymbol{\alpha}_2,\cdots,\boldsymbol{\alpha}_n$ 的一个线性组合，或称向量 $\boldsymbol{\beta}$ 可以由向量组 $\boldsymbol{\alpha}_1,\boldsymbol{\alpha}_2,\cdots,\boldsymbol{\alpha}_n$ 线性表示.

例 1　零向量可以由任意向量组线性表示.

事实上，对于任意一个向量组 $\boldsymbol{\alpha}_1,\boldsymbol{\alpha}_2,\cdots,\boldsymbol{\alpha}_n$，只要取一组数 $k_1=k_2=\cdots=k_n=0$，就有

$$\boldsymbol{\theta}=0\boldsymbol{\alpha}_1+0\boldsymbol{\alpha}_2+\cdots+0\boldsymbol{\alpha}_n.$$

例 2　向量组 $\boldsymbol{\alpha}_1,\boldsymbol{\alpha}_2,\cdots,\boldsymbol{\alpha}_n$ 中的任一向量 $\boldsymbol{\alpha}_i(i=1,2,\cdots,n)$ 都可以由该向量组本身线性表示.

事实上，总是有等式 $\boldsymbol{\alpha}_i=0\boldsymbol{\alpha}_1+0\boldsymbol{\alpha}_2+\cdots+0\boldsymbol{\alpha}_{i-1}+\boldsymbol{\alpha}_i+0\boldsymbol{\alpha}_{i+1}+\cdots+0\boldsymbol{\alpha}_n(i=1,2,\cdots,n)$ 成立.

例 3　任意一个 n 维向量 $\boldsymbol{\alpha}=(a_1,a_2,\cdots,a_n)^{\mathrm{T}}$ 都可以由 n 维初始单位向量组 $\boldsymbol{e}_1,\boldsymbol{e}_2,\cdots,\boldsymbol{e}_n$ 线性表示.

事实上，由式(8.4)易知，只要取一组数 $k_1=a_1,k_2=a_2,\cdots,k_n=a_n$，即有

$$\boldsymbol{\alpha}=a_1\boldsymbol{e}_1+a_2\boldsymbol{e}_2+\cdots+a_n\boldsymbol{e}_n \tag{8.10}$$

例 4　设 $\boldsymbol{\beta}=(1,-2,5)^{\mathrm{T}}$，又 $\boldsymbol{\alpha}_1=(1,1,1)^{\mathrm{T}},\boldsymbol{\alpha}_2=(1,2,3)^{\mathrm{T}},\boldsymbol{\alpha}_3=(2,-1,1)^{\mathrm{T}}$，试问

$\boldsymbol{\beta}$是否可以用$\boldsymbol{\alpha}_1,\boldsymbol{\alpha}_2,\boldsymbol{\alpha}_3$线性表示?

解 设存在一组数k_1,k_2,k_3,使得

$$k_1\boldsymbol{\alpha}_1+k_2\boldsymbol{\alpha}_2+k_3\boldsymbol{\alpha}_3=\boldsymbol{\beta}$$

即 $k_1(1,1,1)^{\mathrm{T}}+k_2(1,2,3)^{\mathrm{T}}+k_3(2,-1,1)^{\mathrm{T}}=(1,-2,5)^{\mathrm{T}}$

于是
$$\begin{cases}k_1+k_2+2k_3=1\\k_1+2k_2-k_3=-2\\k_1+3k_2+k_3=5\end{cases}$$

解上述方程组,得$k_1=-6,k_2=3,k_3=2$,故$\boldsymbol{\beta}$可以用$\boldsymbol{\alpha}_1,\boldsymbol{\alpha}_2,\boldsymbol{\alpha}_3$线性表示,即

$$\boldsymbol{\beta}=-6\boldsymbol{\alpha}_1+3\boldsymbol{\alpha}_2+2\boldsymbol{\alpha}_3.$$

例5 将向量$\boldsymbol{\beta}$表示为其他向量的线性组合,已知:$\boldsymbol{\beta}=(3,5,-6)$,$\boldsymbol{\alpha}_1=(1,0,1)$,$\boldsymbol{\alpha}_2=(1,1,1)$,$\boldsymbol{\alpha}_3=(0,-1,-1)$.

解 设$\boldsymbol{\beta}=k_1\boldsymbol{\alpha}_1+k_2\boldsymbol{\alpha}_2+k_3\boldsymbol{\alpha}_3$,由向量相等的定义即得

$$\begin{cases}k_1+k_2+0k_3=3\\0k_1+k_2-k_3=5\\k_1+k_2-k_3=-6\end{cases}$$

易求得 $D=-1,D_1=11,D_2=-14,D_3=-9$

由克莱姆法则,得到上述方程组的惟一解为

$$k_1=\frac{D_1}{D}=-11,k_2=\frac{D_2}{D}=14,k_3=\frac{D_3}{D}=9$$

故
$$\boldsymbol{\beta}=-11\boldsymbol{\alpha}_1+14\boldsymbol{\alpha}_2+9\boldsymbol{\alpha}_3.$$

8.2.2 线性相关与线性无关

由上述例1我们知道,零向量可以由任一向量组线性表示,即存在一组全为0的数,使得$0\boldsymbol{\alpha}_1+0\boldsymbol{\alpha}_2+\cdots+0\boldsymbol{\alpha}_n=\boldsymbol{\theta}$,现在的问题是,是否存在一组不全为0的数$k_1,k_2,\cdots,k_n$,使得

$$k_1\boldsymbol{\alpha}_1+k_2\boldsymbol{\alpha}_2+\cdots+k_n\boldsymbol{\alpha}_n=\boldsymbol{\theta}$$

成立?事实上,从上述例4中我们可以看到向量组$\boldsymbol{\alpha}_1,\boldsymbol{\alpha}_2,\boldsymbol{\alpha}_3,\boldsymbol{\beta}$就存在这样一组不全为0的数$1,6,-3,-2$而使得

$$\boldsymbol{\beta}+6\boldsymbol{\alpha}_1-3\boldsymbol{\alpha}_2-2\boldsymbol{\alpha}_3=\boldsymbol{\theta}$$

成立.这是一个刻画向量组向量间线性关系的基本问题.

定义8.7 设$\boldsymbol{\alpha}_1,\boldsymbol{\alpha}_2,\cdots,\boldsymbol{\alpha}_s$是$s$个$n$维向量,如果存在$s$个不全为零的数$k_1,k_2,\cdots,k_s$,使得

$$k_1\boldsymbol{\alpha}_1+k_2\boldsymbol{\alpha}_2+\cdots+k_s\boldsymbol{\alpha}_s=0 \tag{8.11}$$

成立,则称向量组$\boldsymbol{\alpha}_1,\boldsymbol{\alpha}_2,\cdots,\boldsymbol{\alpha}_s$线性相关,如果不存在这样的数组,即只有当且仅当$k_1=k_2=\cdots=k_s=0$时,式(8.11)才成立,则称向量组$\boldsymbol{\alpha}_1,\boldsymbol{\alpha}_2,\cdots,\boldsymbol{\alpha}_s$线性无关.

例6 一个零向量线性相关,而一个非零向量线性无关.事实上,因为$\boldsymbol{\alpha}=\boldsymbol{\theta}$时,对任意$k\neq0$,都有$k\boldsymbol{\alpha}=k\boldsymbol{\theta}=\boldsymbol{\theta}$成立,故一个零向量必线性相关,而当$\boldsymbol{\alpha}\neq\boldsymbol{\theta}$时,当且仅当$k=0$时,才有$k\boldsymbol{\alpha}=\boldsymbol{\theta}$成立,故一个非零向量线性无关.

例7 对于向量组$\boldsymbol{\alpha}_1=(1,1,2)^{\mathrm{T}}$,$\boldsymbol{\alpha}_2=(2,2,4)^{\mathrm{T}}$,$\boldsymbol{\alpha}_3=(1,2,3)^{\mathrm{T}}$,根据$\boldsymbol{\alpha}_1$与$\boldsymbol{\alpha}_2$对应分量的关系,显然有

$$2\boldsymbol{\alpha}_1+(-1)\boldsymbol{\alpha}_2+0\boldsymbol{\alpha}_3=\boldsymbol{\theta}$$

即存在 $k_1=2,k_2=-1,k_3=0$ 不全为零的数值,故向量组 $\boldsymbol{\alpha}_1,\boldsymbol{\alpha}_2,\boldsymbol{\alpha}_3$ 线性相关.

例 8　n 维初始单位向量组 $e_1,e_2,\cdots,e_n$ 线性无关.

事实上,设有数组 $k_1,k_2,\cdots,k_n$,使得

$$k_1e_1+k_2e_2+\cdots+k_ne_n=\boldsymbol{\theta}$$

则
$$k_1(1,0,\cdots,0)^{\mathrm T}+k_2(0,1,\cdots,0)^{\mathrm T}+\cdots+k_n(0,0,\cdots,1)^{\mathrm T}=(0,0,\cdots,0)^{\mathrm T}$$

即
$$(k_1,k_2,\cdots,k_n)^{\mathrm T}=(0,0,\cdots,0)^{\mathrm T}$$

于是当且仅当 $k_1=k_2=\cdots=k_n=0$ 时,上式才成立,从而 $e_1,e_2,\cdots,e_n$ 线性无关.

例 9　含有零向量的向量组线性相关.

事实上,设向量组 $\boldsymbol{\theta},\boldsymbol{\alpha}_1,\boldsymbol{\alpha}_2,\cdots,\boldsymbol{\alpha}_s$,现取一组不全为 0 的数 $k\neq0,k_1=k_2=\cdots=k_s=0$,则有 $k\boldsymbol{\theta}+0\boldsymbol{\alpha}_1+0\boldsymbol{\alpha}_2+\cdots+0\boldsymbol{\alpha}_s=\boldsymbol{\theta}$,故向量组 $\boldsymbol{\theta},\boldsymbol{\alpha}_1,\boldsymbol{\alpha}_2,\cdots,\boldsymbol{\alpha}_s$ 线性相关.

对于线性相关和线性无关的定义,还要注意以下几点:

(1) 一组使得式(8.11)成立的不全为 0 的数 $k_1,k_2,\cdots,k_s$ 是对向量组 $\boldsymbol{\alpha}_1,\boldsymbol{\alpha}_2,\cdots,\boldsymbol{\alpha}_s$ 来说的,因而向量组确定后,这些不全为 0 的数 $k_1,k_2,\cdots,k_s$ 是一组特定的常数,当向量组不同时,即使所含向量个数一样,使式(8.11)成立的不全为 0 的各组数一般来说是不同的.

(2) 应注意式(8.11)中的一组数 $k_1,k_2,\cdots,k_s$ 不全为 0,故至少有一个,不妨设 k_i 不为 0,于是至少有一个向量 $\boldsymbol{\alpha}_i$ 可以由其余向量线性表出,因此,可以得到下面的结论:

定理 8.1　向量组 $\boldsymbol{\alpha}_1,\boldsymbol{\alpha}_2,\cdots,\boldsymbol{\alpha}_s(s>2)$ 线性相关的充分必要条件是:向量组中至少有一个向量可以由其余 $s-1$ 个向量线性表示.

证　必要性.设向量组 $\boldsymbol{\alpha}_1,\boldsymbol{\alpha}_2,\cdots,\boldsymbol{\alpha}_s$ 线性相关,则存在一组不全为 0 的数 $k_1,k_2,\cdots,k_s$,使得 $k_1\boldsymbol{\alpha}_1+k_2\boldsymbol{\alpha}_2+\cdots+k_s\boldsymbol{\alpha}_s=\boldsymbol{\theta}$,不妨设 $k_j\neq0(1\leqslant j\leqslant s)$,则上式可以改写成

$$\boldsymbol{\alpha}_j=\frac{-k_1}{k_j}\boldsymbol{\alpha}_1-\frac{k_2}{k_j}\boldsymbol{\alpha}_2-\cdots-\frac{k_{j-1}}{k_j}\boldsymbol{\alpha}_{j-1}-\frac{k_{j+1}}{k_j}\boldsymbol{\alpha}_{j+1}-\cdots-\frac{k_s}{k_j}\boldsymbol{\alpha}_s$$

这表明 $\boldsymbol{\alpha}_j$ 可以由 $\boldsymbol{\alpha}_1,\cdots,\boldsymbol{\alpha}_{j-1},\boldsymbol{\alpha}_{j+1},\cdots,\boldsymbol{\alpha}_s$ 线性表示.

充分性留给读者自证.

(3) 应注意式(8.11)的一组数 $k_1,k_2,\cdots,k_s$ 不全为 0,因而至少有一个不为 0,但到底是哪一个(哪几个)不为 0,不另加条件,仅由线性相关的定义是无法确定的,因而不能随便说某一向量是其余向量的线性组合,更不能说其中每个向量都是其余向量的线性组合.

8.2.3　判断向量组线性相关性的方法

这里仅就列向量组的情况讨论,对于行向量组可以将其转置处理.

定理 8.2　设 n 阶矩阵 $\boldsymbol{A}=(\boldsymbol{\alpha}_1,\boldsymbol{\alpha}_2,\cdots,\boldsymbol{\alpha}_n)$,则 $\boldsymbol{A}$ 的列向量组 $\boldsymbol{\alpha}_1,\boldsymbol{\alpha}_2,\cdots,\boldsymbol{\alpha}_n$ 线性相关的充分必要条件是 $\boldsymbol{A}$ 的行列式 $|\boldsymbol{A}|=0$.

证　必要性.设 n 阶矩阵 $\boldsymbol{A}$ 的列向量组 $\boldsymbol{\alpha}_1,\boldsymbol{\alpha}_2,\cdots,\boldsymbol{\alpha}_n$ 线性相关,则由定理 8.1 可知,其中必存在某个向量 $\boldsymbol{\alpha}_j(1\leqslant j\leqslant n)$ 可以由其余的 $n-1$ 个向量线性表示,不妨设

$$\boldsymbol{\alpha}_j=k_1\boldsymbol{\alpha}_1+k_2\boldsymbol{\alpha}_2+\cdots+k_{j-1}\boldsymbol{\alpha}_{j-1}+k_{j+1}\boldsymbol{\alpha}_{j+1}+\cdots+k_n\boldsymbol{\alpha}_n$$

即
$$\boldsymbol{\alpha}_j-k_1\boldsymbol{\alpha}_1-k_2\boldsymbol{\alpha}_2-\cdots-k_{j-1}\boldsymbol{\alpha}_{j-1}-k_{j+1}\boldsymbol{\alpha}_{j+1}-\cdots-k_n\boldsymbol{\alpha}_n=\boldsymbol{\theta}$$

于是由行列式的性质,得

$$|\boldsymbol{A}|=|\boldsymbol{\alpha}_1\boldsymbol{\alpha}_2\cdots\boldsymbol{\alpha}_{j-1}\boldsymbol{\alpha}_j\boldsymbol{\alpha}_{j+1}\cdots\boldsymbol{\alpha}_n|$$

$$\xlongequal[(i=1,2,\cdots,j-1,j+1,\cdots,n)]{-k_i\,\text{ⓘ}+\text{ⓙ}}|\boldsymbol{\alpha}_1\boldsymbol{\alpha}_2,\cdots\boldsymbol{\alpha}_{j-1}\boldsymbol{\theta}\boldsymbol{\alpha}_{j+1}\cdots\boldsymbol{\alpha}_n|=0$$

充分性证明略.

定理 8.2 表明,当向量组中向量个数等于向量维数时,则可以利用行列式来判定向量组的线性相关性.该定理还可以叙述为:n 个 n 维向量组 $\boldsymbol{\alpha}_1,\boldsymbol{\alpha}_2,\cdots,\boldsymbol{\alpha}_n$ 线性无关的充分必要条件是

$$|\boldsymbol{A}|=|\boldsymbol{\alpha}_1,\boldsymbol{\alpha}_2,\cdots,\boldsymbol{\alpha}_n|\neq 0.$$

例 10 判断下列向量组的线性相关性

$\boldsymbol{\alpha}_1=(1,0,2,0)^{\mathrm{T}},\boldsymbol{\alpha}_2=(0,1,0,0)^{\mathrm{T}}\quad\boldsymbol{\alpha}_3=(1,0,0,0)^{\mathrm{T}},\boldsymbol{\alpha}_4=(0,1,0,-1)^{\mathrm{T}}.$

解 因为 $|\boldsymbol{A}|=|\boldsymbol{\alpha}_1\ \boldsymbol{\alpha}_2\ \boldsymbol{\alpha}_3\ \boldsymbol{\alpha}_4|=\begin{vmatrix}1&0&1&0\\0&1&0&1\\2&0&0&0\\0&0&0&-1\end{vmatrix}$

$$\xlongequal{-2①+③}\begin{vmatrix}1&0&1&0\\0&1&0&1\\0&0&-2&0\\0&0&0&-1\end{vmatrix}=2\neq 0$$

故 $\boldsymbol{\alpha}_1,\boldsymbol{\alpha}_2,\boldsymbol{\alpha}_3,\boldsymbol{\alpha}_4$ 线性无关.

例 11 讨论下面向量组的线性相关性

$$\boldsymbol{\alpha}_1=(a,1,1)^{\mathrm{T}},\boldsymbol{\alpha}_2=(1,a,1)^{\mathrm{T}},\boldsymbol{\alpha}_3=(1,1,a)^{\mathrm{T}}.$$

解 因为 $|\boldsymbol{A}|=|\boldsymbol{\alpha}_1\ \boldsymbol{\alpha}_2\ \boldsymbol{\alpha}_3|=\begin{vmatrix}a&1&1\\1&a&1\\1&1&a\end{vmatrix}=(a-1)^2(a+2)$

故(1) 当 $a=1$ 或 $a=-2$ 时,$|\boldsymbol{A}|=0$,即向量 $\boldsymbol{\alpha}_1,\boldsymbol{\alpha}_2,\boldsymbol{\alpha}_3$ 线性相关.

(2) 当 $a\neq 1$ 或 $a\neq -2$ 时,$|\boldsymbol{A}|\neq 0$,即向量 $\boldsymbol{\alpha}_1,\boldsymbol{\alpha}_2,\boldsymbol{\alpha}_3$ 线性无关.

下面我们不加证明地给出两个推论:

推论 8.1 如果向量组中向量的个数大于向量的维数,则向量组必线性相关.

推论 8.2 设 m 维向量组 $\boldsymbol{\alpha}_1,\boldsymbol{\alpha}_2,\cdots,\boldsymbol{\alpha}_n$,且 $n<m$,如果能按相同的位置,在每个 m 维向量 $\boldsymbol{\alpha}_j(j=1,2,\cdots,n)$ 中取出 n 个分量按原顺序构成 n 维向量 $\boldsymbol{\alpha}'_j(j=1,2,\cdots,n)$,使得 n 阶行列式 $|\boldsymbol{A}|=|\boldsymbol{\alpha}'_1\ \boldsymbol{\alpha}'_2\ \cdots\ \boldsymbol{\alpha}'_n|\neq 0$,则原向量组 $\boldsymbol{\alpha}_1,\boldsymbol{\alpha}_2,\cdots,\boldsymbol{\alpha}_n$ 线性无关.

例 12 判断下列向量组的线性相关性

$$\boldsymbol{\alpha}_1=(1,0,1,0)^{\mathrm{T}},\boldsymbol{\alpha}_2=(0,1,0,1)^{\mathrm{T}},$$
$$\boldsymbol{\alpha}_3=(2,0,0,0)^{\mathrm{T}},\boldsymbol{\alpha}_4=(0,0,0,-1)^{\mathrm{T}},$$
$$\boldsymbol{\alpha}_5=(4,5,1,0)^{\mathrm{T}}.$$

解 因为这是 5 个 4 维向量,即 $n>m$,所以由推论 8.1 断定它们线性相关.

例 13 判定下列向量组的线性相关性

$$\boldsymbol{\alpha}_1=(1,1,0,0,0)^{\mathrm{T}},\boldsymbol{\alpha}_2=(1,1,1,0,0)^{\mathrm{T}},$$
$$\boldsymbol{\alpha}_3=(1,1,1,1,0)^{\mathrm{T}},\boldsymbol{\alpha}_4=(1,1,1,1,1)^{\mathrm{T}}.$$

解　因为 $n<m$,所以取每个向量的后四个分量构成的行列式为

$$\begin{vmatrix}1&1&1&1\\0&1&1&1\\0&0&1&1\\0&0&0&1\end{vmatrix}=1\neq 0$$

故由推论 8.2 易知原向量组 $\boldsymbol{\alpha}_1,\boldsymbol{\alpha}_2,\boldsymbol{\alpha}_3,\boldsymbol{\alpha}_4$ 线性无关.

应该注意,推论 8.2 只是判定向量组线性无关的充分条件,并非必要条件,因此,当向量组各分量构成的某个行列式等于 0 时,并不能由此推得向量组线性相关的结论.例如在本例中取每个向量的前四个分量构成的行列式为

$$\begin{vmatrix}1&1&1&1\\1&1&1&1\\0&1&1&1\\0&0&1&1\end{vmatrix}=0$$

但原向量组 $\boldsymbol{\alpha}_1,\boldsymbol{\alpha}_2,\boldsymbol{\alpha}_3,\boldsymbol{\alpha}_4$ 并非线性相关.

8.2.4　关于向量组线性关系的定理

定义 8.8　设有两个向量组 $\boldsymbol{\alpha}_1,\boldsymbol{\alpha}_2,\cdots,\boldsymbol{\alpha}_s$ (A) 及 $\boldsymbol{\beta}_1,\boldsymbol{\beta}_2,\cdots,\boldsymbol{\beta}_t$ (B).如果组(A)中每一向量都可以由组(B)线性表示,则称向量组(A)可以由向量组(B)线性表示.

定理 8.3　如果向量组(A)可以由向量组(B)线性表示,而向量组(B)又可以由向量组(C)线性表示,则向量组(A)也可以由向量组(C)线性表示.

证　设向量组

$$\boldsymbol{\alpha}_1,\boldsymbol{\alpha}_2,\cdots,\boldsymbol{\alpha}_s \tag{A}$$
$$\boldsymbol{\beta}_1,\boldsymbol{\beta}_2,\cdots,\boldsymbol{\beta}_t \tag{B}$$
$$\boldsymbol{\gamma}_1,\boldsymbol{\gamma}_2,\cdots,\boldsymbol{\gamma}_p \tag{C}$$

如果

$$\boldsymbol{\alpha}_i=b_{i1}\boldsymbol{\beta}_1+b_{i2}\boldsymbol{\beta}_2+\cdots+b_{it}\boldsymbol{\beta}_t(i=1,2,\cdots,s) \tag{①}$$
$$\boldsymbol{\beta}_k=c_{k1}\boldsymbol{\gamma}_1+c_{k2}\boldsymbol{\gamma}_2+\cdots+c_{kp}\boldsymbol{\gamma}_p(k=1,2,\cdots,t) \tag{②}$$

将②代入①得

$$\boldsymbol{\alpha}_i=b_{i1}(c_{11}\boldsymbol{\gamma}_1+c_{12}\boldsymbol{\gamma}_2+\cdots+c_{1p}\boldsymbol{\gamma}_p)+b_{i2}(c_{21}\boldsymbol{\gamma}_1+c_{22}\boldsymbol{\gamma}_2+\cdots+c_{2p}\boldsymbol{\gamma}_p)+\cdots+$$
$$b_{it}(c_{t1}\boldsymbol{\gamma}_1+c_{t2}\boldsymbol{\gamma}_2+\cdots+c_{tp}\boldsymbol{\gamma}_p)\quad(i=1,2,\cdots,s)$$

整理后得

$$\boldsymbol{\alpha}_i=(b_{i1}c_{11}+b_{i2}c_{21})+\cdots+b_{it}c_{t1}\boldsymbol{\gamma}_1+(b_{i1}c_{12}+b_{i2}c_{22}+\cdots+b_{it}C_{t2})\boldsymbol{\gamma}_2+\cdots+$$
$$(b_{i1}c_{1P}+b_{i2}c_{2P}+\cdots+b_{it}C_{tp})\boldsymbol{\gamma}_p$$
$$(i=1,2,\cdots,s)$$

即向量组(A)可以由向量组(C)线性表示.

定理 8.4　设有两个向量组

$$\boldsymbol{\alpha}_1,\boldsymbol{\alpha}_2,\cdots,\boldsymbol{\alpha}_s \tag{A}$$

$$\boldsymbol{\beta}_1, \boldsymbol{\beta}_2, \cdots, \boldsymbol{\beta}_t \tag{B}$$

向量组(B)可以由向量组(A)线性表示,如果 $s < t$,则向量组(B)线性相关.

证 由定理条件知

$$\boldsymbol{\beta}_j = a_{1j}\boldsymbol{\alpha}_1 + a_{2j}\boldsymbol{\alpha}_2 + \cdots + a_{sj}\boldsymbol{\alpha}_s (j = 1, 2, \cdots, t) \quad ①$$

如果有一组数 $k_1, k_2, \cdots, k_t$ 使

$$k_1\boldsymbol{\beta}_1 + k_2\boldsymbol{\beta}_2 + \cdots + k_t\boldsymbol{\beta}_t = 0 \quad ②$$

成立,我们只需证明 $k_1, k_2, \cdots, k_s$ 可以不全为 0. 把 ① 代入 ② 得

$$k_1(a_{11}\boldsymbol{\alpha}_1 + a_{21}\boldsymbol{\alpha}_2 + \cdots + a_{s1}\boldsymbol{\alpha}_s) + k_2(a_{12}\boldsymbol{\alpha}_1 + a_{22}\boldsymbol{\alpha}_2 + \cdots + a_{s2}\boldsymbol{\alpha}_s) + \cdots + k_t(a_{1t}\boldsymbol{\alpha}_1 + a_{2t}\boldsymbol{\alpha}_2 + \cdots + a_{st}\boldsymbol{\alpha}_s) = 0 \quad ③$$

整理后得

$$(a_{11}k_1 + a_{12}k_2 + \cdots + a_{1t}k_t)\boldsymbol{\alpha}_1 + (a_{21}k_1 + a_{22}k_2 + \cdots + a_{2t}k_t)\boldsymbol{\alpha}_2 + \cdots + (a_{s1}k_1 + a_{s2}k_2 + \cdots + a_{st}k_t)\boldsymbol{\alpha}_t = 0 \quad ④$$

因为 $s < t$,故齐次线性方程组

$$\begin{cases} a_{11}x_1 + a_{12}x_2 + \cdots + a_{1t}x_t = 0 \\ a_{21}x_1 + a_{22}x_2 + \cdots + a_{2t}x_t = 0 \\ \quad\vdots \qquad\quad \vdots \qquad\qquad\quad \vdots \quad\ \vdots \\ a_{s1}x_1 + a_{s2}x_2 + \cdots + a_{st}x_t = 0 \end{cases} \quad ⑤$$

有非零解. 因此可以取 $k_1, k_2, \cdots, k_t$ 为上述齐次线性方程组 ⑤ 的一个非零解,这个非零解可以使 ④ 成立.

因而可以使 ③ 成立,即有不全为 0 的一组数 $k_1, k_2, \cdots, k_t$ 使 ② 成立,所以,向量组(B)线性相关.

定理 8.4 的另一种说法是:向量组(B)可以由向量组(A)线性表示,如果向量组(B)线性无关,则 $t \leqslant s$.

推论 8.3 向量组(A)与向量组(B)可以互相线性表示,如果(A),(B)都线性无关,则 $s = t$.

定理 8.5 若向量组 $\boldsymbol{\alpha}_1, \boldsymbol{\alpha}_2, \cdots, \boldsymbol{\alpha}_s$ 线性相关,则再添加若干个向量后所组成的向量组也线性相关.

证 设添加进来的向量为 $\boldsymbol{\alpha}_{s+1}, \boldsymbol{\alpha}_{s+2}, \cdots, \boldsymbol{\alpha}_{s+\kappa}$,由于 $\boldsymbol{\alpha}_1, \boldsymbol{\alpha}_2, \cdots, \boldsymbol{\alpha}_s$ 线性相关,必存在不全为 0 的数 $k_1, k_2, \cdots, k_s$,使

$$k_1\boldsymbol{\alpha}_1 + k_2\boldsymbol{\alpha}_1 + \cdots + k_s\boldsymbol{\alpha}_s = 0$$

于是 $k_1\boldsymbol{\alpha}_1 + k_2\boldsymbol{\alpha}_1 + \cdots + k_s\boldsymbol{\alpha}_s + 0 \cdot \boldsymbol{\alpha}_{s+1} + \cdots + 0 \cdot \boldsymbol{\alpha}_{s+k} = 0$,而 $k_1, k_2, \cdots, k_s, 0, \cdots, 0$ 这一组数当然仍不全为 0,因此 $\boldsymbol{\alpha}_1, \boldsymbol{\alpha}_2, \cdots, \boldsymbol{\alpha}_s, \boldsymbol{\alpha}_{s+1}, \cdots, \boldsymbol{\alpha}_{s+k}$ 这 $s + k$ 个向量线性相关.

定理 8.5 告诉我们,如果一组向量中有几个向量是线性相关的,那么就可以断定整个向量组必线性相关. 定理 8.5 也可以用一句话来概括,就是"部分相关整体必相关".

推论 8.4 若向量组 $\boldsymbol{\alpha}_1, \boldsymbol{\alpha}_2, \cdots, \boldsymbol{\alpha}_m$ 线性无关,则其中任一部分向量组成的向量组也线性无关.

证 如果从其中取出的若干个向量线性相关,则由"部分相关整体必相关"知 $\boldsymbol{\alpha}_1, \boldsymbol{\alpha}_2, \cdots, \boldsymbol{\alpha}_m$ 线性相关,与题设矛盾. 因此结论成立.

推论 8.4 的结论也可以概括为:"整体无关部分必无关."

§8.3 向量组的秩及矩阵的秩

8.3.1 极大无关组

一个向量组中的一部分向量，称为该向量组的一个部分组，简称为部分组.

定义 8.9 设向量组 $\boldsymbol{\alpha}_1,\boldsymbol{\alpha}_2,\cdots,\boldsymbol{\alpha}_s$ 的一个部分组 $\boldsymbol{\alpha}_{j1},\boldsymbol{\alpha}_{j2},\cdots,\boldsymbol{\alpha}_{jr}$ 满足：

(1) 部分组 $\boldsymbol{\alpha}_{j1},\boldsymbol{\alpha}_{j2},\cdots,\boldsymbol{\alpha}_{jr}$ 线性无关；

(2) 再添入向量组的其他任何一个向量(如果有)后，得到的新的部分组都线性相关.

则称该部分组为向量组的一个极大线性无关部分组，简称为极大无关组.

根据定义 8.9 易知，全部由零向量组成的向量组没有极大无关组，除此之外，任何一个向量组都存在极大无关组(至少存在一个非零向量线性无关)，特别地，当向量组线性无关时，其极大无关组就是该向量组本身.

下面介绍极大无关组的两个基本性质：

性质 8.1 如果向量组 $\boldsymbol{\alpha}_{j1},\boldsymbol{\alpha}_{j2},\cdots,\boldsymbol{\alpha}_{jr}$ 是向量组 $\boldsymbol{\alpha}_1,\boldsymbol{\alpha}_2,\cdots,\boldsymbol{\alpha}_s$ 的线性无关部分组，$\boldsymbol{\alpha}_{j1}$，$\boldsymbol{\alpha}_{j2},\cdots,\boldsymbol{\alpha}_{jr}$ 是极大无关组的充要条件是：$\boldsymbol{\alpha}_1,\boldsymbol{\alpha}_2,\cdots,\boldsymbol{\alpha}_s$ 中每一个向量都可以由 $\boldsymbol{\alpha}_{j1},\boldsymbol{\alpha}_{j2},\cdots,\boldsymbol{\alpha}_{jr}$ 线性表示.

证 必要性：设 $\boldsymbol{\alpha}_{j1},\boldsymbol{\alpha}_{j2},\cdots,\boldsymbol{\alpha}_{jr}$ 是向量组 $\boldsymbol{\alpha}_1,\boldsymbol{\alpha}_2,\cdots,\boldsymbol{\alpha}_s$ 的一个极大无关组，$\boldsymbol{\alpha}_j(j=1,2,\cdots,s)$ 是该向量组中的任一向量，当 $\boldsymbol{\alpha}_j$ 就是极大无关组 $\boldsymbol{\alpha}_{j1},\boldsymbol{\alpha}_{j2},\cdots,\boldsymbol{\alpha}_{jr}$ 中的一个向量时，由 §8.2 中例 2 可知 $\boldsymbol{\alpha}_j$ 可以由该极大无关组线性表示；当 $\boldsymbol{\alpha}_j$ 不属于该极大无关组时，则由极大无关组的定义可知 $\boldsymbol{\alpha}_j,\boldsymbol{\alpha}_{j1},\boldsymbol{\alpha}_{j2},\cdots,\boldsymbol{\alpha}_{jr}$ 必线性相关，根据定理 8.1 可知 $\boldsymbol{\alpha}_j$ 可以由极大无关组 $\boldsymbol{\alpha}_{j1}$，$\boldsymbol{\alpha}_{j2},\cdots,\boldsymbol{\alpha}_{jr}$ 线性表示.

充分性证明略.

性质 8.2 向量组的极大无关组可能不惟一，但每个极大无关组所含的向量个数相等.

证 设 $\boldsymbol{\alpha}_{j1},\boldsymbol{\alpha}_{j2},\cdots,\boldsymbol{\alpha}_{jr}$ 与 $\boldsymbol{\alpha}_{j1},\boldsymbol{\alpha}_{j2},\cdots,\boldsymbol{\alpha}_{jt}$ 是向量组 $\boldsymbol{\alpha}_1,\boldsymbol{\alpha}_2,\cdots,\boldsymbol{\alpha}_s$ 的任意两个极大无关组，则由性质 8.1 易知 $\boldsymbol{\alpha}_{j1},\boldsymbol{\alpha}_{j2},\cdots,\boldsymbol{\alpha}_{jr}$ 与 $\boldsymbol{\alpha}_{j1},\boldsymbol{\alpha}_{j2},\cdots,\boldsymbol{\alpha}_{jt}$ 可以互相线性表示，又因为极大无关组线性无关，由推论 8.3 可以同时得到 $r\leqslant t$ 与 $t\leqslant r$，故必有 $r=t$，即两个极大无关组所含向量的个数相等.

例 1 设向量组为 $\boldsymbol{\alpha}_1=(1,0,0)^{\mathrm{T}},\boldsymbol{\alpha}_2=(0,1,0)^{\mathrm{T}},\boldsymbol{\alpha}_3=(0,0,1)^{\mathrm{T}},\boldsymbol{\alpha}_4=(1,1,1)^{\mathrm{T}}$.

容易看出部分组 $\boldsymbol{\alpha}_1,\boldsymbol{\alpha}_2,\boldsymbol{\alpha}_3$ 线性无关；因为 4 个 3 维向量 $\boldsymbol{\alpha}_1,\boldsymbol{\alpha}_2,\boldsymbol{\alpha}_3,\boldsymbol{\alpha}_4$ 必线性相关，故 $\boldsymbol{\alpha}_1,\boldsymbol{\alpha}_2,\boldsymbol{\alpha}_3$ 是该向量组的一个极大无关组. 显然 $\boldsymbol{\alpha}_4=\boldsymbol{\alpha}_1+\boldsymbol{\alpha}_2+\boldsymbol{\alpha}_3$，此外利用行列式的方法不难验证，该向量组任何三个向量构成的部分组均线性无关，因而都是该向量组的极大无关组.

例如 $\boldsymbol{\alpha}_1,\boldsymbol{\alpha}_2,\boldsymbol{\alpha}_4$ 等，它们向量的个数都是 3.

例 2 设有 5 个向量组成的向量组

$$\boldsymbol{\alpha}_1=(3,1,2,5),\quad \boldsymbol{\alpha}_2=(1,1,1,2),\quad \boldsymbol{\alpha}_3=(2,0,1,3)$$

$$\boldsymbol{\alpha}_4=(1,-1,0,1),\quad \boldsymbol{\alpha}_5=(4,2,3,7)$$

求该向量组的一个极大无关组，并用该极大无关组表示其余向量.

解 $\boldsymbol{\alpha}_1,\boldsymbol{\alpha}_2$ 线性无关，且该向量组的任一向量能表示成它们的线性组合

$$\boldsymbol{\alpha}_3 = \boldsymbol{\alpha}_1 - \boldsymbol{\alpha}_2, \quad \boldsymbol{\alpha}_4 = \boldsymbol{\alpha}_1 - 2\boldsymbol{\alpha}_2, \quad \boldsymbol{\alpha}_5 = \boldsymbol{\alpha}_1 + \boldsymbol{\alpha}_2 \tag{8.12}$$

由定义可知,部分组 $\boldsymbol{\alpha}_1,\boldsymbol{\alpha}_2$ 是其中一个极大无关组.

事实上,$\boldsymbol{\alpha}_1,\boldsymbol{\alpha}_2,\boldsymbol{\alpha}_3,\boldsymbol{\alpha}_4,\boldsymbol{\alpha}_5$ 中任意两个不同向量均为一个极大无关组,今取 $\boldsymbol{\alpha}_1,\boldsymbol{\alpha}_5$ 两向量,显然它们线性无关,又由式(8.12)不难得到 $\boldsymbol{\alpha}_2,\boldsymbol{\alpha}_3,\boldsymbol{\alpha}_4$ 均可以写成 $\boldsymbol{\alpha}_1,\boldsymbol{\alpha}_5$ 的线性组合

$$\boldsymbol{\alpha}_2 = \boldsymbol{\alpha}_5 - \boldsymbol{\alpha}_1$$

$$\boldsymbol{\alpha}_3 = \boldsymbol{\alpha}_1 - \boldsymbol{\alpha}_2 = \boldsymbol{\alpha}_1 - (\boldsymbol{\alpha}_5 - \boldsymbol{\alpha}_1) = 2\boldsymbol{\alpha}_1 - \boldsymbol{\alpha}_5$$

$$\boldsymbol{\alpha}_4 = \boldsymbol{\alpha}_1 - 2\boldsymbol{\alpha}_2 = \boldsymbol{\alpha}_1 - 2(\boldsymbol{\alpha}_5 - \boldsymbol{\alpha}_1) = 3\boldsymbol{\alpha}_1 - 2\boldsymbol{\alpha}_5$$

故 $\boldsymbol{\alpha}_1,\boldsymbol{\alpha}_5$ 也是一个极大无关组,同样可证

$\boldsymbol{\alpha}_1,\boldsymbol{\alpha}_3;\boldsymbol{\alpha}_1,\boldsymbol{\alpha}_4;\boldsymbol{\alpha}_2,\boldsymbol{\alpha}_3;\boldsymbol{\alpha}_2,\boldsymbol{\alpha}_4;\boldsymbol{\alpha}_2,\boldsymbol{\alpha}_5;\boldsymbol{\alpha}_3,\boldsymbol{\alpha}_4;\boldsymbol{\alpha}_3,\boldsymbol{\alpha}_5;\boldsymbol{\alpha}_4,\boldsymbol{\alpha}_5$ 均分别为一个极大无关组.

例 3 下列各题给定向量组 $\boldsymbol{\alpha}_1,\boldsymbol{\alpha}_2,\boldsymbol{\alpha}_3,\boldsymbol{\alpha}_4$,试判定 $\boldsymbol{\alpha}_1,\boldsymbol{\alpha}_2,\boldsymbol{\alpha}_3$ 是一个极大无关组,并将 $\boldsymbol{\alpha}_4$ 由 $\boldsymbol{\alpha}_1,\boldsymbol{\alpha}_2,\boldsymbol{\alpha}_3$ 线性表示.

(1) $\boldsymbol{\alpha}_1 = (1,0,0,1),\boldsymbol{\alpha}_2 = (0,1,0,-1),\boldsymbol{\alpha}_3 = (0,0,1,-1),\boldsymbol{\alpha}_4 = (2,-1,3,0)$;

(2) $\boldsymbol{\alpha}_1 = (1,0,1,0,1),\boldsymbol{\alpha}_2 = (0,1,1,0,1),\boldsymbol{\alpha}_3 = (1,1,0,0,1),\boldsymbol{\alpha}_4 = (-3,-2,3,0,-1)$.

解 (1) 解法一 用初等行变换求之

$$\boldsymbol{A} = (\boldsymbol{\alpha}_1^{\mathrm{T}},\boldsymbol{\alpha}_2^{\mathrm{T}},\boldsymbol{\alpha}_3^{\mathrm{T}},\boldsymbol{\alpha}_4^{\mathrm{T}}) = \begin{bmatrix} 1 & 0 & 0 & 2 \\ 0 & 1 & 0 & -1 \\ 0 & 0 & 1 & 3 \\ 1 & -1 & -1 & 0 \end{bmatrix} \xrightarrow[\text{行变换}]{\text{经初等}} \begin{bmatrix} 1 & 0 & 0 & 2 \\ 0 & 1 & 0 & -1 \\ 0 & 0 & 1 & 3 \\ 0 & 0 & 0 & 0 \end{bmatrix}$$

$$= \boldsymbol{A}_1 = (\boldsymbol{\beta}_1 \quad \boldsymbol{\beta}_2 \quad \boldsymbol{\beta}_3 \quad \boldsymbol{\beta}_4)$$

因 $\boldsymbol{\beta}_1,\boldsymbol{\beta}_2,\boldsymbol{\beta}_3$ 线性无关,且 $\boldsymbol{\beta}_4 = 2\boldsymbol{\beta}_1 + (-1)\boldsymbol{\beta}_2 + 3\boldsymbol{\beta}_3$,故 $\boldsymbol{\alpha}_1^{\mathrm{T}},\boldsymbol{\alpha}_2^{\mathrm{T}},\boldsymbol{\alpha}_3^{\mathrm{T}}$,即 $\boldsymbol{\alpha}_1,\boldsymbol{\alpha}_2,\boldsymbol{\alpha}_3$ 线性无关,且 $\boldsymbol{\alpha}_4 = 2\boldsymbol{\alpha}_1 - \boldsymbol{\alpha}_2 + 3\boldsymbol{\alpha}_3$ 所以 $\boldsymbol{\alpha}_1,\boldsymbol{\alpha}_2,\boldsymbol{\alpha}_3$ 为一个极大无关组.

解法二 因 $\overline{\boldsymbol{\alpha}_1} = (1,0,0),\overline{\boldsymbol{\alpha}_2} = (0,1,0),\overline{\boldsymbol{\alpha}_3} = (0,0,1)$ 线性无关,故 $\boldsymbol{\alpha}_1,\boldsymbol{\alpha}_2,\boldsymbol{\alpha}_3$ 线性无关,由观察看出 $\boldsymbol{\alpha}_4 = 2\boldsymbol{\alpha}_1 - \boldsymbol{\alpha}_2 + 3\boldsymbol{\alpha}_3$,所以 $\boldsymbol{\alpha}_1,\boldsymbol{\alpha}_2,\boldsymbol{\alpha}_3$ 为一个极大无关组

(2) 用初等行变换求之

$$\boldsymbol{A} = (\boldsymbol{\alpha}_1^{\mathrm{T}},\boldsymbol{\alpha}_2^{\mathrm{T}},\boldsymbol{\alpha}_3^{\mathrm{T}},\boldsymbol{\alpha}_4^{\mathrm{T}}) = \begin{bmatrix} 1 & 0 & 1 & -3 \\ 0 & 1 & 1 & -2 \\ 1 & 1 & 0 & 3 \\ 0 & 0 & 0 & 0 \\ 1 & 1 & 1 & -1 \end{bmatrix} \xrightarrow[\text{行变换}]{\text{经初等}} \begin{bmatrix} 1 & 0 & 0 & 1 \\ 0 & 1 & 0 & 2 \\ 0 & 0 & 1 & -4 \\ 0 & 0 & 0 & 0 \\ 0 & 0 & 0 & 0 \end{bmatrix}$$

$$= \boldsymbol{A}_1 = (\boldsymbol{\beta}_1 \quad \boldsymbol{\beta}_2 \quad \boldsymbol{\beta}_3 \quad \boldsymbol{\beta}_4)$$

因 $\boldsymbol{\beta}_1,\boldsymbol{\beta}_2,\boldsymbol{\beta}_3$ 线性无关,且 $\boldsymbol{\beta}_4 = \boldsymbol{\beta}_1 + 2\boldsymbol{\beta}_2 - 4\boldsymbol{\beta}_3$,故 $\boldsymbol{\alpha}_1^{\mathrm{T}},\boldsymbol{\alpha}_2^{\mathrm{T}},\boldsymbol{\alpha}_3^{\mathrm{T}}$,即 $\boldsymbol{\alpha}_1,\boldsymbol{\alpha}_2,\boldsymbol{\alpha}_3$ 线性无关,且 $\boldsymbol{\alpha}_4 = \boldsymbol{\alpha}_1 + 2\boldsymbol{\alpha}_2 - 4\boldsymbol{\alpha}_3$,故 $\boldsymbol{\alpha}_1,\boldsymbol{\alpha}_2,\boldsymbol{\alpha}_3$ 为一个极大无关组.

8.3.2 向量组的秩

由性质 8.2 可知,一个向量组不同的极大无关组所含的向量个数是一致的,该性质反映了该向量组的一个固有特性,由此引出了向量组秩的概念.

定义 8.10 向量组 $\boldsymbol{\alpha}_1,\boldsymbol{\alpha}_2,\cdots,\boldsymbol{\alpha}_s$ 的极大无关组所含向量的个数,叫做该向量组的秩,记做 $r(\boldsymbol{\alpha}_1,\boldsymbol{\alpha}_2,\cdots,\boldsymbol{\alpha}_s)$.

规定 全部由零向量组成的向量组的秩为 0.

根据定义 8.10 可知，向量组 $\boldsymbol{\alpha}_1,\boldsymbol{\alpha}_2,\cdots,\boldsymbol{\alpha}_s$ 的秩有下列不等式成立，即

$$0\leqslant r(\boldsymbol{\alpha}_1,\boldsymbol{\alpha}_2,\cdots,\boldsymbol{\alpha}_s)\leqslant s \tag{8.13}$$

并且(1)$r(\boldsymbol{\alpha}_1,\boldsymbol{\alpha}_2,\cdots,\boldsymbol{\alpha}_s)<s\Leftrightarrow$ 向量组 $\boldsymbol{\alpha}_1,\boldsymbol{\alpha}_2,\cdots,\boldsymbol{\alpha}_s$ 线性相关.

(2) $r(\boldsymbol{\alpha}_1,\boldsymbol{\alpha}_2,\cdots,\boldsymbol{\alpha}_s)=s\Leftrightarrow$ 向量组 $\boldsymbol{\alpha}_1,\boldsymbol{\alpha}_2,\cdots,\boldsymbol{\alpha}_s$ 线性无关.

例 4 讨论下列向量组的秩.

$$\boldsymbol{\alpha}_1=(a,1,1)^{\mathrm{T}},\quad \boldsymbol{\alpha}_2=(1,a,1)^{\mathrm{T}},\quad \boldsymbol{\alpha}_3=(1,1,a)^{\mathrm{T}}.$$

解 (1) 由 §8.2 中例 11 可知当 $a=1$ 或 $a=-2$ 时，该向量组线性相关，下面分别讨论(1) 当 $\alpha=1$ 时，显然 $\boldsymbol{\alpha}_1=\boldsymbol{\alpha}_2=\boldsymbol{\alpha}_3=(1,1,1)^{\mathrm{T}}$，即它们均可以互相线性表示，故任何两个向量均线性相关，而 $\boldsymbol{\alpha}_1,\boldsymbol{\alpha}_2,\boldsymbol{\alpha}_3$ 均为非零向量，所以每一个向量都是线性无关的，于是

$$r(\boldsymbol{\alpha}_1,\boldsymbol{\alpha}_2,\boldsymbol{\alpha}_3)=1.$$

(2) 当 $a=-2$ 时，向量组的三个向量分别为 $\boldsymbol{\alpha}_1=(-2,1,1)^{\mathrm{T}},\boldsymbol{\alpha}_2=(1,-2,1)^{\mathrm{T}},\boldsymbol{\alpha}_3=(1,1,-2)^{\mathrm{T}}$，根据前节推论 8.3，分别取 $\boldsymbol{\alpha}_1,\boldsymbol{\alpha}_2$ 的前两个分量构成行列式

$$\begin{vmatrix}-2 & 1\\ 1 & -2\end{vmatrix}=3\neq 0,$$

于是部分组 $\boldsymbol{\alpha}_1,\boldsymbol{\alpha}_2$ 线性无关，又已知 $\boldsymbol{\alpha}_1,\boldsymbol{\alpha}_2,\boldsymbol{\alpha}_3$ 线性相关，于是 $r(\boldsymbol{\alpha}_1,\boldsymbol{\alpha}_2,\boldsymbol{\alpha}_3)=2$.

(3) 当 $a\neq 1$ 且 $a\neq -2$ 时，该向量组线性无关，即极大无关组为该向量组本身，于是

$$r(\boldsymbol{\alpha}_1,\boldsymbol{\alpha}_2,\boldsymbol{\alpha}_3)=3.$$

定理 8.6 如果两个向量组可以相互线性表示，则它们的秩相等.

事实上，由两个向量组可以相互线性表示，便可以推得它们的极大无关组亦可以相互线性表示，再仿极大无关组性质 8.2 的证明过程，即可以证得它们的极大无关组所含向量的个数相同，所以两个向量组的秩相等.

推论 8.5 向量 $\boldsymbol{\beta}$ 可以由向量组 $\boldsymbol{\alpha}_1,\boldsymbol{\alpha}_2,\cdots,\boldsymbol{\alpha}_s$ 线性表示的充分必要条件是

$$r(\boldsymbol{\alpha}_1,\boldsymbol{\alpha}_2,\cdots,\boldsymbol{\alpha}_s)=r(\boldsymbol{\alpha}_1,\boldsymbol{\alpha}_2,\cdots,\boldsymbol{\alpha}_s,\boldsymbol{\beta}).$$

证明 充分性. 取向量组 $\boldsymbol{\alpha}_1,\boldsymbol{\alpha}_2,\cdots,\boldsymbol{\alpha}_s$ 的一个极大无关组 $\boldsymbol{\alpha}_1,\boldsymbol{\alpha}_2,\cdots,\boldsymbol{\alpha}_r$，因向量组 $\boldsymbol{\alpha}_1,\boldsymbol{\alpha}_2,\cdots,\boldsymbol{\alpha}_s,\boldsymbol{\beta}$ 与向量组 $\boldsymbol{\alpha}_1,\boldsymbol{\alpha}_2,\cdots,\boldsymbol{\alpha}_s$ 有相同的秩，故 $\boldsymbol{\alpha}_1,\boldsymbol{\alpha}_2,\cdots,\boldsymbol{\alpha}_r$ 也是 $\boldsymbol{\alpha}_1,\boldsymbol{\alpha}_2,\cdots,\boldsymbol{\alpha}_s,\boldsymbol{\beta}$ 的一个极大无关组，从而 $\boldsymbol{\beta}$ 可以由 $\boldsymbol{\alpha}_1,\boldsymbol{\alpha}_2,\cdots,\boldsymbol{\alpha}_r$ 线性表出，因而向量组 $\boldsymbol{\alpha}_1,\boldsymbol{\alpha}_2,\cdots,\boldsymbol{\alpha}_r,\boldsymbol{\beta}$ 可以由向量组 $\boldsymbol{\alpha}_1,\boldsymbol{\alpha}_2,\cdots,\boldsymbol{\alpha}_r$ 线性表出，且前者所含向量的个数大于后者所含向量的个数，由定理 8.6 知 $\boldsymbol{\alpha}_1,\boldsymbol{\alpha}_2,\cdots,\boldsymbol{\alpha}_r,\boldsymbol{\beta}$ 线性相关，而 $\boldsymbol{\alpha}_1,\boldsymbol{\alpha}_2,\cdots,\boldsymbol{\alpha}_r$ 线性无关，故 $\boldsymbol{\beta}$ 可以写成 $\boldsymbol{\alpha}_1,\boldsymbol{\alpha}_2,\cdots,\boldsymbol{\alpha}_r$ 的线性组合，从而也可以写成 $\boldsymbol{\alpha}_1,\boldsymbol{\alpha}_2,\cdots,\boldsymbol{\alpha}_r,\cdots,\boldsymbol{\alpha}_s$ 的线性组合.

必要性自证.

8.3.3 矩阵的秩

首先介绍矩阵的行秩与列秩的概念.

定义 8.11 一个矩阵行向量组的秩称为该矩阵的行秩；列向量组的秩称为该矩阵的列秩.

例 5 讨论下列矩阵的行秩和列秩.

$$\boldsymbol{A}=\begin{bmatrix}1 & 0 & 0 & 1\\ 0 & 1 & 0 & 1\\ 0 & 0 & 1 & 1\end{bmatrix}$$

解 矩阵$\boldsymbol{A}$的行向量为$\boldsymbol{\alpha}_1^{\mathrm{T}}=(1,0,0,1)$，$\boldsymbol{\alpha}_2^{\mathrm{T}}=(0,1,0,1)$，$\boldsymbol{\alpha}_3^{\mathrm{T}}=(0,0,1,1)$，由$\boldsymbol{\alpha}_1^{\mathrm{T}}$，$\boldsymbol{\alpha}_2^{\mathrm{T}}$，$\boldsymbol{\alpha}_3^{\mathrm{T}}$的前三个分量构成的行列式为$\begin{vmatrix}1&0&0\\0&1&0\\0&0&1\end{vmatrix}=1\neq 0$

所以$\boldsymbol{\alpha}_1^{\mathrm{T}}$，$\boldsymbol{\alpha}_2^{\mathrm{T}}$，$\boldsymbol{\alpha}_3^{\mathrm{T}}$线性无关，且就是极大无关组，于是，得$r(\boldsymbol{\alpha}_1^{\mathrm{T}},\boldsymbol{\alpha}_2^{\mathrm{T}},\boldsymbol{\alpha}_3^{\mathrm{T}})=3$，即矩阵$\boldsymbol{A}$的行秩为3.

矩阵的列向量组为$\boldsymbol{\alpha}_1=(1,0,0)^{\mathrm{T}}$，$\boldsymbol{\alpha}_2=(0,1,0)^{\mathrm{T}}$，$\boldsymbol{\alpha}_3=(0,0,1)^{\mathrm{T}}$，$\boldsymbol{\alpha}_4=(1,1,1)^{\mathrm{T}}$

显然$\boldsymbol{\alpha}_4=\boldsymbol{\alpha}_1+\boldsymbol{\alpha}_2+\boldsymbol{\alpha}_3$，即向量组$\boldsymbol{\alpha}_1$，$\boldsymbol{\alpha}_2$，$\boldsymbol{\alpha}_3$，$\boldsymbol{\alpha}_4$线性相关又因为

$$|\boldsymbol{\alpha}_1\quad\boldsymbol{\alpha}_2\quad\boldsymbol{\alpha}_3|=\begin{vmatrix}1&0&0\\0&1&0\\0&0&1\end{vmatrix}=1\neq 0$$

所以向量组$\boldsymbol{\alpha}_1$，$\boldsymbol{\alpha}_2$，$\boldsymbol{\alpha}_3$线性无关，故$\boldsymbol{\alpha}_1$，$\boldsymbol{\alpha}_2$，$\boldsymbol{\alpha}_3$是向量组$\boldsymbol{\alpha}_1$，$\boldsymbol{\alpha}_2$，$\boldsymbol{\alpha}_3$，$\boldsymbol{\alpha}_4$的一个极大无关组，于是得

$$r(\boldsymbol{\alpha}_1^{\mathrm{T}},\boldsymbol{\alpha}_2^{\mathrm{T}},\boldsymbol{\alpha}_3^{\mathrm{T}},\boldsymbol{\alpha}_4^{\mathrm{T}})=3.$$

即矩阵$\boldsymbol{A}$的列秩为3.

从上述分析中可以看出，矩阵$\boldsymbol{A}$的行秩与列秩相等，为了证明这一点先给出下面定理.

定理 8.7 对矩阵施行行(列)初等变换，不改变矩阵的行秩和列秩.

证明略.

定理 8.8 矩阵的行秩与列秩相等.

证 设$\boldsymbol{A}$为$m\times n$矩阵，由定理7.2知，$\boldsymbol{A}$可经过若干次初等变换化为标准形式矩阵，即$\boldsymbol{A}\rightarrow\boldsymbol{D}=\begin{bmatrix}\boldsymbol{I}_r&0\\0&0\end{bmatrix}$. 容易看出，$\boldsymbol{D}$的行秩与列秩均为$r$，再由定理8.7，对$\boldsymbol{A}$施行初等变换不会改变矩阵的行秩与列秩，故$\boldsymbol{A}$的行秩与列秩也均为$r$，即$\boldsymbol{A}$的行秩与列秩相等.

定义 8.12 矩阵$\boldsymbol{A}$的行秩与列秩统称为矩阵$\boldsymbol{A}$的秩，记做$r(\boldsymbol{A})$

根据定义不难知道，$m\times n$矩阵$\boldsymbol{A}$的秩满足：

$$0\leqslant r(\boldsymbol{A})\leqslant\min(m,n)$$

如果$r(\boldsymbol{A})=\min(m,n)$成立，则称$\boldsymbol{A}$为满秩矩阵.

关于矩阵的秩，也可以用矩阵的子式来定义.

设$\boldsymbol{A}$为一个$m\times n$的矩阵，在$\boldsymbol{A}$中任意选定k行k列$(0<k\leqslant m,n)$，位于选定行列交叉点上的k^2个元素，按原来排列次序组成的k阶行列式，称为$\boldsymbol{A}_{m\times n}$的一个$k$级子式. 矩阵$\boldsymbol{A}$的秩为$r$的充分必要条件是矩阵$\boldsymbol{A}$中至少有一个$r$阶子式不为零，同时所有的$r+1$阶子式都为零.

例 6 求下列矩阵的秩

$$\boldsymbol{A}=\begin{bmatrix}1&-1&1&2\\1&1&2&1\\2&0&3&2\end{bmatrix}.$$

解 通过初等变换化$\boldsymbol{A}$为标准形矩阵

$$\boldsymbol{A}=\begin{bmatrix}1&-1&1&2\\1&1&2&1\\2&0&3&2\end{bmatrix}\xrightarrow{②-2①+③}\begin{bmatrix}1&-1&1&2\\0&2&1&-1\\0&2&1&-2\end{bmatrix}$$

$$\xrightarrow{-②+③}\begin{bmatrix}1&-1&1&2\\0&2&1&-1\\0&0&0&-1\end{bmatrix}\xrightarrow[\substack{-①+③\\-2①+④}]{①+②}\begin{bmatrix}1&0&0&0\\0&2&1&-1\\0&0&0&-1\end{bmatrix}$$

$$\xrightarrow[\substack{-\frac{1}{2}②+③\\-\frac{1}{2}②+④}]{}\begin{bmatrix}1&0&0&0\\0&2&0&0\\0&0&0&-1\end{bmatrix}\xrightarrow[③-④]{\frac{1}{2}②-③}\begin{bmatrix}1&0&0&0\\0&1&0&0\\0&0&1&0\end{bmatrix}$$

可见 $r(\boldsymbol{A})=3$，且满足 $r(\boldsymbol{A})=\min(3,4)=3$，故 $\boldsymbol{A}$ 为满秩矩阵.

例 7 设 $\boldsymbol{A}_{m\times n}$ 及 $\boldsymbol{B}_{n\times s}$ 为两个矩阵，证明：$\boldsymbol{A}$ 与 $\boldsymbol{B}$ 乘积的秩不大于 $\boldsymbol{A}$ 的秩和 $\boldsymbol{B}$ 的秩，即 $r(\boldsymbol{A}\cdot\boldsymbol{B})\leqslant\min(r(\boldsymbol{A}),r(\boldsymbol{B}))$

证 设
$$\boldsymbol{A}=(a_{ik})_{m\times n}=(\alpha_1,\alpha_2,\cdots,\alpha_n)$$
$$\boldsymbol{B}=(b_{kj})_{n\times s}$$
$$\boldsymbol{A}\cdot\boldsymbol{B}=\boldsymbol{C}=(c_{ij})_{m\times s}=(\gamma_1\gamma_2\cdots\gamma_s)$$

即
$$(\boldsymbol{\gamma}_1,\boldsymbol{\gamma}_2,\cdots,\boldsymbol{\gamma}_s)=(\boldsymbol{\alpha}_1,\boldsymbol{\alpha}_2,\cdots,\boldsymbol{\alpha}_n)\begin{bmatrix}b_{11}\cdots b_{1j}\cdots b_{1s}\\b_{21}\cdots b_{2j}\cdots b_{2s}\\\vdots\cdots\ \vdots\cdots\\b_{n1}\cdots b_{nj}\cdots b_{ns}\end{bmatrix}$$

因此有 $\boldsymbol{\gamma}_j=b_{1j}\boldsymbol{\alpha}_1+b_{2j}\boldsymbol{\alpha}_2+\cdots+b_{nj}\boldsymbol{\alpha}_n\quad(j=1,2,\cdots,s)$

即 $\boldsymbol{A}\cdot\boldsymbol{B}$ 的列向量组 $\boldsymbol{\gamma}_1,\boldsymbol{\gamma}_2,\cdots,\boldsymbol{\gamma}_s$ 可以由 $\boldsymbol{A}$ 的列向量组 $\boldsymbol{\alpha}_1,\boldsymbol{\alpha}_2,\cdots,\boldsymbol{\alpha}_n$ 线性表示，故 $\boldsymbol{\gamma}_1,\boldsymbol{\gamma}_2,\cdots,\boldsymbol{\gamma}_s$ 的极大无关组可以由 $\boldsymbol{\alpha}_1,\boldsymbol{\alpha}_2,\cdots,\boldsymbol{\alpha}_n$ 的极大无关组线性表示，由定理 8.4 及定理 8.6 有 $r(\boldsymbol{A}\cdot\boldsymbol{B})\leqslant r(\boldsymbol{A})$. 类似方法：设

$$\boldsymbol{B}=(b_{kj})=\begin{bmatrix}\boldsymbol{\beta}_1\\\boldsymbol{\beta}_2\\\vdots\\\boldsymbol{\beta}_n\end{bmatrix},\boldsymbol{A}\cdot\boldsymbol{B}=(a_{ik})\cdot\begin{bmatrix}\boldsymbol{\beta}_1\\\boldsymbol{\beta}_2\\\vdots\\\boldsymbol{\beta}_n\end{bmatrix}$$，可以证明：$r(\boldsymbol{A}\cdot\boldsymbol{B})\leqslant r(\boldsymbol{B})$.

因此
$$r(\boldsymbol{A}\cdot\boldsymbol{B})\leqslant\min(r(\boldsymbol{A}),r(\boldsymbol{B})).$$

例 8 判断下列向量组的线性相关性：

(1) $\boldsymbol{\alpha}_1=(1,3,1,1),\boldsymbol{\alpha}_2=(-1,1,3,1),\boldsymbol{\alpha}_3=(-5,-7,3,-1)$；

(2) $\boldsymbol{\beta}_1=(1,2,3,4),\boldsymbol{\beta}_2=(1,0,1,2),\boldsymbol{\beta}_3=(3,-1,2,0)$.

解 (1) 将所给向量排成行向量作矩阵 $\boldsymbol{A}$，并对 $\boldsymbol{A}$ 施行初等变换，得到

$$\boldsymbol{A}=\begin{bmatrix}\boldsymbol{\alpha}_1\\\boldsymbol{\alpha}_2\\\boldsymbol{\alpha}_3\end{bmatrix}=\begin{bmatrix}1&3&1&1\\-1&1&3&1\\-5&-7&3&-1\end{bmatrix}\longrightarrow\begin{bmatrix}1&3&1&1\\0&4&4&2\\0&0&0&0\end{bmatrix}=\boldsymbol{A}_1$$

显然秩 $r(\boldsymbol{A}_1)=2$，故秩 $r(\boldsymbol{A})=2<3=m$(向量个数)

故 $\boldsymbol{\alpha}_1,\boldsymbol{\alpha}_2,\boldsymbol{\alpha}_3$ 线性相关.

(2) 将所给向量 $\boldsymbol{\beta}_1,\boldsymbol{\beta}_2,\boldsymbol{\beta}_3$ 排成列向量，作矩阵 $\boldsymbol{A}$，并对 $\boldsymbol{A}$ 进行初等变换，得到

$$\boldsymbol{A}=(\boldsymbol{\beta}_1^{\mathrm{T}}\quad\boldsymbol{\beta}_2^{\mathrm{T}}\quad\boldsymbol{\beta}_3^{\mathrm{T}})=\begin{bmatrix}1&1&3\\2&0&-1\\3&1&2\\4&2&0\end{bmatrix}\longrightarrow\begin{bmatrix}1&1&3\\0&2&3\\0&0&1\\0&0&0\end{bmatrix}=\boldsymbol{A}_1$$

显然秩 $r(\boldsymbol{A}_1)=3$，故秩 $r(\boldsymbol{A}_1)=3=m$(向量个数). 故 $\boldsymbol{\beta}_1,\boldsymbol{\beta}_2,\boldsymbol{\beta}_3$ 线性无关.

8.3.4 阶梯矩阵的秩

下面介绍一种将矩阵化为阶梯形矩阵求秩的简便方法. 为了叙述方便，把矩阵中全部元素为 0 的行叫做"零行"，元素不全为 0 的行叫做"非零行".

定义 8.13 如果矩阵 $\boldsymbol{A}$ 从第二行起，第一行第一个非零元素的列标都大于上一行第一个非零元素的列标，并且 $\boldsymbol{A}$ 中的零行(如果存在)下面不再有非零行，则称 $\boldsymbol{A}$ 为阶梯形矩阵. 即

$$\boldsymbol{A}=\begin{bmatrix} a_{11} & a_{12} & \cdots & a_{1r} & \cdots & a_{1n} \\ 0 & a_{22} & \cdots & a_{2r} & \cdots & a_{2n} \\ \vdots & \vdots & \cdots & \vdots & \cdots & \vdots \\ 0 & 0 & \cdots & a_{rr} & \cdots & a_{rn} \\ \vdots & \vdots & \cdots & \vdots & \cdots & \vdots \\ 0 & 0 & \cdots & 0 & \cdots & 0 \end{bmatrix}$$

特别地，规定零矩阵是阶梯形矩阵.

定理 8.9 阶梯形矩阵的秩等于矩阵中非零的行数.

证明略.

例 9 求下列矩阵的秩.

$$\boldsymbol{A}=\begin{bmatrix} -3 & 15 & 7 & -4 & 6 \\ 0 & 5 & 3 & 0 & 2 \\ 1 & 10 & 4 & 0 & 7 \\ 7 & 0 & 2 & 8 & 3 \end{bmatrix}.$$

解
$$\boldsymbol{A}=\begin{bmatrix} -3 & 15 & 7 & -4 & 6 \\ 0 & 5 & 3 & 0 & 2 \\ 1 & 10 & 4 & 0 & 7 \\ 7 & 0 & 2 & 8 & 3 \end{bmatrix} \xrightarrow[-7③+④]{3③+①} \begin{bmatrix} 0 & 45 & 19 & -4 & 27 \\ 0 & 5 & 3 & 0 & 2 \\ 1 & 10 & 4 & 0 & 7 \\ 0 & -70 & -26 & 8 & -46 \end{bmatrix}$$

$$\xrightarrow{①\leftrightarrow③} \begin{bmatrix} 1 & 10 & 4 & 0 & 7 \\ 0 & 5 & 3 & 0 & 2 \\ 0 & 45 & 19 & -4 & 27 \\ 0 & -70 & -26 & 8 & -46 \end{bmatrix} \xrightarrow[14②+④]{-9②+③} \begin{bmatrix} 1 & 10 & 4 & 0 & 7 \\ 0 & 5 & 3 & 0 & 2 \\ 0 & 0 & -8 & -4 & 9 \\ 0 & 0 & 16 & 8 & -18 \end{bmatrix}$$

$$\longrightarrow \begin{bmatrix} 1 & 10 & 4 & 0 & 7 \\ 0 & 5 & 3 & 0 & 2 \\ 0 & 0 & -8 & -4 & 9 \\ 0 & 0 & 0 & 0 & 0 \end{bmatrix}$$

故
$$r(\boldsymbol{A})=3.$$

例 10 计算矩阵 $\begin{bmatrix} 1 & 3 & -7 & -2 \\ 2 & -1 & 2 & 3 \\ 3 & 2 & 1 & 1 \\ 1 & -4 & 3 & 5 \end{bmatrix}$ 的秩.

解　方法一　用子式确定矩阵的秩,先计算 $\boldsymbol{A}$ 的 4 阶子式

$$\begin{vmatrix}1 & 3 & -7 & 2\\2 & 1 & 2 & 3\\3 & 2 & 1 & 1\\1 & -4 & 3 & 5\end{vmatrix}=\begin{vmatrix}1 & 3 & -7 & 2\\0 & -7 & 16 & -1\\0 & -7 & 22 & -5\\0 & -7 & 10 & 3\end{vmatrix}=\begin{vmatrix}1 & 3 & -7 & 2\\0 & -7 & 16 & -1\\0 & 0 & 6 & -4\\0 & 0 & -6 & -4\end{vmatrix}=0$$

再计算 3 阶子式,取第 1,2,3 行,第 1,2,3 列,有

$$\begin{vmatrix}1 & 3 & -7\\2 & -1 & 2\\3 & 2 & 1\end{vmatrix}=\begin{vmatrix}1 & 3 & -7\\0 & -7 & 16\\0 & -7 & 20\end{vmatrix}\neq 0$$

所以秩 $r(\boldsymbol{A})=3$.

方法二　用初等行变换,化 $\boldsymbol{A}$ 为阶梯形矩阵

$$\begin{bmatrix}1 & 3 & -7 & 2\\2 & 1 & 2 & 3\\3 & 2 & 1 & 1\\1 & -4 & 3 & 5\end{bmatrix}\longrightarrow\begin{bmatrix}1 & 3 & -7 & 2\\0 & -7 & 16 & -1\\0 & -7 & 22 & -5\\0 & -7 & 10 & 3\end{bmatrix}$$

$$\longrightarrow\begin{bmatrix}1 & 3 & -7 & 2\\0 & -7 & 16 & -1\\0 & 0 & 6 & -4\end{bmatrix}\longrightarrow\begin{bmatrix}1 & 3 & -7 & 2\\0 & -7 & 16 & -1\\0 & 0 & 6 & -4\\0 & 0 & 0 & 0\end{bmatrix}$$

所以秩 $r(\boldsymbol{A})=3$.

用初等变换或子式确定矩阵的秩时,每一种方法的单一使用,往往运算量较大,实际解题时可以将两种方法结合起来,即先作初等行变换,运算到某一步(如上题变换到第二步)再改用子式来计算,将会减少计算量.

§8.4　本章小结

本章介绍了向量的概念与运算,知道向量分为行向量和列向量,向量是一类特殊的矩阵,因此向量的运算及其性质和矩阵的运算和性质是类似的.

设 $\boldsymbol{\alpha}=(a_1,a_2,\cdots,a_n)$ 和 $\boldsymbol{\beta}=(b_1,b_2,\cdots,b_n)$ 为两个 n 维向量,k 为常数,则定义

$$\boldsymbol{\alpha}\pm\boldsymbol{\beta}=(a_1\pm b_1,a_2\pm b_2,\cdots,a_n\pm b_n)$$

$$k\boldsymbol{a}=(ka_1,ka_2,\cdots,ka_n)$$

分别称为向量 $\boldsymbol{\alpha}$ 和 $\boldsymbol{\beta}$ 的和、差及数 k 与向量 $\boldsymbol{\alpha}$ 的乘积.

设 $\boldsymbol{\alpha}_1,\boldsymbol{\alpha}_2,\cdots,\boldsymbol{\alpha}_s$ 为一个 n 维向量组,$k_1,k_2,\cdots,k_s$ 为一组数,则 $k_1\boldsymbol{\alpha}_1+k_2\boldsymbol{\alpha}_2+\cdots+k_s\boldsymbol{\alpha}_s$ 称为向量组 $\boldsymbol{\alpha}_1,\boldsymbol{\alpha}_2,\cdots,\boldsymbol{\alpha}_s$ 的一个线性组合,$k_1,k_2,\cdots,k_s$ 称为该线性组合的系数.

向量组的线性关系(包括线性相关和线性无关)是本章的一个极重要的概念. 设 $\boldsymbol{\alpha}_1,\boldsymbol{\alpha}_2,\cdots,\boldsymbol{\alpha}_m$ 是 m 个 n 维向量,其线性相(无)关的充分必要条件是方程组 $\sum\limits_{i=1}^{m}x_i\alpha_i=0$ 有(无)非零解.

关于线性相关,线性无关,下列结论是非常有用的:

(1) 如果 $\boldsymbol{\alpha}_1,\boldsymbol{\alpha}_2,\cdots,\boldsymbol{\alpha}_m$ 线性相关,则 $\boldsymbol{\alpha}_1,\boldsymbol{\alpha}_2,\cdots,\boldsymbol{\alpha}_m$ 中至少有一个向量可以由其他 $m-1$

个向量线性表示.

(2) 如果 $\boldsymbol{\alpha}_1,\boldsymbol{\alpha}_2,\cdots,\boldsymbol{\alpha}_m$ 线性无关,$\boldsymbol{\alpha}_1,\boldsymbol{\alpha}_2,\cdots,\boldsymbol{\alpha}_{m+1}$ 线性相关,则 $\boldsymbol{\alpha}_{m+1}$ 可以由 $\boldsymbol{\alpha}_1,\boldsymbol{\alpha}_2,\cdots,\boldsymbol{\alpha}_m$ 线性表示,且表示法惟一.

(3) $\boldsymbol{\alpha}_1,\boldsymbol{\alpha}_2,\cdots,\boldsymbol{\alpha}_m$ 线性相关,则增加向量 $\boldsymbol{\alpha}_{m+1},\cdots,\boldsymbol{\alpha}_{m+n}$ 后,新的向量组 $\boldsymbol{\alpha}_1,\boldsymbol{\alpha}_2,\cdots,\boldsymbol{\alpha}_m,\boldsymbol{\alpha}_{m+1},\cdots,\boldsymbol{\alpha}_{m+n}$ 必定线性相关.

(4) $\boldsymbol{\alpha}_1,\boldsymbol{\alpha}_2,\cdots,\boldsymbol{\alpha}_m,\boldsymbol{\alpha}_{m+1},\cdots,\boldsymbol{\alpha}_{m+k}$ 线性无关,则其任何一部分向量组都线性无关.

(5) 如果 $\boldsymbol{\alpha}_1,\boldsymbol{\alpha}_2,\cdots,\boldsymbol{\alpha}_m$ 线性无关,$\boldsymbol{\beta}_1,\boldsymbol{\beta}_2,\cdots,\boldsymbol{\beta}_s$ 均可以由 $\boldsymbol{\alpha}_1,\boldsymbol{\alpha}_2,\cdots,\boldsymbol{\alpha}_m$ 线性表示.

① 如果 $s>m$,则 $\boldsymbol{\beta}_1,\boldsymbol{\beta}_2,\cdots,\boldsymbol{\beta}_s$ 线性相关.

② 如果 $\boldsymbol{\beta}_1,\boldsymbol{\beta}_2,\cdots,\boldsymbol{\beta}_s$ 线性无关,则 $s\leqslant m$.

向量组$\{\boldsymbol{\alpha}_j\}$的秩和极大线性无关组也是非常重要的概念.

如果$\{\boldsymbol{\alpha}_{i1},\boldsymbol{\alpha}_{i2},\cdots,\boldsymbol{\alpha}_{ir}\}$是$\{\boldsymbol{\alpha}_i\}$的子集,$\boldsymbol{\alpha}_{i1},\boldsymbol{\alpha}_{i2},\cdots,\boldsymbol{\alpha}_{ir}$ 线性无关,且$\{\boldsymbol{\alpha}_i\}$的元素可以由$\{\boldsymbol{\alpha}_{ij}\}$线性表出,则称 r 为$\{\boldsymbol{\alpha}_i\}$的秩,$\boldsymbol{\alpha}_{i1},\boldsymbol{\alpha}_{i2},\cdots,\boldsymbol{\alpha}_{ir}$ 为$\{\boldsymbol{\alpha}_i\}$的一个极大线性无关组.

值得注意的是,向量组$\{\boldsymbol{\alpha}_i\}$的极大线性无关组不是惟一的,但极大线性无关组的元素的个数都是一样的,即为向量组的秩,两组不同的极大线性无关组是相互等价的,且它们能互相线性表出.

如果$\{\boldsymbol{\beta}_i\}$和$\{\boldsymbol{\alpha}_i\}$是两组向量,并且$\{\boldsymbol{\beta}_i\}$的任何一个元素均可以由$\{\boldsymbol{\alpha}_i\}$的某些元素线性表出,则$\{\boldsymbol{\beta}_i\}$的秩 r_2 与$\{\alpha_i\}$的秩 r_1 满足 $r_2\leqslant r_1$.

列向量经过初等行变换后,其秩不变,且(极大)线性无关组仍变为(极大)线性无关组,因此,常用该方法将列向量组变成另一组向量,这组列向量构成阶梯形矩阵,很容易判断其秩和极大线性无关组.

此外,还要注意以下性质:

向量 $\boldsymbol{\beta}$ 是向量组 $\boldsymbol{\alpha}_1,\boldsymbol{\alpha}_2,\cdots,\boldsymbol{\alpha}_s$ 的线性组合的充分必要条件是其秩

$$r(\boldsymbol{\alpha}_1,\boldsymbol{\alpha}_2,\cdots,\boldsymbol{\alpha}_s)=r(\boldsymbol{\beta}_1,\boldsymbol{\alpha}_1,\boldsymbol{\alpha}_2,\cdots,\boldsymbol{\alpha}_s).$$

如果向量组 $\boldsymbol{\alpha}_1,\boldsymbol{\alpha}_2,\cdots,\boldsymbol{\alpha}_s$ 与向量组 $\boldsymbol{\beta}_1,\boldsymbol{\beta}_2,\cdots,\boldsymbol{\beta}_t$ 可以相互线性表示,则其秩相等.

矩阵的行向量组的秩称为行秩;矩阵的列向量组的秩称为列秩;矩阵的行秩和列秩相等,并称为矩阵的秩.

对矩阵施行初等变换,不改变矩阵的秩.

矩阵 $\boldsymbol{A}$ 的秩为 r 的充分必要条件是矩阵 $\boldsymbol{A}$ 中至少有一个 r 阶子式不为零,同时所有的 $r+1$ 阶子式都为零.

另外,矩阵的秩和第 9 章将要讲到的线性方程组的基础解系的个数相联系,矩阵秩的计算,通常有下列三种方法:

(1) 计算矩阵的各阶子式,求其子式不为零的最高阶数.

(2) 将矩阵进行初等变换,使新的矩阵的秩容易求出.

(3) 计算矩阵的行秩或列秩.

习 题 八

一、判断题

1. 向量组中任意一个向量均可以被向量组本身线性表出. ( )

2. 零向量可以被向量组(1，－1，2)，(3，1，0)，(4，－1，0) 线性表出，且表达式惟一.（ ）

3. 设向量 $\boldsymbol{\alpha}_1,\boldsymbol{\alpha}_2,\cdots,\boldsymbol{\alpha}_{20}$ 均为四维向量，则秩 $r(\boldsymbol{\alpha}_1,\boldsymbol{\alpha}_2,\cdots,\boldsymbol{\alpha}_{20})=4$.（ ）

4. 向量 $\boldsymbol{\beta}$ 被向量组 $\boldsymbol{\alpha}_1,\boldsymbol{\alpha}_2,\cdots,\boldsymbol{\alpha}_s$ 线性表出，则向量组 $\boldsymbol{\alpha}_1,\boldsymbol{\alpha}_2,\cdots,\boldsymbol{\alpha}_s$ 中任意一个向量均可以被该向量组的其余向量线性表示.（ ）

5. 向量组 $\boldsymbol{\alpha}_1,\boldsymbol{\alpha}_2,\cdots,\boldsymbol{\alpha}_s$ 线性相关，则至少有一个部分组 $\boldsymbol{\alpha}_1,\boldsymbol{\alpha}_2,\cdots,\boldsymbol{\alpha}_t(t<s)$ 线性相关.

6. 若 $\boldsymbol{A}$、$\boldsymbol{B}$、$\boldsymbol{C}$ 为 n 阶矩阵，且 $\boldsymbol{A}=\boldsymbol{B}-\boldsymbol{C}$，则秩 $r(\boldsymbol{A})\geqslant r(\boldsymbol{B})-r(\boldsymbol{C})$.（ ）

7. 若向量组 $\boldsymbol{\alpha}_1,\boldsymbol{\alpha}_2,\cdots,\boldsymbol{\alpha}_s$ 线性无关，则其部分组 $\boldsymbol{\alpha}_{j1},\boldsymbol{\alpha}_{j2},\cdots,\boldsymbol{\alpha}_{jr}(r<s)$ 必线性无关.（ ）

8. 若向量组 $\boldsymbol{\alpha}_1,\boldsymbol{\alpha}_2,\cdots,\boldsymbol{\alpha}_s$ 可以由其部分组 $\boldsymbol{\alpha}_{j1},\boldsymbol{\alpha}_{j2},\cdots,\boldsymbol{\alpha}_{jr}(r<s)$ 线性表示，则 $\boldsymbol{\alpha}_{j1},\boldsymbol{\alpha}_{j2},\cdots,\boldsymbol{\alpha}_{jr}$ 为 $\boldsymbol{\alpha}_1,\boldsymbol{\alpha}_2,\cdots,\boldsymbol{\alpha}_s$ 的极大无关组.（ ）

9. 若 $\boldsymbol{\alpha}_1,\boldsymbol{\alpha}_2$ 和 $\boldsymbol{\beta}_1,\boldsymbol{\beta}_2$ 分别是两个 n 维线性无关向量组，且每一个向量均不能被另一个向量线性表示，则向量 $\boldsymbol{\alpha}_1,\boldsymbol{\alpha}_2,\boldsymbol{\beta}_1,\boldsymbol{\beta}_2$ 线性无关.

10. 若矩阵 $\boldsymbol{A}$ 的秩为 r 则 $\boldsymbol{A}$ 的所有 $r+1$ 阶子式为 0，且所有 r 阶子式不为 0.（ ）

11. 若 $\boldsymbol{A}$、$\boldsymbol{B}$ 为 n 阶方阵，且 $\boldsymbol{A}$ 可逆，则有秩 $r(\boldsymbol{AB})=r(\boldsymbol{B})$.（ ）

二、选择题

1. n 维向量组 $\boldsymbol{\alpha}_1,\boldsymbol{\alpha}_2,\cdots,\boldsymbol{\alpha}_s(3\leqslant s\leqslant n)$ 线性无关的充要条件是（ ）.

A. $\boldsymbol{\alpha}_1,\boldsymbol{\alpha}_2,\cdots,\boldsymbol{\alpha}_s$ 中任意两个向量都线性无关

B. $\boldsymbol{\alpha}_1,\boldsymbol{\alpha}_2,\cdots,\boldsymbol{\alpha}_s$ 中存在一个向量，它不能用其余向量线性表出

C. $\boldsymbol{\alpha}_1,\boldsymbol{\alpha}_2,\cdots,\boldsymbol{\alpha}_s$ 中任意一个向量都不能用其余向量线性表出

D. $\boldsymbol{\alpha}_1,\boldsymbol{\alpha}_2,\cdots,\boldsymbol{\alpha}_s$ 中不含零向量

2. 如果向量 $\boldsymbol{b}$ 可以由向量组 $\boldsymbol{\alpha}_1,\boldsymbol{\alpha}_2,\cdots,\boldsymbol{\alpha}_s$ 线性表出，则（ ）.

A. 存在一组不全为零的数 $k_1,k_2,\cdots,k_s$，使等式 $\boldsymbol{b}=k_1\boldsymbol{\alpha}_1+k_2\boldsymbol{\alpha}_2+\cdots+k_s\boldsymbol{\alpha}_s$ 成立

B. 存在一组全为零的数 $k_1,k_2,\cdots,k_s$，使等式 $\boldsymbol{b}=k_1\boldsymbol{\alpha}_1+k_2\boldsymbol{\alpha}_2+\cdots+k_s\boldsymbol{\alpha}_s$ 成立

C. 存在一组数 $k_1,k_2,\cdots,k_s$，使等式 $\boldsymbol{b}=k_1\boldsymbol{\alpha}_1+k_2\boldsymbol{\alpha}_2+\cdots+k_s\boldsymbol{\alpha}_s$ 成立

D. 对 $\boldsymbol{b}$ 的线性表达式惟一

3. 设 $\boldsymbol{A}$ 是 n 阶矩阵，且秩 $r(\boldsymbol{A})=r<n$，那么在 $\boldsymbol{A}$ 的 n 个行向量中（ ）.

A. 必有 r 个行向量线性无关

B. 任意 r 个行向量线性无关

C. 任意 r 个行向量构成一个极大无关组

D. 任意一个行向量都能被其他 r 个行向量线性表出

4. 对矩阵 $\boldsymbol{A}$ 施行下列变换时改变秩（ ）.

A. 转置　　B. 初等变换

C. 乘以奇异矩阵　　D. 乘以非奇异矩阵

5. 已知线性方程组的系数矩阵 $\boldsymbol{A}$ 是 4×5 的矩阵，且 A 的行向量线性无关，则有（ ）.

A. $\boldsymbol{A}$ 的列向量组线性无关

B. 其增广矩阵的行向量组线性无关

C. 其增广矩阵的任意四个列向量线性无关

D. 其增广矩阵的列向量组线性无关

6. 向量组 $\boldsymbol{\alpha}_1,\boldsymbol{\alpha}_2,\cdots,\boldsymbol{\alpha}_s$ 线性无关的充分条件是(　　).

A. $\boldsymbol{\alpha}_1,\boldsymbol{\alpha}_2,\cdots,\boldsymbol{\alpha}_s$ 均为非零向量

B. $\boldsymbol{\alpha}_1,\boldsymbol{\alpha}_2,\cdots,\boldsymbol{\alpha}_s$ 中任意两个向量的分量不成比例

C. $\boldsymbol{\alpha}_1,\boldsymbol{\alpha}_2,\cdots,\boldsymbol{\alpha}_s$ 中任意一个向量不能被其余向量线性表出

D. $\boldsymbol{\alpha}_1,\boldsymbol{\alpha}_2,\cdots,\boldsymbol{\alpha}_s$ 中任一部分组线性无关

7. 设 $\boldsymbol{A}$ 为 n 阶方阵，且 $|\boldsymbol{A}|=0$，则(　　).

A. $\boldsymbol{A}$ 中必有两行(列)的对应元素成比例

B. $\boldsymbol{A}$ 中任意一行(列)向量是其余各行(列)向量的线性组合

C. $\boldsymbol{A}$ 中必有一行(列)向量是其余各行(列)向量的线性组合

D. $\boldsymbol{A}$ 中至少有一行(列)的向量为零向量

8. 设 $\boldsymbol{\alpha}_1,\boldsymbol{\alpha}_2,\cdots,\boldsymbol{\alpha}_s$ 为 n 维向量组，且秩 $r(\boldsymbol{\alpha}_1,\boldsymbol{\alpha}_2,\cdots,\boldsymbol{\alpha}_s)=r$，则(　　).

A. 任意 r 个向量线性无关

B. 任意 $r+1$ 个向量线性相关

C. 该向量组存在惟一极大无关组

D. 该向量组在 $s>r$ 时，有若干个极大无关组

三、计算题

1. 将向量 $\boldsymbol{\beta}=(3,-1,3)^{\mathrm{T}}$ 表为向量组 $\boldsymbol{\alpha}_1=(2,-1,1)^{\mathrm{T}},\boldsymbol{\alpha}_2=(-1,1,1)^{\mathrm{T}},\boldsymbol{\alpha}_3=(-3,2,0)^{\mathrm{T}},\boldsymbol{\alpha}_4=(-4,3,1)^{\mathrm{T}}$ 的线性组合

2. 判断下列向量组是否线性相关

(1) $\boldsymbol{\alpha}_1=(2,1,1),\boldsymbol{\alpha}_2=(1,2,-1),\boldsymbol{\alpha}_3=(-2,3,0)$;

(2) $\boldsymbol{\alpha}_1=(2,-1,7,3),\boldsymbol{\alpha}_2=(1,4,11,-2),\boldsymbol{\alpha}_3=(3,-6,3,8)$;

(3) $\boldsymbol{\alpha}_1=(2,-3,8,2),\boldsymbol{\alpha}_2=(2,12,-2,12),\boldsymbol{\alpha}_3=(1,3,1,-4)$;

(4) $\boldsymbol{\alpha}_1=(2,1),\boldsymbol{\alpha}_2=(-1,4),\boldsymbol{\alpha}_3=(2,-3)$.

3. 求下列向量组的一个极大无关组，并将其余向量用该极大无关组线性表出

(1) $\boldsymbol{\alpha}_1=(1,-1,2,1,0),\boldsymbol{\alpha}_2=(2,1,4,-2,0),$
$\boldsymbol{\alpha}_3=(3,0,6,-1,0),\boldsymbol{\alpha}_4=(0,3,0,0,1)$;

(2) $\boldsymbol{\alpha}_1=(2,1,3,4),\boldsymbol{\alpha}_2=(5,0,1,-1),$
$\boldsymbol{\alpha}_3=(1,-2,-5,-9),\boldsymbol{\alpha}_4=(3,-1,-2,-5),$
$\boldsymbol{\alpha}_5=(0,5,13,22)$.

4. 判断向量 $\boldsymbol{\beta}=(4,4,1,2)$ 能否由下列向量组线性表出，若能表出，表达式是否惟一？

(1) $\boldsymbol{\alpha}_1=(2,-1,0,5),\boldsymbol{\alpha}_2=(-4,-2,3,0),\boldsymbol{\alpha}_3=(-1,0,1,0),\boldsymbol{\alpha}_4=(0,-1,2,5)$;

(2) $\boldsymbol{\alpha}_1=(1,0,0,-1),\boldsymbol{\alpha}_2=(2,3,0,2),\boldsymbol{\alpha}_3=(4,9,0,5),\boldsymbol{\alpha}_4=(3,2,1,1)$.

5. 求下列矩阵的秩

(1) $\begin{bmatrix} 1 & -1 & 1 & -1 \\ -1 & 2 & 1 & -1 \\ -1 & -3 & 1 & 1 \\ 1 & 0 & -3 & 1 \end{bmatrix}$;　　(2) $\begin{bmatrix} 1 & -1 & 3 & 1 & 0 \\ 2 & 1 & 2 & 1 & 3 \\ 1 & 2 & -1 & 0 & 3 \\ 3 & 3 & 1 & 1 & 1 \\ 1 & -7 & 11 & 3 & -6 \end{bmatrix}$.

四、证明题

1. 设向量组 $\boldsymbol{\alpha}_1,\boldsymbol{\alpha}_2,\boldsymbol{\alpha}_3$ 线性无关,试证 $\boldsymbol{\alpha}_1+\boldsymbol{\alpha}_2,\boldsymbol{\alpha}_2+\boldsymbol{\alpha}_3,\boldsymbol{\alpha}_3+\boldsymbol{\alpha}_1$ 也线性无关.
2. 若向量组 $\boldsymbol{\alpha}_1,\boldsymbol{\alpha}_2,\boldsymbol{\alpha}_3$ 可以被向量组 $\boldsymbol{\beta}_1,\boldsymbol{\beta}_2$ 线性表出,证明向量组 $\boldsymbol{\alpha}_1,\boldsymbol{\alpha}_2,\boldsymbol{\alpha}_3$ 线性相关.

第 9 章　线性方程组

所谓线性方程组，简单地说，就是多元一次方程组，例如我们在中学所学习过的二元一次方程组，三元一次方程组

$$\begin{cases}2x+3y=5\\3x-2y=3\end{cases},\quad \begin{cases}x+y+z=1\\5x-3y+2z=0\\2x-y+z=5\end{cases}$$

都是线性方程组. 当然我们已知什么叫方程组的解，以及用代入消元法和加减消元法求出这些简单的方程组的解.

但是，现实世界和科学研究中，由于数量关系的复杂性，所形成的线性方程组要比我们中学所掌握的方程组复杂得多. 首先是未知量个数比较多，其次也不像中学所常见的那样，方程的个数和未知数的个数一样多. 而是方程的个数既可以多于未知量的个数，也可以少于未知量的个数，并且也不一定总是具有惟一的解. 这就使得我们对线性方程组，要作出更一般的讨论.

我们主要研究和讨论线性方程组的以下三个问题：

1. 线性方程组究竟有没有解？即有解的条件是什么？
2. 若有解时，究竟有多少个解？又用什么方法求解？
3. 有解时，若解又不止一个，那么这许多解之间是怎样的关系？

我们知道，影响方程组的解的因素并不是未知数本身，而是未知数的系数和常数项.

例如 $\begin{cases}x-y=3\\x+y=1\end{cases}$ 的解是 $\begin{cases}x=2\\y=-1\end{cases}$

这个解与方程组 $\begin{cases}s-t=3\\s+t=1\end{cases}$ 的解 $\begin{cases}s=2\\t=-1\end{cases}$ 的区别仅在于表示未知数的字母不同. 在以后的讨论中，我们理所当然地把这两个方程组看做是相同的方程组. 因此，我们就从方程组的系数与常数项以及它们之间的关系出发，逐一讨论和解决上述三个问题.

§9.1　消　元　法

从现在开始，我们讨论一般的线性方程组. 所谓一般线性方程组是指具有形式

$$\begin{cases}a_{11}x_1+a_{12}x_2+\cdots+a_{1n}x_n=b_1\\a_{21}x_1+a_{22}x_2+\cdots+a_{2n}x_n=b_2\\\quad\vdots\qquad\quad\vdots\qquad\quad\cdots\qquad\vdots\qquad\vdots\\a_{m1}x_1+a_{m2}x_2+\cdots+a_{mn}x_n=b_m\end{cases}\tag{9.1}$$

的方程组，其中 $x_1,x_2,\cdots,x_n$ 是 n 个未知数，m 是方程的个数，m 与 n 不一定相等. $a_{ij}(i=1,2,\cdots,m;j=1,2,\cdots,n)$ 称为方程组中未知数的系数，$b_i(i=1,2,\cdots,m)$ 称为常数项. 系数 a_{ij} 中第一个下标 i 表示方程的位置，第二个下标 j 表示方程组中未知数的位置. 如 a_{32} 就表示第三个方程第二个未知数 x_2 的系数.

方程组(9.1) 的解是指由 n 个数 $c_1,c_2,\cdots,c_n$ 组成的有序数组 $(c_1,c_2,\cdots,c_n)$，当 $x_1,x_2,\cdots,x_n$ 分别用 $c_1,c_2,\cdots,c_n$ 代入后，方程组(9.1) 中每个方程的两端都变成恒等的. 由于解的表示方法 $(c_1,c_2,\cdots,c_n)$ 就是向量的形式，所以又称方程组的解为解向量. 方程组(9.1) 的全部解就称为方程组(9.1) 的解集合，解方程组就是要求出其全部的解也就是解集合. 解方程组不可避免的要对方程组进行变形，从而得到新的方程组，那么新、旧两个方程组应该具有相同的解集合，如果两方程组有相同的解集合，就称为是同解的.

如前所举的例子一样，方程组用什么未知数来表示不是实质性的，也可以说，方程组由系数和常数项所惟一确定. 我们把方程组(9.1) 的系数和常数项按方程组同样的位置，写成矩阵的形式，称

$$\boldsymbol{A}=\begin{bmatrix} a_{11} & a_{12} & \cdots & a_{1n} \\ a_{21} & a_{22} & \cdots & a_{2n} \\ \vdots & \vdots & \cdots & \vdots \\ a_{m1} & a_{m2} & \cdots & a_{mn} \end{bmatrix}$$

为方程组(9.1) 的系数矩阵，称

$$\overline{\boldsymbol{A}}=\begin{bmatrix} a_{11} & a_{12} & \cdots & a_{1n} & b_1 \\ a_{21} & a_{22} & \cdots & a_{2n} & b_2 \\ \vdots & \vdots & \cdots & \vdots & \vdots \\ a_{m1} & a_{m2} & \cdots & a_{mn} & b_m \end{bmatrix}$$

为方程组(9.1) 的增广矩阵，分别称

$$\boldsymbol{X}=\begin{bmatrix} x_1 \\ x_2 \\ \vdots \\ x_n \end{bmatrix},\quad \boldsymbol{b}=\begin{bmatrix} b_1 \\ b_2 \\ \vdots \\ b_m \end{bmatrix}$$

为未知数矩阵和常数项矩阵(有时也称为未知数列向量和常数项列向量). 如果常数项矩阵为零矩阵，即

$$\begin{cases} a_{11}x_1+a_{12}x_2+\cdots+a_{1n}x_n=0 \\ a_{21}x_1+a_{22}x_2+\cdots+a_{mn}x_n=0 \\ \quad\vdots \qquad\quad \vdots \qquad\quad \cdots \qquad \vdots \qquad \vdots \\ a_{m1}x_1+a_{m2}x_2+\cdots+a_{mn}x_n=0 \end{cases} \tag{9.2}$$

称为齐次线性方程组，相应地，常数项不全为 0 的方程组则称为非齐次线性方程组. 利用矩阵的乘法，不难看出，方程组(9.1)，方程组(9.2) 可以分别表示为矩阵形式，即

$$\boldsymbol{AX}=\boldsymbol{b} \text{ 和 } \boldsymbol{AX}=\boldsymbol{\theta}$$

把方程组写成矩阵形式，有时是非常简洁的，并且解之间的关系也比较明显，在理论证明时，

我们常这样作.

如果我们把系数矩阵 $\boldsymbol{A}$ 的每一列写成向量的形式,记

$$\boldsymbol{\alpha}_1=\begin{bmatrix}a_{11}\\a_{21}\\\vdots\\a_{m1}\end{bmatrix},\boldsymbol{\alpha}_2=\begin{bmatrix}a_{12}\\a_{22}\\\vdots\\a_{m2}\end{bmatrix},\cdots,\boldsymbol{\alpha}_n=\begin{bmatrix}a_{1n}\\a_{2n}\\\vdots\\a_{mn}\end{bmatrix},\boldsymbol{\beta}=\begin{bmatrix}b_1\\b_2\\\vdots\\b_m\end{bmatrix}$$

则方程组(9.1),方程组(9.2) 又可以分别表示为

$$x_1\boldsymbol{\alpha}_1+x_2\boldsymbol{\alpha}_2+\cdots+x_n\boldsymbol{\alpha}_n=\boldsymbol{\beta}$$

和

$$x_1\boldsymbol{\alpha}_1+x_2\boldsymbol{\alpha}_2+\cdots+x_n\boldsymbol{\alpha}_n=\boldsymbol{\theta}$$

称这种表示为方程组的向量表示,把方程组表示成向量形式后,方程组的解的问题,就转变为常数项向量能否被系数列向量线性表出的问题,可以利用向量的相关方法解决方程组的问题,方程组解之间的关系就更加明显.所以,在以后的讨论中,我们根据需要对方程组进行不同的表示.

在中学,我们学过用加减消元法和代入消元法解二元线性方程组、三元线性方程组.实际上,这种方法具有普遍的意义,先看一个例子.解方程组

$$\begin{cases}2x_1-x_2+3x_3=1\\4x_1+2x_2+5x_3=4\\2x_1+2x_3=6\end{cases}$$

第二个方程减去第一个方程的 2 倍,第三个方程减去第一个方程就变为

$$\begin{cases}2x_1-x_2+3x_3=1\\4x_2-x_3=2\\x_2-x_3=5\end{cases}$$

对这个新方程组,第二个方程减去第三个方程的 4 倍,并把第二、第三两个方程的次序互换,则得

$$\begin{cases}2x_1-x_2+3x_3=1\\x_2-x_3=5\\3x_3=-18\end{cases}$$

这样,从第三个方程求出 x_3,并逐步往前面两个方程代入,容易求出方程组的解为

$$(9,-1,-6).$$

分析一下上述消元法,不难看出,消元法实际上是多次对方程组进行变换,而变换的方式由下面三种变换构成:

1. 用一个非零数乘以某方程;

2. 把一个方程的倍数加到另一个方程;

3. 互换两个方程的位置.

我们可以证明,以上变换总是把方程组变成同解的方程组,因此也称这种变换为同解变换.

下面我们来说明,如何利用方程组的同解变换求解一般的线性方程组.

对于方程组(9.1)，首先检查 x_1 的系数. 如果 x_1 的系数 $a_{11},a_{21},\cdots,a_{m1}$ 全为 0，那么方程组(9.1) 对 x_1 的取值没有任何限制，x_1 可以取任意值，方程组(9.1) 可以看做 $x_2,x_3,\cdots,x_n$ 的方程组来解. 如果 x_1 的系数不全为 0，那么利用同解变换 3，可以设 $a_{11}\neq 0$，然后把第一个方程的 $-\dfrac{a_{i1}}{a_{11}}$ 倍加到第 i 个方程($i=2,3,\cdots,n$)，于是方程组(9.1) 变成

$$\begin{cases}a_{11}x_1+a_{12}x_2+\cdots+a_{1n}x_n=b_1\\ a'_{22}x_2+\cdots+a'_{2n}x_n=b'_2\\ \quad\vdots \qquad \cdots \qquad \vdots \qquad \vdots\\ a'_{m2}x_2+\cdots+a'_{mn}x_n=b'_m\end{cases}\tag{9.3}$$

其中：$a'_{ij}=a_{ij}-\dfrac{a_{i1}a_{1j}}{a_{11}}\quad(i=2,\cdots,m;j=2,\cdots,n)$.

于是方程组(9.1) 的问题就变成方程组

$$\begin{cases}a'_{22}x_2+\cdots a'_{2n}x_n=b'_2\\ \quad\vdots \qquad \cdots \qquad \vdots \qquad \vdots\\ a'_{m2}x_2+\cdots+a'_{mn}x_n=b'_m\end{cases}\tag{9.4}$$

显然方程组(9.4) 的一个解，代入方程组(9.3) 的第一个方程就可以求出 x_1 的值，从而得到方程组(9.3) 的一个解，又方程组(9.3) 的解显然都是方程组(9.4) 的解，这就是说，方程组(9.1)、方程组(9.3)、方程组(9.4) 之间都是同解的方程组.

对方程组(9.4) 再按同样的考虑进行变换，最后就得到一个与方程组(9.1) 同解的方程组

$$\begin{cases}c_{11}x_1+c_{12}x_2+\cdots+c_{1r}x_r+\cdots+c_{1n}x_n=d_1\\ \qquad c_{22}x_2+\cdots+c_{2r}x_r+\cdots+c_{2n}x_n=d_2\\ \qquad\qquad \vdots \qquad\qquad \vdots \qquad \vdots\\ \qquad\qquad c_{rr}x_r+\cdots+c_{rn}x_n=d_r\\ \qquad\qquad\qquad 0=d_{r+1}\\ \qquad\qquad\qquad 0=0\\ \qquad\qquad\qquad \vdots \quad \vdots\\ \qquad\qquad\qquad 0=0\end{cases}\tag{9.5}$$

其中 $c_{11},c_{22},\cdots,c_{rr}\neq 0$，$0=0$ 表示一些恒等式，可以去掉，不影响方程组的解，未知数的位置也可能作了一些调整，这样显然不影响方程组的解.

由于方程组(9.1) 与方程组(9.5) 是同解的. 而方程组(9.5) 是否有解取决于方程

$$0=d_{r+1}$$

是否有意义. 如果 $d_{r+1}\neq 0$，上述等式是矛盾的，方程组当然无解. 下面我们将说明，若 $d_{r+1}=0$，方程组是一定有解的. 于是我们有判断方程组是否有解的一种方法：

用同解变换把方程组(9.1) 变为方程组(9.5)，则方程组(9.1) 有解的充分必要条件是

$$d_{r+1}=0.$$

现在就来说明，$d_{r+1}=0$ 时，方程组(9.1) 为什么一定有解？这是因为我们可以把解求出来. 分两种情形：

(1) 当 $r = n$ 时,方程组(9.5)变为

$$\begin{cases} c_{11}x_1 + c_{12}x_2 + \cdots + c_{1n}x_n = d_1 \\ \qquad c_{22}x_2 + \cdots + c_{2n}x_n = d_2 \\ \qquad\qquad \vdots \qquad \vdots \\ \qquad\qquad c_{nn}x_n = d_n \end{cases} \tag{9.6}$$

其中 $c_{11}, c_{22}, \cdots, c_{nn} \neq 0$,这时,由最后一个方程即得 $x_n = \frac{1}{c_{nn}} \cdot d_n$,把这个值代入前一个方程,就可以求出 x_{n-1} 的值,再逐个往前代入,即可以得到 $x_{n-2}, \cdots, x_1$ 各自的数值,每个未知数的值都是惟一的,就是说,此时方程组有惟一解.就前面举过的例子,再加以说明:

例 1 解方程组

$$\begin{cases} 2x_1 - x_2 + 3x_3 = 1 \\ 4x_1 + 2x_2 + 5x_3 = 4. \\ 2x_1 + 2x_3 = 6 \end{cases}$$

解 前面用同解变换,已经把上述方程组化为

$$\begin{cases} 2x_1 - x_2 + 3x_3 = 1 \\ x_2 - x_3 = 5 \\ 3x_3 = -18 \end{cases}$$

由最后一个方程得 $x_3 = -6$

代入第二个方程得 $x_2 = -1$

再把 $x_3 = -6, x_2 = -1$ 代入第一个方程,即得 $x_1 = 9$

因此,方程组有惟一的解 $(9, -1, -6)$.

(2) 当 $r < n$ 时,方程组(9.5)去掉后面的恒等式变为

$$\begin{cases} c_{11}x_1 + c_{12}x_2 + \cdots + c_{1r}x_r + c_{1r+1}x_{r+1} + \cdots + c_{1n}x_n = d_1 \\ \qquad c_{22}x_2 + \cdots + c_{2r}x_r + c_{2r+1}x_{r+1} + \cdots + c_{2n}x_n = d_2 \\ \qquad\qquad \vdots \qquad \vdots \qquad\qquad \vdots \quad \vdots \\ \qquad\qquad c_{rr}x_r + c_{r,r+1}x_{r+1} + \cdots + c_{rn}x_n = d_r \end{cases}$$

其中 $c_{11}, c_{22}, \cdots, c_{rr} \neq 0$,把上述方程组改写为

$$\begin{cases} c_{11}x_1 + c_{12}x_2 + \cdots + c_{1r}x_r = d_1 - c_{1r+1}x_{r+1} - \cdots - c_{1n}x_n \\ \qquad c_{22}x_2 + \cdots + c_{2r}x_r = d_2 - c_{2r+1}x_{r+1} - \cdots - c_{2n}x_n \\ \qquad\qquad \vdots \qquad \vdots \qquad \vdots \qquad\qquad \vdots \\ \qquad\qquad c_{rr}x_r = d_r - c_{r,r+1}x_{r+1} - \cdots - c_{rn}x_n \end{cases} \tag{9.7}$$

任给 $x_{r+1}, \cdots, x_n$ 一组值,与前面一样地讨论,逐步往回代入,就惟一地决定了 $x_1, x_2, \cdots, x_r$ 的值,这样连同给 $x_{r+1}, \cdots, x_n$ 的一组值,就得到了 $x_1, x_2, \cdots, x_r, x_{r+1}, \cdots, x_n$ 的一组值,也就是方程组(9.7)的一个解,同时也是方程组(9.1)的一个解.由于 $x_{r+1}, \cdots, x_n$ 可以任意取值,$x_1, x_2, \cdots, x_r$ 的值由它们表示出来,我们称 $x_{r+1}, \cdots, x_n$ 为方程组的自由未知量,利用自由未知量表示的方程组的解称为一般解,这时,显然方程组的解有无穷多个.

例 2 解方程组

$$\begin{cases}2x_1-x_2+3x_3=1\\4x_1-2x_2+5x_3=4\\2x_1-x_2+4x_3=-1\end{cases}.$$

解　先消去 x_1，得

$$\begin{cases}2x_1-x_2+3x_3=1\\-x_3=2\\x_3=-2\end{cases}$$

也就是

$$\begin{cases}2x_1-x_2+3x_3=1\\x_3=-2\end{cases}$$

改写一下

$$\begin{cases}2x_1+3x_3=1+x_2\\x_3=-2\end{cases}$$

最后得

$$\begin{cases}x_1=\dfrac{7}{2}+\dfrac{1}{2}x_2\\x_3=-2\end{cases}$$

其中 x_2 为自由未知量，任给 x_2 一个值，就可以得到方程组的一般解，比如：令 $x_2=c$，c 为任意常数，则得

$$\begin{cases}x_1=\dfrac{7}{2}+\dfrac{1}{2}c\\x_2=c\\x_3=-2\end{cases}\quad(c\text{ 为任意常数})$$

显然，不可能有 $r>n$ 的情形.

综合上述讨论，我们得到一个方程组有解的判定方法.

先用同解变换把方程组变为阶梯形的方程组，去掉那些“$0=0$”的恒等式（如果有），若剩下的方程组中最后一个方程是零等于一非零的数，则方程组无解，否则有解. 在有解的情形下，如果阶梯形方程组中方程的个数 r 等于未知数个数 n，方程组有惟一的解；如果 $r<n$，则方程组有无穷多个解.

再举两例加以说明.

例 3　解方程组

$$\begin{cases}x_1-2x_2+x_3+x_4=1\\x_1-2x_2+x_3-x_4=-1\\x_1-2x_2+x_3+5x_4=5\end{cases}$$

解　先消去 x_1，得

$$\begin{cases}x_1-2x_2+x_3+x_4=1\\-2x_4=-2\\4x_4=4\end{cases}$$

亦即

$$\begin{cases}x_1-2x_2+x_3+x_4=1\\x_4=1\\0=0\end{cases}$$

$$\begin{cases} x_1 = 2x_2 - x_3 \\ x_4 = 1 \end{cases}$$

其中 x_2,x_3 为自由未知量.令 $x_2 = c_1, x_3 = c_2$ 得方程组的一般解为

$$\begin{cases} x_1 = 2c_1 - c_2 \\ x_2 = c_1 \\ x_3 = c_2 \\ x_4 = 1 \end{cases} \quad (c_1, c_2 \text{ 为任意常数})$$

例 4 解方程组

$$\begin{cases} x_1 + x_2 - 3x_3 = -1 \\ 2x_1 + x_2 - 2x_3 = 1 \\ x_1 + x_2 + x_3 = 3 \\ x_1 + 2x_2 - 3x_3 = 1 \end{cases}$$

解 用同解变换,先消去 x_1,得

$$\begin{cases} x_1 + x_2 - 3x_3 = -1 \\ -x_2 + 4x_3 = 3 \\ 4x_3 = 4 \\ x_2 = 2 \end{cases}$$

再消去 x_2,用第 4 个方程加上第二个方程得

$$\begin{cases} x_1 + x_2 - 3x_2 = -1 \\ -x_2 + 4x_3 = 3 \\ x_3 = 1 \\ 4x_3 = 5 \end{cases}$$

最后消去 x_3 得

$$\begin{cases} x_1 + x_2 - 3x_3 = -1 \\ -x_2 + 4x_3 = 3 \\ x_3 = 1 \\ 0 = 1 \end{cases}$$

因最后一个方程矛盾(由前一方程组的最后两个方程也可以看出),原方程组无解.

§9.2 线性方程组解的判定

前述由消元法实际上已经给出了线性方程组有解的判定方法,本节把该方法用矩阵表述出来,使之简洁明了,便于应用.

分析一下用消元法求解线性方程组的过程不难看出,对线性方程组进行同解变换,实际上就是对增广矩阵进行行的初等变换.

1. 用非零数乘以某一方程,就是对增广矩阵的某一行乘以一个非零的数.
2. 把一方程的倍数加到另一个方程,就是把增广矩阵的一行乘以某数后加到另一行.
3. 互换两个方程的位置,在矩阵看来,就是交换增广矩阵中两行的位置.

以上三种方程组的同解变换，恰好对应矩阵的三种初等变换，因此，我们可以用对增广矩阵的初等变换，求解线性方程组，或判定线性方程组解的情况.

我们知道，用消元法解线性方程组，首先就是用同解变换，把方程组(9.1)化为阶梯形方程组. 相应地，用矩阵表示就是把增广矩阵 $\overline{\mathbf{A}}$ 化为阶梯形，也就是把 $\overline{\mathbf{A}}$ 化为

$$\begin{bmatrix} c_{11} & c_{12} & \cdots & c_{1r} & c_{1r+1} & \cdots & c_{1n} & d_1 \\ 0 & c_{22} & \cdots & c_{2r} & c_{2r+1} & \cdots & c_{2n} & d_2 \\ \vdots & \vdots & \cdots & \vdots & \vdots & \cdots & \vdots & \vdots \\ 0 & 0 & \cdots & c_{rr} & c_{rr+1} & \cdots & c_{rn} & d_r \\ 0 & 0 & \cdots & 0 & 0 & \cdots & 0 & d_{r+1} \\ \vdots & \vdots & \cdots & \vdots & \vdots & \cdots & \vdots & \vdots \\ 0 & 0 & \cdots & 0 & \cdots & \cdots & 0 & 0 \end{bmatrix}$$

或

$$\begin{bmatrix} c_{11} & c_{12} & \cdots & c_{1r} & c_{1r+1} & \cdots & c_{1n} & d_1 \\ 0 & c_{22} & \cdots & c_{2r} & c_{2r+1} & \cdots & c_{2n} & d_2 \\ \vdots & \vdots & \cdots & \vdots & \vdots & \cdots & \vdots & \vdots \\ 0 & 0 & \cdots & c_{rr} & c_{rr+1} & \cdots & c_{rn} & d_r \\ 0 & 0 & \cdots & 0 & 0 & \cdots & 0 & 0 \\ \vdots & \vdots & \cdots & \vdots & \vdots & \cdots & \vdots & \vdots \\ 0 & 0 & \cdots & 0 & \cdots & \cdots & 0 & 0 \end{bmatrix}$$

其中 $c_{ii} \neq 0, i = 1,2,\cdots,r, d_{r+1} \neq 0$. 在前一种情形，我们已说过，方程组(9.1)无解，而后一种情形方程组(9.1)有解. 由于，增广矩阵的前 n 列就是系数矩阵，当 $d_{r+1} \neq 0$ 时，$r(\mathbf{A}) = r$，$r(\overline{\mathbf{A}}) = r+1$；当 $d_{r+1} = 0$ 时，即上面的后一个矩阵可以看出，$r(\mathbf{A}) = r, r(\overline{\mathbf{A}}) = r$；由前节的讨论，当 $r < n$ 时，方程组有无穷多个解，当 $r = n$ 时，方程组有惟一解，于是有下面的定理：

定理 9.1　线性方程组(9.1)有解的充分必要条件是

$$r(\mathbf{A}) = r(\overline{\mathbf{A}})$$

并且当 $r(\mathbf{A}) = r(\overline{\mathbf{A}}) < n$ 时，方程组有无穷多个解，当 $r(\mathbf{A}) = r(\overline{\mathbf{A}}) = n$ 时，方程组有惟一的解.

对于齐次线性方程组(9.2)而言，一定有解，因为$(0,0,\cdots,0)$总是方程组的解. 因此，对方程组(9.2)的解的判定，主要是看其是否有惟一解，也就是除零解$(0,0,\cdots,0)$以外，是否还有非零解. 应用定理 9.1 的结论，可以得到下述定理：

定理 9.2　齐次线性方程组(9.2)有非零解的充分必要条件是 $r(\mathbf{A}) < n$.

推论 9.1　若齐次线性方程组(9.2)的未知数个数大于方程组中方程的个数，则方程组一定有非零解. 即齐次线性方程组(9.2)中，若 $n > m$，则方程组(9.2)必有非零解.

证明　由 $r(\mathbf{A}) \leqslant m < n$，即证.

为明确其见，我们把上述定理的结论总结如下：

$$\mathbf{AX} = b\begin{cases} r(\mathbf{A}) < r(\overline{\mathbf{A}})\text{，无解} \\ r(\mathbf{A}) = r(\overline{\mathbf{A}}) = r\text{，有解}\begin{cases} r = n & \text{有惟一解} \\ r < n & \text{有无穷多解} \end{cases} \end{cases}$$

$$\mathbf{AX} = 0\begin{cases} r(\mathbf{A}) = n & \text{只有零解} \\ r(\mathbf{A}) < n & \text{有非零解.} \end{cases}$$

例 1 解线性方程组

$$\begin{cases}2x_1+x_2-x_3-8x_4=-1\\x_1+x_2+x_3-5x_4=2\\x_1+2x_2-3x_3=-7\end{cases}$$

解 $\overline{A}=\begin{bmatrix}2&1&-1&-8&-1\\1&1&1&-5&2\\1&2&-3&0&-7\end{bmatrix}\longrightarrow\begin{bmatrix}1&2&-3&0&-7\\1&1&1&-5&2\\2&1&-1&-8&-1\end{bmatrix}$

$$\longrightarrow\begin{bmatrix}1&2&-3&0&-7\\0&-1&4&-5&9\\0&-3&5&-8&13\end{bmatrix}\longrightarrow\begin{bmatrix}1&2&-3&0&-7\\0&1&-4&5&-9\\0&0&-7&7&-14\end{bmatrix}$$

$$\longrightarrow\begin{bmatrix}1&2&-3&0&-7\\0&1&-4&5&-9\\0&0&1&-1&2\end{bmatrix}\longrightarrow\begin{bmatrix}1&2&0&-3&-1\\0&1&0&1&-1\\0&0&1&-1&2\end{bmatrix}$$

$$\longrightarrow\begin{bmatrix}1&0&0&-5&1\\0&1&0&1&-1\\0&0&1&-1&2\end{bmatrix}$$

对应方程组为

$$\begin{cases}x_1-5x_4=1\\x_2+x_4=-1\\x_3-x_4=2\end{cases}\text{改写为}\begin{cases}x_1=1+5x_4\\x_2=-1-x_4\\x_3=2+x_4\end{cases}\quad(x_4\text{ 为自由未知量})$$

令 $x_4=c$，得方程组的一般解为

$$\begin{cases}x_1=1+5c\\x_2=-1-c\\x_3=2+c\\x_4=c\quad(c\text{ 为任意数}).\end{cases}$$

例 2 求 λ，使方程组有解，并求其解.

$$\begin{cases}2x_1-x_2+x_3+x_4=1\\x_1+2x_2-x_3+4x_4=2\\x_1+7x_2-4x_3+11x_4=\lambda\end{cases}$$

解 $\overline{A}=\begin{bmatrix}2&-1&1&1&1\\1&2&-1&4&2\\1&7&-4&11&\lambda\end{bmatrix}\longrightarrow\begin{bmatrix}1&2&-1&4&2\\2&-1&1&1&1\\1&7&-4&11&\lambda\end{bmatrix}$

$$\longrightarrow\begin{bmatrix}1&2&-1&4&2\\0&-5&3&-7&-3\\0&5&-3&7&\lambda-2\end{bmatrix}\longrightarrow\begin{bmatrix}1&2&-1&4&2\\0&-5&3&-7&-3\\0&0&0&0&\lambda-5\end{bmatrix}$$

所以，当 $\lambda=5$ 时，方程组有解. 此时，对 $\overline{A}$ 继续变换

$$\overline{A}\longrightarrow\begin{bmatrix}1&2&-1&4&2\\0&1&-\frac{3}{5}&\frac{7}{5}&\frac{3}{5}\\0&0&0&0&0\end{bmatrix}\longrightarrow\begin{bmatrix}1&0&\frac{1}{5}&\frac{6}{5}&\frac{4}{5}\\0&1&-\frac{3}{5}&\frac{7}{5}&\frac{3}{5}\\0&0&0&0&0\end{bmatrix}$$

即
$$\begin{cases} x_1=\dfrac{4}{5}-\dfrac{1}{5}x_3-\dfrac{6}{5}x_4 \\ x_2=\dfrac{3}{5}+\dfrac{3}{5}x_3-\dfrac{7}{5}x_4 \end{cases}\quad (x_3, x_4 \text{ 为自由未知量})$$

令 $x_3=5c_1, x_4=5c_2$，即得方程组一般解

$$\begin{cases} x_1=\dfrac{4}{5}-c_1-6c_2 \\ x_2=\dfrac{3}{5}+3c_1-7c_2 \\ x_3=5c_1 \\ x_4=5c_2 \end{cases}\quad (c_1, c_2 \text{ 为任意常数}).$$

例 3　解方程组

$$\begin{cases} x_1+x_2+2x_3+3x_4=0 \\ x_2+x_3-4x_4=0 \\ x_1+2x_2+3x_3-x_4=0 \\ 2x_1+3x_2-x_3-x_4=0 \end{cases}$$

解　$$\boldsymbol{A}=\begin{bmatrix} 1 & 1 & 2 & 3 \\ 0 & 1 & 1 & -4 \\ 1 & 2 & 3 & -1 \\ 2 & 3 & -1 & -1 \end{bmatrix}\longrightarrow\begin{bmatrix} 1 & 1 & 2 & 3 \\ 0 & 1 & 1 & -4 \\ 0 & 1 & 1 & -4 \\ 0 & 1 & -5 & -7 \end{bmatrix}$$

$$\longrightarrow\begin{bmatrix} 1 & 1 & 2 & 3 \\ 0 & 1 & 1 & -4 \\ 0 & 0 & 0 & 0 \\ 0 & 0 & -6 & -3 \end{bmatrix}\longrightarrow\begin{bmatrix} 1 & 1 & 2 & 3 \\ 0 & 1 & 1 & -4 \\ 0 & 0 & 1 & \dfrac{1}{2} \\ 0 & 0 & 0 & 0 \end{bmatrix}$$

$$\longrightarrow\begin{bmatrix} 1 & 1 & 0 & 2 \\ 0 & 1 & 0 & -\dfrac{9}{2} \\ 0 & 0 & 1 & \dfrac{1}{2} \\ 0 & 0 & 0 & 0 \end{bmatrix}\longrightarrow\begin{bmatrix} 1 & 0 & 0 & \dfrac{13}{2} \\ 0 & 1 & 0 & -\dfrac{9}{2} \\ 0 & 0 & 1 & \dfrac{1}{2} \\ 0 & 0 & 0 & 0 \end{bmatrix}$$

得同解方程组

$$\begin{cases} x_1+\dfrac{13}{2}x_4=0 \\ x_2-\dfrac{9}{2}x_4=0 \\ x_3+\dfrac{1}{2}x_4=0 \end{cases}\quad (x_4 \text{ 为自由未知量})$$

令 $x_4=2c$，得方程组的一般解为

$$\begin{cases} x_1 = -13c \\ x_2 = 9c \\ x_3 = -c \\ x_4 = 2c \quad (c\text{ 为任意常数}). \end{cases}$$

§9.3 线性方程组解的结构

9.3.1 齐次线性方程组解的结构

前述已经说明,线性方程组的解可以表示成向量的形式称为解向量,或仍然简称为解.既然如此,我们当然可以用前面已经学习过的向量的相关结论来帮助探讨线性方程组解的结构.

首先看齐次线性方程组

$$\begin{cases} a_{11}x_1 + a_{12}x_2 + \cdots + a_{1n}x_n = 0 \\ a_{21}x_1 + a_{22}x_2 + \cdots + a_{2n}x_n = 0 \\ \quad\vdots \qquad\quad \vdots \qquad\qquad\quad \vdots \qquad \vdots \\ a_{m1}x_1 + a_{m2}x_2 + \cdots + a_{mn}x_n = 0 \end{cases} \tag{9.8}$$

的解向量所具有的两个重要性质,为了方便,我们用其矩阵表示式 $\boldsymbol{AX} = \boldsymbol{\theta}$.

性质 9.1 $\boldsymbol{AX} = \boldsymbol{\theta}$ 的两个解向量 $\boldsymbol{\alpha}, \boldsymbol{\beta}$ 的和,仍是该方程组的解向量.

证 由已知,$\boldsymbol{A\alpha} = \boldsymbol{\theta}$,且 $\boldsymbol{A\beta} = \boldsymbol{\theta}$

所以
$$\boldsymbol{A}(\boldsymbol{\alpha} + \boldsymbol{\beta}) = \boldsymbol{A\alpha} + \boldsymbol{A\beta} = \boldsymbol{\theta} + \boldsymbol{\theta} = \boldsymbol{\theta}$$

即 $\boldsymbol{\alpha} + \boldsymbol{\beta}$ 也是齐次线性方程组 $\boldsymbol{AX} = \boldsymbol{\theta}$ 的解.

性质 9.2 $\boldsymbol{AX} = \boldsymbol{\theta}$ 的解向量的数乘(或简称为解的倍数),还是 $\boldsymbol{AX} = \boldsymbol{\theta}$ 的解.

证 由已知,设 $\boldsymbol{\alpha}$ 是 $\boldsymbol{AX} = \boldsymbol{\theta}$ 的一个解,则 $\boldsymbol{A}(c\boldsymbol{\alpha}) = c(\boldsymbol{A\alpha}) = \boldsymbol{\theta}$ (c 为常数)

即 $\boldsymbol{\alpha}$ 的倍数 $c\boldsymbol{\alpha}$ 也是齐次线性方程组 $\boldsymbol{AX} = \boldsymbol{\theta}$ 的解.

推论 9.2 如果 $\boldsymbol{\alpha}_1, \boldsymbol{\alpha}_2, \cdots, \boldsymbol{\alpha}_s$ 都是齐次线性方程组 $\boldsymbol{AX} = \boldsymbol{\theta}$ 的解,则它们的线性组合 $k_1\boldsymbol{\alpha}_1 + k_2\boldsymbol{\alpha}_2 + \cdots + k_s\boldsymbol{\alpha}_s$ 也是方程组的解.

当一个齐次线性方程组有非零解时,由于其一般解的表达式中含有自由未知量,因此,一定有无穷多个解.上述性质也说明,如果给出方程组的几个解,则通过这些解的线性组合就给出了方程组的很多个(无穷多个)解.一个很自然的想法就是,齐次线性方程组的全部解能否通过该方程组的有限的几个解的线性组合表示出来?如果能够,齐次线性方程组的解的情况就非常清楚,因为它们都是由有限个已知解构成的,解的所有性质,或者说方程组的所有性质都由这有限个已知的解表现出来.联想到一个向量组可以由其极大无关组线性表示这一结论,回答是肯定的.我们只要找到全体解向量组的一个极大无关组就可以了.为此,我们先给出下面的定义:

定义 9.1 齐次线性方程组(9.8)的一组解 $\boldsymbol{\alpha}_1, \boldsymbol{\alpha}_2, \cdots, \boldsymbol{\alpha}_t$ 称为方程组(9.8)的一个基础解系,如果:

(1) 方程组(9.8)的任意一个解都能表示成 $\boldsymbol{\alpha}_1, \boldsymbol{\alpha}_2, \cdots, \boldsymbol{\alpha}_t$ 的线性组合.

(2) $\boldsymbol{\alpha}_1, \boldsymbol{\alpha}_2, \cdots, \boldsymbol{\alpha}_t$ 线性无关.

应该指出，定义 9.1 中的条件(2) 是为了保证基础解系中没有多余的向量，使基础解系中向量的个数恰到好处. 事实上，如果 $\boldsymbol{\alpha}_1,\boldsymbol{\alpha}_2,\cdots,\boldsymbol{\alpha}_t$ 线性相关，不难看出，我们还可以从中去掉一些向量，使其剩余部分仍然满足条件(1).

根据定义，齐次线性方程组的一个基础解系，就是其解向量组的一个极大无关组. 在对向量组的极大无关组的讨论中，我们知道，如果一个向量组含有非零向量，那么这个向量组就必然有极大无关组存在，并且极大无关组所含向量的个数是惟一的. 因此，当一个齐次线性方程组只有零解时，该方程组没有基础解系；当该方程组有非零解时，就必然存在基础解系，并且基础解系中所含解向量的个数是惟一的，也就是说，齐次线性方程组的任意与基础解系有相同个数线性无关的向量的向量组，都是该方程组的基础解系，剩下的问题，就是如何寻求齐次线性方程组的一个基础解系.

设齐次线性方程组

$$\begin{cases}a_{11}x_1+a_{12}x_2+\cdots+a_{1n}x_n=0\\ a_{21}x_1+a_{22}x_2+\cdots+a_{2n}x_n=0\\ \vdots\qquad\vdots\qquad\qquad\vdots\qquad\vdots\\ a_{m1}x_1+a_{m2}x_2+\cdots+a_{mn}x_n=0\end{cases}\tag{9.9}$$

的系数矩阵 $\boldsymbol{A}$ 的秩 $r(\boldsymbol{A})=r<n$，我们来求方程组(9.9) 的基础解系.

和前面一节同样的讨论，$\boldsymbol{A}$ 经过一系列的行初等变换(必要时，可能有列交换) 后，就变为

$$\boldsymbol{A}\longrightarrow\begin{bmatrix}c_{11}&c_{12}&\cdots&c_{1r}&c_{1r+1}&\cdots&c_{1n}\\0&c_{22}&\cdots&c_{2r}&c_{2r+1}&\cdots&c_{2n}\\ \vdots&\vdots&\cdots&\vdots&\vdots&\cdots&\vdots\\0&0&\cdots&c_{rr}&c_{r+1}&\cdots&c_{rn}\\0&0&\cdots&0&0&0&\cdots\\ \vdots&\vdots&\cdots&\vdots&\vdots&\cdots&\vdots\\0&0&\cdots&0&0&\cdots&0\end{bmatrix}$$

其中 $c_{11},c_{22},\cdots,c_{rr}\neq 0$，进一步再变为

$$\boldsymbol{A}\longrightarrow\begin{bmatrix}1&0&\cdots&0&k_{1r+1}&\cdots&k_{1n}\\0&1&\cdots&0&k_{2r+1}&\cdots&k_{2n}\\ \vdots&\vdots&\cdots&\vdots&\vdots&\cdots&\vdots\\0&0&\cdots&1&k_{rr+1}&\cdots&k_{rn}\\0&0&\cdots&0&0&\cdots&0\\ \vdots&\vdots&\cdots&\vdots&\vdots&\cdots&\vdots\\0&0&\cdots&0&0&\cdots&0\end{bmatrix}$$

对应方程组为(如果有列交换，只要改变未知量的序号，不影响下面的讨论)

$$\begin{cases}x_1=-k_{1r+1}x_{r+1}-\cdots-k_{1n}x_n\\ x_2=-k_{2r+1}x_{r+1}-\cdots-k_{2n}x_n\\ \vdots\qquad\qquad\vdots\qquad\qquad\qquad\vdots\\ x_r=-k_{rr+1}x_{r+1}-\cdots-k_{rn}x_n\end{cases}\tag{9.10}$$

令自由未知量分别取

$$\begin{bmatrix} x_{r+1} \\ x_{r+2} \\ \vdots \\ x_n \end{bmatrix} = \begin{bmatrix} 1 \\ 0 \\ \vdots \\ 0 \end{bmatrix}, \begin{bmatrix} 0 \\ 1 \\ \vdots \\ 0 \end{bmatrix}, \cdots, \begin{bmatrix} 0 \\ 0 \\ \vdots \\ 1 \end{bmatrix}$$

代入上述方程组，即得方程组的一组解（$n-r$ 个）

$$\boldsymbol{\alpha}_1 = \begin{bmatrix} -k_{1r+1} \\ -k_{2r+1} \\ \vdots \\ -k_{rr+1} \\ 1 \\ 0 \\ \vdots \\ 0 \end{bmatrix}, \boldsymbol{\alpha}_2 = \begin{bmatrix} -k_{1r+2} \\ -k_{2r+2} \\ \vdots \\ -k_{rr+2} \\ 0 \\ 1 \\ \vdots \\ 0 \end{bmatrix}, \cdots, \boldsymbol{\alpha}_{n-r} = \begin{bmatrix} -k_{1n} \\ -k_{2n} \\ \vdots \\ -k_{rn} \\ 0 \\ 0 \\ \vdots \\ 1 \end{bmatrix}$$

这 $n-r$ 个解向量就是方程组(9.9)的一个基础解系. 首先 $\boldsymbol{\alpha}_1, \boldsymbol{\alpha}_2, \cdots, \boldsymbol{\alpha}_{n-r}$ 是线性无关的，因为如果

$$l_1\boldsymbol{\alpha}_1 + l_2\boldsymbol{\alpha}_2 + \cdots + l_{n-r}\boldsymbol{\alpha}_{n-r} = l_1 \begin{bmatrix} -k_{1r+1} \\ -k_{2r+1} \\ \vdots \\ -k_{rr+1} \\ 1 \\ 0 \\ \vdots \\ 0 \end{bmatrix} + l_2 \begin{bmatrix} -k_{1r+2} \\ -k_{2r+2} \\ \vdots \\ -k_{rr+2} \\ 0 \\ 1 \\ \vdots \\ 0 \end{bmatrix} + \cdots + l_{n-r} \begin{bmatrix} -k_{1n} \\ -k_{2n} \\ \vdots \\ -k_{rn} \\ 0 \\ 0 \\ \vdots \\ 1 \end{bmatrix} = \begin{bmatrix} * \\ * \\ \vdots \\ * \\ l_1 \\ l_2 \\ \vdots \\ l_{n-r} \end{bmatrix} = \begin{bmatrix} 0 \\ 0 \\ \vdots \\ 0 \\ 0 \\ 0 \\ \vdots \\ 0 \end{bmatrix}$$

其中“$*$”是一些数. 比较上面后 $n-r$ 个分量，即得

$$l_1 = l_2 = \cdots = l_{n-r} = 0$$

因此 $\boldsymbol{\alpha}_1, \boldsymbol{\alpha}_2, \cdots, \boldsymbol{\alpha}_{n-1}$ 线性无关.

其次，设 $\boldsymbol{\alpha} = (d_1, d_2, \cdots, d_r, d_{r+1}, d_{r+2}, \cdots, d_n)$ 是方程组(9.9)的一个解，由于 $\boldsymbol{\alpha}_1, \boldsymbol{\alpha}_2, \cdots, \boldsymbol{\alpha}_{n-r}$ 是方程组(9.9)的一组解，所以线性组合

$$d_{r+1}\boldsymbol{\alpha}_1 + d_{r+2}\boldsymbol{\alpha}_2 + \cdots + d_n\boldsymbol{\alpha}_{n-r} = d_{r+1} \begin{bmatrix} -k_{1r+1} \\ \vdots \\ -k_{rr+1} \\ 1 \\ 0 \\ \vdots \\ 0 \end{bmatrix} + d_{r+2} \begin{bmatrix} -k_{1r+2} \\ \vdots \\ -k_{rr+2} \\ 0 \\ 1 \\ \vdots \\ 0 \end{bmatrix} + \cdots + d_n \begin{bmatrix} -k_{1n} \\ \vdots \\ -k_{rn} \\ 0 \\ 0 \\ \vdots \\ 1 \end{bmatrix}$$

$$= \begin{bmatrix} -k_{1r+1}d_{r+1} - k_{1r+2}d_{r+2} - \cdots - k_{1n}d_n \\ \vdots \\ -k_{rr+1}d_{r+1} - k_{rr+2}d_{r+2} - \cdots - k_{rn}d_n \\ d_{r+1} \\ d_{r+2} \\ \vdots \\ d_{n-r} \end{bmatrix} = \begin{bmatrix} d_1 \\ \vdots \\ d_r \\ d_{r+1} \\ d_{r+2} \\ \vdots \\ d_{n-r} \end{bmatrix} = \boldsymbol{\alpha}$$

这里用到了 $\boldsymbol{\alpha}$ 也是方程组(9.10) 的解. 这样就得到了

$$\boldsymbol{\alpha} = d_{r+1}\boldsymbol{\alpha}_1 + d_{r+2}\boldsymbol{\alpha}_2 + \cdots + d_n\boldsymbol{\alpha}_{n-r}$$

即方程组(9.9) 的任意一个解都是 $\boldsymbol{\alpha}_1, \boldsymbol{\alpha}_2, \cdots, \boldsymbol{\alpha}_{n-r}$ 的线性组合，于是 $\boldsymbol{\alpha}_1, \boldsymbol{\alpha}_2, \cdots, \boldsymbol{\alpha}_{n-r}$ 就是方程组(9.9) 的一个基础解系.

把上面的讨论，综合起来得到下述定理：

定理 9.3　若齐次线性方程组(9.9) 的系数矩阵 $\boldsymbol{A}$ 的秩 $r(\boldsymbol{A}) = r < n$，则方程组(9.9) 一定有基础解系，并且基础解系含有 $n - r$ 个解向量.

定理 9.3 的证明过程，实际上给出了基础解系的求法，这就是先求出方程组(9.9) 的一般解方程组(9.10)，再令自由未知量$(x_{r+1}, \cdots, x_n)$ 分别取数组$(1,0,\cdots,0),\cdots,(0,0,\cdots,1)$ 代入一般解，得到的 $n - r$ 个解向量，就是方程组(9.9) 的一个基础解系.

例 1　求方程组

$$\begin{cases} x_1 + 2x_2 + 3x_3 + 3x_4 + 7x_5 = 0 \\ 3x_1 + 2x_2 + x_3 + x_4 - 3x_5 = 0 \\ x_2 + 2x_3 + 2x_4 + 6x_5 = 0 \\ 5x_1 + 4x_2 + 3x_3 + 3x_4 - x_5 = 0 \end{cases}$$

的一个基础解系，并表示出全部解.

解　设系数矩阵为 $\boldsymbol{A}$，对 $\boldsymbol{A}$ 施行初等行变换

$$\boldsymbol{A} = \begin{bmatrix} 1 & 2 & 3 & 3 & 7 \\ 3 & 2 & 1 & 1 & -3 \\ 0 & 1 & 2 & 2 & 6 \\ 5 & 4 & 3 & 3 & -1 \end{bmatrix} \longrightarrow \begin{bmatrix} 1 & 2 & 3 & 3 & 7 \\ 0 & -4 & -8 & -8 & -24 \\ 0 & 1 & 2 & 2 & 6 \\ 0 & -6 & -12 & -12 & -36 \end{bmatrix}$$

$$\longrightarrow \begin{bmatrix} 1 & 2 & 3 & 3 & 7 \\ 0 & 1 & 2 & 2 & 6 \\ 0 & 0 & 0 & 0 & 0 \\ 0 & 0 & 0 & 0 & 0 \end{bmatrix} \longrightarrow \begin{bmatrix} 1 & 0 & -1 & -1 & -5 \\ 0 & 1 & 2 & 2 & 6 \\ 0 & 0 & 0 & 0 & 0 \\ 0 & 0 & 0 & 0 & 0 \end{bmatrix}$$

得到同解方程组

$$\begin{cases} x_1 = x_3 + x_4 + 5x_5 \\ x_2 = -2x_3 - 2x_4 - 6x_5 \end{cases}$$

分别令

$$\begin{bmatrix} x_3 \\ x_4 \\ x_5 \end{bmatrix} = \begin{bmatrix} 1 \\ 0 \\ 0 \end{bmatrix}, \begin{bmatrix} x_3 \\ x_4 \\ x_5 \end{bmatrix} = \begin{bmatrix} 0 \\ 1 \\ 0 \end{bmatrix}, \begin{bmatrix} x_3 \\ x_4 \\ x_5 \end{bmatrix} = \begin{bmatrix} 0 \\ 0 \\ 1 \end{bmatrix}$$

得方程组的一组解

$$\boldsymbol{\alpha}_1=\begin{bmatrix}1\\-2\\1\\0\\0\end{bmatrix},\quad \boldsymbol{\alpha}_2=\begin{bmatrix}1\\-2\\0\\1\\0\end{bmatrix},\quad \boldsymbol{\alpha}_3=\begin{bmatrix}5\\-6\\0\\0\\1\end{bmatrix}$$

就是方程组的一个基础解系. 方程组的全部解为

$$v=k_1\begin{bmatrix}1\\-2\\1\\0\\0\end{bmatrix}+k_2\begin{bmatrix}1\\-2\\0\\1\\0\end{bmatrix}+k_3\begin{bmatrix}5\\-6\\0\\0\\1\end{bmatrix}\quad (k_1,k_2,k_3\text{ 为任意常数}).$$

例 2 当 λ 是什么数时,齐次线性方程组

$$\begin{cases}(\lambda-1)x_1+2x_2-2x_3=0\\2x_1+(\lambda+2)x_2-4x_3=0\\-2x_1-4x_2+(\lambda+2)x_3=0\end{cases}$$

有非零解?求出该方程组的基础解系.

解 对系数矩阵 $\boldsymbol{A}$ 施行初等行变换

$$\boldsymbol{A}=\begin{bmatrix}\lambda-1&2&-2\\2&\lambda+2&-4\\-2&-4&\lambda+2\end{bmatrix}\longrightarrow\begin{bmatrix}1&2&-\frac{1}{2}\lambda-1\\0&\lambda-2&\lambda-2\\\lambda-1&2&-2\end{bmatrix}$$

$$\longrightarrow\begin{bmatrix}1&2&-\frac{1}{2}\lambda-1\\0&\lambda-2&\lambda-2\\0&-2\lambda+4&\frac{1}{2}\lambda^2+\frac{1}{2}\lambda-3\end{bmatrix}\longrightarrow\begin{bmatrix}1&2&-\frac{1}{2}\lambda-1\\0&\lambda-2&\lambda-2\\0&0&\frac{1}{2}\lambda^2+\frac{5}{2}\lambda-7\end{bmatrix}$$

$$\longrightarrow\begin{bmatrix}1&2&-\frac{1}{2}\lambda-1\\0&\lambda-2&\lambda-2\\0&0&\lambda^2+5\lambda-14\end{bmatrix}\longrightarrow\begin{bmatrix}1&2&-\frac{1}{2}\lambda-1\\0&\lambda-2&\lambda-2\\0&0&(\lambda-2)(\lambda+7)\end{bmatrix}$$

当 $\lambda=2$,或 $\lambda=-7$ 时,方程组有非零解.

当 $\lambda=2$ 时,对应方程组为

$$\begin{cases}x_1+2x_2-2x_3=0\\x_1=-2x_2+2x_3\end{cases}$$

分别令 $\begin{bmatrix}x_2\\x_3\end{bmatrix}=\begin{bmatrix}1\\0\end{bmatrix},\begin{bmatrix}x_2\\x_3\end{bmatrix}=\begin{bmatrix}0\\1\end{bmatrix}$ 得解向量

$$\boldsymbol{\alpha}_1=\begin{bmatrix}-2\\1\\0\end{bmatrix},\ \boldsymbol{\alpha}_2=\begin{bmatrix}2\\0\\1\end{bmatrix}$$

就是方程组的一个基础解系.

当 $\lambda=-7$ 时，对应方程组为

$$\begin{cases}x_1+2x_2+\dfrac{5}{2}x_3=0\\ -9x_2-9x_3=0\end{cases}$$

进一步化简为

$$\begin{cases}x_1=-\dfrac{1}{2}x_3\\ x_2=-x_3\end{cases}$$

令自由未知量 $x_3=-2$，得解向量

$$\alpha=\begin{bmatrix}1\\2\\-2\end{bmatrix}$$

就是方程组的一个基础解系.

9.3.2　非齐次线性方程组解的结构

在非齐次线性方程组

$$\begin{cases}a_{11}x_1+a_{12}x_2+\cdots+a_{1n}x_n=b_1\\ a_{21}x_1+a_{22}x_2+\cdots+a_{2n}x_n=b_2\\ \quad\vdots\qquad\quad\vdots\qquad\cdots\qquad\vdots\qquad\vdots\\ a_{m1}x_1+a_{m2}x_2+\cdots+a_{mn}x_n=b_m\end{cases}\tag{9.11}$$

中若把每个方程的常数项都换为 0，就得到了齐次线性方程组(9.9)，我们称方程组(9.9) 为方程组(9.11) 的导出组，方程组(9.11) 与其导出组(9.9) 的解之间存在着密切的关系，为方便起见，用它们的矩阵形式，称 $\boldsymbol{AX}=\boldsymbol{\theta}$ 为 $\boldsymbol{AX}=\boldsymbol{b}$ 的导出组. 先来看它们的解之间的几个性质.

性质 9.3　方程组(9.11) 的两个解 $\boldsymbol{V}_1,\boldsymbol{V}_2$ 的差 $\boldsymbol{V}_1-\boldsymbol{V}_2$ 是其导出组(9.11) 的解.

证　由已知 $\boldsymbol{V}_1,\boldsymbol{V}_2$ 是方程组(9.11) 的解，即 $\boldsymbol{AV}_1=\boldsymbol{b}$，且 $\boldsymbol{AV}_2=\boldsymbol{b}$，于是

$$\boldsymbol{A}(\boldsymbol{V}_1-\boldsymbol{V}_2)=\boldsymbol{AV}_1-\boldsymbol{AV}_2=\boldsymbol{b}-\boldsymbol{b}=\boldsymbol{\theta}$$

即 $\boldsymbol{V}_1-\boldsymbol{V}_2$ 是其导出组 $\boldsymbol{AX}=\boldsymbol{\theta}$ 的解.

性质 9.4　方程组(9.11) 的一个解 $\boldsymbol{V}$ 与其导出组的一个解 $\boldsymbol{\alpha}$ 的和 $\boldsymbol{V}+\boldsymbol{\alpha}$ 还是方程组(9.11) 的解.

证　依题意有

$$\boldsymbol{AV}=\boldsymbol{b}\quad \boldsymbol{A\alpha}=\boldsymbol{\theta}$$

于是

$$\boldsymbol{A}(\boldsymbol{V}+\boldsymbol{\alpha})=\boldsymbol{AV}+\boldsymbol{A\alpha}=\boldsymbol{b}+\boldsymbol{\theta}=\boldsymbol{b}$$

即 $\boldsymbol{V}+\boldsymbol{\alpha}$ 是方程组(9.11) 的解.

性质 9.5　若 $\boldsymbol{V}_1,\boldsymbol{V}_2,\cdots,\boldsymbol{V}_t$ 是非齐次线性方程组(9.11) 的 t 个解，则它们的线性组合 $k_1\boldsymbol{V}_1+k_2\boldsymbol{V}_2+\cdots+k_t\boldsymbol{V}_t$ 仍是方程组(9.11) 的解，当且仅当 $k_1+k_2+\cdots+k_t=1$.

证　由已知 $\boldsymbol{V}_1,\boldsymbol{V}_2,\cdots,\boldsymbol{V}_t$ 都是方程组(9.11) 的解，即

$$\boldsymbol{AV}_1=\boldsymbol{b},\boldsymbol{AV}_2=\boldsymbol{b},\cdots,\boldsymbol{AV}_t=\boldsymbol{b}$$

则

$$\begin{aligned}\boldsymbol{A}(k_1\boldsymbol{V}_1+k_2\boldsymbol{V}_2+\cdots+k_t\boldsymbol{V}_t)&=\boldsymbol{A}k_1\boldsymbol{V}_1+\boldsymbol{A}k_2\boldsymbol{V}_2+\cdots+\boldsymbol{A}k_t\boldsymbol{V}_t\\&=k_1\boldsymbol{AV}_1+k_2\boldsymbol{AV}_2+\cdots+k_t\boldsymbol{AV}_t=k_1\boldsymbol{b}+k_2\boldsymbol{b}+\cdots+k_t\boldsymbol{b}\end{aligned}$$

$$= (k_1 + k_2 + \cdots + k_t)\boldsymbol{b}$$

可以看出，$\boldsymbol{A}(k_1\boldsymbol{V}_1 + k_2\boldsymbol{V}_2 + \cdots + k_t\boldsymbol{V}_t) = \boldsymbol{b}$ 的充要条件是

$$k_1 + k_2 + \cdots + k_t = 1.$$

从性质 9.5 可以看出，非齐次线性方程组(9.11) 的解的线性组合一般不再是非齐次线性方程组(9.11) 的解. 因此，不能像齐次线性方程组(9.9) 那样，通过其有限个解的线性组合来表示出全部解. 但由上述性质，我们仍然可以看出，非齐次线性方程组(9.11) 与齐次线性方程组(9.9) 的解之间存在密切的关系.

设 $\boldsymbol{\gamma}_0$ 是非齐次线性方程组(9.11) 的一个固定的已知解，称之为特解. 一方面，对于其导出组(9.9) 的任意一个解 $\boldsymbol{\alpha}$，$\boldsymbol{\gamma}_0 + \boldsymbol{\alpha}$ 都是非齐次线性方程组(9.11) 的解(性质 9.4)；另一方面，对于非齐次线性方程组(9.11) 的任意一个解 $\boldsymbol{\gamma}$，由 $\boldsymbol{\gamma} = \boldsymbol{\gamma}_0 + (\boldsymbol{\gamma} - \boldsymbol{\gamma}_0)$，而且 $\boldsymbol{\gamma} - \boldsymbol{\gamma}_0$ 是其导出组(9.9) 的一个解(性质 9.3) 得出，$\boldsymbol{\gamma}$ 可以表示成 $\boldsymbol{\gamma}_0$ 与导出组(9.9) 的一个解的和的形式.

定理 9.4 如果 $\boldsymbol{\gamma}_0$ 是非齐次线性方程组(9.11) 的一个特解，则其导出组(9.9) 的全部解 $\boldsymbol{v}$ 与 $\boldsymbol{\gamma}_0$ 的和 $\boldsymbol{v} + \boldsymbol{\gamma}_0$，就构成非齐次线性方程组(9.11) 的全部解.

定理 9.4 给出了我们寻求非齐次线性方程组(9.11) 的全部解的方法，那就是找出其导出组(9.9) 的全部解，和非齐次线性方程组(9.11) 的一个特解. 导出组(9.9) 的全部解，可以用其基础解系表示. 设 $\boldsymbol{\alpha}_1, \boldsymbol{\alpha}_2, \cdots, \boldsymbol{\alpha}_{n-r}$ 是非齐次线性方程组(9.11) 的导出组(9.9) 的一个基础解系，$\boldsymbol{\gamma}_0$ 是非齐次线性方程组(9.11) 的一个特解，则非齐次线性方程组(9.11) 的全部解就是

$$\boldsymbol{\gamma} = \boldsymbol{\gamma}_0 + k_1\boldsymbol{\alpha}_1 + k_2\boldsymbol{\alpha}_2 + \cdots + k_{n-r}\boldsymbol{\alpha}_{n-r}.$$

例 3 用基础解系表出下列方程组的一般解

$$\begin{cases} 2x_1 + x_2 - x_3 + x_4 = 1 \\ x_1 + 2x_2 + x_3 - x_4 = 2. \\ x_1 + x_2 + 2x_3 + x_4 = 3 \end{cases}$$

解 对增广矩阵进行初等变换

$$\overline{\boldsymbol{A}} = \begin{bmatrix} 2 & 1 & -1 & 1 & 1 \\ 1 & 2 & 1 & -1 & 2 \\ 1 & 1 & 2 & 1 & 3 \end{bmatrix} \longrightarrow \begin{bmatrix} 1 & 2 & 1 & -1 & 2 \\ 0 & -3 & -3 & 3 & -3 \\ 0 & -1 & 1 & 2 & 1 \end{bmatrix} \longrightarrow \begin{bmatrix} 1 & 2 & 1 & -1 & 2 \\ 0 & 1 & 1 & -1 & 1 \\ 0 & 0 & 2 & 1 & 2 \end{bmatrix}$$

$$\longrightarrow \begin{bmatrix} 1 & 2 & 0 & -\frac{3}{2} & 1 \\ 0 & 1 & 0 & -\frac{3}{2} & 0 \\ 0 & 0 & 1 & \frac{1}{2} & 1 \end{bmatrix} \longrightarrow \begin{bmatrix} 1 & 0 & 0 & \frac{3}{2} & 1 \\ 0 & 1 & 0 & -\frac{3}{2} & 0 \\ 0 & 0 & 1 & \frac{1}{2} & 1 \end{bmatrix}$$

得同解方程组

$$\begin{cases} x_1 + \frac{3}{2}x_4 = 1 \\ x_2 - \frac{3}{2}x_4 = 0 \\ x_3 + \frac{1}{2}x_4 = 1 \end{cases}$$

令 $x_4=0$，得到方程组的一个特解 $\boldsymbol{r}_0=(1,0,1,0)^{\mathrm{T}}$. 导出组的同解方程组为

$$\begin{cases}x_1=-\dfrac{3}{2}x_4\\ x_2=\dfrac{3}{2}x_4\\ x_3=-\dfrac{1}{2}x_4\end{cases}$$

令 $x_4=2$，得导出组的基础解系为 $(-3,3,-1,2)^{\mathrm{T}}$，所以方程组的全部解为

$$\boldsymbol{r}=(1,0,1,0)^{\mathrm{T}}+k(-3,3,-1,2)^{\mathrm{T}}\quad (k\text{ 为任意常数}).$$

需要指出，前面消元法也能得到方程组的全部解，但其解与解之间的关系却不像这里明显.

在这里要得到非齐次线性方程组的一个特解，才能得到全部解. 求特解的方法，可以像例3那样，让自由未知量为0得到，也可以通过观察得到，也可以在原方程组中，给一些未知数赋值，解剩余未知量的部分方程组.

例4 解非齐次线性方程组(用导出组的基础解系表示出全部解)

$$\begin{cases}x_1+2x_2-x_3+x_4=2\\ -x_1-3x_2+x_3-x_4=-3.\\ x_1+3x_2-2x_3-x_4=3\end{cases}$$

解 首先可以观察 x_2 的系数，与常数项相同，因此，$(0,1,0,0)$ 就是一个特解，再求其导出组的基础解系

$$\boldsymbol{A}=\begin{bmatrix}1&2&-1&1\\-1&-3&1&-1\\1&3&-2&-1\end{bmatrix}\longrightarrow\begin{bmatrix}1&2&-1&1\\0&-1&0&0\\0&1&-1&-2\end{bmatrix}$$

$$\longrightarrow\begin{bmatrix}1&2&-1&1\\0&1&0&0\\0&0&-1&-2\end{bmatrix}\longrightarrow\begin{bmatrix}1&2&0&3\\0&1&0&0\\0&0&1&2\end{bmatrix}\longrightarrow\begin{bmatrix}1&0&0&3\\0&1&0&0\\0&0&1&2\end{bmatrix}$$

得导出组的同解方程组

$$\begin{cases}x_1=-3x_4\\ x_2=0\\ x_3=-2x_4\end{cases}$$

令 $x_4=1$ 得基础解系 $(-3,0,-2,1)^{\mathrm{T}}$. 方程组的全部解为

$$\boldsymbol{r}=(0,1,0,0)^{\mathrm{T}}+k(-3,0,-2,1)^{\mathrm{T}}.$$

例5 用基础解系表示方程组的全部解

$$\begin{cases}x_1-x_2+3x_3-4x_4=2\\ x_1-x_2+7x_3+4x_4=2.\\ x_1+x_2-3x_3+6x_4=4\end{cases}$$

解 令 $x_3=x_4=0$ 解方程组

$$\begin{cases}x_1-x_2=2\\ x_1+x_2=4\end{cases}\quad\text{得}\quad\begin{cases}x_1=3\\ x_2=1\end{cases}$$

即得方程组的一个特解(3,1,0,0),再求其基础解系

$$A=\begin{bmatrix}1&-1&3&-4\\1&-1&7&4\\1&1&-3&6\end{bmatrix}\longrightarrow\begin{bmatrix}1&-1&3&-4\\0&0&4&8\\0&2&-6&10\end{bmatrix}$$

$$\longrightarrow\begin{bmatrix}1&-1&3&-4\\0&1&-3&5\\0&0&1&2\end{bmatrix}\longrightarrow\begin{bmatrix}1&-1&0&-10\\0&1&0&11\\0&0&1&2\end{bmatrix}\longrightarrow\begin{bmatrix}1&0&0&1\\0&1&0&11\\0&0&1&2\end{bmatrix}$$

得导出组的同解方程组

$$\begin{cases}x_1=-x_4\\x_2=-11x_4\\x_3=-2x_4\end{cases}$$

令 $x_4=-1$,得基础解系 $(1,11,2,-1)^{\mathrm{T}}$. 方程组的全部解为

$$\boldsymbol{r}=(3,1,0,0)^{\mathrm{T}}+k(1,11,2,-1)^{\mathrm{T}}.$$

§9.4 本章小结

本章主要讨论了一般线性方程组的解的问题,包括解的存在性,解的数量以及解的结构等.所运用的工具主要是矩阵和向量.这一章内容比较丰富,结论明确,解题方法具体,应熟练掌握本章的相关内容,下面把本章所讨论的主要内容做一个小结.

9.4.1 一般线性方程组及其相关概念

$$\begin{cases}a_{11}x_1+a_{12}x_2+\cdots+a_{1n}x_n=b_1\\a_{21}x_1+a_{22}x_2+\cdots+a_{2n}x_n=b_2\\\quad\vdots\qquad\quad\vdots\qquad\cdots\qquad\vdots\qquad\vdots\\a_{m1}x_1+a_{m2}x_2+\cdots+a_{mn}x_n=b_m\end{cases}\tag{9.12}$$

称为一般线性方程组

$$\boldsymbol{A}=\begin{bmatrix}a_{11}&a_{12}&\cdots&a_{1n}\\a_{21}&a_{22}&\cdots&a_{2n}\\\vdots&\vdots&\cdots&\vdots\\a_{m1}&a_{m2}&\cdots&a_{mn}\end{bmatrix}\quad 和\quad \overline{\boldsymbol{A}}=\begin{bmatrix}a_{11}&a_{12}&\cdots&a_{1n}&b_1\\a_{21}&a_{22}&\cdots&a_{2n}&b_2\\\vdots&\vdots&\cdots&\vdots&\vdots\\a_{m1}&a_{m2}&\cdots&a_{mn}&b_m\end{bmatrix}$$

分别称为系数矩阵和增广矩阵.

$$\boldsymbol{X}=\begin{bmatrix}x_1\\x_2\\\vdots\\x_n\end{bmatrix}\quad 与\quad \boldsymbol{b}=\begin{bmatrix}b_1\\b_2\\\vdots\\b_m\end{bmatrix}$$

分别称为未知数矩阵(列向量),和常数项矩阵(列向量).

这样,方程组,还可以表示为矩阵形式:$\boldsymbol{AX}=\boldsymbol{b}$.

如果$\boldsymbol{b}$是零矩阵，方程组$\boldsymbol{AX}=\boldsymbol{\theta}$，称为齐次线性方程组，相应地$\boldsymbol{AX}=\boldsymbol{b}$称为非齐次线性方程组. 我们已经看到非齐次线性方程组与相应地齐次线性方程组的解之间关系密切. 若

$$\boldsymbol{V}=\begin{bmatrix}c_1\\c_2\\\vdots\\c_r\end{bmatrix}$$

使得$\boldsymbol{AV}=\boldsymbol{b}$，称$\boldsymbol{V}$为方程组的解向量，解方程组，就是求方程组的全体解，即解的集合.

解方程组必须施行同解变换，即变化前后的方程组虽然形式变了，但解集合没有变. 方程组的同解变换主要有三条：

(1) 交换两个方程的位置；

(2) 把一个方程的两边同乘以一个非零数；

(3) 把一个方程的倍数加到另一个方程.

上述三条恰好对应于矩阵的初等变换，因而方程组的解的问题归结为增广矩阵的变换.

9.4.2　消元法

消元法就是逐步消去未知数，使有些方程未知数变少直至一个，就是一元一次方程进而求得方程组的该未知数的取值，再逐步回代，即得方程组的解. 这其中往往需要把有些未知数当做常数来处理，也就是自由未知量. 通常由于方程组含有自由未知量，才导致了方程组有无穷多的解. 需要指出，方程组的自由未知量并不是固定于某几个未知量. 比如假定

$$\begin{cases}x_1=2+x_3\\x_2=3-x_3\end{cases}$$

是某方程组的一般解，x_3 是自由未知量，则

$$\begin{cases}x_1=5-x_2\\x_3=3-x_2\end{cases}$$

也是方程组的一般解，x_2 是自由未知量. 但是，不论将哪一组未知量作为自由未知量，自由未知量的个数是不变的.

9.4.3　解的判定(其中 n 为未知数的个数)

$$\boldsymbol{AX}=\boldsymbol{b}\begin{cases}r(\boldsymbol{A})=r(\overline{\boldsymbol{A}})\text{ 时有解}\begin{cases}r(\boldsymbol{A})=n\text{ 时有惟一解}\\r(\boldsymbol{A})<n\text{ 时有无穷多解}\end{cases}\\r(\boldsymbol{A})<r(\overline{\boldsymbol{A}})\text{ 时无解}\end{cases}$$

$$\boldsymbol{AX}=\boldsymbol{\theta}\begin{cases}r(\boldsymbol{A})=n\text{ 时有惟一解(即只有零解)}\\r(\boldsymbol{A})<n\text{ 时有无穷多解(即有非零解)}\end{cases}$$

若$\boldsymbol{A}_{m\times n}\boldsymbol{X}=\boldsymbol{\theta}$中，$m<n$，方程组一定有非零解.

9.4.4　解的性质

(1) $\boldsymbol{AX}=\boldsymbol{\theta}$的有限个解$\boldsymbol{\alpha}_1,\boldsymbol{\alpha}_2,\cdots,\boldsymbol{\alpha}_t$的线性组合$k_1\boldsymbol{\alpha}_1+k_2\boldsymbol{\alpha}_2+\cdots+k_t\boldsymbol{\alpha}_t$还是$\boldsymbol{AX}=\boldsymbol{\theta}$

的解.

(2) $\boldsymbol{AX}=\boldsymbol{b}$ 的两个解 $\boldsymbol{V}_1,\boldsymbol{V}_2$ 之差 $\boldsymbol{V}_1-\boldsymbol{V}_2$，是 $\boldsymbol{AX}=\boldsymbol{\theta}$ 的解.

(3) $\boldsymbol{AX}=\boldsymbol{\theta}$ 的解 $\boldsymbol{\alpha}$ 与 $\boldsymbol{AX}=\boldsymbol{b}$ 的解 $\boldsymbol{V}$ 之和 $\boldsymbol{\alpha}+\boldsymbol{V}$，还是 $\boldsymbol{AX}=\boldsymbol{b}$ 的解.

(4) $\boldsymbol{AX}=\boldsymbol{b}$ 的有限个解 $\boldsymbol{V}_1,\boldsymbol{V}_2,\cdots,\boldsymbol{V}_s$ 的线性组合：$k_1\boldsymbol{V}_1+k_2\boldsymbol{V}_2+\cdots+k_s\boldsymbol{V}_s$，仍是 $\boldsymbol{AX}=\boldsymbol{b}$ 的解，当且仅当 $k_1+k_2+\cdots+k_s=1$.

9.4.5 解的结构

设 $r(\boldsymbol{A})=r$ （n 是未知数个数）

(1) 如果 $\boldsymbol{\alpha}_1,\boldsymbol{\alpha}_2,\cdots,\boldsymbol{\alpha}_{n-r}$ 是 $\boldsymbol{AX}=\boldsymbol{\theta}$ 的 $n-r$ 个线性无关的解，则 $k_1\boldsymbol{\alpha}_1+k\boldsymbol{\alpha}_2+\cdots+k_{n-r}\boldsymbol{\alpha}_{n-r}$ 就是 $\boldsymbol{AX}=\boldsymbol{\theta}$ 的全部解. $\boldsymbol{\alpha}_1,\boldsymbol{\alpha}_2,\cdots,\boldsymbol{\alpha}_{n-r}$ 称为 $\boldsymbol{AX}=\boldsymbol{\theta}$ 的基础解系.

(2) 如果 $\boldsymbol{\gamma}_0$ 是 $\boldsymbol{AX}=\boldsymbol{b}$ 的一个特解，$\boldsymbol{\alpha}_1,\boldsymbol{\alpha}_2,\cdots,\boldsymbol{\alpha}_{n-r}$ 是其导出组的 $\boldsymbol{AX}=\boldsymbol{\theta}$ 的一个基础解系，则 $\boldsymbol{\gamma}_0+k_1\boldsymbol{\alpha}_1+\cdots+k_{n-r}\boldsymbol{\alpha}_{n-r}$ 是方程组 $\boldsymbol{AX}=\boldsymbol{b}$ 的全部解.

9.4.6 主要解题方法

(1) 求一般解

$$\overline{\boldsymbol{A}}=\begin{bmatrix} a_{11} & a_{12} & \cdots & a_{1n} & b_1 \\ a_{12} & a_{22} & \cdots & a_{2n} & b_2 \\ \vdots & \vdots & \cdots & \vdots & \vdots \\ a_{m1} & a_{m2} & \cdots & a_{mn} & b_m \end{bmatrix} \xrightarrow{\text{初等行变换}} \begin{bmatrix} 1 & 0 & \cdots & 0 & c_{1r+1} & \cdots & c_{1n} & d_1 \\ 0 & 1 & \cdots & 0 & c_{2r+1} & \cdots & c_{2n} & d_2 \\ \vdots & \vdots & \cdots & \vdots & \vdots & \cdots & \vdots & \vdots \\ 0 & 0 & \cdots & 1 & c_{rr+1} & \cdots & c_{rn} & d_r \\ 0 & 0 & \cdots & 0 & 0 & \cdots & 0 & d_{r+1} \\ 0 & 0 & \cdots & 0 & 0 & \cdots & 0 & 0 \\ \vdots & \vdots & \cdots & \vdots & \vdots & \cdots & \vdots & \vdots \\ 0 & 0 & \cdots & 0 & 0 & \cdots & 0 & 0 \end{bmatrix}$$

当 $d_{r+1}\neq 0$ 时，方程组无解.

当 $d_{r+1}=0$ 时，方程组有解. 且当 $r=n$ 时，上述矩阵中 c_{ij} 是不存在的，此时方程组为

$$\begin{cases} x_1=d_1 \\ x_2=d_2 \\ \quad\vdots \\ x_n=d_n \end{cases}$$

也是方程组的惟一解.

如果 $d_{r+1}=0$，且 $r<n$，此时方程组变为

$$\begin{cases} x_1=d_1-c_{1r+1}x_{r+1}-\cdots-c_{1n}x_n \\ x_2=d_2-c_{2r+1}x_{r+1}-\cdots-c_{2n}x_n \\ \vdots \qquad \vdots \qquad\qquad \cdots \qquad \vdots \\ x_r=d_r-c_{rr+1}x_{r+1}-\cdots-c_{rn}x_n \end{cases}$$

取 $x_{r+1},\cdots,x_n$ 为自由未知量，即得方程组的一般解.

这里再次强调，对矩阵只能作行变换，至多可以作列的交换，（如果作了列交换，写同解

方程组时,要注意未知数位置的变化,写清未知数的标号),其他列变换是没有意义的.

(2) 求基础解系

$$A=\begin{bmatrix}a_{11} & a_{12} & \cdots & a_{1n}\\ a_{12} & a_{22} & \cdots & a_{2n}\\ \vdots & \vdots & \cdots & \vdots\\ a_{m1} & a_{m2} & \cdots & a_{mn}\end{bmatrix}\xrightarrow{\text{初等行变换}}\begin{bmatrix}1 & 0 & \cdots & 0 & c_{1r+1} & \cdots & c_{1n}\\ 0 & 1 & \cdots & 0 & c_{2r+1} & \cdots & c_{2n}\\ \vdots & \vdots & \cdots & \vdots & \vdots & \cdots & \vdots\\ 0 & 0 & \cdots & 1 & c_{rr+1} & \cdots & c_{rn}\\ 0 & 0 & \cdots & 0 & 0 & \cdots & 0\\ \vdots & \vdots & \cdots & \vdots & \vdots & \cdots & \vdots\\ 0 & 0 & \cdots & 0 & 0 & \cdots & 0\end{bmatrix}$$

写出对应方程组

$$\begin{cases}x_1=-c_{1r+1}x_{r+1}-\cdots-c_{1n}x_n\\ x_2=-c_{2r+1}x_{r+1}-\cdots-c_{2n}x_n\\ \vdots \qquad\qquad \vdots \qquad\quad \cdots \quad\ \vdots\\ x_r=-c_{rr+1}x_{r+1}-\cdots-c_{rn}x_n\end{cases}$$

分别取
$$\begin{bmatrix}x_{r+1}\\ \vdots\\ x_n\end{bmatrix}=\begin{bmatrix}1\\0\\ \vdots\\0\end{bmatrix},\begin{bmatrix}x_{r+1}\\ \vdots\\ x_n\end{bmatrix}=\begin{bmatrix}0\\1\\ \vdots\\0\end{bmatrix},\cdots,\begin{bmatrix}x_{r+1}\\ \vdots\\ x_n\end{bmatrix}=\begin{bmatrix}0\\0\\ \vdots\\1\end{bmatrix}$$

代入上式即得 $n-r$ 个解;$\boldsymbol{\alpha}_1,\boldsymbol{\alpha}_2,\cdots,\boldsymbol{\alpha}_{n-r}$ 就是一个基础解系.

(3) 求非齐次线性方程组的一般解(用基础解系表示)

首先和方程组(9.12)一样,化 $\overline{\mathbf{A}}$ 为左上角单位矩阵的形式,此时,$d_{r+1}\neq 0$ 方程组就无解. $d_{r+1}=0$ 时

$$(x_1,x_2,\cdots,x_r,x_{r+1},\cdots,x_n)^{\mathrm{T}}=(d_1,d_2,\cdots,d_r,0,\cdots,0)^{\mathrm{T}}$$

就是方程组的一个特解 $\boldsymbol{\gamma}_0$(即令 $x_{r+1}=\cdots=x_n=0$).

其次求出导出组的基础解系:$\boldsymbol{\alpha}_1,\boldsymbol{\alpha}_2,\cdots,\boldsymbol{\alpha}_{n-r}$,则 $\boldsymbol{\gamma}_0+k_1\boldsymbol{\alpha}_1+\cdots+k_{n-r}\boldsymbol{\alpha}_{n-r}$ 就是非齐次线性方程组的全部解.

$\boldsymbol{\gamma}_0$ 的求法,也可以通过观察法,或对某些未知数赋值,解一个局部方程组得到.

习　题　九

一、判断题

1. 非齐次线性方程组 $\boldsymbol{AX}=\boldsymbol{b}$ 中,若 $\boldsymbol{A}$ 的行向量组线性无关,则方程组无解.　(　　)
2. 齐次线性方程组中,若方程个数大于未知量个数,则方程组只有零解.　(　　)
3. 若 $\boldsymbol{AX}=\boldsymbol{b}$ 无解,则 $r(\overline{\mathbf{A}})-r(\mathbf{A})=1$.　(　　)
4. 方程组若有两个不同的解,就有无穷多个解.　(　　)
5. 任何齐次线性方程组都存在基础解系.　(　　)
6. 基础解系的解向量是线性无关的,且所含向量个数是惟一的.　(　　)

7. 若 $\boldsymbol{V}_1,\boldsymbol{V}_2$ 都是 $\boldsymbol{AX}=\boldsymbol{b}$ 的解,则 $2\boldsymbol{V}_1-\boldsymbol{V}_2$ 是 $\boldsymbol{AX}=\boldsymbol{\theta}$ 的解. (　　)

8. 如果 $\boldsymbol{AX}=\boldsymbol{b}$ 有惟一解,那么 $\boldsymbol{AX}=\boldsymbol{\theta}$,就只有零解. (　　)

9. 如果 $\boldsymbol{AX}=\boldsymbol{\theta}$ 只有零解,那么 $\boldsymbol{AX}=\boldsymbol{b}$ 就有惟一解. (　　)

10. 如果 $\boldsymbol{AX}=\boldsymbol{b}$ 有零解,那么 $\boldsymbol{b}=\boldsymbol{\theta}$. (　　)

11. 方程组 $ax+by+cz=1$(a,b,c 为常数),无论 a,b,c 为任何常数,总有解. (　　)

12. $\boldsymbol{AX}=\boldsymbol{\theta}$ 的两个基础解系必可以互相线性表示. (　　)

二、选择题

1. 齐次线性方程组 $\boldsymbol{A}_{3\times5}\boldsymbol{X}_{5\times1}=\boldsymbol{\theta}$(　　).

A. 无解　　B. 只有零解

C. 有无穷多解　　D. 是否有解,要看 $\boldsymbol{A}$ 的具体情况才能确定

2. $\boldsymbol{AX}=\boldsymbol{b}$ 中,常数项向量 $\boldsymbol{b}$ 与 $\boldsymbol{A}$ 的某一列向量相同,则该方程组(　　).

A. 有惟一解　　B. 无解

C. 有解　　D. 解的情况不能判定

3. 方程组$\begin{cases}ax_1+x_2+x_3=1\\ax_2+x_3=x_2\\ax_3=2x_3+2\end{cases}$

无解,只在当 $a=$(　　).

A. $a=2$　　B. $a=1$

C. $a=0$　　D. $a=0,1,2$

4. 方程组 $ax+by=1$(a,b 为常数)(　　).

A. 必然有解　　B. 如果有解,就有无穷多个解

C. 无解　　D. 如果有解,解是惟一的

5. $\boldsymbol{\alpha},\boldsymbol{\beta}$ 都是非齐次线性方程组 $\boldsymbol{AX}=\boldsymbol{b}$ 的解,则 $3\boldsymbol{\alpha}-2\boldsymbol{\beta}$(　　).

A. 是 $\boldsymbol{AX}=\boldsymbol{\theta}$ 的解

B. 是 $\boldsymbol{AX}=\boldsymbol{b}$ 的解

C. 既不是 $\boldsymbol{AX}=\boldsymbol{b}$ 的解,也不是 $\boldsymbol{AX}=\boldsymbol{\theta}$ 的解

D. 无法判定是否为 $\boldsymbol{AX}=\boldsymbol{b}$ 或 $\boldsymbol{AX}=\boldsymbol{\theta}$ 的解

6. 如果 $\boldsymbol{AX}=\boldsymbol{b}$ 中 $\boldsymbol{b}$ 能被 $\boldsymbol{A}$ 的系数列向量线性表示,则方程组(　　).

A. 有惟一解　　B. 无解

C. 有解,但解的个数无法确定　　D. 是否有解还无法确定

7. 以下结论不正确的是(　　).

A. $\boldsymbol{AX}=\boldsymbol{X}$ 必有零解

B. $\boldsymbol{AX}=\boldsymbol{b}$ 有惟一解的充分必要条件是导出组 $\boldsymbol{AX}=\boldsymbol{\theta}$ 只有零解

C. $\boldsymbol{AX}=\boldsymbol{b}$ 有特解是零解,这个方程组是齐次方程组

D. 若 $\boldsymbol{AX}=\boldsymbol{\theta}$ 有非零解,则任一线性无关的解向量组都是方程组的基础解系

8. $\boldsymbol{A}_{m\times n}\boldsymbol{X}=\boldsymbol{\theta}$ 有非零解,则其基础解系的秩为(　　).

A. $r(\boldsymbol{A})-m$　　B. $r(\boldsymbol{A})-n$

C. $m-r(\boldsymbol{A})$　　D. $n-r(\boldsymbol{A})$

三、解答题

1. 求下列方程组的一般解

(1) $\begin{cases}2x_1+2x_2-x_3=6\\x_1-2x_2+4x_3=3\\5x_1+7x_2+x_3=28\end{cases}$； (2) $\begin{cases}2x_1+x_2-x_3+x_4=1\\3x_1-2x_2+x_3-3x_4=4\\x_1+4x_2-3x_3+5x_4=-2\end{cases}$；

(3) $\begin{cases}x_1+x_2+x_3+x_4+x_5=7\\3x_1+2x_2+x_3+x_4-3x_5=-2\\x_2+2x_3+2x_4+6x_5=23\\5x_1+4x_2+3x_3+3x_4-x_5=12\end{cases}$； (4) $\begin{cases}x_1+3x_2-5x_3-5x_4=2\\x_1+2x_2+2x_3-2x_4+x_5=-2\\2x_1+x_2+3x_3-3x_4=2\\x_1-4x_2+x_3+x_4-x_5=3\\x_1+3x_3-x_4+x_5=1\end{cases}$.

2. 判断 a、b 取什么值时，方程组

$$\begin{cases}x_1+x_2+x_3+x_4+x_5=1\\3x_1+2x_2+x_3+x_4-3x_5=a\\x_2+2x_3+2x_4+6x_5=3\\5x_1+4x_2+3x_3+3x_4-x_5=b\end{cases}$$

有解？对于有解的情形，求其一般解.

3. 求下列方程组的一个基础解系

(1) $x_1+x_2+x_3+x_4+x_5=0$； (2) $\begin{cases}x_1-2x_2+3x_3-4x_4=0\\x_2-x_3+x_4=0\\x_1+3x_2-3x_4=0\\x_1-4x_2+3x_3-2x_4=0\end{cases}$；

(3) $\begin{cases}x_1+x_2+x_3+x_4+x_5=0\\3x_1+2x_2+x_3+x_4-3x_5=0\\x_2+2x_3+2x_4+6x_5=0\\5x_1+4x_2+3x_3+3x_4-x_5=0\end{cases}$； (4) $\begin{cases}x_1+x_2-3x_3-x_4=0\\3x_1-x_2-3x_3+4x_4=0\\x_1+5x_2-9x_3-8x_4=0\end{cases}$.

4. 判断方程组

$$\begin{cases}ax_1+x_2+x_3=0\\x_1+bx_2+x_3=0\\x_1+2bx_2+x_3=0\end{cases}$$

当 a、b 取何值时，有非零解，并求其一个基础解系.

5. 用基础解系表示下列方程组的一般解

(1) $\begin{cases}x_1+2x_2+x_3-3x_4+2x_5=1\\2x_1+x_2+x_3+x_4-3x_5=6\\x_1+x_2+2x_3+2x_4-2x_5=2\\2x_1+3x_2-5x_3-17x_4+10x_5=5\end{cases}$； (2) $\begin{cases}2x_1-x_2+x_3+x_4=1\\x_1+2x_2-x_3+4x_4=2\\x_1+7x_2-4x_3+11x_4=5\end{cases}$；

(3) $\begin{cases} x_1 - x_2 - x_3 + x_4 = 0 \\ x_1 - x_2 + x_3 - 3x_4 = 2 \\ x_1 - x_2 - 2x_3 + 3x_4 = -1 \end{cases}$; (4) $\begin{cases} x_1 + 3x_2 - 2x_3 + 4x_4 + x_5 = 7 \\ 2x_1 + 6x_2 + 5x_4 + 2x_5 = 5 \\ 4x_1 + 11x_2 + 8x_3 + 5x_5 = 3 \\ x_1 + 3x_2 + 2x_3 + x_4 + x_5 = -2 \end{cases}$.

6. 求线性方程组

$$\begin{cases} x_1 - x_2 + 2x_3 + x_4 = 1 \\ 2x_1 - x_2 + x_3 + 2x_4 = 3 \\ x_1 - x_3 + x_4 = 2 \\ 3x_1 - x_2 + 3x_4 = 5 \end{cases}$$

的一般解，并找出满足 $x_1^2 = x_2^2$ 的全部解.

7. 证明，除 $a = 7$ 以外，无论 b 为何值，方程组

$$\begin{cases} x_1 - x_2 + 2x_3 = 1 \\ 2x_1 - x_2 + ax_3 = 2 \\ -x_1 + 2x_2 + x_3 = b \end{cases}$$

有惟一解. 并求 b 的值，使当 $a = 7$ 时也有解.

参考答案

习 题 一

一、1. BD 2. B 3. BC 4. ABCD 5. BCD 6. AD 7. AD 8. ABCD 9. D
10. A 11. ABD 12. B 13. B

二、1. $f(0)=-1, f(-1)=\frac{1}{2}, f\left(\frac{1}{a}\right)=\frac{2+a}{1-a}, f(a+1)=2+\frac{3}{a}$.

2. $a=\frac{7}{3}, b=-2$.

3. (1) 不同,定义域不同,(2) 相同,(3) 不同,定义域不同,
(4) 不同,对应规律不同.

4. (1) $D=(-\infty,0)\cup(0,+\infty)$;(2) $D=[-1,1)$;
(3) $D=[-2,1)$,(4) $D=(0,+\infty)$;
(5) $D=[-1,3]$;(6) $D=\left\{x \mid x\neq\frac{k\pi}{2}+\frac{\pi-2}{4} \quad k\in\mathbf{Z}\right\}$.

5. (1) 偶函数,(2) 偶函数,(3) 奇函数,(4) 非奇非偶函数,
(5) 奇函数,(6) 奇函数,(7) 奇函数,(8) 偶函数.

6. $f(0)=0; f(-1)=1; f(1)=1; f(-2)=0; f(2)=0$

7. $f[\varphi(x)]=1+x; \varphi[f(x)]=\frac{x}{1+x}$

8. (1) $y=\sqrt{2+\sin^2 x}$;(2) $y=x^4$

9. (1) $y=\sqrt{u}, u=2x+1$
(2) $y=\sqrt{u}, u=\lg v, v=\lg z, z=\sqrt{x}$
(3) $y=u^2, u=2x^2+1$
(4) $y=u^2, u=\tan v, v=w^2, w=2x+1$
(5) $y=\lg u, u=\arcsin v, v=2x+1$
(6) $y=e^u, u=-x$
(7) $y=u^2, u=\cos v, v=w^2, w=x^2+1$
(8) $y=\arcsin u, u=\frac{x^2-1}{2}$

10. (1) $y=\frac{x+1}{2}$;(2) $y=\frac{x+1}{x-1}$;(3) $y=\sqrt[3]{\frac{x-1}{2}}$;(4) $y=10^{1-x}-2$

11. (1) 1;(2) 0;(3) 0;(4) 0

12. (1) $x_n = (-1)^n \frac{2n-1}{2n+1}$,发散;

(2) $x_n = \begin{cases} 0, n \text{为奇数} \\ \frac{1}{2n}, n \text{为偶数} \end{cases}$ 收敛;

(3) $x_n = \begin{cases} \frac{1}{n}, n \text{为奇数} \\ \frac{n+1}{n}, n \text{为偶数} \end{cases}$ 发散.

13. 当 $x \to \infty$ 时为无穷小量;当 $x \to 1$ 时为无穷大量.

14. (1) 无穷小,(2) 无穷大,(3) 无穷小,(4) 无穷小,(5) 无穷大,(6) 无穷小,(7) 无穷大,(8) 无穷大,(9) 无穷小,(10) 无穷大.

15. (1) -3;(2) 0;(3) $\frac{5}{3}$;(4) ∞;(5) $\frac{2}{3}$;(6) $\frac{1}{2}$;(7) -6;

(8) $\frac{1}{3}$;(9) 0;(10) ∞;(11) $\left(\frac{2}{5}\right)^{20} \cdot \left(\frac{3}{5}\right)^{30}$;(12) 1;(13) 2;(14) $-\frac{1}{4}$.

16. $\lim\limits_{x\to 0} f(x)$ 不存在;$\lim\limits_{x\to 1} f(x) = 2$;$\lim\limits_{x\to+\infty} f(x) = 0$

17. $a = 4$

18. (1) $\frac{1}{2}$;(2) $\frac{5}{2}$;(3) 0;(4) $\frac{3}{2}$;(5) 1;(6) 0

19. (1) e^6;(2) $e^{-\frac{1}{2}}$;(3) $e^{-\frac{2}{3}}$;(4) e^2;(5) e^{-2}

20. (1) $x = -1$,无穷型间断点;

(2) $x = 0$;可去型间断点;

(3) $x = 5$,可去型间断点;(4) $x = 0$;可去型间断点;

(5) $x = 1$,可去型间断点;$x = 2$;无穷型间断点;

(6) $x = k\pi, k \in \mathbf{Z}$,第二类无穷型间断点.

21. 连续.

22. $k = 1$.

23. (1) 不连续,$\lim\limits_{x\to 0^+} f(x) \neq f(0)$;(2) 连续;(3) 连续

24. (1) 1;(2) 0;(3) 0;(4) $\frac{1}{2}\ln 3$;(5) -2;(6) $\frac{2\sqrt{2}}{3}$

25. 略

26. $R = -\frac{1}{2}q^2 + 4q$

27. $R(x) = \begin{cases} 130x & x \leqslant 700 \\ 91000 + (x - 700) \times 130 \times 90\% & 700 < x \leqslant 1000 \end{cases}$

28. $Q = 1000(80 - p)$

29. $Q = 100(30 + p)$

30. $p = 70$ 元 / 只;$Q = 10000$(只)

31. $L = 1000$ 元,日产 400 件时可保本

习　题　二

一、判断题

1. √　2. ×　3. ×　4. √　5. √

6. √　7. ×　8. ×　9. √　10. ×

二、填空题

1. (1,0)　2. $y=x+3$　3. 0　4. k　5. $-2^{-\frac{1}{4}}$

6. $(-1)^n \cdot n!$　7. 2，−2　8. $-\dfrac{1}{x^2}$　9. $(3+x)e^x$　10. $-\sin x$

11. $a_0 n!$　12. $-e^{-x}f'(e^{-x})dx$　13. $g(x)dx$

14. (1) $\dfrac{1}{a}\ln|ax+b|$；(2) $\tan x$；(3) $\ln(1+e^x)$；(4) $\dfrac{1}{2}\ln(1+x^2)$.

三、解答题

1. (1) $-\dfrac{1}{x^2}$；　(2) $2x$；

2. (1) $6x+\dfrac{4}{x^3}+\dfrac{1}{2\sqrt{x}}$；　(2) $\dfrac{-x^2+10x-3}{x^4}$；

(3) $\dfrac{3}{x\ln 10}+\dfrac{2}{\cos^2 x}-\dfrac{0.8}{x^{0.2}}$；　(4) $-\dfrac{1}{x^2}$；

(5) $10\left(\dfrac{\cot x}{x}-\dfrac{\ln x}{\sin^2 x}\right)$；　(6) $\dfrac{1-\sin x+\cos x}{(1-\sin x)^2}$；

(7) $e^x(\cos x+x\cos x-x\sin x)$；　(8) $\dfrac{\sin x-x\cos x\ln x}{x\sin^2 x}$.

3. $x-12y+16=0$.

4. (1) $-2x\sin(x^2)$；　(2) $\dfrac{x}{\sqrt{1+x^2}}+\sin 2x$；

(3) $\dfrac{a^2}{\sqrt{(a^2-x^2)^3}}$；　(4) $\dfrac{2}{\sin 2x}$；

(5) $2x\sin\dfrac{1}{x}-\cos\dfrac{1}{x}$；　(6) $\dfrac{2m(x-1)^{m-1}}{(x+1)^{m+1}}$；

(7) $-2\cot(e^x)$；　(8) $\dfrac{-1}{x\sqrt{1-x^2}(x+\sqrt{1-x^2})}$；

(9) $\dfrac{1}{x\sqrt{x^2-1}}$；　(10) $\dfrac{2}{1+x^2}$.

5. (1) $\dfrac{y-2x}{2y-x}$；　(2) $\dfrac{-2x\sin(x^2+y)-1}{\sin(x^2+y)}$；

(3) $\dfrac{3a^2\cos 3x+y^2\sin x}{2y\cos x}$；　(4) $\dfrac{x+y}{x-y}$.

6. (1) $\dfrac{\sqrt{x+2}(3-x)^4}{(x+1)^6}\left[\dfrac{1}{2(x+2)}-\dfrac{4}{3-x}-\dfrac{6}{x+1}\right]$；

(2) $e^x x^{e^x}\left(\ln x+\dfrac{1}{x}\right)$；

(3) $(\sin x)^x(x\cot x+\ln\sin x)$；

(4) $(x-a_1)^{a_1}(x-a_2)^{a_2}\cdots(x-a_n)^{a_n}\left[\dfrac{a_1}{x-a_1}+\dfrac{a_2}{x-a_2}+\cdots+\dfrac{a_n}{x-a_n}\right]$.

7. $f'(x)=\begin{cases}-\dfrac{4x}{(1+x)^2}, & x\leqslant 1\\ -1, & x>1\end{cases}$.

8. (1) $12x^2-36x$； (2) $\dfrac{-2(1+x^2)}{(1-x^2)^2}$；

(3) $\dfrac{2xy-e^y(y^2-2y)}{(x+e^y)^3}$； (4) $(x-2)e^{-x}$.

9. (1) $-e^{-x}(\cos x+\sin x)dx$； (2) $\dfrac{1}{2\sqrt{x-x^2}}dx$；

(3) $\dfrac{1+x^2}{(1-x^2)^2}dx$； (4) $\dfrac{e^y}{2-y}dx$.

10. (1) 2.0017；(2) 0.485；(3) 0.7954；(4) 1.05.

习　题　三

一、1. -8.　2. (1,2).　3. 极值点.　4. $y=-1$.　5. $-bp$.

二、1. A　2. A　3. C　4. B

5. C　6. D　7. D　8. B

三、1. (1) $\dfrac{\pi}{2}$；(2)2.

2. (1) $\dfrac{5\pm\sqrt{13}}{12}$；(2)e$-$1.

3. (1) $\ln a-\ln b$；(2) $\dfrac{m}{n}a^{m-n}$；(3) 2；(4) 2；

(5) 1；(6) $\dfrac{1}{2}$；(7) $+\infty$；(8) 1.

4. (1) 单调递增区间$(-\infty,-1)\cup(3,+\infty)$

单调递减区间$(-1,3)$；

(2) 单调递增区间$(-1,0)\cup(1,+\infty)$

单调递减区间$(-\infty,-1)\cup(0,1)$

单调递增区间 $\mathbf{R}$.

5. (1) $y_{极大}(-1)=20$，　$y_{极小}(3)=-12$；

(2) $y_{极大}(-2)=64$，　$y_{极小}(2)=64$；

(3) 无极值 $x\in\mathbf{R}^+$.

6. (1) $y_{极大}(0)=6$，　$y_{极小}(-2)=-58$，　$y_{极小}(3)=-183$；

(2) $y_{极小}(e^{-1})=-e^{-1}$.

7. (1) $y_{\max}(1)=2$, $y_{\min}(-1)=-12$;

(2) $y_{\max}(1)=3$, $y_{\min}(0)=1$;

(3) $y_{\max}(-1)=3$, $y_{\min}(1)=1$.

8. 300. 9. 30,80. 10. 3万台,2.5万元.

11. (1) 上凹区间$(-\infty,-1)\cup(1,+\infty)$;

下凹区间$(-1,1)$ 拐点$(-1,-10)$;$(1,-10)$

(2) 上凹区间$(2,+\infty)$;下凹区间$(-\infty,+2)$,拐点$(2,2e^{-2})$.

12. (1) $y=0$;(2) $x=2,y=0$;(3) $x=0,y=0$.

13. (1) 1,775,1.97;(2) 1.58;(3) 1.5, 1.67.

14. 199.

15. (1) $5+\dfrac{Q}{5}$;$200+\dfrac{Q}{10}$;$195-\dfrac{Q}{10}$;(2) 略.

16. -2. 17. $-2p\ln 2$. 18. $1-2p\ln 2$.

19. (1) -8;(2) -0.54;(3) $+0.46\%$;(4) -0.85%;(5) 5.

习 题 四

一、1. × 2. × 3. √ 4. √ 5. √

6. × 7. √ 8. √ 9. √ 10. √

二、1. C 2. C 3. B 4. D 5. B

6. C 7. B 8. D 9. B 10. B

三、1. (1) $\dfrac{147^x}{\ln 147}+C$; (2) $\dfrac{x^7}{7}+\dfrac{3}{5}x^5+x^3+x+C$;

(3) $\dfrac{2}{5}x^{\frac{5}{2}}+\dfrac{6}{5}x^{\frac{5}{6}}+4x^{\frac{1}{2}}+C$; (4) $\tan x-x+C$;

(5) $-\dfrac{1}{x}-\arctan x+C$; (6) $\dfrac{1}{2}\arcsin x+C$;

(7) $\dfrac{21}{32}x^{\frac{32}{21}}+C$; (8) $x-\arctan x+C$.

2. (1) $-\dfrac{2}{3}(1-3x)^{\frac{1}{2}}+C$; (2) $\dfrac{1}{3}(x^2-5)^{\frac{3}{2}}+C$;

(3) $\ln(x^2-x+3)+C$; (4) $\dfrac{1}{3}\arcsin\dfrac{3}{2}x+C$;

(5) $-\dfrac{1}{\ln x}+C$; (6) $\dfrac{1}{5}(\arcsin x)^5-\arcsin x+C$;

(7) $\dfrac{x}{2}+\dfrac{1}{6}\sin 3x+C$; (8) $\dfrac{1}{3}\sin^3 x-\dfrac{2}{5}\sin^5 x+\dfrac{1}{7}\sin^7 x+C$;

(9) $\dfrac{1}{3}\tan^3 x-\tan x+x+C$; (10) $\arctan e^t+C$;

(11) $\dfrac{2}{5}(x+1)^{\frac{5}{2}}-\dfrac{2}{3}(x+1)^{\frac{3}{2}}+C$;

(12) $\frac{2}{3}[\sqrt{3x-1}-\ln(1+\sqrt{3x-1})]+C$;

(13) $2\sqrt{x}-3\sqrt[3]{x}+6\sqrt[6]{x}-\ln|\sqrt[6]{x}+1|+C$;

(14) $\frac{x}{\sqrt{1-x^2}}+C$;

(15) $\frac{x}{a^2\sqrt{a^2+x^2}}+C$;

(16) $\sqrt{x^2-4}-2\arccos\frac{2}{x}+C$;

(17) $\frac{1}{3}\ln|3x+\sqrt{9x^2-4}|+C$;

(18) $\ln\frac{\sqrt{1+e^x}-1}{\sqrt{1+e^x}+1}+C$.

3. (1) $x(\ln x)^2-2x\ln x+2x+C$;

(2) $x\operatorname{arccot}x-\frac{1}{2}\ln(1+x^2)+C$;

(3) $-e^{-x}(x^2+2x+2)+C$;

(4) $\frac{e^x}{4}(2-\sin x-\cos x)+C$;

(5) $-2(\sqrt{x}+1)e^{-\sqrt{x}}+C$;

(6) $(\ln\ln x-1)\ln x+C$;

(7) $x\tan x+\ln|\cos x|+C$;

(8) $\frac{1}{2}(\sec x\cdot\tan x+\ln|\sec x+\tan x|)+C$.

五、1. $Q=1000\left(\frac{1}{3}\right)^P$.　2. $C(x)=x^2+10x+20$.

习　题　五

一、1. √　2. √　3. ×　4. √　5. √

6. ×　7. √　8. ×　9. ×　10. √

二、1. D　2. A　3. B　4. D　5. C

6. A　7. B　8. B　9. B　10. D

三、1. 曲线 $y=\sin x, x=0, x=\pi, Ox$ 轴所围的曲边梯形的面积.

2. $\frac{1}{2}, y=x, y=0, x=0, x=1$.　所围三角形的面积为$\frac{1}{2}$.

3. (1) $>$; $>$　(2) $>$; $>$　(3) $<$　(4) $<$　(5) $<$　(6) $>$

4. (略)

5. (1) $F'(x)=\sqrt{1+x^2}$　　(2) $F'(x)=-xe^{-x}$

(3) $F'(x)=\frac{2x}{\sqrt{1+x^6}}$　　(4) $F'(x)=2xe^{x^2}-3x^2e^{x^3}$

6. (1) 1;　(2) $\frac{1}{2}$.

7. (1) $b-a$;　(2) $\frac{1}{3}(b^3-a^3)$;　(3) $\frac{1}{4}(b^4-a^4)$;

(4) $2(\sqrt{2}-1)$;　(5) $\frac{2}{5}$;　(6) $a\left(a^2-\frac{a}{2}+1\right)$;

(7) 1;　(8) $\frac{\pi}{6}$;　(9) $\frac{\pi}{3}$;

(10) $\frac{8}{3}-\ln 3$;　(11) $\frac{1}{4}$;　(12) $\frac{\pi}{4}$;

(13) $\frac{\pi}{4}$;　(14) 0;　(15) $1-\frac{\pi}{4}$;

(16) $1-\frac{\pi}{4}$;　(17) $\frac{2\sqrt{5}}{3}(1+4\sqrt{2})$;　(18) $\frac{\pi a^2}{4}$;

(19) $\frac{3}{16}$;　(20) $\frac{3}{2}$;　(21) $\frac{\pi}{2}$;

(22) $2\ln 2-\ln 3$;　(23) 12;　(24) $\frac{\pi^2}{4}$;

(25) 1;　(26) $\frac{5}{2}$;　(27) $2\left(1-\frac{1}{\mathrm{e}}\right)$;

(28) $\frac{4}{3}$.

8. (1) $-5+8\ln 2$;　(2) $\frac{5}{3}$;　(3) $\frac{\pi}{6}$;

(4) $\frac{\pi}{3}+\frac{\sqrt{3}}{2}$;　(5) $\frac{\pi a^4}{16}$;　(6) $\frac{\sqrt{2}}{2a^2}$;

(7) $\frac{\sqrt{3}}{8a^2}$;　(8) 2;　(9) $a(\sqrt{3}-1)$;

(10) $\ln\frac{\mathrm{e}+\sqrt{1+\mathrm{e}^2}}{1+\sqrt{2}}$;　(11) $\ln\frac{2\mathrm{e}}{1+\mathrm{e}}$;　(12) $\frac{8}{15}$;

(13) $\frac{3}{16}\pi$;　(14) 0.

9. (1)、(2) 都不正确,因为所作代换在所讨论的区间的某些地方没有意义.

10. (1) $\frac{1}{2}(1-\ln 2)$;　(2) $\frac{1}{4}(\mathrm{e}^2+1)$;

(3) $4(2\ln 2-1)$;　(4) $\frac{1}{4}(\pi-2)$;

(5) $\frac{(9-4\sqrt{3})\pi}{36}+\frac{1}{2}\ln\frac{3}{2}$;　(6) $\frac{\pi^2}{2}-4$;

(7) $\frac{1}{4}(1-\ln 2)$;　(8) π^2;

(9) $\frac{1}{2}(\mathrm{e}^{\frac{\pi}{2}}+1)$;　(10) π^2.

11. $\frac{1}{4}\left(\frac{1}{e}-1\right)$.　12. $\tan\frac{1}{2}-\frac{1}{2}e^{-4}+\frac{1}{2}$.

13. (1) $C=0$ 或 $C=\frac{3}{2}$；(2) $C=0$；(3) $C=\frac{5}{2}$.

14. 提示：令 $a-x=t$　15. (1) $\frac{\pi}{\sqrt{5}}$；(2) 2；　16. $\frac{\pi}{2}$.

17. (1) $\frac{1}{6}$；(2) 1；(3) $\frac{32}{3}$；(4) $\frac{125}{48}$；(5) $4-\frac{\pi}{2}+\frac{1-e^2}{e^3}$；(6) 1；(7) $\frac{7}{22}$；(8) 4.

18. $L(Q)=9Q-Q^2-5$(万元).

19. (1) $Q_0=200$，最大利润 $L(200)=9990$(万元)；(2) 100 万元.

20. 55，105.

21. (1) 490(万元)；(2) 12.31(万元)，11.9 万元.

习　题　六

一、1. × 2. × 3. × 4. × 5. √

二、1. Ω，> 2. P_3(亏损) = 0.14 3. 0.2，0.05

4. 0.07 5. $\frac{3}{14}\approx 0.2143$；$\frac{19}{30}\approx 0.6333$

三、1. ABC 2. D 3. BD 4. B 5. BCD

四、1. (1) 该生是经济系三年级男生，是运动员.

(2) 在经济系的运动员当且仅当是三年级男生的条件下，$AB=C$.

(3) 当经济系运动员全是男学生时，$C\subset A$ 成立.

(4) 女生当且仅当是三年级学生.

2. (1) 成立；(2) 不成立；(3) 不成立；(4) 成立；

(5) 成立；(6) 成立；(7) 成立；(8) 成立.

3. (1) A；(2) AB；(3) $B\cup AC$.

4. $D\supset A\supset C$，$D\supset A\supset F$，$E\supset F$；C 与 E 为对立事件；C 与 F 互不相容；$A=C\cup F$.

5. (1) $A\cup B=A\cup \overline{A}B$；(2) $A\cup B\cup C=A\cup \overline{A}B\cup \overline{AB}C$；

(3) $B\cup AC=B\cup A\overline{B}C$；(4) $AB\cup BC=AB\cup \overline{A}BC$；

(5) $B-AC=\overline{A}B\cup AB\overline{C}$.

6. 略.

7. (1) $1-\left[\frac{11}{12}\right]^6\approx 0.4067$；(2) $\frac{15\times 11^2}{12^6}\approx 0.0061$；(3) $\frac{C_{12}^1C_6^4\times 11^2}{12^6}\approx 0.0073$.

8. $P\approx 0.0106$.

9. $P(A)=\frac{1}{7}$，$P(B)=\frac{1}{21}$，$P(C)=\frac{2}{7}$，$P(D)=\frac{4}{7}$.

10. $P(A)=\frac{P_{10}^5}{10^5}=\frac{189}{625}$，$P(B)=0.9999$

$P(C)=\frac{5^5}{10^5}=\frac{1}{32}$，$P(D)=0.5$

$P(E)=0.0729, P(F)=0.09146.$

11. $\frac{n-1}{2n-1}$. 12. $\frac{C_n^m 1 C_n^m 2 C_n^m 3}{C_{3n}^m}$.

13. (1) $\frac{n!}{N^n}$, (2) $\frac{C_N^n n!}{N^n}$.

14. $p+q-r$, $r-q$, $r-p$, $1-r$. 15. $\frac{3}{8}$.

16. $\frac{1}{k!}$(提示:从n个数中抽出k个数的排列方法数为P_n^k,而从n个数中选取k个数,有C_n^k种方法,选出k个数按上升次序的排列只有一种).

17. $\frac{10}{19}$. 18. $\frac{1}{55}$.

19. $\frac{C_{12}^2(2^6-2)}{12^6}=0.00137$(提示:12个月中选2个月的选法有$C_{12}^2$种,选定后,每个人的生日可以在这两个月中选择,共有2^6种选法,但都在某一个月的选法(有2种)必须减去).

20. $\frac{10\cdot C_6^2 P_9^4}{10^6}=0.4536$.

21. (1) $P(A)=\frac{16}{25}$;(2) $P(B)=\frac{9}{25}$;(3) $P(C)=\frac{4}{25}, P(D)=\frac{4}{9}$.

22. $\frac{6}{7}$. 23. $\frac{1}{2}$.

24. (1) $\frac{m-1}{2M-m-1}$;(2) $\frac{2m}{M+m-1}$.

25. (1) $(1-q)^k$;(2) $q(1-q)^l$. 26. 略.

27. (1) $\prod_{i=1}^n(1-p_i)$; (2) $1-\prod_{i=1}^n(1-p_i)$; (3) $\sum_{i=1}^n p_i\prod_{\substack{j=1\\ i\neq j}}^n(1-p_j)$

28. 0.375.

29. $\frac{4}{3}$ 或 $\frac{5}{3}$.

提示:$P(A\cup B)=P(A\overline{B})+P(B)=P(A)P(\overline{B})+P(B)$
$=[P(A)]^2+[1-P(A)]$.

解关于 $P(A)$ 的一元二次方程

$$[P(A)]^2-P(A)+\frac{2}{9}=0$$

得

$$P(A)=\frac{1}{3} \text{ 或 } P(A)=\frac{2}{3}$$

30. $P(\overline{A}\cup\overline{B}\cup\overline{C})=1, P(A\mid BC)=0$

31. $\frac{25}{69}$. 32. $\frac{3}{7}$. 33. $\frac{16}{35}$. 34. 0.089. 35. 0.807.

36. $\frac{7}{22},\frac{3}{22},\frac{6}{22},\frac{6}{22}$,产自1号机器的可能性最大.

37. $\frac{9}{22}$.　38. $\frac{5}{31},\frac{6}{31},\frac{20}{31}$.

39. (1) 0.03456,(2) 0.03456,(3) 0.03456

40. $\frac{1}{3}$　41. $\frac{37}{64}$　42. 105

43. (1) 0.1631;(2)0.3529.

44. $\frac{2^m}{2^{m+n}-1}$.　45. 0.595.　46. 0.901.

习 题 七

一、判断题

1. × 2. √ 3. √ 4. √ 5. × 6. × 7. × 8. √ 9. √
10. × 11. × 12. √ 13. √ 14. × 15. √ 16. × 17. √ 18. √

二、填空题

1. 对称矩阵.　2. $\begin{bmatrix}1 & n\\0 & 1\end{bmatrix}$.　3. $\begin{bmatrix}x_1 & x_2\\0 & x_1\end{bmatrix}x_1.x_2\in\mathbf{R}$.

4. $\begin{bmatrix}2 & -23\\0 & 8\end{bmatrix}$.　5. $\begin{bmatrix}8 & 2 & 4\\11 & -1 & 3\\-1 & 1 & -3\end{bmatrix}$.　6. 0.

7. 6.　8. 24.　9. $k^n a^2$.　10. 24.

11. 1或−1.　12. $|A|\neq 0$.

13. I.　14. A^2.　15. $\begin{bmatrix} & & \frac{1}{a_1}\\ & \frac{1}{a_2} & \\ \frac{1}{a_3} & & \end{bmatrix}$.

16. $\frac{1}{a}\quad a^{n-1}\quad a^n\quad a^2\quad \frac{A}{a}$.　17. $-\frac{16}{27}$.　18. $-A-I$.

三、解答题

1. (1) $\begin{bmatrix}-1 & 6 & 5\\-2 & -1 & 12\end{bmatrix}$;(2) $\begin{bmatrix}-1 & 4\\0 & -2\end{bmatrix}$;(3) $\begin{bmatrix}1 & 2\\3 & 4\end{bmatrix}$.

2. (1) $\begin{bmatrix}-1 & 3 & 1 & 5\\8 & 2 & 8 & 2\\3 & 7 & 9 & 13\end{bmatrix}$;(2) $\begin{bmatrix}14 & 13 & 8 & 7\\-2 & 5 & -2 & 5\\2 & 1 & 6 & 5\end{bmatrix}$;

(3) $\begin{bmatrix}3 & 1 & 1 & -1\\-4 & 0 & -4 & 0\\-1 & -3 & -3 & -5\end{bmatrix}$;(4) $\begin{bmatrix}\frac{10}{3} & \frac{10}{3} & 2 & 2\\0 & \frac{4}{3} & 0 & \frac{4}{3}\\\frac{2}{3} & \frac{2}{3} & 2 & 2\end{bmatrix}$.

3. (1) $\begin{bmatrix}0 & -1\\2 & -4\end{bmatrix}$；(2) $\begin{bmatrix}4\\6\\3\end{bmatrix}$；(3) $\boldsymbol{O}$；

(4) $\begin{bmatrix}2 & 3 & -1\\-2 & -3 & 1\\-2 & -3 & 1\end{bmatrix}$；(5) $\boldsymbol{O}$；(6) $\begin{bmatrix}10 & 4 & -1\\4 & -3 & -1\end{bmatrix}$.

4. (1) $\begin{bmatrix}-35 & -30\\45 & 10\end{bmatrix}$；(2) $\begin{bmatrix}-2769 & 1265\\-1265 & -1504\end{bmatrix}$；

(3) $\begin{bmatrix}2^{n-1} & 2^{n-1}\\2^{n-1} & 2^{n-1}\end{bmatrix}$；(4) $\begin{bmatrix}a^n & & \\ & b^n & \\ & & c^n\end{bmatrix}$.

5. (1) $\begin{bmatrix}6 & 1\\0 & -1\\5 & 0\end{bmatrix}$；(2) $\begin{bmatrix}1 & -3\\3 & -1\\4 & 0\end{bmatrix}$；(3) $\begin{bmatrix}1 & 3 & 4\\-3 & -1 & 0\end{bmatrix}$；

(4) $\begin{bmatrix}6 & 0 & 5\\1 & -1 & 0\end{bmatrix}$；(5) $\begin{bmatrix}6 & 0 & 5\\1 & -1 & 0\end{bmatrix}$.

6. (1) $\begin{bmatrix}198.25\\271.25\\220.5\end{bmatrix}$；(2) $\begin{bmatrix}5500\\4800\\5900\\5300\end{bmatrix}$.

7. (1) $\begin{bmatrix}-2 & 1\\1 & -2\\3 & -2\end{bmatrix}$；(2) $\begin{bmatrix}a & 0 & ac & 0\\0 & a & 0 & ac\\1 & 0 & c+bd & 0\\0 & 1 & 0 & c+bd\end{bmatrix}$.

8. (1) $\begin{bmatrix}a_{11} & a_{12} & ka_{13}\\a_{21} & a_{22} & ka_{23}\\a_{31} & a_{32} & ka_{33}\end{bmatrix}$；(2) $\begin{bmatrix}a_{11} & a_{12} & a_{13}\\a_{21} & a_{22} & a_{23}\\ka_{31} & ka_{32} & ka_{33}\end{bmatrix}$；

(3) $\begin{bmatrix}0 & a_{11} & a_{12}\\0 & a_{21} & a_{22}\\0 & a_{31} & a_{32}\end{bmatrix}$；(4) $\begin{bmatrix}a_{21} & a_{22} & a_{23}\\a_{31} & a_{32} & a_{33}\\0 & 0 & 0\end{bmatrix}$；

(5) $\begin{bmatrix}a_{13} & a_{12} & a_{11}\\a_{23} & a_{22} & a_{21}\\a_{33} & a_{32} & a_{31}\end{bmatrix}$；(6) $\begin{bmatrix}a_{31} & a_{32} & a_{33}\\a_{21} & a_{22} & a_{23}\\a_{11} & a_{12} & a_{13}\end{bmatrix}$；

(7) $\begin{bmatrix}0 & a_{21} & a_{22}\\0 & a_{31} & a_{32}\\0 & 0 & 0\end{bmatrix}$；(8) $\begin{bmatrix}a_{33} & a_{32} & a_{31}\\a_{23} & a_{22} & a_{21}\\a_{13} & a_{12} & a_{11}\end{bmatrix}$.

9. (1) I_2;(2) $\begin{bmatrix}1 & 0\\0 & 1\\0 & 0\end{bmatrix}$;(3) I_3;(4) $\begin{bmatrix}1 & 0 & 0 & 0\\0 & 1 & 0 & 0\\0 & 0 & 1 & 0\end{bmatrix}$.

10. (1)5. (2)0.

11. -15. 12. (1) -3;(2) 12.

13. (1) 7;(2) -799;(3) 160;(4) x^2y^2.

14. (1) $x^n+(-1)^{n+1}y^n$;(2) $n!$.

(3) $(-1)^{\frac{n(n-1)}{2}}n!$;(4) $(-1)^{n+1}na_1a_2\cdots a_{n-1}$.

15. (1) $\begin{bmatrix}-11 & 7\\8 & -5\end{bmatrix}$;(2) $\begin{bmatrix}\frac{1}{4} & \frac{1}{4} & 0\\\frac{1}{2} & -\frac{1}{2} & 1\\\frac{1}{4} & -\frac{3}{4} & 2\end{bmatrix}$;

(3) $\begin{bmatrix}1 & 0 & 0\\-\frac{1}{2} & \frac{1}{2} & 0\\0 & -\frac{1}{3} & \frac{1}{3}\end{bmatrix}$;(4) $\begin{bmatrix}-4 & 2 & -1\\4 & -1 & 2\\3 & -1 & 1\end{bmatrix}$.

16. (1) $\begin{bmatrix}-1 & \frac{2}{3} & -\frac{1}{3}\\0 & \frac{1}{3} & -\frac{2}{3}\\0 & \frac{1}{3} & \frac{1}{3}\end{bmatrix}$;(2) 不可逆;(3) $\begin{bmatrix}0 & \frac{1}{2} & \frac{1}{2} & 0\\0 & \frac{1}{2} & 0 & -\frac{1}{2}\\\frac{1}{2} & -\frac{1}{2} & 0 & 0\\\frac{1}{2} & -\frac{1}{2} & -\frac{1}{2} & \frac{1}{2}\end{bmatrix}$;

(4) $$\begin{bmatrix}0 & 0 & 0 & \cdots & 0 & 0 & \frac{1}{a_n}\\\frac{1}{a_1} & 0 & 0 & \cdots & 0 & 0 & 0\\0 & \frac{1}{a_2} & 0 & \cdots & 0 & 0 & 0\\\vdots & \vdots & \vdots & \cdots & \vdots & \vdots & \vdots\\0 & 0 & 0 & \frac{1}{a_{n-2}} & 0 & 0 & 0\\0 & 0 & 0 & \cdots & 0 & \frac{1}{a_{n-1}} & 0\end{bmatrix}.$$

17. (1) $\begin{bmatrix}1 & -2 & 1 & 0\\0 & 1 & -2 & 1\\0 & 0 & 1 & -2\\0 & 0 & 0 & 1\end{bmatrix}$;(2) $\begin{bmatrix}-7 & 6 & 0 & 0\\6 & -5 & 0 & 0\\0 & 0 & -8 & 11\\0 & 0 & 3 & -4\end{bmatrix}$;

(3) $\begin{bmatrix}0 & 0 & 1 & 0 & 0\\0 & 0 & 0 & \frac{1}{2} & 0\\0 & 0 & 0 & 0 & \frac{1}{3}\\0 & \frac{1}{4} & 0 & 0 & 0\\\frac{1}{5} & 0 & 0 & 0 & 0\end{bmatrix}$.

18. (1) $\begin{bmatrix}8 & 3\\-3 & -1\end{bmatrix}$;(2) $\begin{bmatrix}\frac{8}{3} & \frac{5}{3}\\-\frac{10}{3} & -\frac{7}{3}\\\frac{5}{3} & \frac{5}{3}\end{bmatrix}$;(3) $\begin{bmatrix}-5 & 4 & -2\\-4 & 5 & -2\\-9 & 7 & -4\end{bmatrix}$.

19. $\frac{1}{2}(\boldsymbol{A}-3\boldsymbol{I})$.

习 题 八

一、1. √ 2. √ 3. × 4. × 5. × 6. √

7. √ 8. × 9. × 10. × 11. √

二、1. C 2. C 3. A 4. C 5. B 6. CD 7. C 8. B

三、1. 表示方法不惟一.

$$\boldsymbol{\beta}=3\boldsymbol{\alpha}_1+\boldsymbol{\alpha}_3=3\boldsymbol{\alpha}_2-3\boldsymbol{\alpha}_3=5\boldsymbol{\alpha}_2-2\boldsymbol{\alpha}_1=\frac{2}{5}\boldsymbol{\alpha}_1+\frac{1}{2}\boldsymbol{\alpha}_4.$$

2. (1) 线性无关 (2) 线性相关 (3) 线性无关 (4) 线性相关

3. (1) $\boldsymbol{\alpha}_1,\boldsymbol{\alpha}_2,\boldsymbol{\alpha}_4$ 为一个极大无关组,且 $\boldsymbol{\alpha}_3=\boldsymbol{\alpha}_1+\boldsymbol{\alpha}_2+\boldsymbol{\theta}\cdot\boldsymbol{\alpha}_4$

(2) $\boldsymbol{\alpha}_1,\boldsymbol{\alpha}_2$ 为一个极大无关组,且 $\boldsymbol{\alpha}_3=\boldsymbol{\alpha}_2-2\boldsymbol{\alpha}_1,\boldsymbol{\alpha}_4=\boldsymbol{\alpha}_2-\boldsymbol{\alpha}_1,\boldsymbol{\alpha}_5=5\boldsymbol{\alpha}_1-2\boldsymbol{\alpha}_2$

4. (1) 不能;(2) 能,且表达式惟一.

5. (1) 4;(2) 3

四、略.

习 题 九

一、1. × 2. × 3. √ 4. √ 5. × 6. √ 7. ×

8. √ 9. × 10. √ 11. × 12. √

二、1. C 2. C 3. D 4. B 5. B 6. C 7. B 8. D

三、1. (1) $\begin{cases} x_1 = 1 \\ x_2 = 3 \\ x_3 = 2 \end{cases}$；

(2) $\begin{cases} x_1 = \dfrac{6}{7} + c_1 + c_2 \\ x_2 = \dfrac{-5}{7} + 5c_1 - 9c_2 \\ x_3 = 7c_1 \\ x_4 = 7c_2 \quad (c_1, c_2 \text{ 为任意常数}) \end{cases}$；

(3) $\begin{cases} x_1 = -16 + c_1 + c_2 + 5c_3 \\ x_2 = 23 - 2c_1 - 2c_2 - 6c_3 \\ x_3 = c_1 \\ x_4 = c_2 \\ x_5 = c_3 (c_1, c_2, c_3 \text{ 为任意常数}) \end{cases}$；

(4) $\begin{cases} x_1 = -8\dfrac{2}{3} \\ x_2 = -3\dfrac{2}{3} \\ x_3 = 1\dfrac{2}{3} \\ x_4 = -6 \\ x_5 = -1\dfrac{1}{3} \end{cases}$.

2. $a = 0, b = 2$ 时有解，一般解为

$$\begin{cases} x_1 = -2 + c_1 + c_2 + 5c_3 \\ x_2 = 3 - 2c_1 - 2c_2 - 6c_3 \\ x_3 = c_1 \\ x_4 = c_2 \\ x_5 = c_3 \quad (c_1, c_2, c_3 \text{ 为任意常数}). \end{cases}$$

3. (1) $\boldsymbol{\alpha}_1 = (1, -1, 0, 0, 0)^{\mathrm{T}}, \boldsymbol{\alpha}_2 = (1, 0, -1, 0, 0)^{\mathrm{T}}$,

$\boldsymbol{\alpha}_3 = (1, 0, 0, -1, 0)^{\mathrm{T}}, \boldsymbol{\alpha}_4 = (1, 0, 0, 0, -1)^{\mathrm{T}}$；

(2) $\boldsymbol{\alpha} = (0, 1, 2, 1)^{\mathrm{T}}$；

(3) $\boldsymbol{\alpha}_1 = (1, -2, 1, 0, 0)^{\mathrm{T}}, \boldsymbol{\alpha}_2 = (1, -2, 0, 1, 0)^{\mathrm{T}}, \boldsymbol{\alpha}_3 = (5, -6, 0, 0, 1)^{\mathrm{T}}$；

(4) $\boldsymbol{\alpha}_1 = (3, 3, 2, 0)^{\mathrm{T}}, \boldsymbol{\alpha}_2 = (-3, 7, 0, 4)^{\mathrm{T}}$.

4. 当 $b = 0$ 或 $a = 1$ 时，方程组有非零解.

当 $b = 0$ 时，基础解系为：$\boldsymbol{\alpha} = (1, 1 - a, -1)^{\mathrm{T}}$

当 $a = 1$ 时，基础解系为：$\boldsymbol{\alpha} = (1, 0, -1)^{\mathrm{T}}$.

5.（以下答案不惟一）

(1) $\left(\frac{15}{4},-\frac{5}{4},-\frac{1}{4},0,0\right)^{T}+k_1(-1,3,-2,1,0)^{T}+k_2(9,-11,5,0,4)^{T}$

(k_1、k_2 为任意常数)；

(2) $\left(\frac{4}{5},\frac{3}{5},0,0\right)^{T}+k_1(-1,3,5,0)^{T}+k_2(-6,-7,0,5)^{T}$

(k_1,k_2 为任意常数)；

(3) $(1,0,1,0)^{T}+k_1(1,1,0,0)^{T}+k_2(1,0,2,1)^{T}$ (k_1,k_2 为任意常数)；

(4) $\left(\frac{71}{2},-11,-\frac{9}{4},0,0\right)^{T}+k_1\left(\frac{19}{2},-4,\frac{3}{4},1,0\right)^{T}+k_2(-4,1,0,0,1)^{T}$

(k_1,k_2 为任意常数).

6. 一般解：$(2,1,0,0)^{T}+k_1(1,3,1,0)^{T}+k_2(1,0,0,-1)^{T}$ k_1,k_2 为任意常数满足 $x_1^2=x_2^2$ 的解：$\left(\frac{5}{2},\frac{5}{2},\frac{1}{2},0\right)^{T}+k(3,3,1,-2)^{T}$ (k 为任意常数).

或 $\left(\frac{5}{4},-\frac{5}{4},-\frac{3}{4},0\right)^{T}+l(-3,3,1,4)^{T}$ (l 为任意常数).

7. (证略) $a=7$ 时，当且仅当 $b=-1$ 时有解.

参考文献

[1] 叶子祥主编,经济应用数学 —— 微积分(国家教育部高职高专规划教材).北京:高等教育出版社.2002

[2] 叶子祥主编,高等数学(上).武汉:华中师范大学出版社.2005

[3] 李湘云主编,经济数学学习指导丛书 —— 微积分.武汉:湖北科学技术出版社.2001